CW01379311

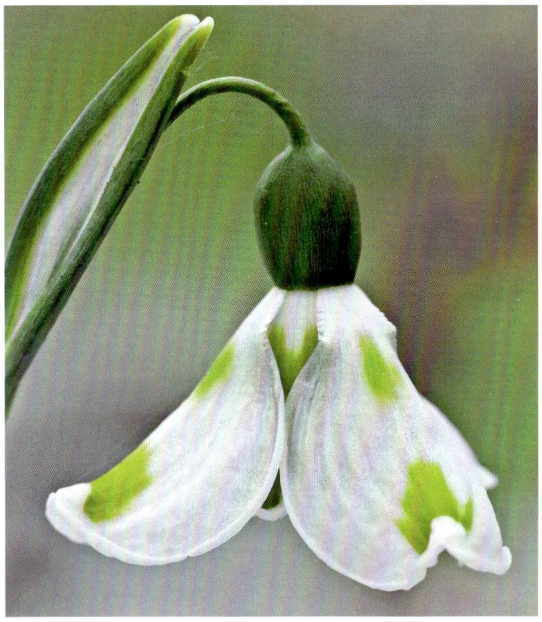

Pflanzen-Schätze

Sammler, ihre Gärten und
ihre faszinierende Leidenschaft

STEFANIE SYREN
FOTOS: ELKE BORKOWSKI

blv

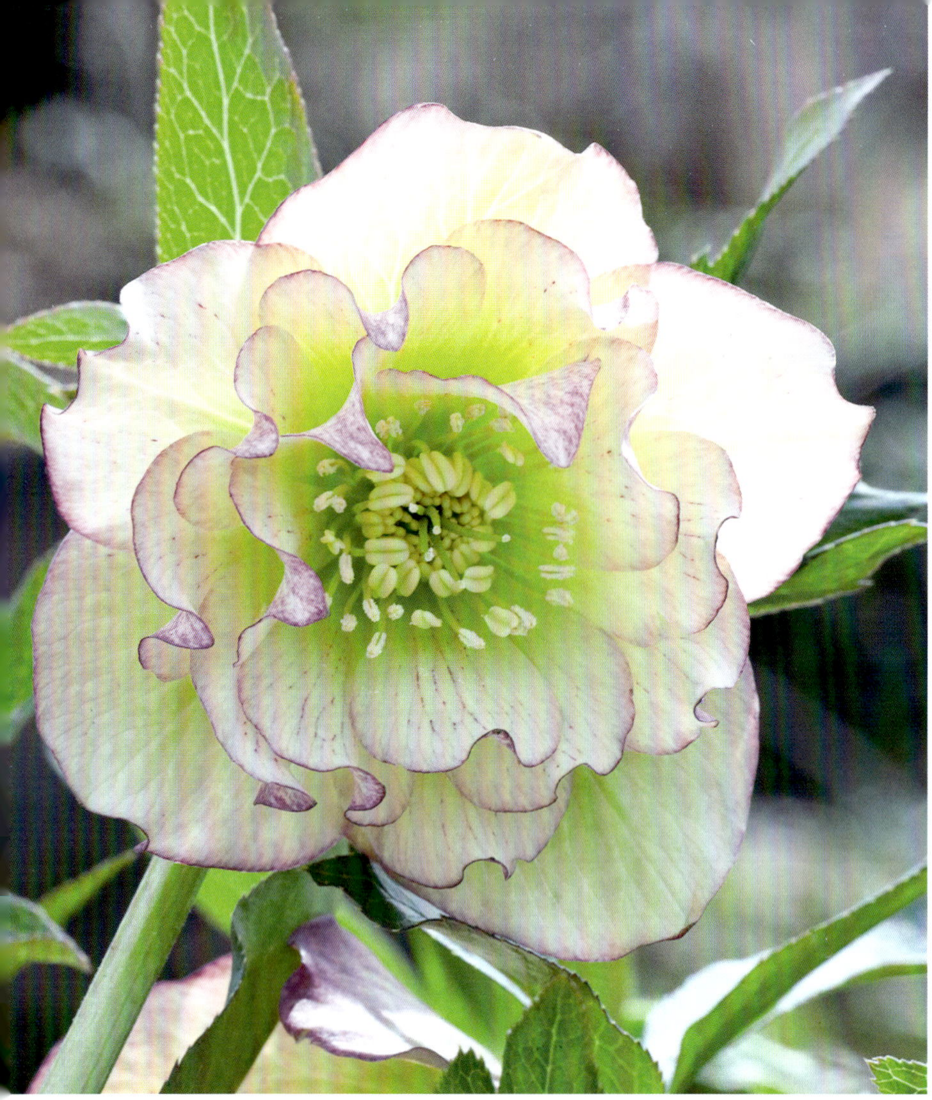
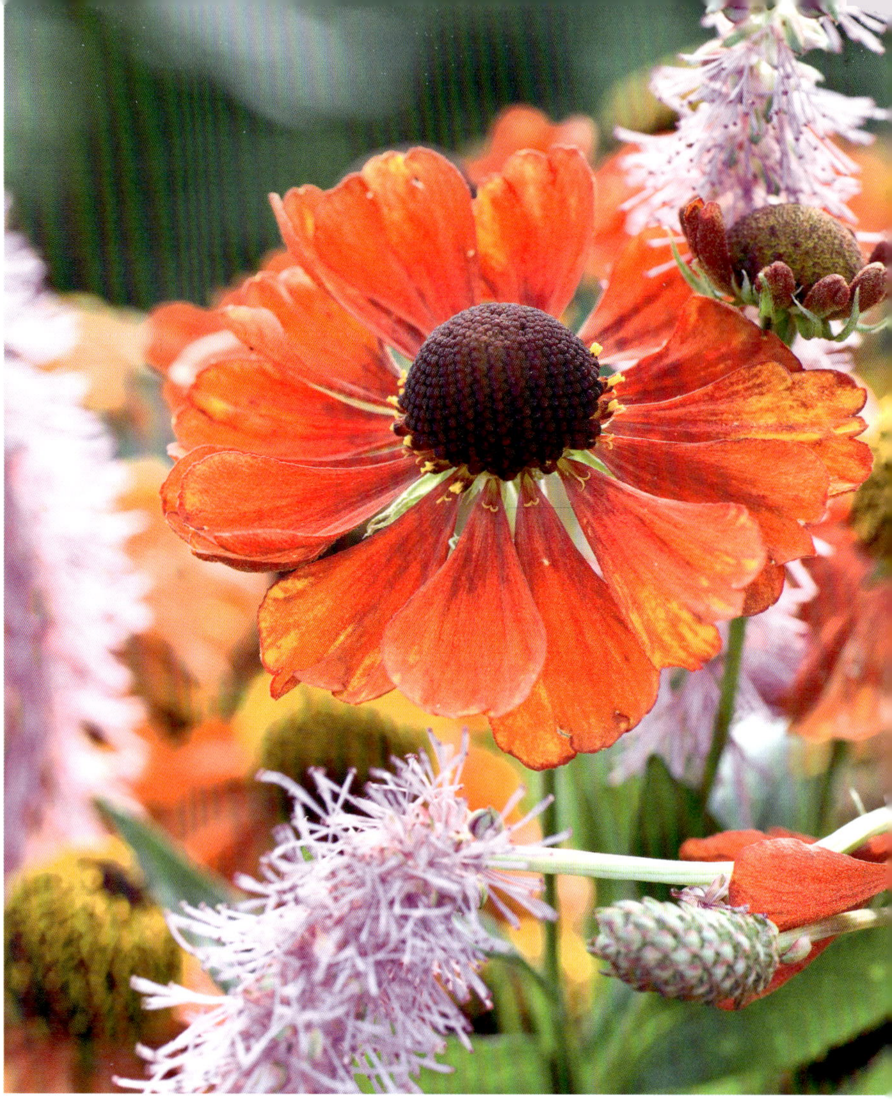
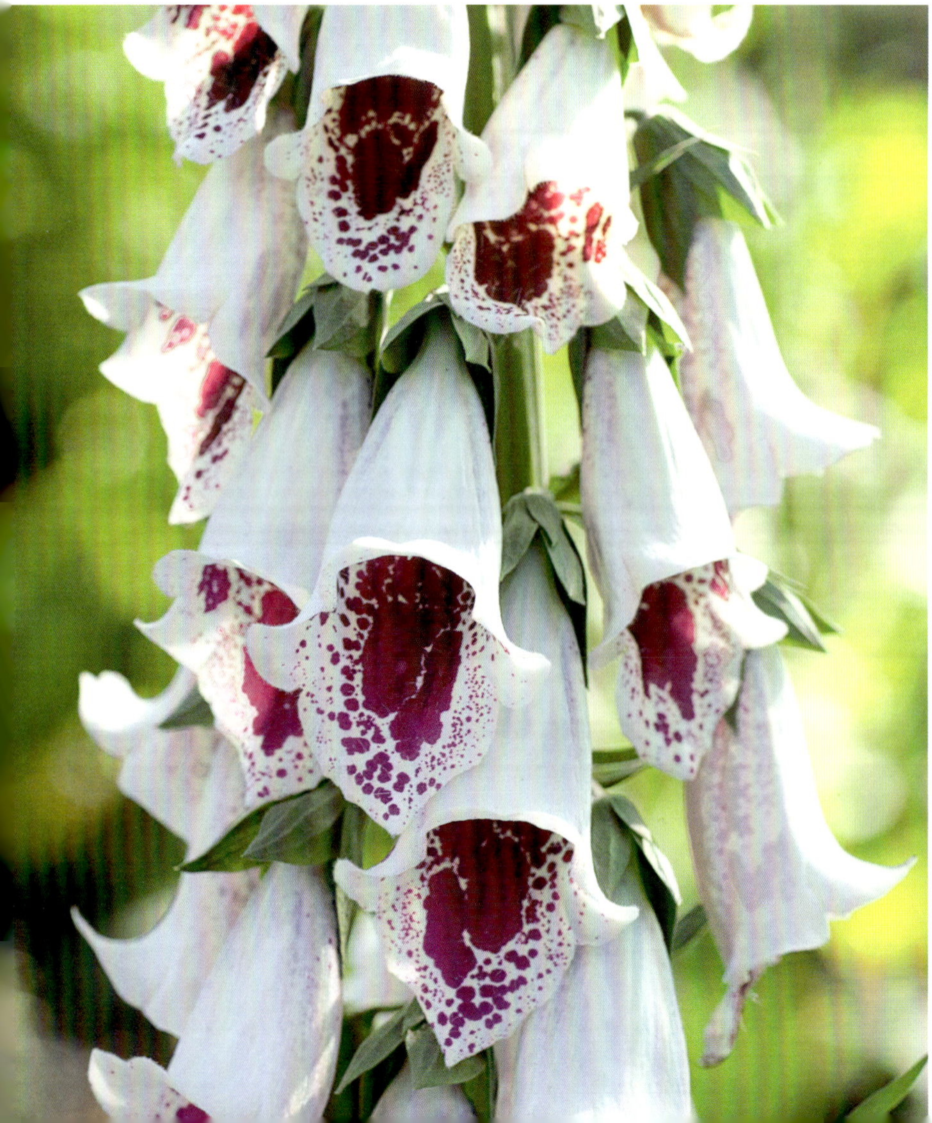
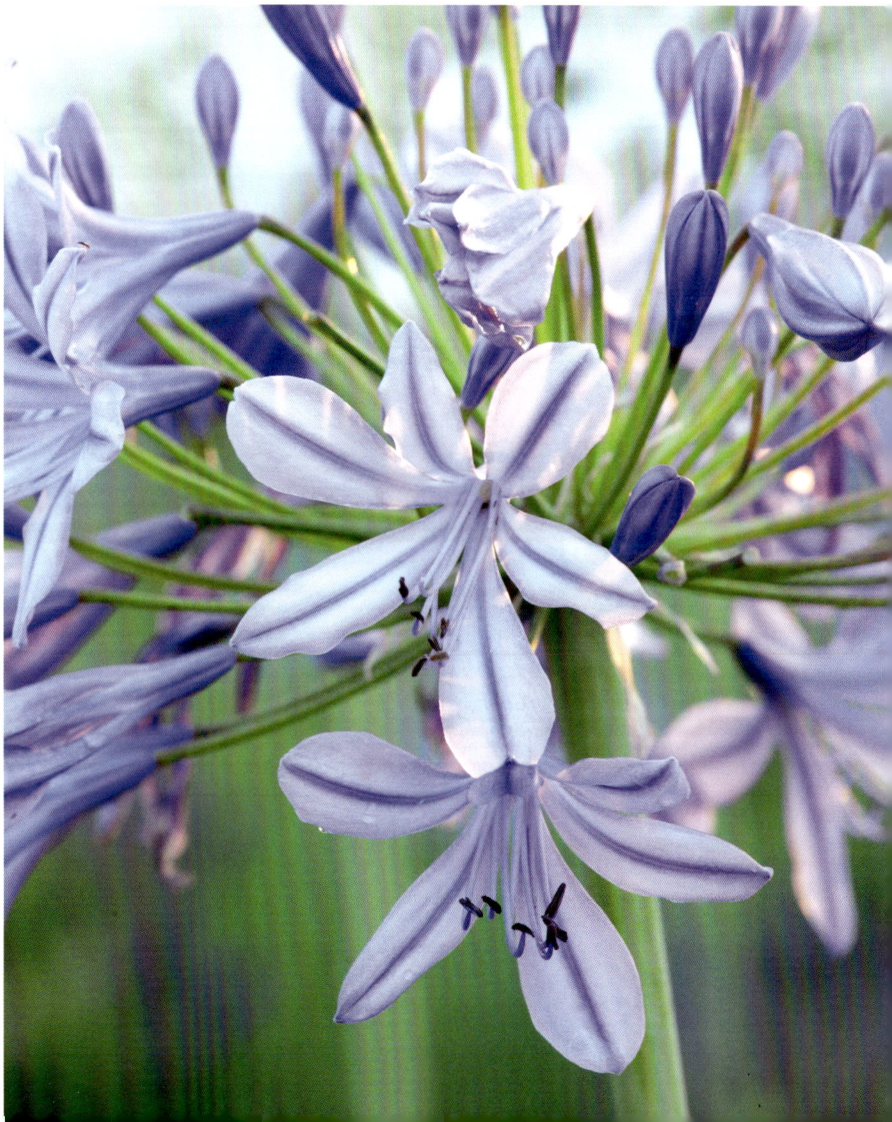

Was Sie in diesem Buch finden

7 Vorwort

11 **Auf Schatzsuche**
Lenzrose, Helleborus-Orientalis-Hybriden
Wilko Karmelk, Overslag, Zeeland (NL)

23 **Der Blumenretter**
Aurikel, Primula × auricula
Friedrich Moye, Rheine, Münsterland (D)

32 **Herr der Zwerge**
Alpenveilchen, Cyclamen
Jan Bravenboer, Ede (NL)

41 **Die Glockenspielerin**
Schneeglöckchen, Galanthus
Olive Mason, Chaddesley Corbett, Worcestershire (GB)

53 **Krone statt Kartoffel**
Narzisse, Narcissus
Josephine Dekker, Oterleek, Nordholland (NL)

60 **Sinfonien der Blüten**
Nelkenwurz, Geum
Sue Martin, Frittenden, Kent (GB)

71 **Der tut nichts!**
Kerzenknöterich, Persicaria amplexicaule
Chris Ghyselen, Oedelem, Flandern (B)

78 **Ein Hüter der Hüte**
Fingerhut, Digitalis
Terry Baker, Atworth, Wiltshire (GB)

86 **Grün ist die Hoffnung**
Funkie, Hosta
Sandra Gerding, Gescher, Münsterland (D)

94 **Die Neugierige**
Stechpalme, Ilex
Louise Bendall Duck, Liss, Hampshire (GB)

103 **Vielfach verliebt**
Taglilie, Hemerocallis
Werner Reinermann, Schöppingen, Münsterland (D)

111 **Glücklich verheiratet**
Sonnenbraut, Helenium
Dori und Henk Jacobs, Vriescheloo, Groningen (NL)

122 **Super, diese Poppies!**
Mohn, Papaver
Sandy Worth, Cheriton, Hampshire (GB)

131 **Rosenlust statt Frust**
Rose, Rosa
Eanette Griese, Spenge, Ostwestfalen (D)

139 **Mit viel Geduld**
Schmucklilie, Agapanthus
Martin Pflaum, Dormagen, Rheinland (D)

146 **Ein Herz für Farben**
Dahlie, Dahlia
Nel und Theej Verheggen, Lottum, Limburg (NL)

159 **Der Hexenmeister**
Zaubernuss, Hamamelis
Chris Lane, Newington, Kent (GB)

168 **Der Anfang war grün**
Magnolie, Magnolia
Otto und Reto Eisenhut, San Nazzaro, Tessin (CH)

176 **Anhang**
176 Adressen, die Ihnen weiterhelfen
177 Stichwortverzeichnis
179 Über die Autorinnen

1.50 Ranunculus ficaria 'Brambling - geel
1.50 Eranthis hyemalis - geel - 10CM - 2.3 - 2.H.N.
€1.50 Ranunculus ficaria 'Brazen Hussy' - geel - 3.
1.50 Galanthus Nivalis wit 20CM - 2.3
Ranunculus ficaria 'Collarette' - dubbel geel - 2.4 - 15C
1.50

Vorwort

Gärten und Pflanzen haben uns immer schon fasziniert – und natürlich auch die Menschen, die dahinterstecken. Als die Idee für dieses Buch vor einigen Jahren entstand und die konkrete Arbeit begann, begegneten uns nicht nur Pflanzennarren, sondern Menschen mit ihren ganz persönlichen, oft rührenden oder auch kuriosen Geschichten. Und wir fragten uns manchmal, wer denn eigentlich wen gefunden hat: der Sammler die Pflanze oder umgekehrt?

Bei einigen begann die Liebe zu ihren Pflanzenschätzen bereits ganz früh. Wie etwa bei der Engländerin Olive Mason, die sich schon als Kind in die weißen »Schneetröpfchen« (snowdrops) verliebte. Oder Martin Pflaum, der als junger Mann zwei unwiderstehlich schöne *Agapanthus* kaufte – obwohl er noch nicht einmal den Namen dieser Pflanzen wusste.

Manchmal passte die Pflanzenart in gewisser Weise auch zur Persönlichkeit des jeweiligen Sammlers. Wer wie Friedrich Moye ein Auge für die unglaublich facettenreichen Blüten der zierlichen Aurikeln hat, geht auch sonst achtsam und mit einem Blick fürs Detail durchs Leben. Und der Trotz, mit dem sich historische Narzissen dem kalten Frühlingswind entgegenstellen, passt durchaus zum Wesen von Josephine Dekker aus dem nordholländischem Oterleek. Die Bewohner dieser Region gelten ebenfalls als robust und an Wind und Wetter gewöhnt.

Ein bisschen haben diese Menschen mit ihrer Leidenschaft auch unseren Blick auf die Pflanzen verändert. Sie haben unsere Neugier geweckt und dafür gesorgt, dass wir zum Spaten griffen und lachsfarbenen Fingerhut und besonders lange blühenden Staudenmohn in unsere Gärten gepflanzt haben. Und Ihnen, den Lesern dieses Buches, wünschen wir genau das:

- Lassen Sie sich anstecken von der Freude, die diese Sammler an ihren Schützlingen haben.
- Entdecken Sie die verschiedenen »Gesichter« vermeintlich altbekannter Arten.
- Legen Sie los und lassen Sie sich überraschen, welche Pflanzen Ihnen ans Herz wachsen.

Wir wünschen Ihnen viel Freude an diesem Buch und mit Ihren ganz persönlichen Pflanzenschätzen.

Elke Borkowski und Stefanie Syren

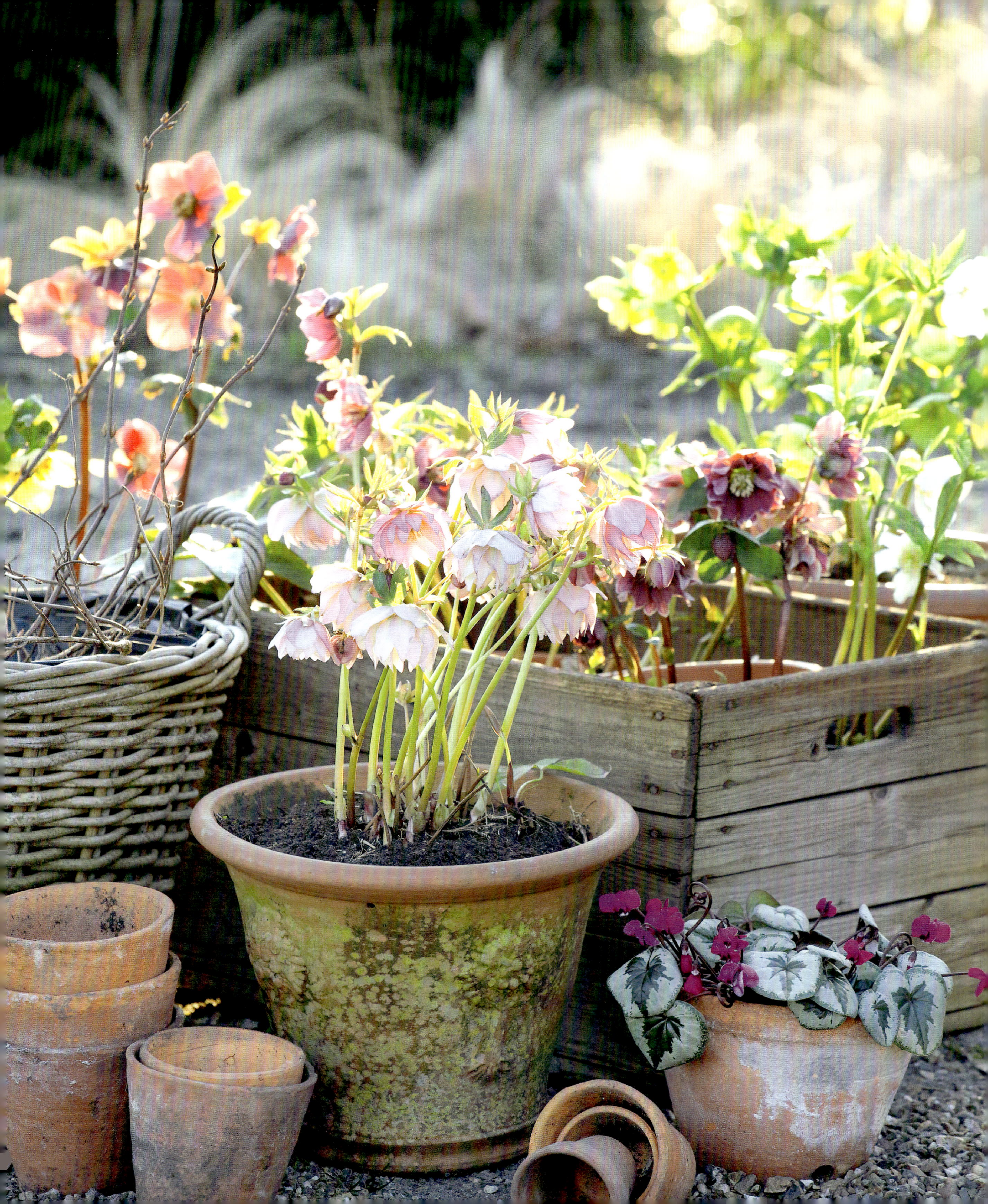

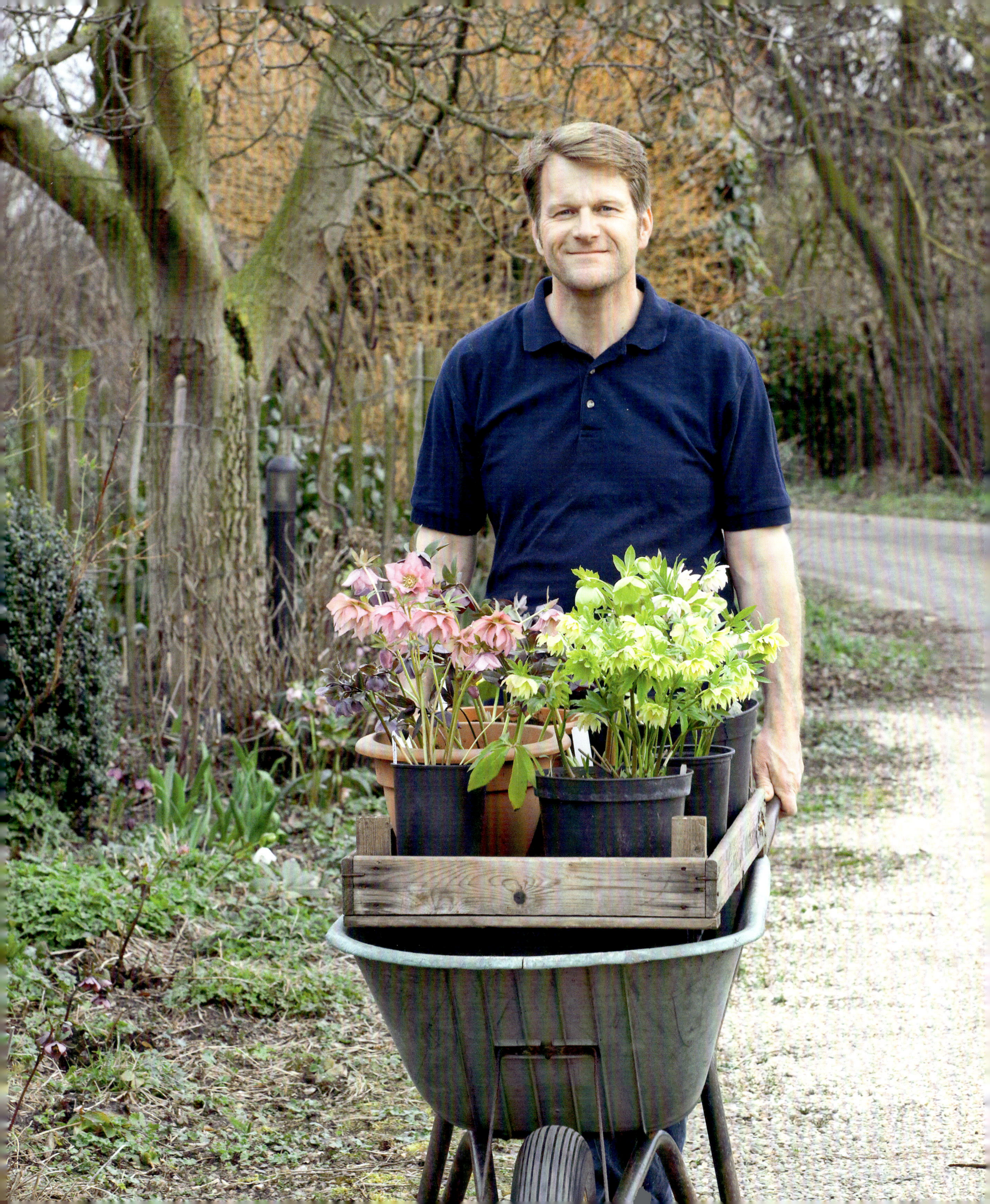

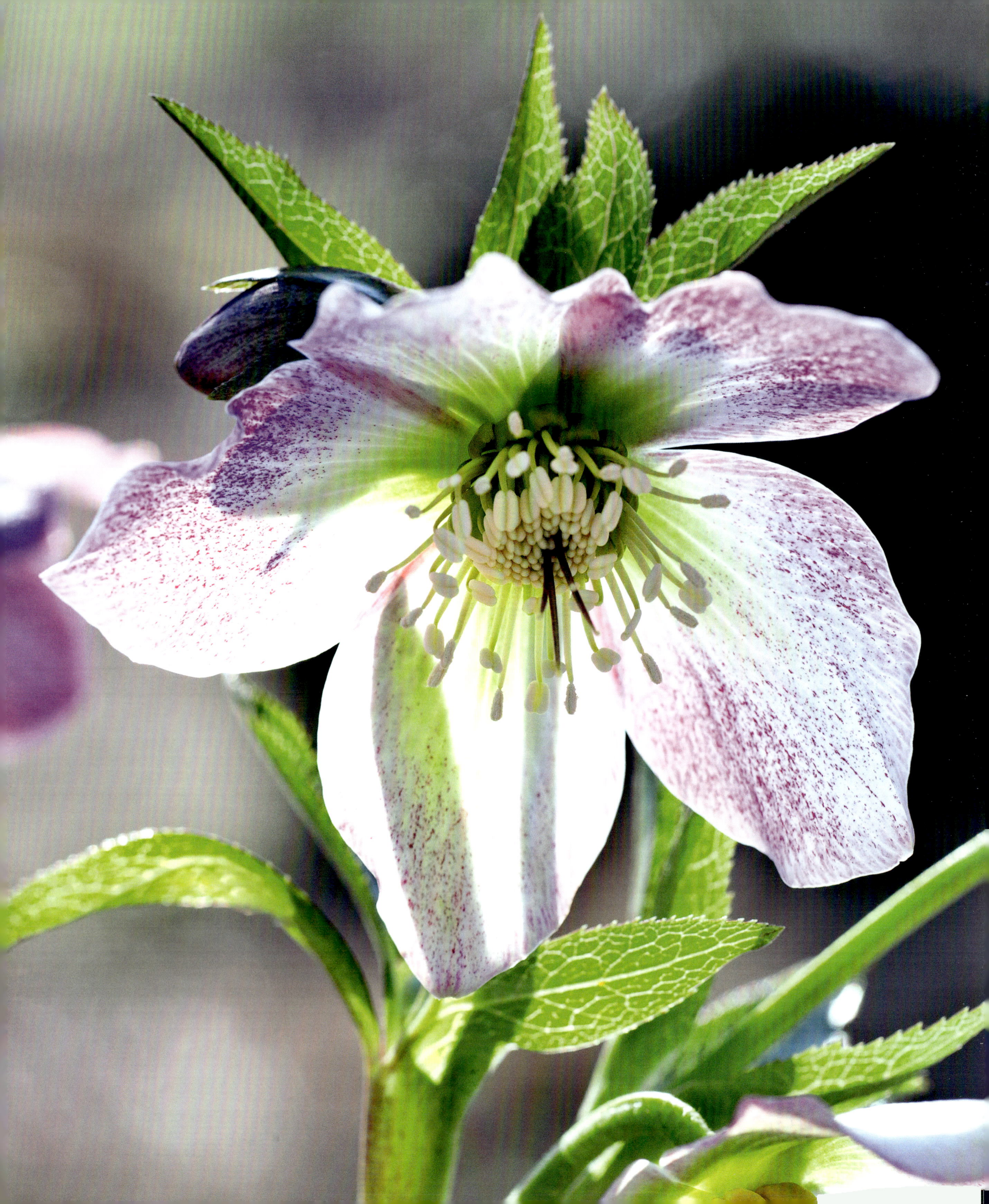

WILKO KARMELK, OVERSLAG, ZEELAND (NL)

Auf Schatzsuche

Lenzrose, Helleborus-Orientalis-Hybriden

Ihre Blüten schenken den Beeten zu Beginn der Gartensaison schon einen ersten Höhepunkt. Und weil sich die Lenzrose *(Helleborus orientalis)* sehr gut kreuzen lässt, entstehen jedes Jahr neue Sämlinge und Spielarten, die der botanischen Art die Show stehlen. Wer einen zweiten Blick riskiert, erkennt die Unterschiede zwischen den Pflanzen und kann nicht mehr von ihnen lassen. Auch Wilko Karmelk ist von der Vielfalt der Orientalis-Hybriden fasziniert. Er züchtet sie mit seiner Frau Helen in der Gärtnerei »Ferdinandushof«. Lenzrosen sind gefragt wie nie, und das nicht nur der Optik wegen. Sie lassen sich viel leichter im Garten etablieren als die Christrose *(H. niger)*.

Links: Das Gegenlicht der Spätwintersonne schenkt der einfachen, rot gesprenkelten Hybride eine magisch anmutende Leuchtkraft. **Oben links:** Eine anemonenblütige Kreuzung in geheimnisvollem Purpur. **Oben rechts:** Gestreifte oder gefleckte Züchtungen werden im Fachjargon »Picotee« genannt. Dieses Exemplar öffnet gerade seine Blüten und zeigt sich in einer für Lenzrosen typischen Haltung, mit leicht nach unten geneigter Blüte.

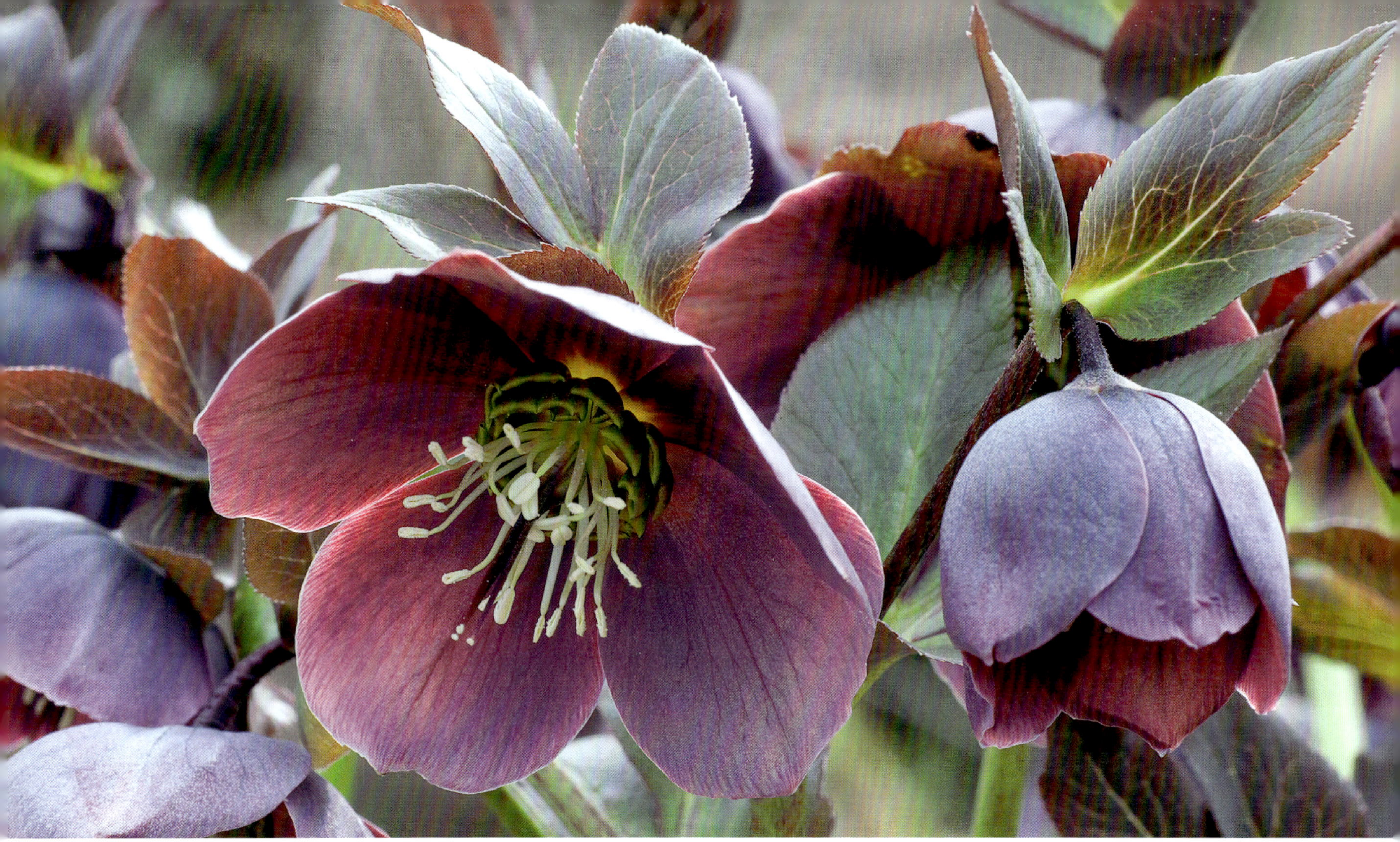
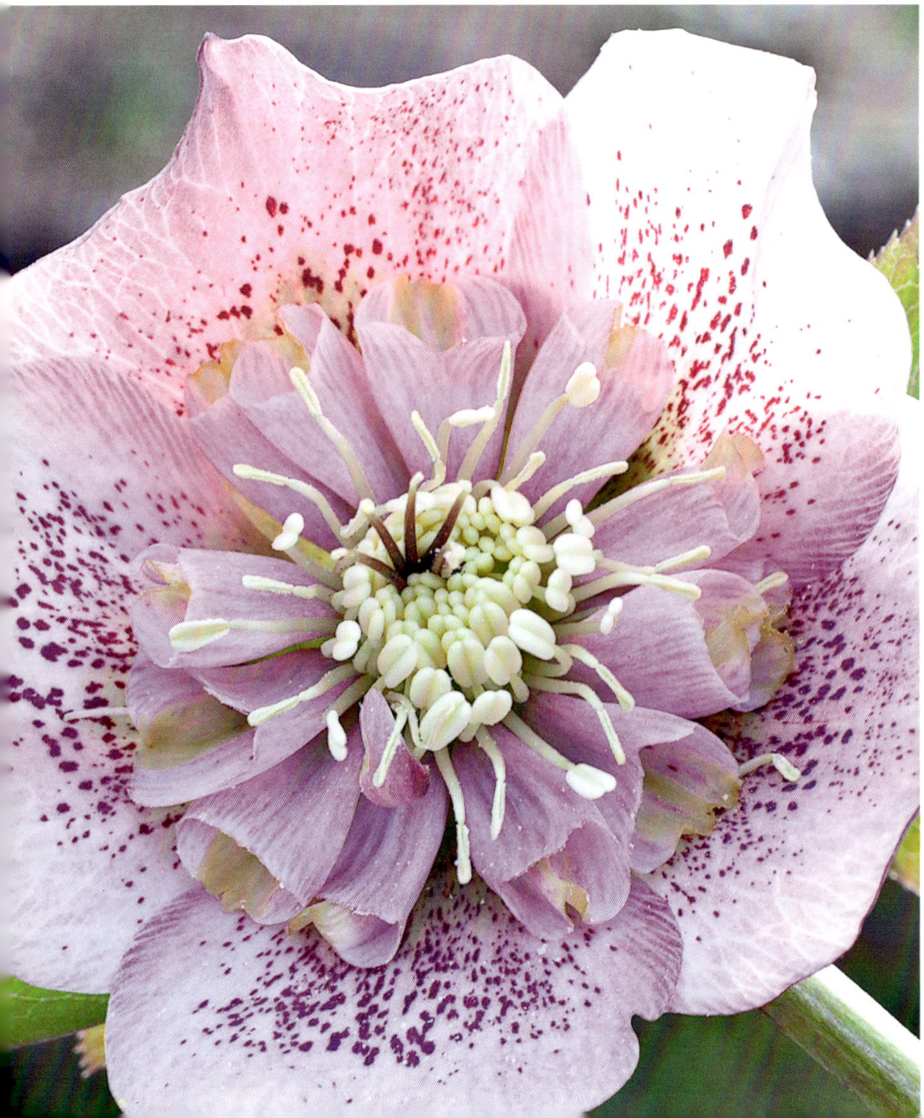
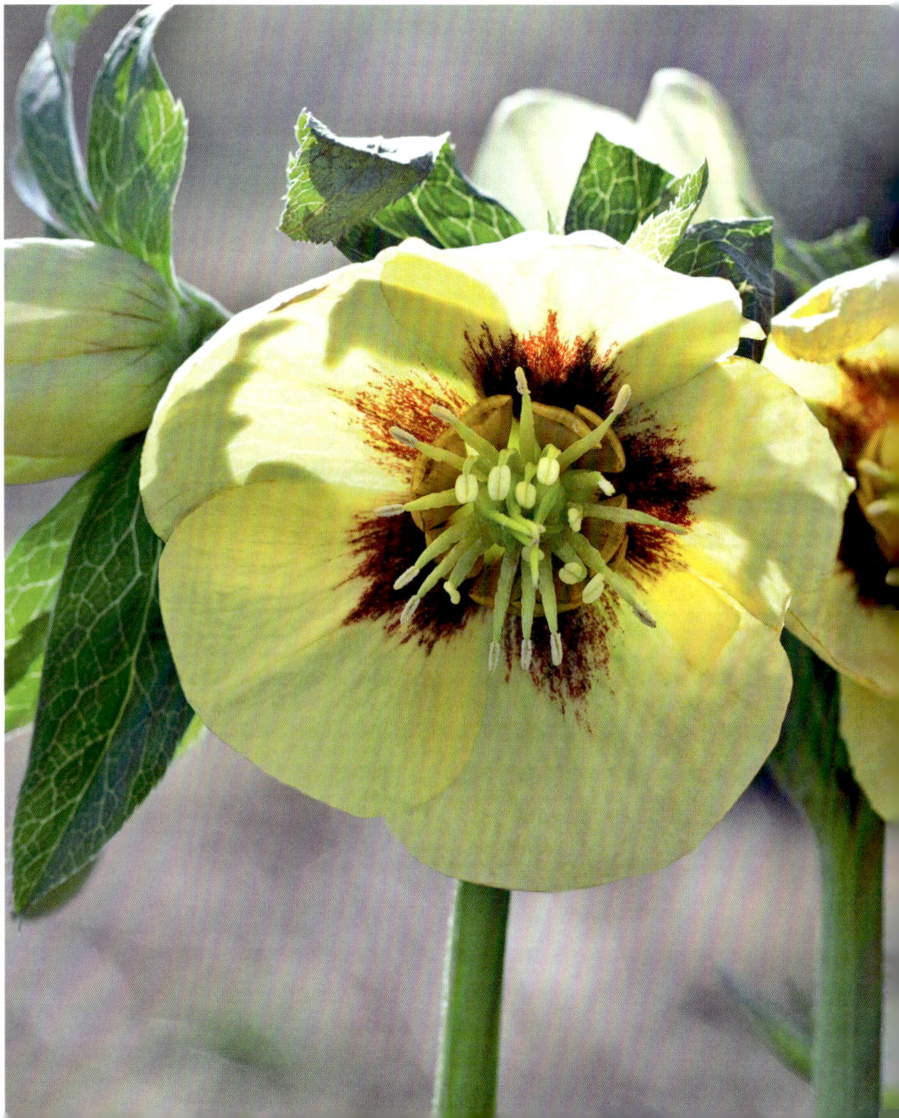

Schon am Winterende ist Hochsaison

Es geht rund in der Gärtnerei »Ferdinandushof«: Lenzrosen werden in Augenhöhe gehalten, Töpfe gruppiert, es wird gefachsimpelt und überlegt. Auf diesem Raritätenmarkt jagen die Menschen keine Schnäppchen, sondern suchen vollkommene Schönheit. Für den einen verkörpert sie ein Exemplar mit purpurfarbenen Punkten, für den anderen ist makelloses Weiß das absolute Ideal. Da sich die *Helleborus*-Orientalis-Hybriden untereinander munter kreuzen, entstehen immer neue Spielarten, die es zu entdecken gilt. Mittendrin Wilko Karmelk und seine Frau Helen Lewis, die mittlerweile einige ihrer Besucher schon kennen, denn viele Kunden reisen jedes Jahr wieder nach Overslag. Die Gärtnerei liegt idyllisch in der niederländischen Provinz Zeeland, und die ist ein beliebtes Touristenziel – im Sommer. Doch für Pflanzenfreunde wartet die Region schon ab Mitte Januar mit einer Attraktion auf: Dann öffnen in dieser wintermilden Gegend die ersten Lenzrosen ihre Blüten. Wenig später, am letzten Wochenende des Monats, besuchen die ersten Kunden die Gärtnerei. Die Helleborus-Tage sind längst über die Grenzen der Niederlande hinaus bekannt und Besucher können es kaum erwarten, sich das ein oder andere Exemplar für den eigenen Garten zu sichern.

Wobei das leichter gesagt als getan ist, die Auswahl ist groß. Einsteiger, die einfach irgendeine Lenzrose kaufen möchten, reiben sich angesichts der Vielfalt verwundert die Augen. *Helleborus*-Orientalis-Hybriden zeigen viele Gesichter: Sie können einfach oder gefüllt blühen und in der Form an Anemonen erinnern. Auch die Farben variieren von klassischem Weiß über Rosatöne, Pastellgelb, Apricot, Grün und Purpur bis hin zu dunklem Grau. Punkte und Sprenkel steigern die Vielfalt zusätzlich und lassen die Möglichkeiten unterschiedlicher Kombinationen ins Unendliche steigen. Entsprechend ehrfürchtig begutachten Kunden die einzelnen Blüten.

Oben links: Wer bei Wilko Karmelk eine einfache Hybride wie diese in Purpur sucht, sollte nach »Single Purple«-Selektionen fragen. **Unten links:** Wilkos »Pink spotted Anemone«-Hybriden, haben einen gerüschten Innenkranz und dunkelrosafarbene Punkte. **Unten rechts:** Die Selektion »Yellow Red Heart« vereint Pastellgelb mit Purpur. **Oben:** Hybriden in voller Blüte zu verkaufen – dieser Anblick lässt Sammlerherzen höherschlagen.

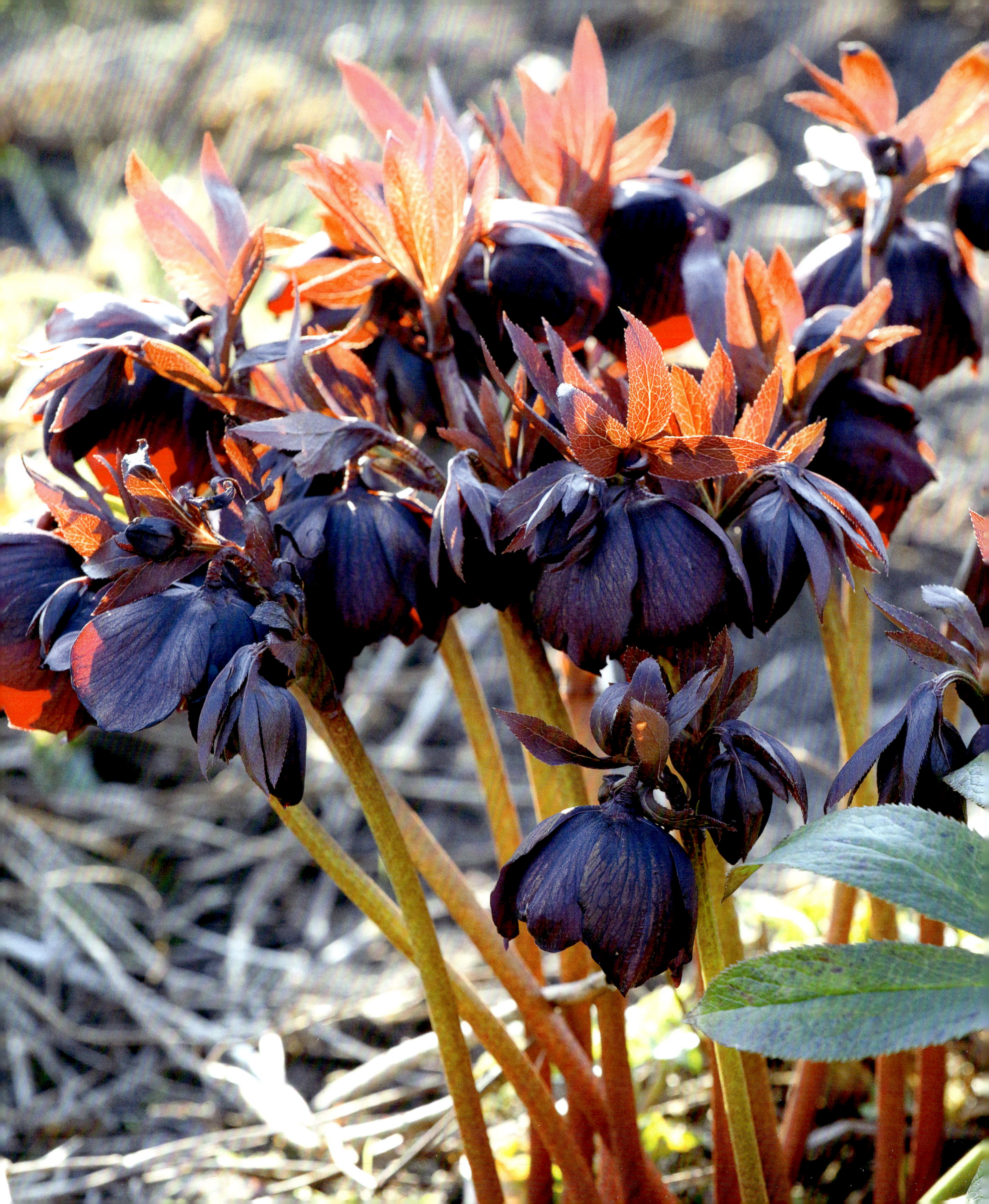

Wer zu den Lenzrosen aufschaut, kommt in den Genuss ihrer ganzen Schönheit

Die Bäume sind noch kahl, doch die Spätwinter-Sonne streichelt die Lenzrosen schon und Wilko Karmelk schaut seine Schützlinge fast ein wenig verzückt an. Der liebevolle und genaue Blick auf die Pflanzen ist eine wichtige Voraussetzung für seine Arbeit. Doch auch für Laien lohnt es sich, eine Lenzrose in einen großen Topf zu setzen und leicht erhöht aufzustellen. So lassen sich die Blüten besser betrachten. Im Beet ist dies ein unbequemes Unterfangen, zumal es zur Blüte im Frühjahr noch sehr kalt ist. Kaum jemand legt sich um diese Jahreszeit gerne bäuchlings vor eine Lenzrose, um sie anzuschauen. Besitzer terrassierter Gärten sind hingegen privilegiert. Sie sollten unbedingt einige Lenzrosen an den Rand der erhöhten Beete pflanzen und sich darüber freuen, die Schönheit der Blüten ohne Kniefall und ganz bequem genießen zu können.

Die meisten der Besucher interessieren sich für die Hybriden der Lenzrosen. Und auch Wilko ist von den pflegeleichten Stauden und der Vielfalt ihrer Gesichter überzeugt. Trotzdem – seine erste *Helleborus* war keine Lenzrose: »Das war eine *Helleborus foetidus* 'Wester Flisk'. Die Sorte hat rötliche Stängel und blüht hier schon Anfang Dezember. Bei uns wachsen immer noch Sämlinge davon im Garten.« Im Deutschen trägt diese Art zwar den wenig schmeichelhaften Beinamen »Stinkende Nieswurz«, doch den Geruch ihrer Blätter nimmt man kaum wahr – die sehenswerten grünen Blütenglocken hingegen schon. Wilkos Interesse für die Gattung *Helleborus* war geweckt und wenig später, in den 1990er-Jahren, entdeckte er die Vielfalt der Lenzrosen-Hybriden: »Auf einer Reise nach England besuchte ich die berühmte Washfield Nursery von Elizabeth Strangman und die Ashwood Nurseries.« Schon der Gedanke an jene beiden Gärtnereien zaubert Liebhabern der Lenzrose ein versonnenes Lächeln auf die Lippen. Die sogenannten »Ashwood-Hybriden« sind Kennern unter anderem wegen der ungewöhnlich vielen gelb- und apricotfarbenen Typen ein Begriff. Elizabeth Strangman hat ihre Gärtnerei zwar mittlerweile geschlossen, ihre häufig gefüllten Typen prägen die Züchtung aber nach wie vor. Auch Wilko Karmelk ließ der Ausflug auf die Insel nicht kalt. Die Begegnung mit der Vielfalt der Lenzrosen war für ihn ein Schlüsselerlebnis und er begann damit, *Helleborus*-Orientalis-Hybriden selbst zu vermehren.

Im Laufe der Jahre entstand eine beachtliche Kollektion, das große Interesse an den Helleborus-Tagen kommt nicht von ungefähr. In Overslag finden Lenzrosenfreunde Blütenformen und Zeichnungen, die es nicht in jeder Gärtnerei gibt. Besonders stolz ist Wilko auf die gefüllten Selektionen und auf jene Blüten, die getupft oder gesprenkelt sind und im Fachjargon »Picotee« genannt werden. Wie die meisten Lenzrosen-Züchter spricht er von Selektionen und nicht von Sorten – aus gutem Grund.

Links: Wilkos Pflanzen aus der »Black Purple Strain«-Linie blühen in einem geheimnisvollen, sehr dunklen Pupurton. Von einem so üppigen Exemplar darf man ruhig die eine oder andere Blüte abschneiden und mit ins Haus nehmen. In einer Schale mit Wasser wirken sie wie schwimmende Juwele und halten zumindest eine Woche. Besonders viel Freude macht es, unterschiedliche Blüten schwimmen zu lassen und in Ruhe zu betrachten.

Mit Fingerspitzengefühl und viel Geduld lässt Wilko neue Juwele entstehen

Ein trockener und sonniger Spätwintertag auf dem »Ferdinandushof«, die Lenzrosen blühen – genau der richtige Zeitpunkt, um für Pflanzennachwuchs zu sorgen. Wilko Karmelk sitzt konzentriert auf einem Stuhl und bestäubt eine *Helleborus*-Orientalis-Hybride. Dafür wählt er nicht die allerersten Blüten der Pflanze aus, sondern wartet, bis sich spätere Knospen geöffnet haben. Samen, die aus den ersten Blüten gewonnen werden, sind von schlechterer Qualität.

Dass die Mutterpflanzen auf dem »Ferdinandushof« in Töpfen wachsen, hat ganz praktische Gründe. So kann Wilko die Pflanzen viel besser bestäuben. Außerdem können die Töpfe in ein Gewächshaus umziehen. Obwohl die eigentlichen Pflanzen völlig frosthart sind, ist das von Vorteil, denn zumindest die heranreifenden Samen könnten in Spätfrostnächten draußen Schaden nehmen.

Lenzrosen werden fast immer durch Aussaat vermehrt. Auch auf dem »Ferdinandushof« wird das so gemacht und deshalb tragen seine Züchtungen keine Namen, erzählt Wilko: »Wir geben unseren Hybriden keine Sortennamen, weil die Sämlinge sich ganz leicht voneinander unterscheiden. Wir geben meist die Blütenfarbe und die Form an.« Anders als bei Stauden, die durch Stecklinge oder Teilung vermehrt werden und mit der Mutterpflanze absolut identisch sind, ist jede Lenzrose ein Einzelstück. Und genau das macht die Züchtung so spannend und anspruchsvoll – von Anfang an. Schon bei der Auswahl geeigneter Mutterpflanzen überlässt Wilko nichts dem Zufall. Für die Vermehrung wählt er die besten Exemplare aus. Dabei geht es nicht nur um die Schönheit der Blüte, auch die Statik muss stimmen. Bezogen auf seine Pflanzen, heißt das: Die Stängel sollten standhaft bleiben und Regengüssen oder Stürmen unbeeindruckt trotzen. Auch wenn Wilko nicht genau weiß, welche Eigenschaften der Nachwuchs haben wird – die Chance, dass gute Mutterpflanzen ähnlich überzeugende Nachkommen liefern, ist natürlich größer als bei einer zufälligen Bestäubung durch Insekten. Für die eigentliche Bestäubung braucht Wilko eine ruhige Hand, eine Pinzette und Achtsamkeit. »Mal eben schnell die Lenzrosen bestäuben«, das geht nicht. Jede befruchtete Pflanze wird sorgfältig beschriftet. Nichts wäre für einen Züchter schlimmer, als wunderschöne Hybriden zu erschaffen und die Mutterpflanzen nicht mehr zu wissen.

Danach ist Geduld gefragt: Bis die Samen ausgereift sind, dauert es einige Monate, erst im Sommer werden sie ausgesät und im Herbst zeigen sich die Keimlinge. Doch Wilko muss noch viel länger auf Ergebnisse warten: Rund drei Jahre vergehen zwischen Aussaat und der ersten Blüte. Auch nach all den Jahren als Züchter ist er immer noch überrascht, wie unterschiedlich die Jungpflanzen aussehen. Wie ein Schatzsucher begutachtet er die Neulinge – immer bemüht, neue Kostbarkeiten zu finden.

Rechts: Die Vermehrung einer Lenzrose ist nichts für Grobmotoriker. Vorsichtig zupft Wilko mit einer breiten Pinzette ein Staubgefäß eines purpurfarbenen, anemonenblütigen Typs ab. Den Pollen drückt er auf den Stempel des ausgewählten Traumpartners und hofft, dass die Nachkommen die guten Eigenschaften der Mutterpflanzen in sich tragen. Wie die Pflanzen tatsächlich aussehen, weiß er erst nach rund drei Jahren.

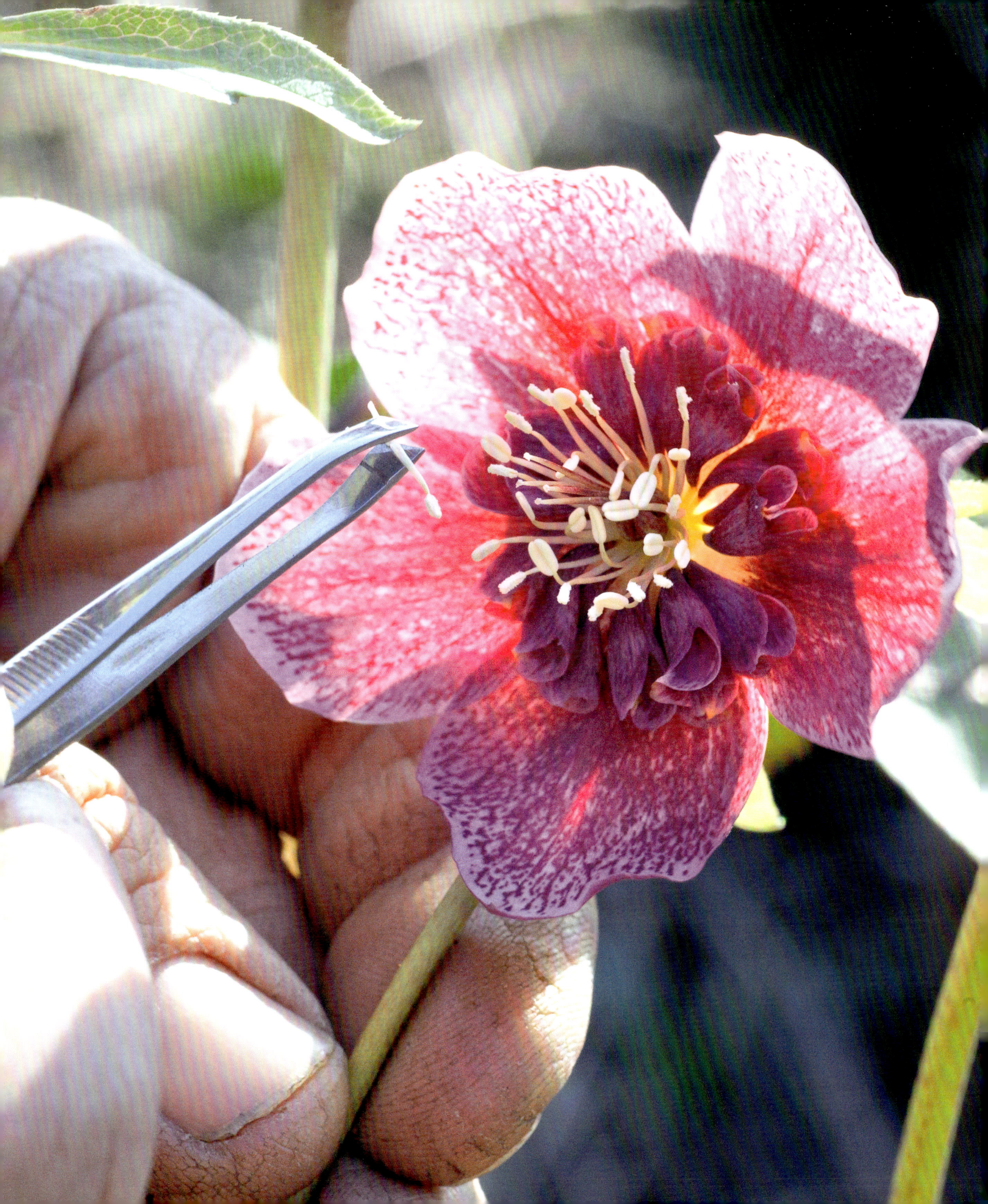

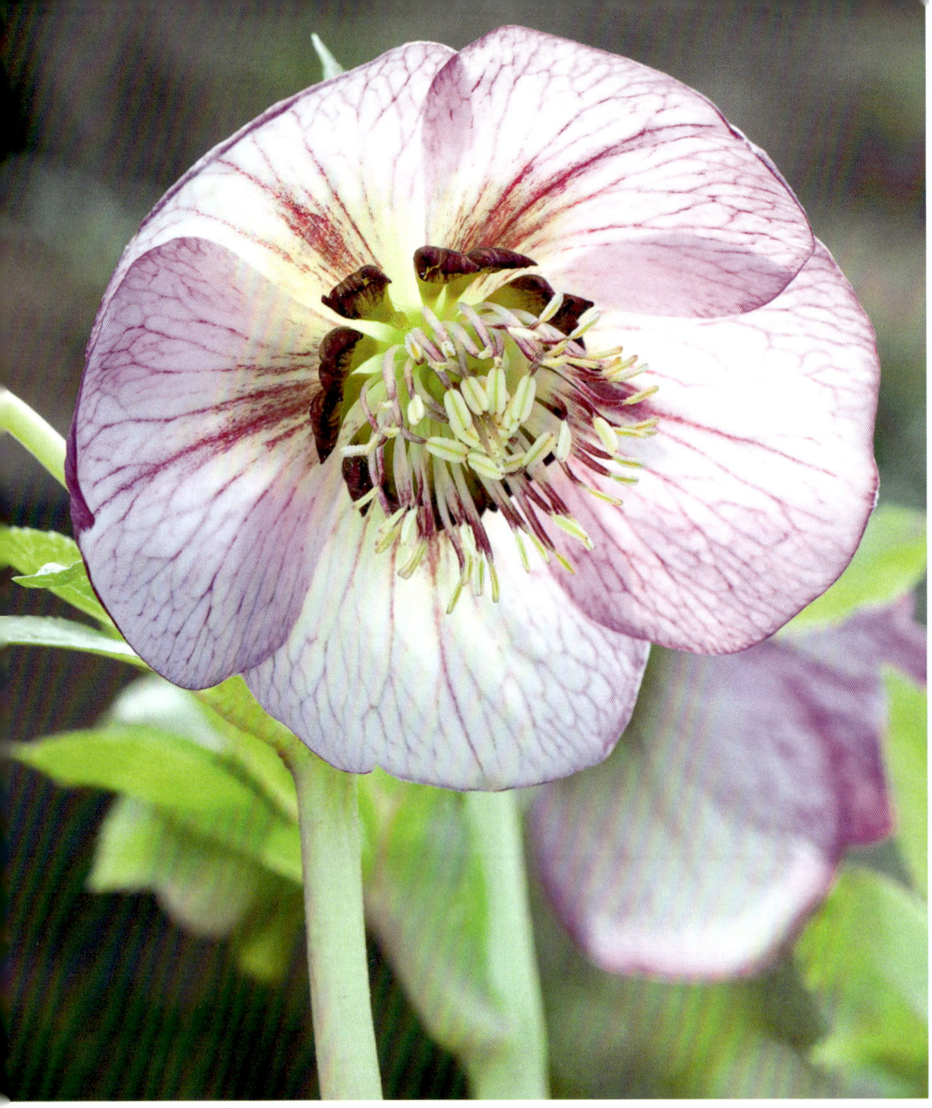

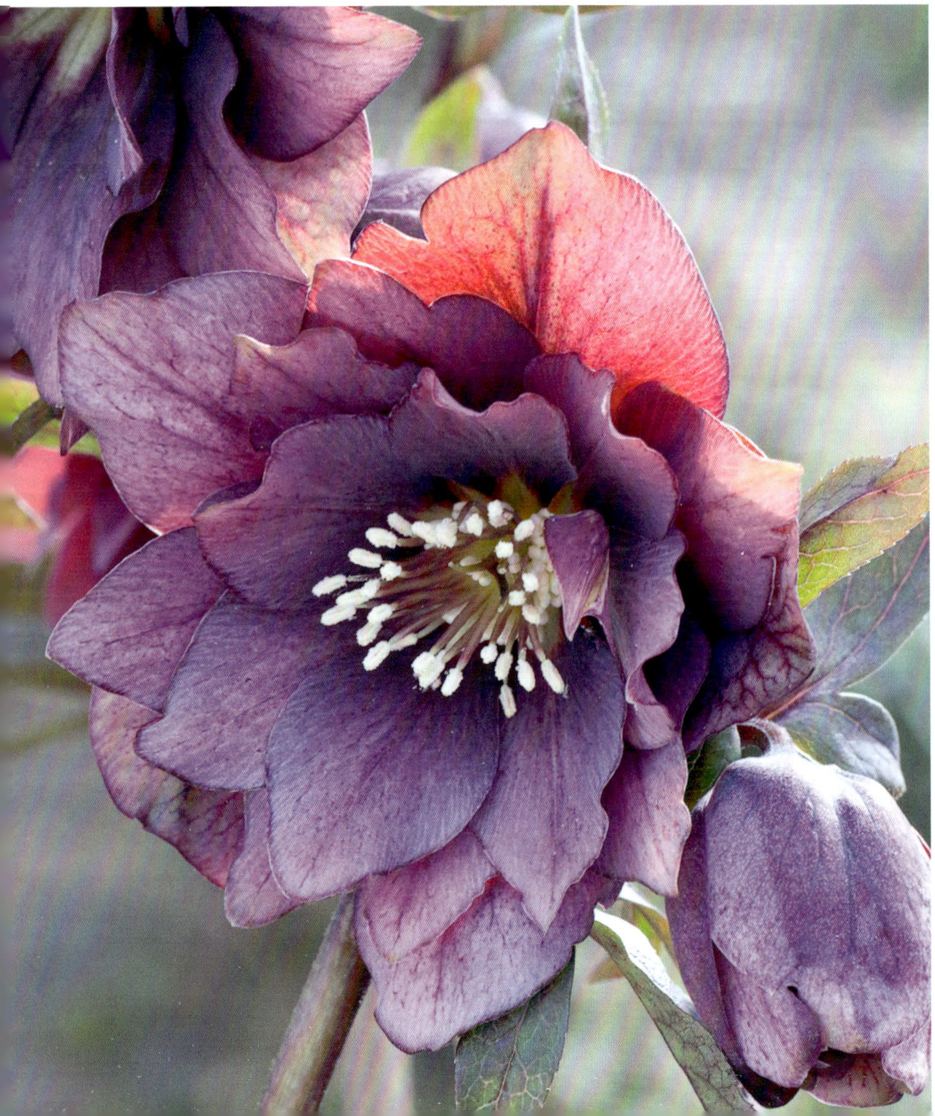

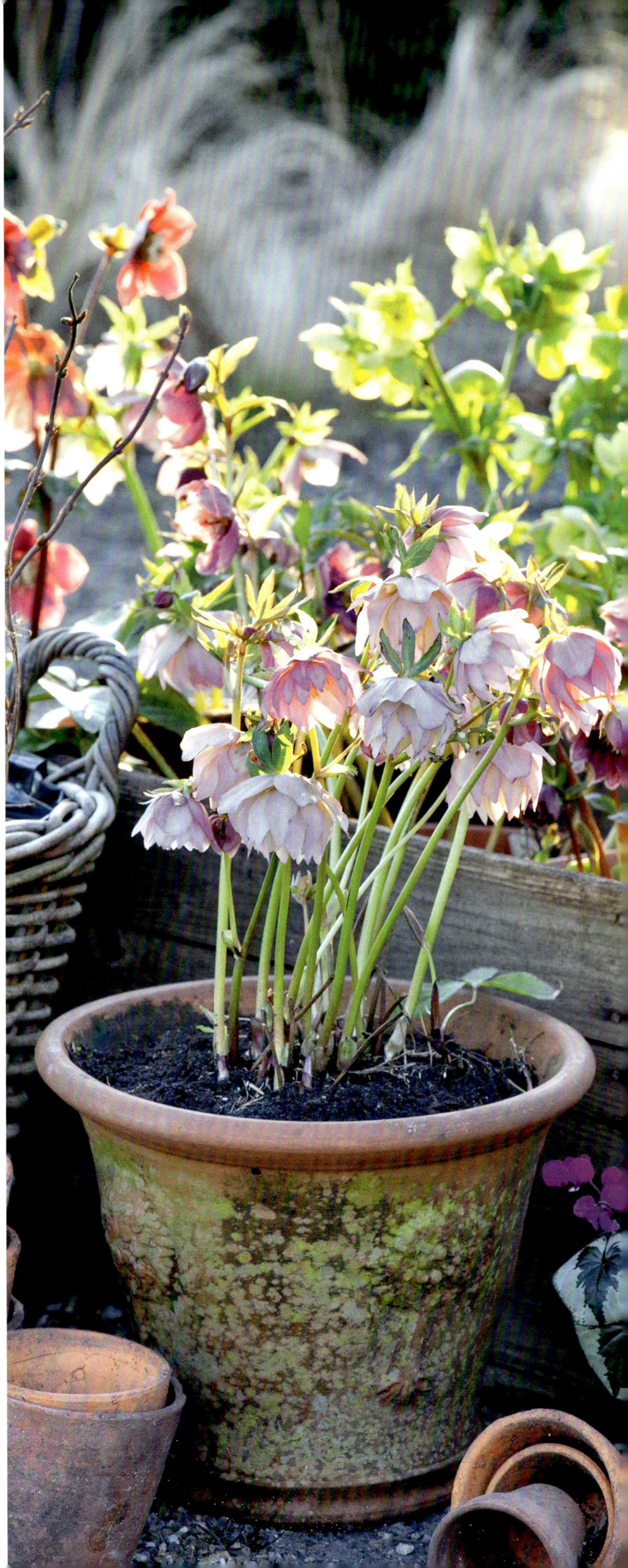

Kenner kaufen blühende Lenzrosen

Dass sich die Hybriden so viel Zeit lassen, ist wahrscheinlich ganz gut so. Denn auch das Begutachten und Selektieren von jährlich rund 1.000 erstmals blühenden Jungpflanzen braucht seine Zeit. Außerdem gedeihen auf dem »Ferdinandushof« auch *Helleborus*-Arten wie die Korsische Nieswurz (*H. argutifolius*), die Purpur-Lenzrose (*H. purpurascens*) oder die Stinkende Nieswurz (*H. foetidus*) – um nur einige zu nennen. Und natürlich diverse andere Stauden, die auch noch vermehrt werden müssen, und zwar ganz »normal« und sortenecht über Stecklinge. Es gibt also immer etwas zu tun und drei Jahre vergehen dann relativ schnell. Trotzdem: Das Angebot ist begrenzt und die Hybriden aus dem »Ferdinandushof« sind keine Massenware, die einfach nachgeliefert werden kann. Auch das erklärt, warum viele Kunden die Gärtnerei am liebsten zur Blütezeit der Stauden aufsuchen. Dann kann man die Schätze nicht nur am besten begutachten und sich über die manchmal winzigen Unterschiede der Blüten freuen, man trifft auch Gleichgesinnte auf einen Plausch. Pflanzensammler haben sich schließlich immer viel zu erzählen und geben sich gegenseitig Tipps – zum Beispiel zum Standort.

Kenner wenden für die Auswahl eines geeigneten Platzes im Garten ebenso viel Zeit auf wie für die Suche nach der perfekten Blüte, denn häufiges Verpflanzen behagt den Stauden nicht. Ein halbschattiger Standort gilt als ideal, allerdings vertragen Lenzrosen durchaus mehr Sonne als Christrosen. Wer zum Spaten greift und eine Lenzrose ebenso beherzt wie einen Storchschnabel (*Geranium*) teilt, wird meist enttäuscht. Geteilte Lenzrosen wachsen normalerweise nur schwer an und kümmern. Ausgesprochen positiv reagieren die Pflanzen hingegen auf einen Rückschnitt. Wer alte Blätter im Frühjahr entfernt, hält die Pflanze gesund und lässt nebenbei die Blüten gut zur Geltung kommen.

Links oben: Ein Exemplar vom Typ »Single Picotee«. Hier zeichnen sich die purpurfarbenen Blütenadern im Sonnenlicht ab. **Links unten:** »Double Purple«, eine Selektion, bei der die hellen Staubgefäße gut zur Geltung kommen. **Links:** Der leicht patinierte Tontopf steht dem in voller Blüte stehenden »Double Pink«-Typ ausgezeichnet. **Oben:** Auffällig und gefragt sind die Selektionen »Pink Spider« (links) und »Green Spider« (rechts).

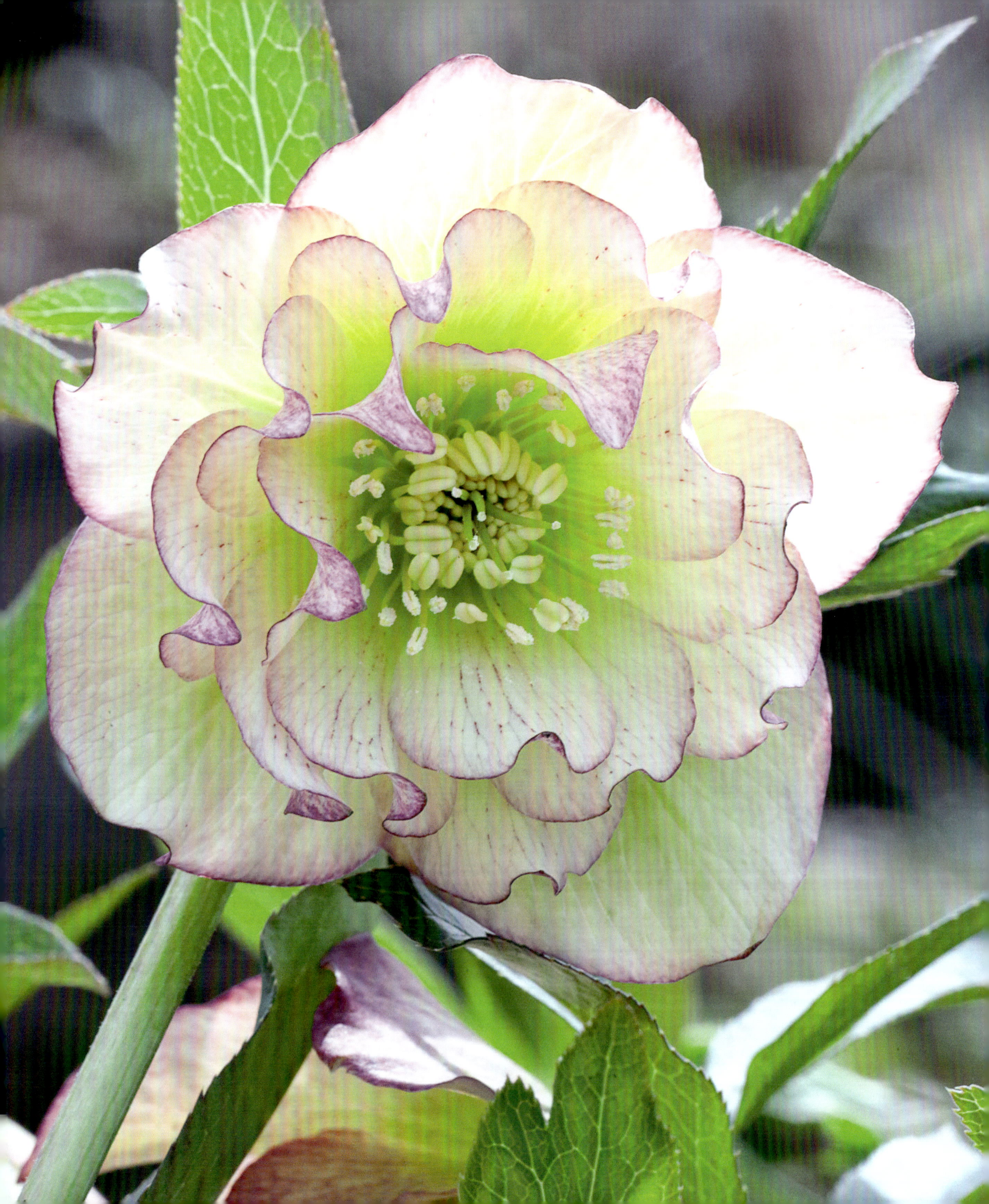

Lenzrose, *Helleborus*-Orientalis-Hybriden – **21**

Warum Konkurrenz den Lenzrosen guttut

Selbst eine unumstrittene Schönheit wie die Lenzrose wirkt im Beet immer dann am schönsten, wenn sie gut kombiniert wird. Andere Frühstarter wie Schneeglöckchen (*Galanthus*), Narzissen (*Narcissus*), Lungenkraut (*Pulmonaria*) oder das Purpurglöckchen (*Heuchera*) passen gut zu Lenzrosen. Es lohnt sich, bei der Wahl der einzelnen Partner die Farben behutsam auszuwählen. Konkret zum Beispiel bei den Narzissen weiße Sorten wie 'Thalia' zu wählen. Sie stehlen den Lenzrosen nicht die Show. Auch die Farbe der Blätter interessiert kundige Gärtner: Das Purpurglöckchen 'Palace Purple' hat beispielsweise so dunkle Blätter, dass sie weiße oder helle Auslesen der Lenzrose förmlich leuchten lassen.

Auf dem »Ferdinandushof« werden die Lenzrosen nicht nur im Beet kombiniert. Auch bei der Züchtung werden sie gezielt gemischt, erzählt Wilko: »Wir versuchen jedes Jahr ein paar neue Pflanzen aus anderen Gärtnereien mit einzukreuzen. So vermeiden wir Inzucht und halten unsere Kollektion vital.« Die anderen Spezialgärtnereien sieht Wilko weniger als Konkurrenz, sondern als notwendig für die Erschaffung möglichst gesunder Pflanzen. Andere Züchter machen es ähnlich und bestäuben ihre Mutterpflanzen hin und wieder mit Züchtungen der Kollegen. Insofern dient die Lenzrose nebenbei als Symbol für die Völkerverständigung. Schließlich mischen sich durch die Kreuzung die schönsten Pflanzen aus den verschiedenen Spezial-Gärtnereien Europas auf wunderbare Weise.

DAS WIRD GESAMMELT: *Wilko Karmelk vermehrt jede Saison rund 1.000 Hybriden der Helleborus orientalis. Darüber hinaus bietet er in der Gärtnerei, die er mit seiner Frau Helen Lewis führt, weitere Stauden und mediterrane Pflanzen an.*

WARUM SIE FASZINIEREN: *Lenzrosen blühen früh in der Saison und überraschen selbst die Züchter. Denn die durch Samen vermehrten Hybriden sind Einzelstücke.*

WAS SIE BRAUCHEN: *Ein halbschattiger Platz in sandigem Lehm gilt als ideal. Sonne wird vertragen, wenn der Boden feucht genug ist.*

Links: Diese Hybride, die Wilko »Double Picotee« getauft hat, fasziniert durch die subtile Zeichnung ihrer Blüten und einen hauchdünnen, purpurfarbenen Rand. **Oben:** Auch wenn Liebhaber gerne ihr Portemonnaie zücken würden, das Schild »Niet te koop« spricht eine klare Sprache, die man auch als Deutscher versteht. Dieses Prachtstück aus seiner Sammlung vom Typ »Double Soft Pink« verkauft Wilko nicht.

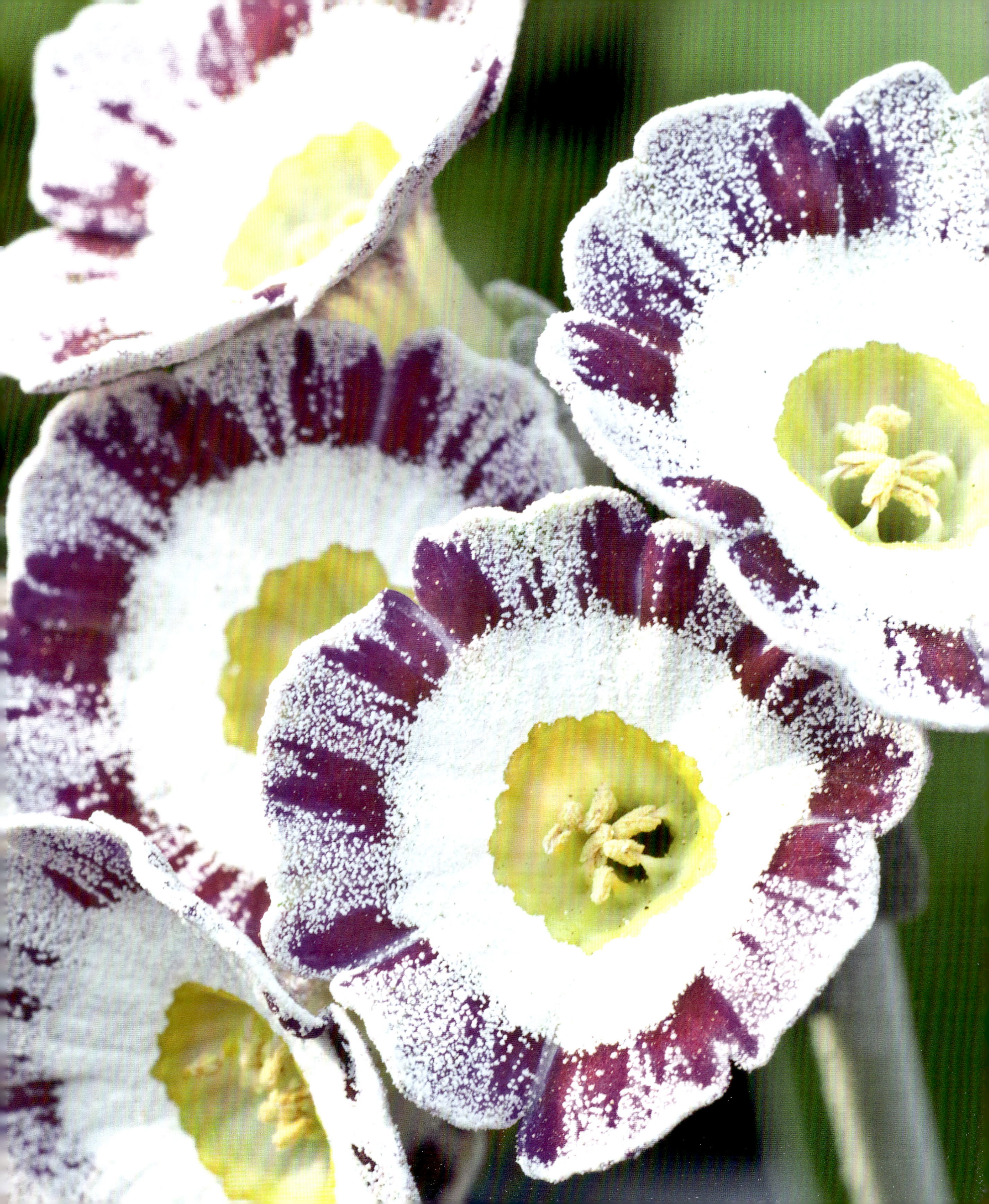

FRIEDRICH MOYE, RHEINE, MÜNSTERLAND (D)

Der Blumenretter

Aurikel, Primula × auricula

Sie gehört zur gleichen Gattung wie die Kissen-Primel *(Primula vulgaris)*, doch die Aurikel wird nicht zum Spottpreis im Supermarkt oder Gartencenter verkauft. Wer sich in sie verliebt, muss nach ihr suchen. Sie ist keine Massenware – zum Glück. Vielleicht rührt ihr Charme daher, dass die Form ihrer Blüte so wirkt, als habe ein Kind sie gemalt. Doch die vielen Spielarten, in denen Gärtner die Aurikel im Laufe der Zeit gezüchtet haben, übertreffen selbst blumigste Kinderfantasien und sorgen dafür, dass eine Aurikel-Sammlung abwechslungsreich und vor allem niemals vollständig ist. Das fasziniert Friedrich Moye, der diese Art schon seit Jahrzehnten hegt und pflegt.

Links: Eher pink als blau und trotzdem ein Juwel: die gestreifte Schau-Aurikel 'Blue Heaven'. **Oben links:** Wirkt hochmodern, obwohl schon 1931 gezüchtet: die Alpine Aurikel 'Joy'. **Oben rechts:** Die Sorte 'Astolat' gehört ebenfalls zu den Schau-Aurikeln und ist ein knallbuntes Kind ihrer Zeit. Sie wurde 1971 gezüchtet und versprüht die unbekümmerte Fröhlichkeit jener »Prilblumen«, die ein Jahr später erstmals die Spülmittelflaschen zierten.

Erst chic, dann ausgemustert, heute wieder »in«

Mit der Mode ist es so eine Sache. Trends kommen und gehen und rückblickend gilt so manches Outfit, das einst angesagt war, heute als untragbar. Wie sich die Wertschätzung für eine Pflanzenart im Laufe der Zeit wandeln kann, lässt sich anhand der Aurikel bestens nachvollziehen. Die ersten Aurikel-Hybriden entstanden vermutlich zufällig durch eine Kreuzung der gelb blühenden Alpen-Aurikel *(Primula auricula)* mit der zumeist rosa blühenden Behaarten Primel *(Primula hirsuta)*. Entdeckt wurde sie schon im 16. Jahrhundert an ihrem Naturstandort in der Nähe von Innsbruck. Ein Professor suchte seinerzeit nach seltenen Alpenpflanzen und stieß auf die ihm bis dahin ungekannte Kreuzung. Die kunterbunte Mischung dieser Sämlinge faszinierte schon die Züchter der damaligen Zeit. Sie wählten die schönsten Exemplare aus und vermehrten sie sortenrein durch Ableger. Die Faszination der kleinen Pflanzen mit ihren ungewöhnlich leuchtenden Blüten hielt mehrere Generationen. Auch zu Goethes Lebzeiten präsentierten die Aurikel-Liebhaber ihre Schützlinge voller Stolz. Besonders hübsche Exemplare wurden in speziellen Tontöpfen und geschützt auf überdachten Blumentreppen, den so genannten Aurikel-Theatern, präsentiert.

Auch als Friedrich Moye dieser Art während seiner Gärtnerlehre in den 1950er-Jahren begegnete, waren sie geschätzt. In Papiermanschetten gesteckt, waren sie ein beliebtes Mitbringsel und in den Gärten hatten sie ebenfalls Wurzeln geschlagen, erinnert sich Friedrich Moye: »Damals wuchsen sie ganz oft als Randbepflanzung der Wege hinter einer Buchsbaumkante. Sie blühten in den Farben Rot, Rosa, Gelb und Blauviolett, oft in leicht verblassten Varianten.« Ob es daran lag, dass sie zu gewöhnlich erschienen, ist heute schwer zu sagen, jedenfalls wurden seinerzeit viele Aurikeln wie Unkraut gejätet und auf den Kompost geworfen.

Oben: So schön kann ein »Schilderwald« sein. Ein Blick auf die sorgfältig etikettierten Töpfchen lässt das Herz jedes Aurikel-Sammlers höherschlagen. Auch Laien zaubert so viel versammelte Fröhlichkeit im Topf unweigerlich ein Lächeln auf die Lippen. **Rechts:** Mit der unendlich anmutenden Vielfalt an Farb- und Bemehlungsvarianten ist die Auswahl noch nicht vollständig beschrieben. Aurikeln sind auch gefüllt zu haben, hier die Sorte 'Blakeney'.

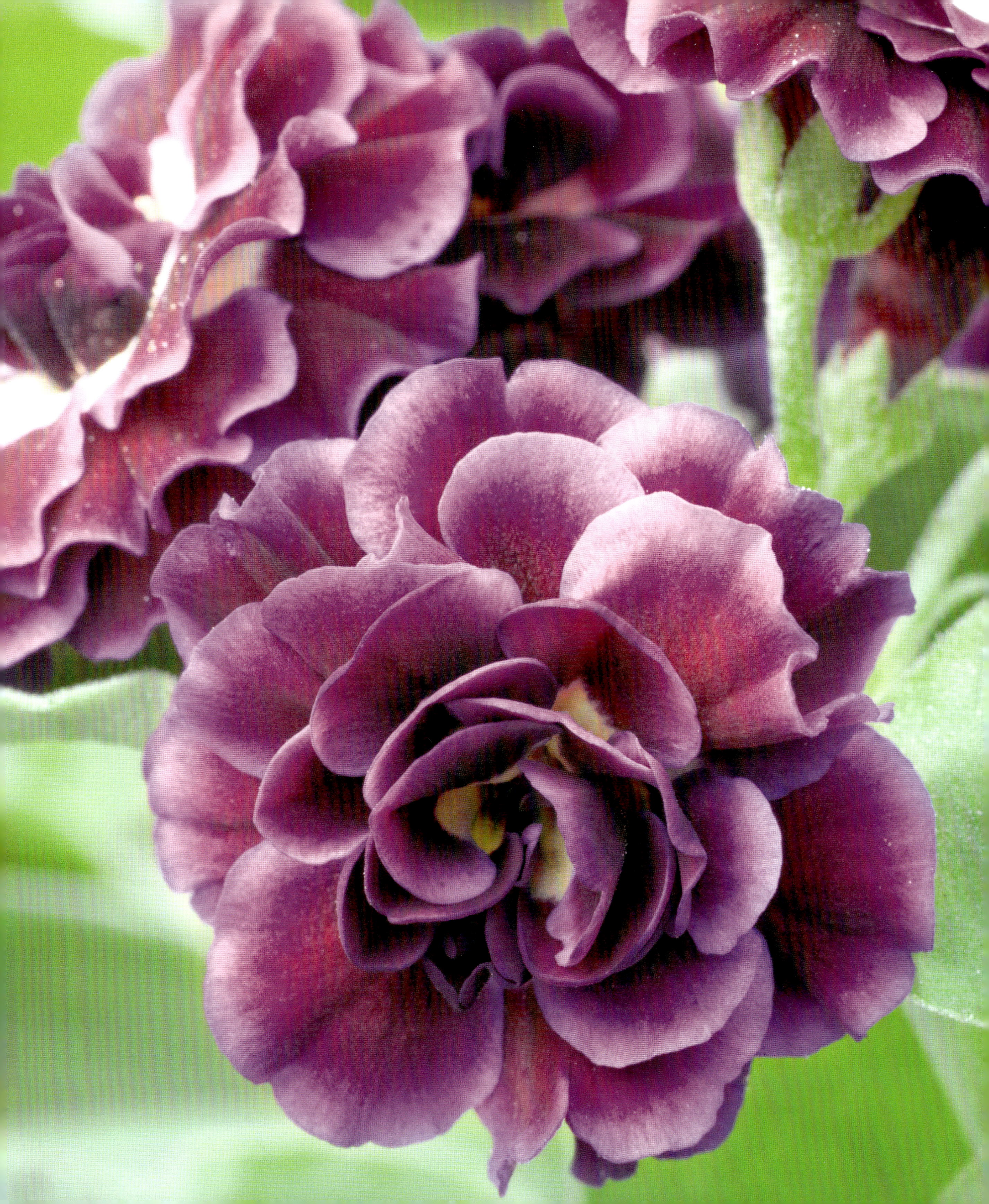

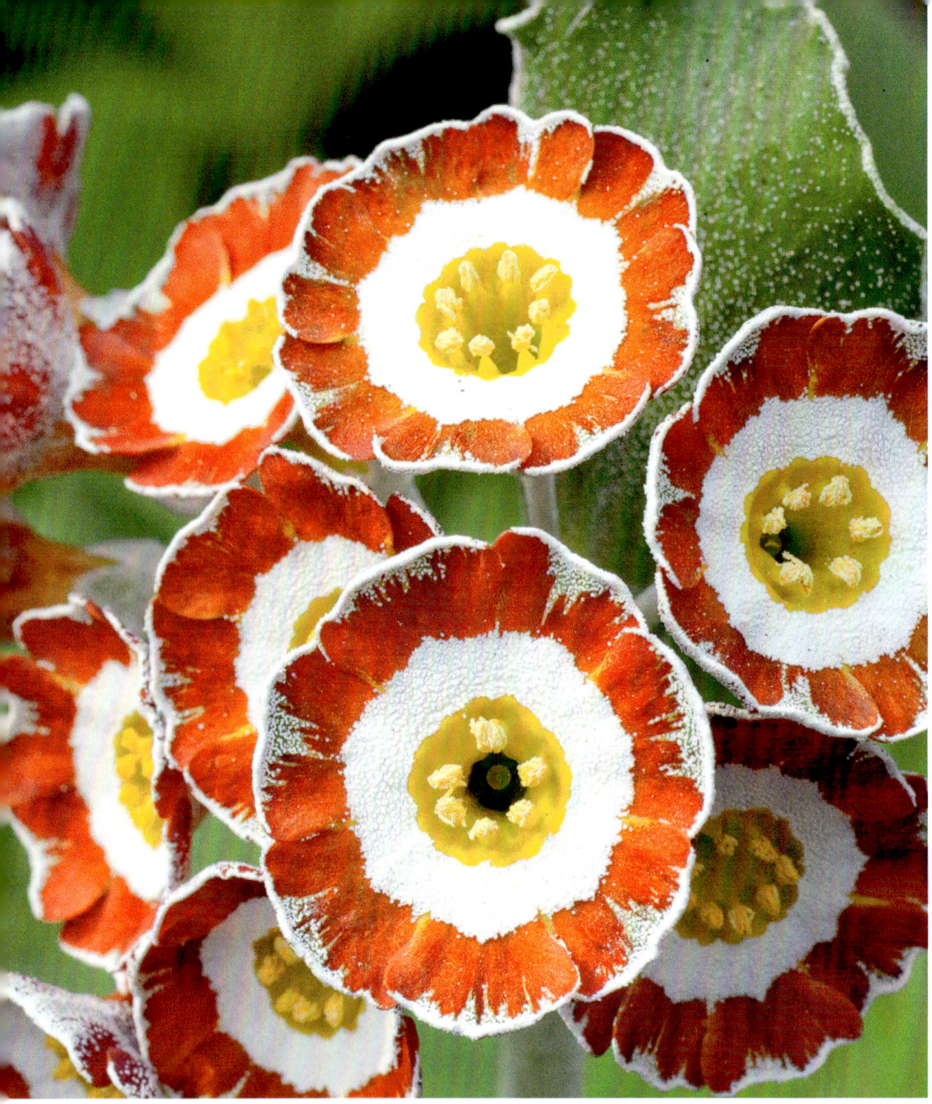
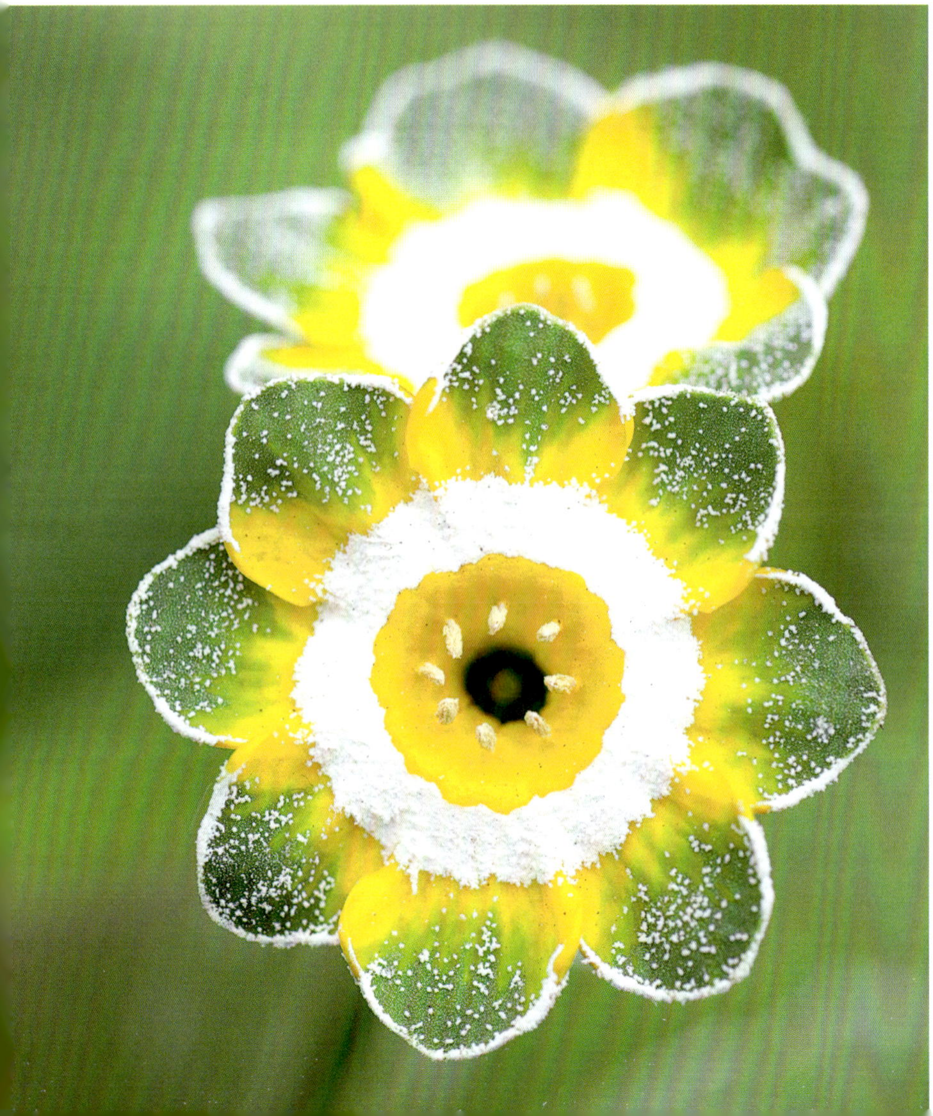
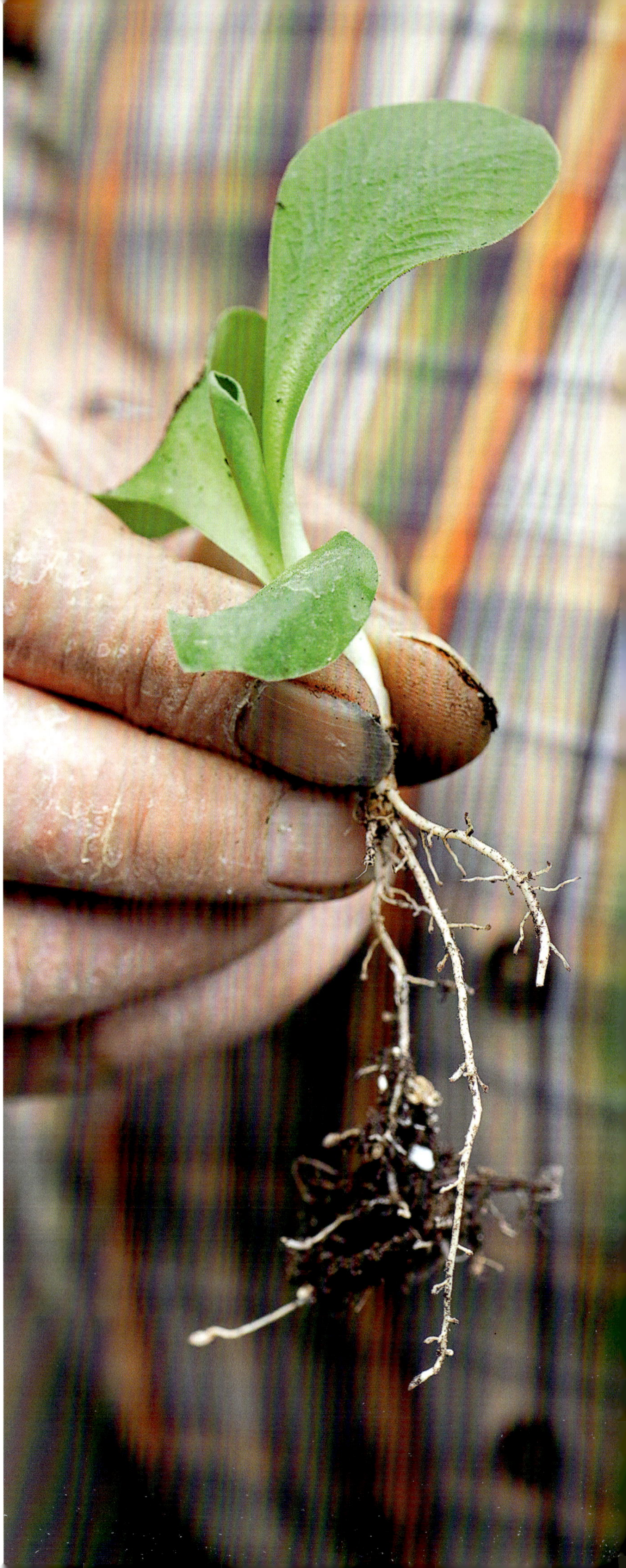

Aurikel, *Primula* × *auricula* – **27**

*Selbst ein Sammler kultiviert Sorten,
die auch Einsteigern Freude machen*

Was für Außenstehende wirkt wie eine unüberschaubare Versammlung bunter Blüten ist für Friedrich Moye keineswegs verwirrend. Er kennt sich in seiner riesigen Sammlung bestens aus. Damit er jeden Quadratzentimeter optimal nutzt, stehen die Töpfe bei ihm lückenlos in den Frühbeetkästen. Möchte er ein Exemplar herausnehmen, balanciert er zielsicher und achtsam so lange auf einer Latte über den Aurikeln, bis er in der richtigen Reihe angelangt ist.
Wenn er auf der Suche nach einer für Anfänger geeigneten Pflanze ist, greift er zu Alpinen oder Garten-Aurikeln, die nicht vor Regen geschützt werden müssen und ausgepflanzt werden können. Allein bei diesen Aurikeln ist die Auswahl groß genug: gelbe oder helle Mitte? Gefüllt oder einfach? Mit Randfärbung? Und welche Farbe soll der Rest der Blüte haben? Es gibt (fast) nichts, was es nicht gibt.

Offensichtlich war sie plötzlich aus der Mode gekommen. Wenn ein Gartenbesitzer Friedrich Moye damals bat, die Aurikeln zu entfernen, brachte er es meist nicht über das Herz, alle Pflanzen einfach wegzuwerfen: »Ich nahm einige der schönsten Exemplare zu mir nach Hause mit und kultivierte über die Jahre mal mehr, mal weniger Aurikeln.« Mittlerweile ist Friedrich Moye zwar in Rente, aber in Sachen Aurikeln aktiver denn je und die so charmant und heiter wirkenden Primel-Abkömmlinge werden wieder gepflanzt. Heute kann er seine Leidenschaft für die Schmuckstücke mit zahlreichen Liebhabern in In- und Ausland teilen.

Obwohl er rund 850 Sorten kultiviert, gibt er sich ganz bescheiden und legt keinen großen Wert darauf, seine eigenen Kreationen auch als Sorten anerkennen zu lassen: »Natürlich entstanden durch Aussaaten neue Sorten. Ich lasse sie aber nicht durch englische Spezialisten begutachten. Daher kann ich mich auch nicht zu den großen Züchtern zählen.« Außerdem lässt er sich gerne von der Natur überraschen und überlässt die Bestäubung gerne dem Wind oder den Insekten. »Wenn ich unbedingt eigene Sorten erschaffen wollte, müsste ich meine Aurikeln von Hand bestäuben. Man möchte ja schließlich wissen, wer die Eltern sind.« Ihm ist die Freude an seinen Schützlingen wichtiger als ein offizieller Sortenname. Statt ihnen Namen zu geben, beschreibt er seine Kreationen lieber: »Grün gerandet«, »Helles Burgund« oder »Rot Lila« sind nur einige Beispiele für jene Zufallssämlinge, die ihm so zuvor noch nie begegnet sind und die er deshalb »ausgelesen«, also »selektiert« hat. »Wenn ich Aurikeln an einen anderen Sammler verschicke, packe ich manchmal einen Topf mit so einer Überraschung ins Paket.« Bei den Adressaten ist die Freude natürlich groß, denn wenn selbst Friedrich Moye eine Aurikel neu vorkommt, dürfte das auch für alle anderen Liebhaber dieser Art eine kleine Sensation sein. Die meisten seiner Aurikeln kennt Friedrich Moye aber ausgesprochen gut und kann sie beim Namen nennen.

Links: Behutsam hält Friedrich Moye einen Ableger von *Primula* × *auricula* 'Langley Park' zwischen Daumen und Zeigefinger. **Links oben:** Die Sorte 'Greta' gehört zu den Schau-Aurikeln und wurde schon im Jahre 1926 gezüchtet. **Links unten:** 'Nantenan', eine Züchtung aus dem Jahr 1980, ebenfalls eine der fotogenen Schau-Aurikeln, die man vor Regen schützen sollte und dafür mit diesem fast unwirklich schönen Anblick belohnt wird.

Mit oder ohne Dach? Das ist hier die Frage!

Friedrich Moye versteht sich als Sammler und Bewahrer der Aurikel-Vielfalt und vermehrt viele absolute Raritäten. Die allermeisten von ihm kultivierten Sorten wurden in England gezüchtet. Und weil Moye seine Pflanzen durch Ableger vermehrt, kann er auch sicher sein, dass diese Abkömmlinge identisch mit der Mutterpflanze sind. Kurz: Das, was das Etikett verspricht, wächst auch im Topf und er kann diese von ihm vermehrten Schätze guten Gewissens an andere Sammler weitergeben. Etiketten braucht er angesichts der Vielfalt auf jeden Fall. Dabei ist es mit dem reinen Sortennamen bei der Aurikel noch lange nicht getan. Wegen der diversen Spielarten, die sich im Verlaufe der Züchtungsgeschichte entwickelten, entstand zur besseren Übersicht ein für Außenstehende rätselhaft anmutendes System: Aus dem Englischen abgeleitete Abkürzungen wie GES (für grün gerandete Schauaurikel), YSS (für gelbe Schau-Aurikel) oder LC (für Alpine Aurikel mit hellem Auge) erleichtern es Liebhabern, eine Aurikel mit den Wunschmerkmalen zu finden. Bevor man diese und die vielen anderen Kürzel auswendig lernt, sollte man wissen, wo die Aurikel wachsen könnte. Denn zumindest zwei Hauptgruppen sollten auch Laien unterscheiden: Garten- und Alpine Aurikeln, die ausgepflanzt werden können, und jene wie von Puderzucker überhauchten Schau-Aurikeln. Diese Schätze sollten im Topf gehalten und vor Regen geschützt aufgestellt werden. Einen Schauer würden sie zwar überstehen, aber die spektakuläre Bemehlung der Blüten wäre dahin.

Minusgrade überstehen sämtliche Aurikeln übrigens gut, schließlich sind die Vorfahren in den Alpen heimisch. Man könnte also auch die Schau-Aurikeln auspflanzen. Wer das tun möchte, dem rät Friedrich Moye, die Schmuckstücke samt Topf in den Garten zu setzen und kurz vor der Blüte, meist zwischen Mitte März und Mitte Mai, herauszunehmen.

Oben links: Die Sorte 'Twiggy' beweist, dass es Show-Aurikeln auch als dezente Ausgabe gibt. **Oben rechts:** Etiketten mit genauer Sortenbeschriftung sind Pflicht und sammeln sich zwangsläufig an. In einen Tontopf gesteckt, sehen selbst schnöde Exemplare aus Plastik dekorativ aus. **Rechts:** Auch Schönes kann man noch schöner machen. Die traditionellen Blumentöpfe aus Ton, genannt »Long Toms«, stehen Aurikeln ausgezeichnet.

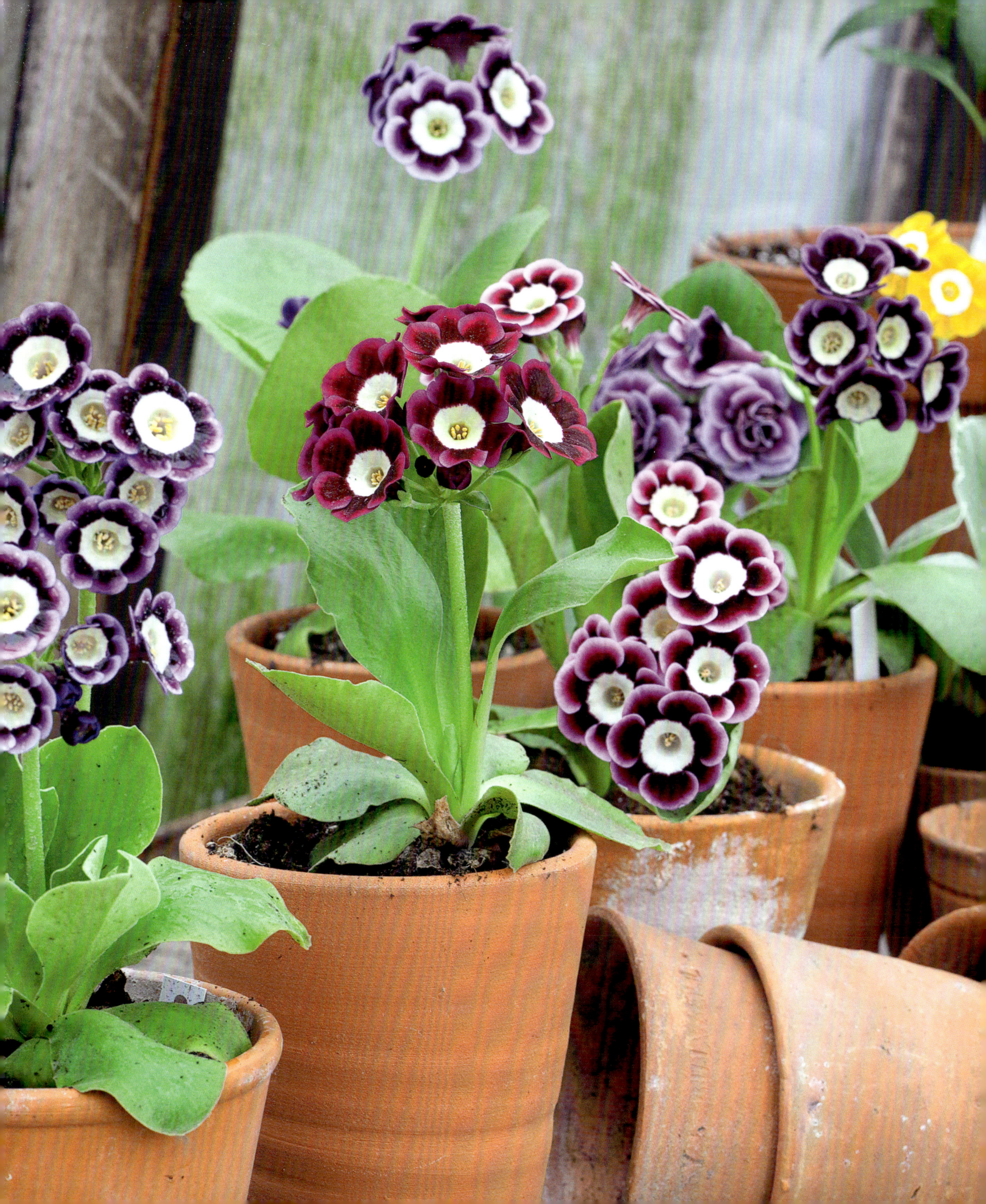

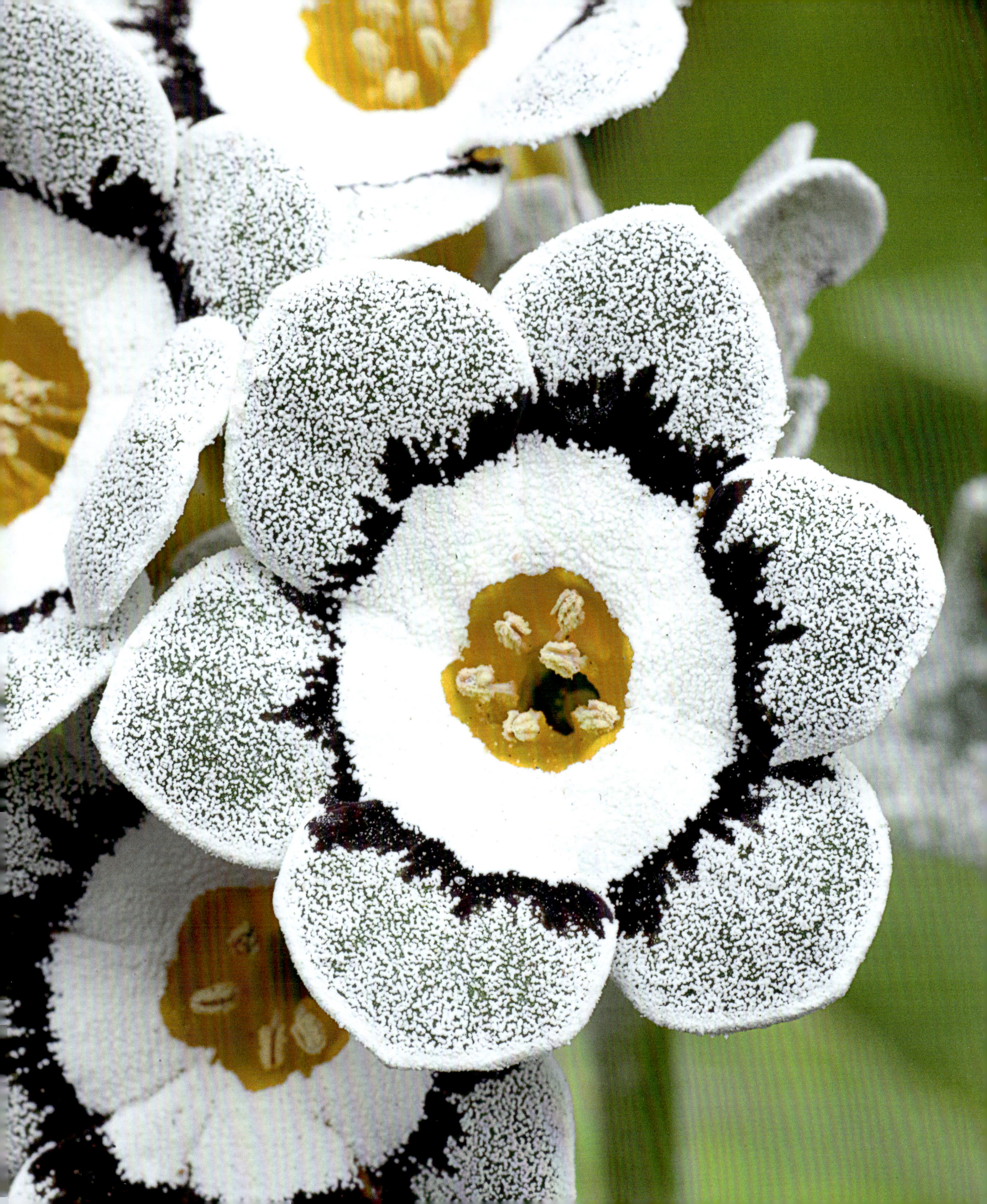

Aurikel, *Primula × auricula* – **31**

Im Topf gut aufgehoben und vermehrt

Wenn sich die Knospen öffnen, werden die Töpfe in ein unbeheiztes Gewächshaus oder auf eine überdachte Veranda gestellt. So geschützt, kann die kunstvolle Bemehlung bewundert werden, ganz egal, ob sich der Frühling gerade wieder von seiner launischen, will heißen: feuchten Seite zeigt. Apropos Feuchtigkeit – wie die meisten Primelgewächse braucht auch die Aurikel einen halbschattigen Platz in nicht zu trockener Erde. Zu feucht sollte es aber auf gar keinen Fall sein. Schwere Lehmböden, die zu Staunässe neigen, sind für die Aurikel völlig ungeeignet. Deshalb halten viele Liebhaber sogar ihre Garten-Aurikeln im Topf. Dort lässt sich die Feuchtigkeit des Substrats am besten kontrollieren – sofern man zu Hause ist. Weil die kleinen Töpfe rasch austrocknen, lassen manche Sammler ihre Schützlinge nicht einmal übers Wochenende allein. Und Friedrich Moye? »Zum Glück habe ich einen guten Schwiegersohn und Enkel, die für mich eintreten, wenn ich einmal krank oder im Urlaub bin.« Die sortenreine Vermehrung seiner Schützlinge übernimmt er aber immer selbst. Alle drei bis vier Jahre, wenn die Aurikeln zu hoch aus dem Topf herausgewachsen sind, werden sie umgetopft und wieder tiefer eingesetzt. Die kleinen Ableger nimmt er bei dieser Gelegenheit aus der Erde, setzt sie in eigene, kleine Gefäße. Alle Ableger? Fast. Etwas entschuldigend fügt er hinzu: »Heute landet sogar bei mir der ein oder andere Ableger auf dem Kompost.« Natürlich nur von jenen Sorten, von denen mehr als genug Exemplare bei ihm wachsen.

DAS WIRD GESAMMELT: *Friedrich Moye kultiviert mittlerweile rund 850 Aurikel-Sorten und darüber hinaus viele Zufallssämlinge.*

WARUM SIE FASZINIERT: *Abgesehen von der Farbvielfalt und den Spielarten der Bemehlung, strahlen Aurikeln eine anrührend wirkende, naive Fröhlichkeit aus.*

WAS SIE BRAUCHT: *Ein halbschattiger Standort in einem humosen, kalkhaltigen Boden gilt als ideal. Ragen die Pflanzen weit aus der Erde, sollten sie aus dem Topf oder Beet genommen und wieder tiefer in die Erde gesetzt werden.*

Links: Die Schau-Aurikel 'Sharmans Cross' verblüfft durch den Kontrast zwischen weißer Bemehlung und beinahe schwarz anmutender Blüte. **Ganz oben:** Ihre Blüte ist zwar eine Show, doch die Sorte 'Donhead' gehört zu den Alpinen Aurikeln, die auch zur Blütezeit kein schützendes Dach brauchen. **Oben:** Aurikel-Nachwuchs wird tief in die Erde gesetzt. Friedrich Moye hält einen vorbildlich gepflanzten Ableger in den Händen.

JAN BRAVENBOER, EDE (NL)

Herr der Zwerge

Alpenveilchen, Cyclamen

Sofern es Imageprobleme auch bei Pflanzen gibt, könnten wir dem Alpenveilchen getrost eines attestieren. Gerne wird es als Zimmerpflanze verschenkt und meist landet es nach wenigen trostlosen Wochen im Wohnzimmer auf dem Kompost. Bei diesem Mitbringsel handelt es sich in der Regel um das Persische Alpenveilchen *(Cyclamen persicum)*, für das es im Winter draußen zu kalt und drinnen zu warm ist. Dabei gehören zur Gattung *Cyclamen* viele weitere Vertreter. Einige überstehen Minusgrade problemlos und genau diese Freiland-Arten faszinieren Jan Bravenboer. Ab dem Spätwinter haben die kleinen Knollenpflanzen bei ihm einen großen Auftritt.

Oben links: Schon ab Februar öffnet das Frühlings-Alpenveilchen *(Cyclamen coum)* seine Blüten. **Oben rechts:** *Cyclamen purpurascens* 'Green Ice' hat Jan Bravenboer selbst gezüchtet. Es blüht erst im Sommer. **Rechts:** Diese Schönheit *(Cyclamen libanoticum)* stammt aus dem Libanon.

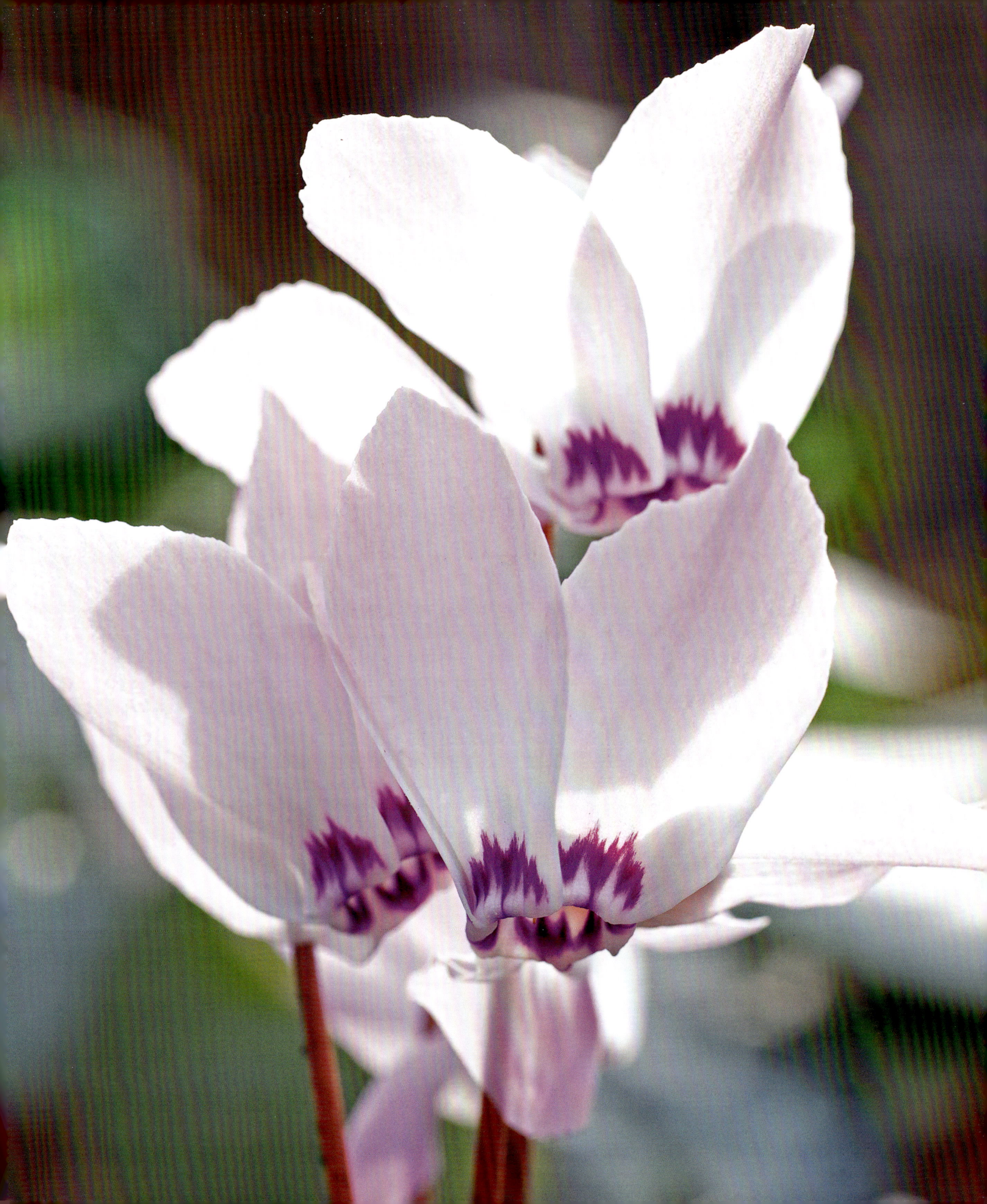

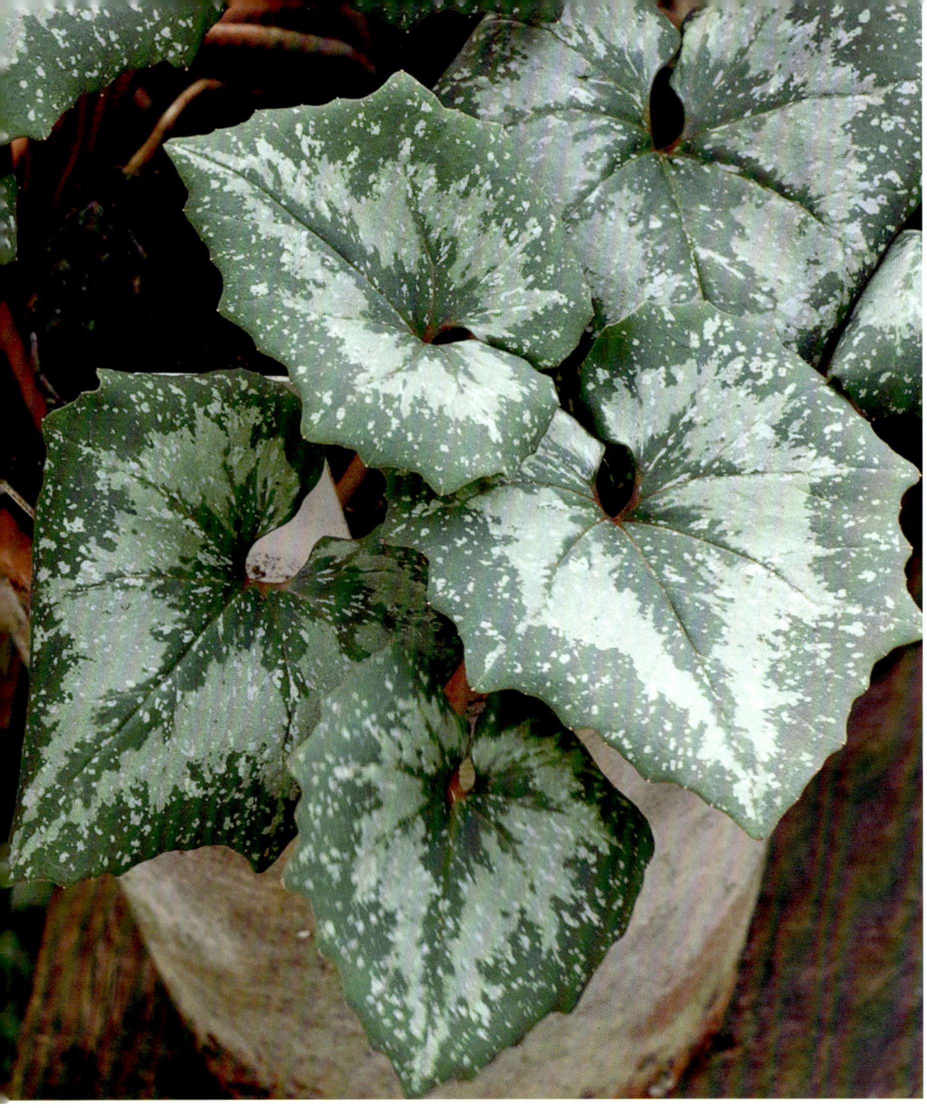
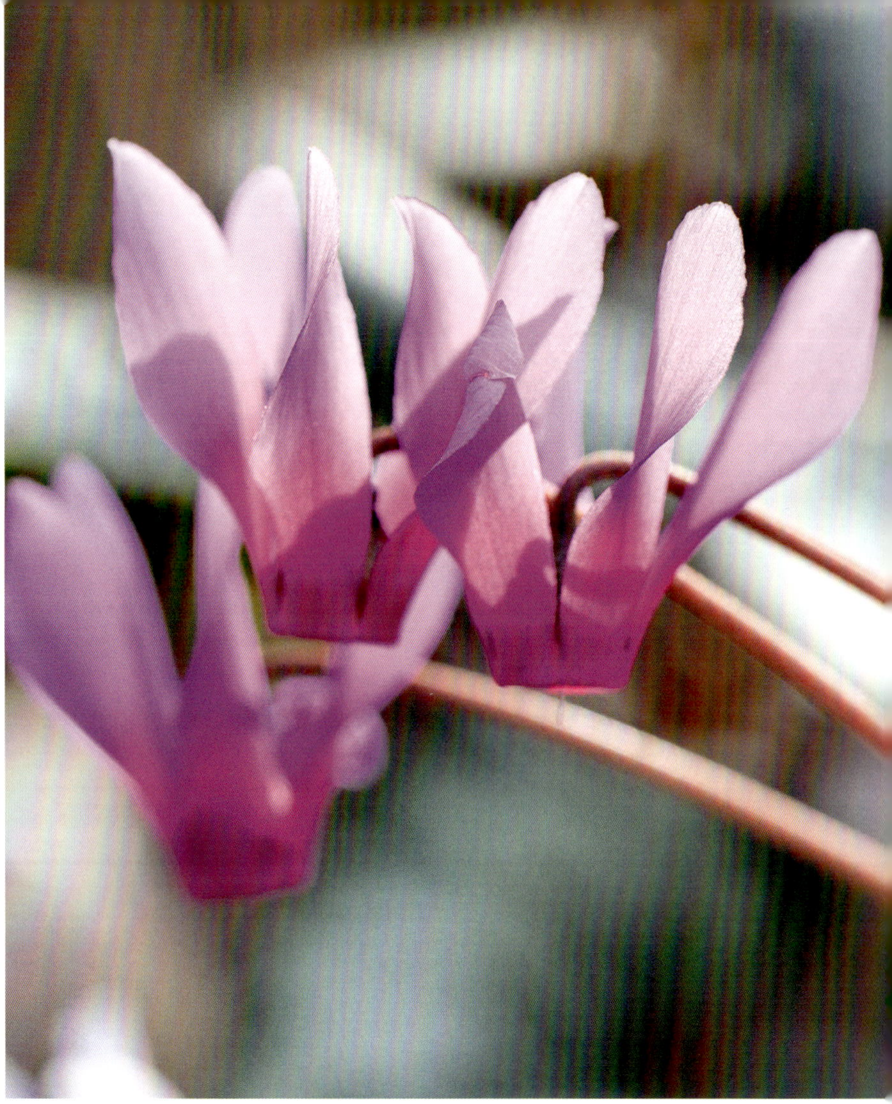
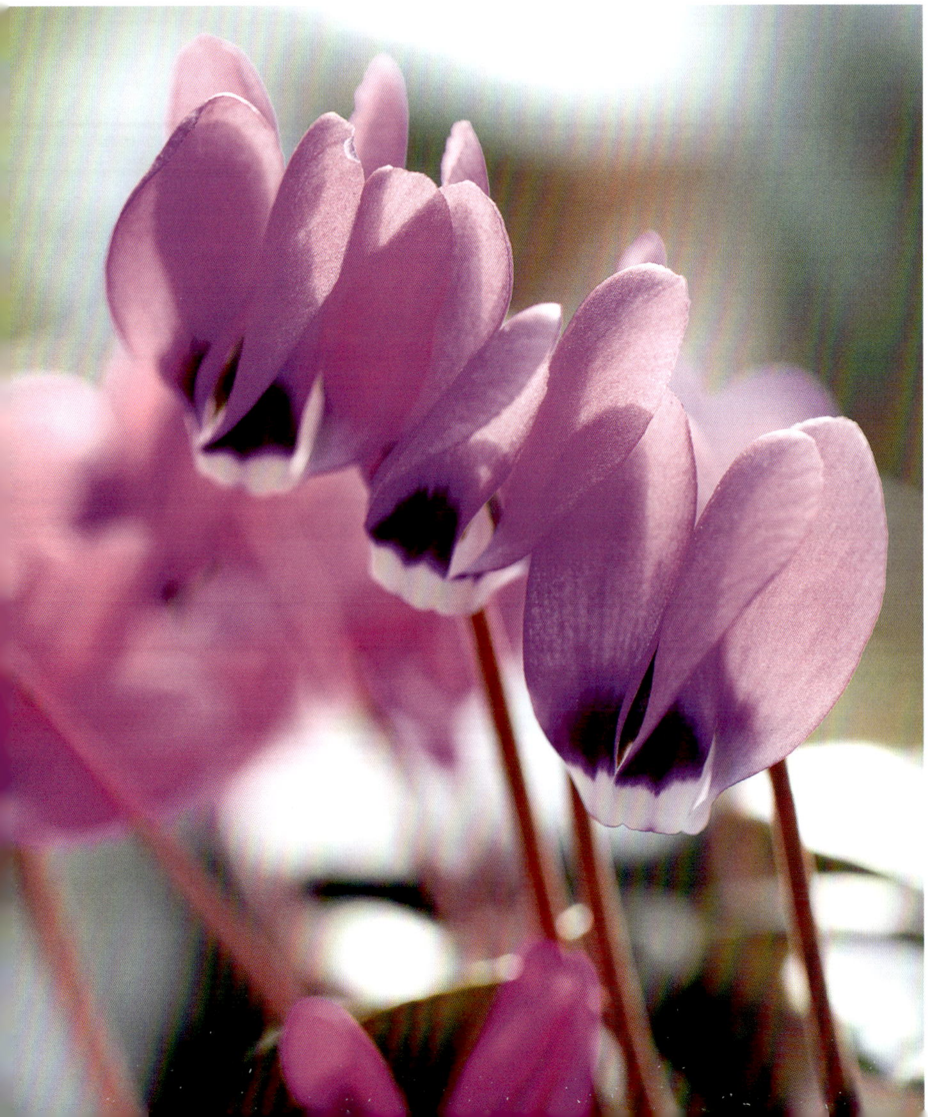
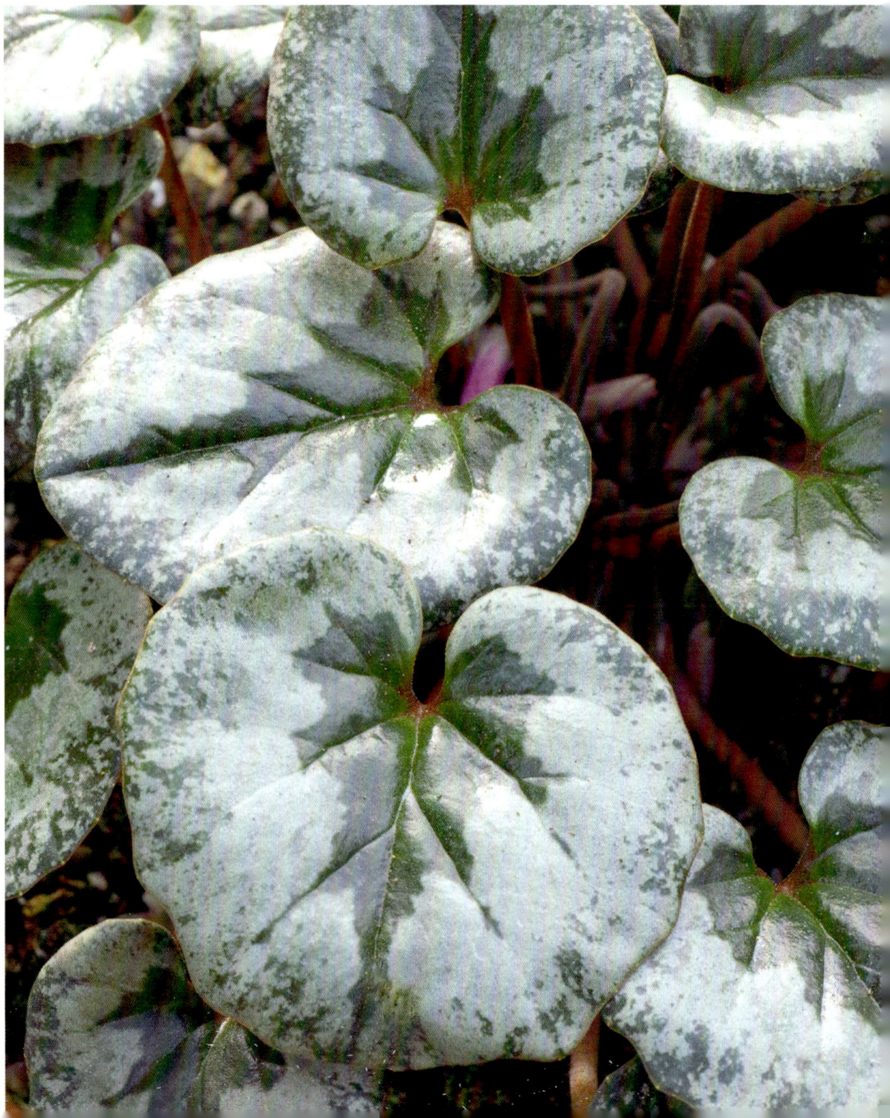

Die erste Pflanze verabschiedete sich bald

Auch in das Leben von Jan Bravenboer trat das Alpenveilchen in Form eines Geschenks. Doch ein Freund überreichte ihm keine jener großblumigen Sorten für die Fensterbank, sondern Knollen für ein rosafarbenes winterhartes Vorfrühlings-Alpenveilchen *(Cyclamen coum)*. Das war 1998 und jene Arten, die im Garten dem Frost trotzen, waren seinerzeit noch relativ unbekannt. Mit dem bekannten Duft-Veilchen *(Viola odorata)* ist das Alpenveilchen übrigens nicht verwandt. Es gehört zur Familie der Primelgewächse (Primulaceae). Und wie eine Primel ging auch Jan Bravenboers erstes Exemplar ein. Im Nachhinein kann er gar nicht glauben, welchen Platz er damals für die kleinen Knollen wählte: »Ich habe sie auf eine falsche Stelle gepflanzt. Der Boden war im Winter zu nass und der Standort lag in der prallen Sonne. Kurz: Nach zwei Jahren waren sie verrottet.« Das klingt nicht nach dem Beginn einer bis heute währenden Sammelleidenschaft. Und doch: Jan Bravenboer hatte es förmlich erwischt und er gab nicht auf. Das Wohlergehen aller folgenden Garten-Alpenveilchen überließ er nicht mehr dem Zufall, sondern bot den blühfreudigen Zwergen beste Bedingungen. Er pflanzte sie an halbschattige Standorte und spendierte dem sandigen Boden eine gute Portion Laubhumus. Dank dieser artgerechten Haltung etablierten sich die Alpenveilchen im Garten und die Kollektion wuchs mit jedem Jahr. Mittlerweile ist Jan Bravenboer ein international bekannter *Cyclamen*-Fachmann.

Dabei beschränkt er sich nicht auf das Sammeln, er vermehrt und züchtet Freiland-Alpenveilchen. Das Europäische Alpenveilchen *(Cyclamen purpurascens)* ist ihm besonders ans Herz gewachsen, vor allem die Sorte 'Green Ice'. Schließlich hat er sie erschaffen, will heißen gezüchtet. Aber auch wer keinen persönlichen Bezug zu dieser Sorte hat, versteht zumindest bei genauerem Hinsehen, dass sie etwas ganz Besonderes

Links oben: Das Geschweiftblättrige Alpenveilchen *(Cyclamen repandum)* stammt aus Südeuropa und braucht Winterschutz (links). Seine leicht gedrehten Blüten erscheinen ab April (rechts). **Links unten:** Bei *Cyclamen pseudibericum* fallen die Blüten durch ihren dunklen Basalfleck (links) und die Blätter durch die hübsche Zeichnung auf (rechts). **Oben:** Tontöpfe mit Patina lassen Jan Bravenboers Alpenveilchen gut zur Geltung kommen.

JAN BRAVENBOER, EDE (NL)

Aller Anfang ist leicht, wenn die Arten gut gewählt und kombiniert werden

In Ihrem Garten wachsen keine Freiland-Alpenveilchen und das soll sich ändern? Auch ein Kenner wie Jan Bravenboer hat Tipps für Einsteiger: »Für den Anfang empfehle ich *Cyclamen coum* für die Blüte im Frühjahr und *Cyclamen hederifolium* für einen zweiten Flor im Herbst. Von beiden Arten gibt es viele Sorten mit verschiedenen Blattzeichnungen. Das reicht bestimmt für die ersten Jahre.«
Doch Jan sammelt nicht nur, sondern gestaltet: Ab dem Spätwinter breiten die Alpenveilchen in seinem Garten mit anderen kleinen Frühblühern wie Leberblümchen *(Hepatica)*, Schneeglöckchen *(Galanthus)*, Winterling *(Eranthis)* oder Blausternchen *(Scilla)* Blütenteppiche aus. Mit der Zeit vermehren sich die Zwerge wie von selbst, sofern sie ungestört gedeihen können und von gut gemeinter Pflege, in diesem Fall dem Harken des Bodens, verschont bleiben.

ist. Vor allem wegen der Zeichnung des Laubs: In der Mitte der herzförmigen Blätter hebt sich ein silbriges Muster ab, das tatsächlich ein wenig an einen Weihnachtsbaum erinnert. Und auch die anderen Sorten können sich sehen lassen: Wer die zahllosen Töpfchen bei Jan Bravenboer mit Muße betrachtet, wird die zum Teil winzigen Unterschiede des Laubs erkennen und die Faszination, die von diesen Zwergen ausgeht, verstehen. Nach einem Rundgang durch die Sammlung wird auch der Laie die Schönheit der Blätter von 'Green Ice' erkennen und sich nicht daran stören, dass es erst im Sommer blüht. Jan Bravenboer hält die Form und Farbe der Blätter ohnehin für mindestens ebenso wichtig wie die Blüten: »Die Blüten halten wenige Wochen und das Laub können wir sieben bis acht Monate im Jahr sehen.« Die Blätter waren es auch, die Jan Bravenboer erst auf den Namen 'Green Ice' brachten. Denn die Vorfahren seiner Sorte stammen aus Oberitalien, erzählt Jan Bravenboer: »Die Sorte habe ich aus Samen von Pflanzen gezüchtet, die ich dort entdeckt hatte.

Als meine Frau Mieke und ich eines Abends auf einer Terrasse am Ufer des Ledrosees saßen, entdeckten wir das Schild eines Eissalons. Die grüne Farbe des Schilds erinnerte uns an die Blätter unserer Pflanzen und so war die Sorte 'Green Ice' geboren.« Der Name gefiel ihm so gut, dass er seinen Garten auf den Namen »Green Ice Nursery« taufte.

Jan Bravenboer betreibt zwar keine professionelle Gärtnerei, sondern bezeichnet sich bescheiden als Hobbygärtner und gibt seine Sorten nur an Privatleute weiter. Trotzdem, seine Arten- und Sortenliste liest sich für Liebhaber des Alpenveilchens wie Poesie und ist viel länger als die der kommerziellen Anbieter. Es scheint nichts zu geben, was es bei ihm nicht gibt, oder? Fast – erzählt Jan Bravenboer: »Wir züchten alle Arten, bis auf eine: *Cyclamen somalense*. Davon gibt es nur ein paar Exemplare im Botanischen Garten von Göteborg.« *Wir* sagt Jan Bravenboer, weil seine Frau Mieke ihn unterstützt und die Alpenveilchen ebenfalls liebt.

Rechts: Auf dem Gelände der »Green Ice Nursery« gedeihen die Alpenveilchen derart gut, dass sie zu einer optischen Täuschung der charmanten Art herangewachsen sind. Zumindest das ungeübte Auge würde beim Anblick dieser rund um die alte Gießkanne gewachsenen Üppigkeit in Pink und Rosa kaum vermuten, dass Elke Borkowski dieses Foto im Februar gemacht hat, als die Natur ansonsten noch weitgehend im Winterschlaf lag.

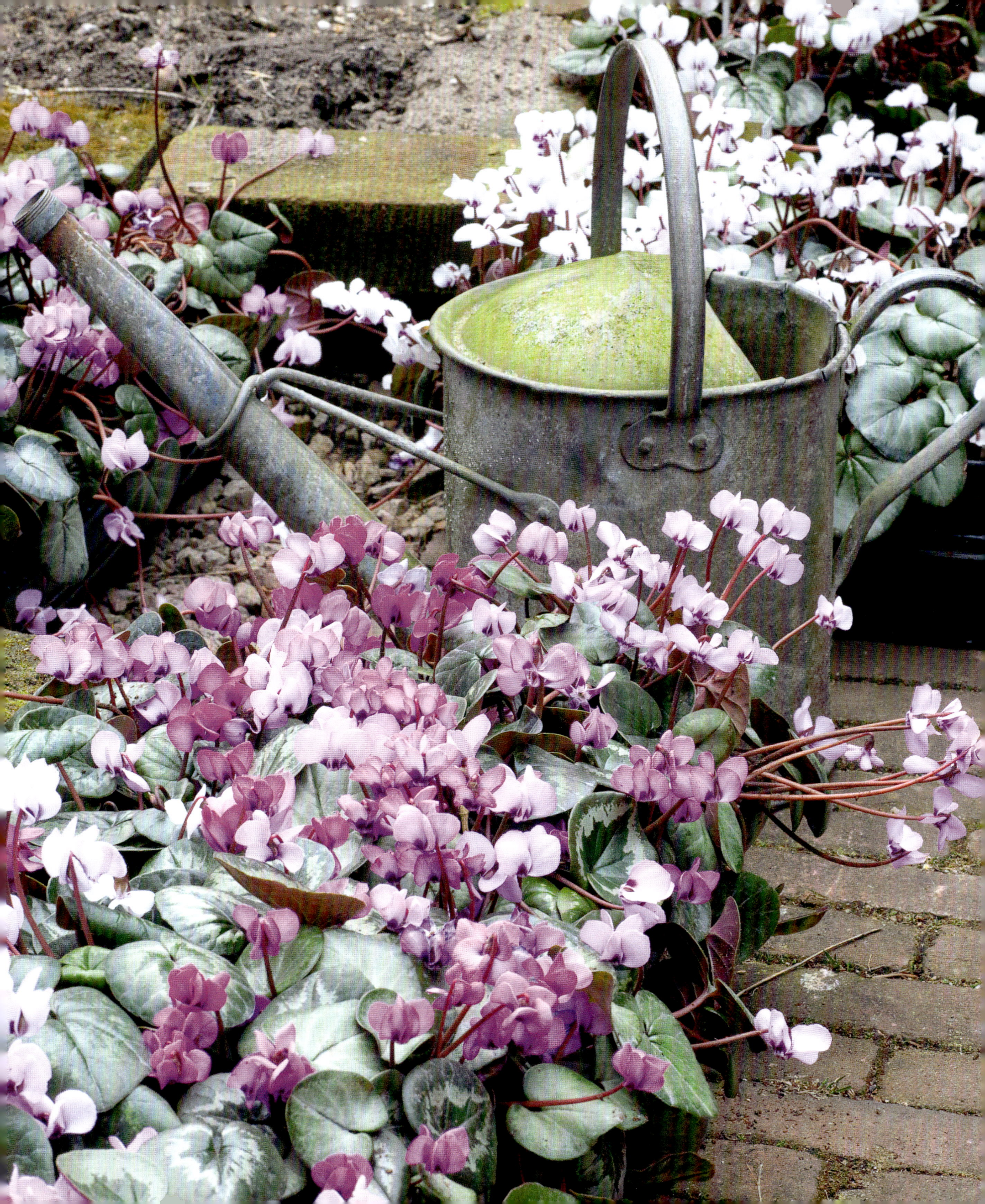

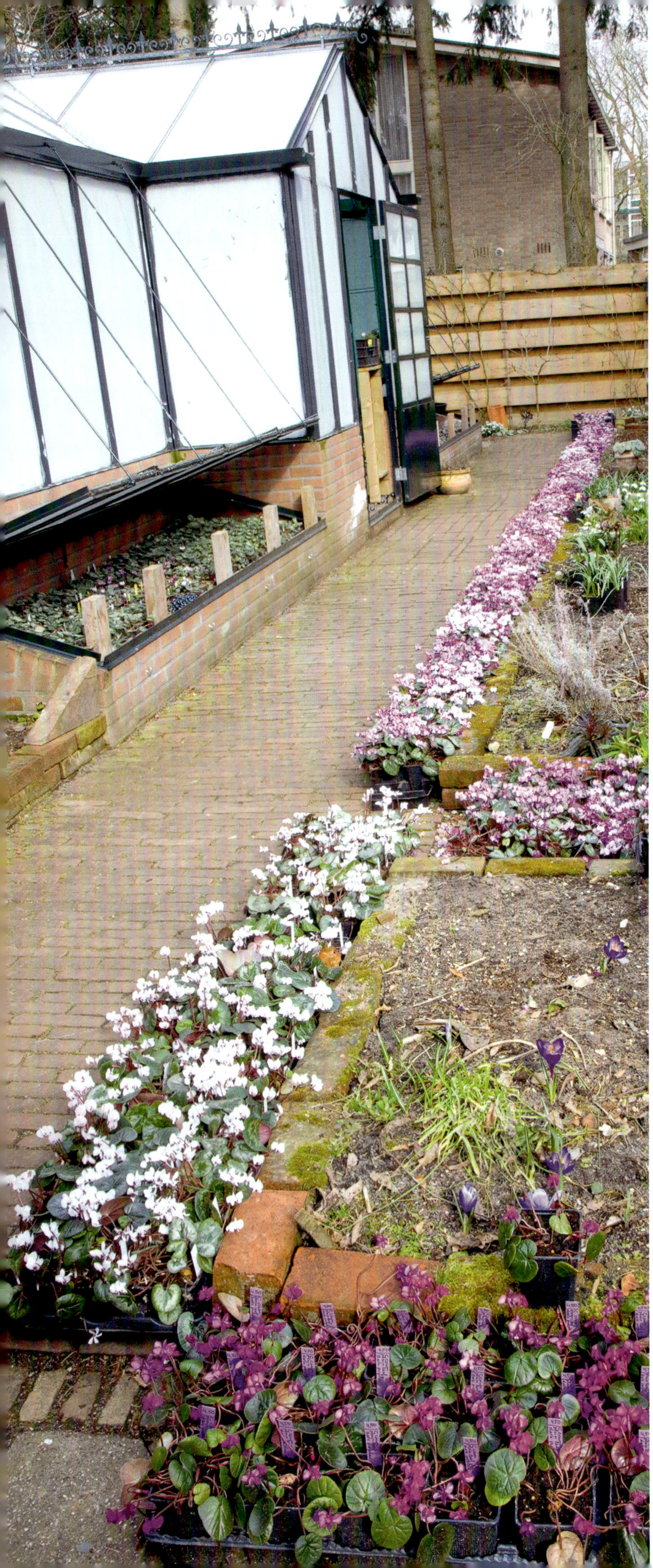

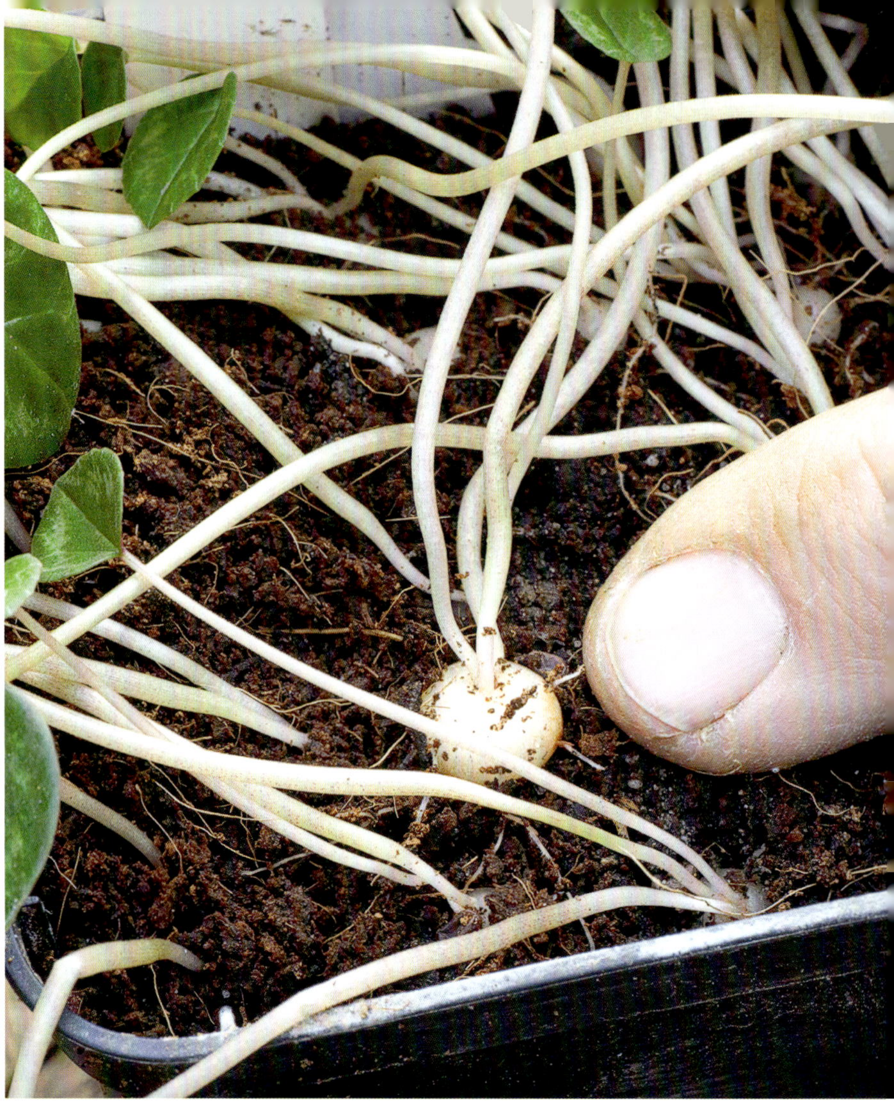

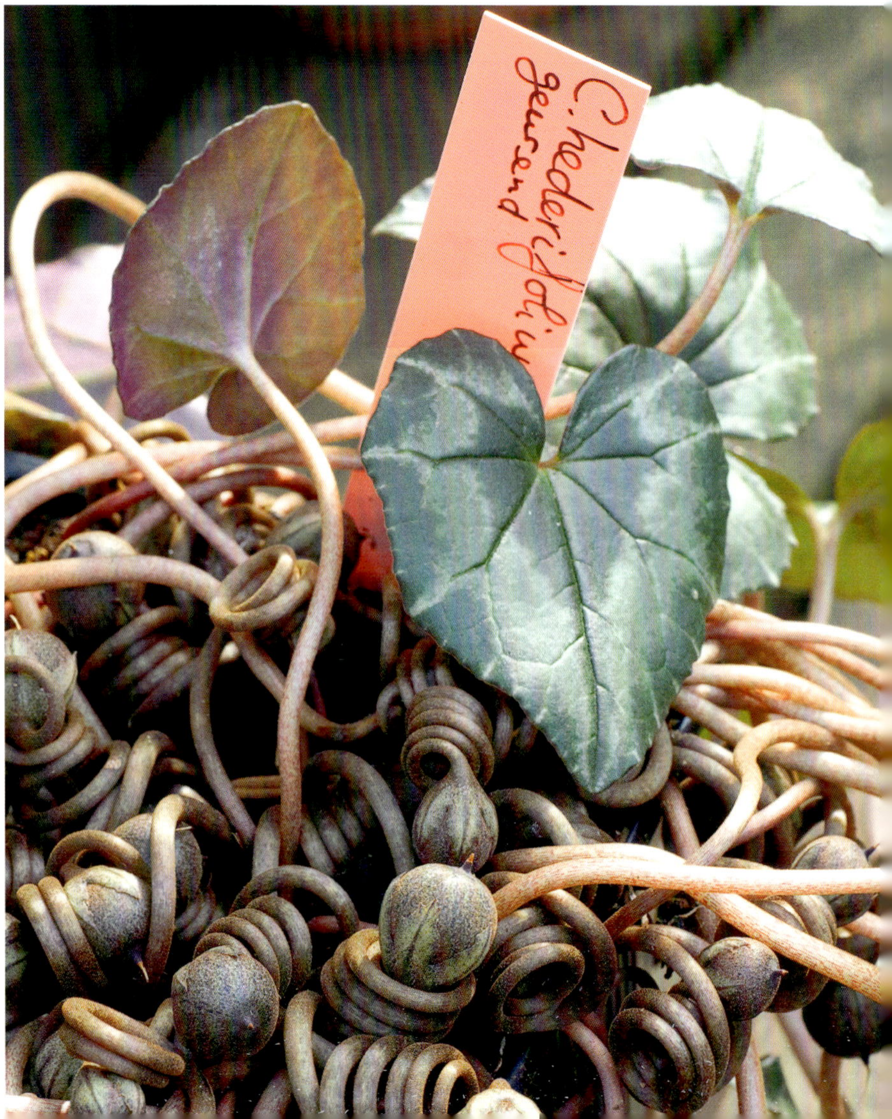

C. hederifoliu
geurend

Alpenveilchen, *Cyclamen* – **39**

Auch der Urlaub gehört den kleinen Knollen

Sie mag vor allem *Cyclamen pseudibericum* und *Cylamen repandum*. Diese beiden Arten brauchen allerdings einen geschützten Platz im Garten oder in der Nähe einer Wärme abstrahlenden Hausmauer und sind deshalb nur für wintermilde Gegenden geeignet.

Ab und zu kehren die Bravenboers der Sammlung den Rücken, selbstverständlich nur, um neue Raritäten zu entdecken. Auch Mieke hat sich längst daran gewöhnt, dass selbst der Urlaub meist im Zeichen des Alpenveilchens steht. Oft trifft man die beiden in lichten Laubwäldern an, den Blick meist Richtung Boden gesenkt, stets den wild wachsenden Vertretern der Gattung *Cyclamen* auf der Spur. Bedenken, dass die Leidenschaft für eine Pflanze einen Züchter zum kauzigen Eigenbrötler werden lassen könnte, sind aber unbegründet – ganz im Gegenteil: Das Alpenveilchen beschert dem Ehepaar weltweite Kontakte zu anderen Sammlern. Und zumindest zwei der insgesamt vier Ausstellungen der Britischen Cyclamen-Gesellschaft (»British Cyclamen Society«) sind Jahr für Jahr im Kalender eingetragen. »Wir fahren im März und im Oktober nach England, bleiben dann jeweils eine Woche und besuchen dort andere Pflanzenfreunde.« Und über den botanischen Tellerrand blickt er auch. Schneeglöckchen *(Galanthus)* und Leberblümchen *(Hepatica)* haben es ihm ebenfalls angetan und auch diese Zwerge züchtet er: Eine Sorte 'Green Ice' hat er auch von diesen beiden Arten schon kreiert.

DAS WIRD GESAMMELT: *Jan Bravenboer kultiviert mittlerweile 22 Arten und über 100 Sorten. Darunter auch neun eigene Sorten, wie 'Green Ice', eine Selektion von Cyclamen purpurascens.*

WARUM SIE FASZINIEREN: *Je nach Art beginnt die Blüte schon im Februar. Darüber hinaus interessiert Sammler vor allem die Vielfalt der unterschiedlich gezeichneten Blätter.*

WAS SIE BRAUCHEN: *Vor allem Ruhe. Die Wurzeln sollten sich ungestört entwickeln und nicht mit der Harke oder dem Rechen gestört werden. Außerdem wichtig: ein kalkhaltiger Boden ohne Staunässe.*

Ganz links: Wenn Jan Bravenboer mit den Töpfen seiner Alpenveilchen Blütenlinien in die Gärtnerei zeichnet, erinnert es an Land-Art. **Links oben:** Der Beweis! Alpenveilchen sind Knollenpflanzen. **Links unten:** Die Samenkapseln sitzen an kuriosen verdrehten Stängeln. **Oben:** Im direkten Vergleich wird deutlich, wie vielfältig Farben und Formen der Blätter sind. **Unten:** Ein Winter-Alpenveilchen *(Cyclamen coum)*, aus der Nähe betrachtet.

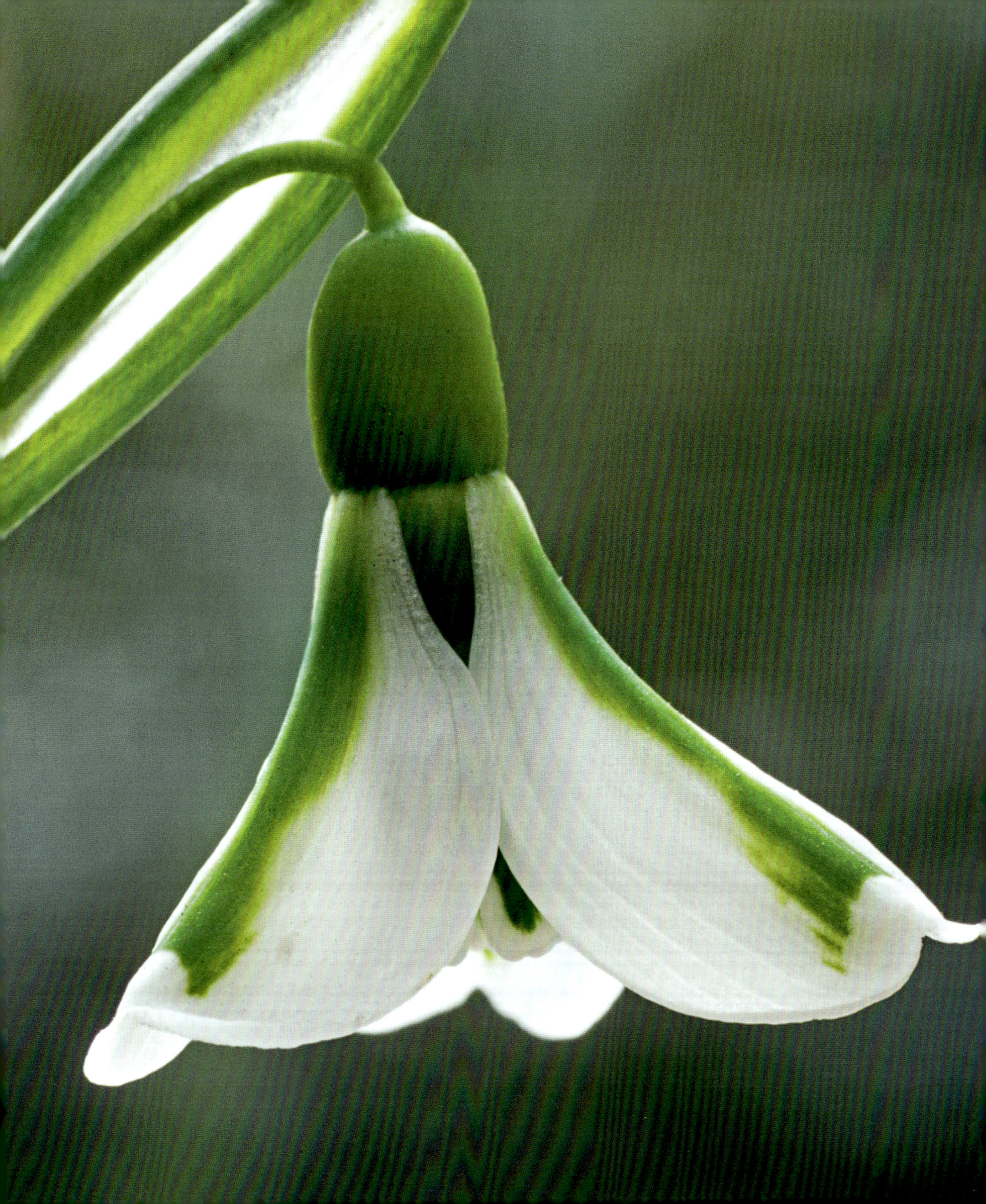

OLIVE MASON, CHADDESLEY CORBETT, WORCESTERSHIRE (GB)

Die Glockenspielerin

Schneeglöckchen, Galanthus

Schon der Zeitpunkt seiner Blüte macht das Schneeglöckchen zu einer frohen Botschafterin des bevorstehenden Frühlings. Rein optisch nehmen die meisten Menschen es aber eher als unscheinbares Gewächs wahr, das gerade mal knöchelhoch wächst und weiß blüht. Was für ein Irrtum! Liebhaber dieses Zwiebelzwerges geraten beim Anblick der winzigen Unterschiede zwischen den Formen und Zeichnungen der Blüten in Verzückung. Wer sich über die sogenannten »Galanthophilen« lustig machen möchte, sollte sich eines jeden Kommentars enthalten. Schon ein einziger Besuch bei einer Sammlerin wie Olive Mason kann die Sichtweise völlig ändern.

Links: *Galanthus plicatus* 'South Hayes' lässt mit grüner Zeichnung und gebogenen Blüten nicht nur Sammleraugen leuchten. Es ist vermutlich ein Sämling der Sorte 'Trym' und wurde im Garten von South Hayes entdeckt. **Oben links:** Bei *Galanthus plicatus* 'Sarah Dumont' fällt der gelbgrün gefärbte Fruchtknoten auf. **Oben rechts:** Es lohnt sich, vor 'Sibyl Roberta' niederzuknien. Von unten betrachtet, erkennt man, dass die Blüte gefüllt ist.

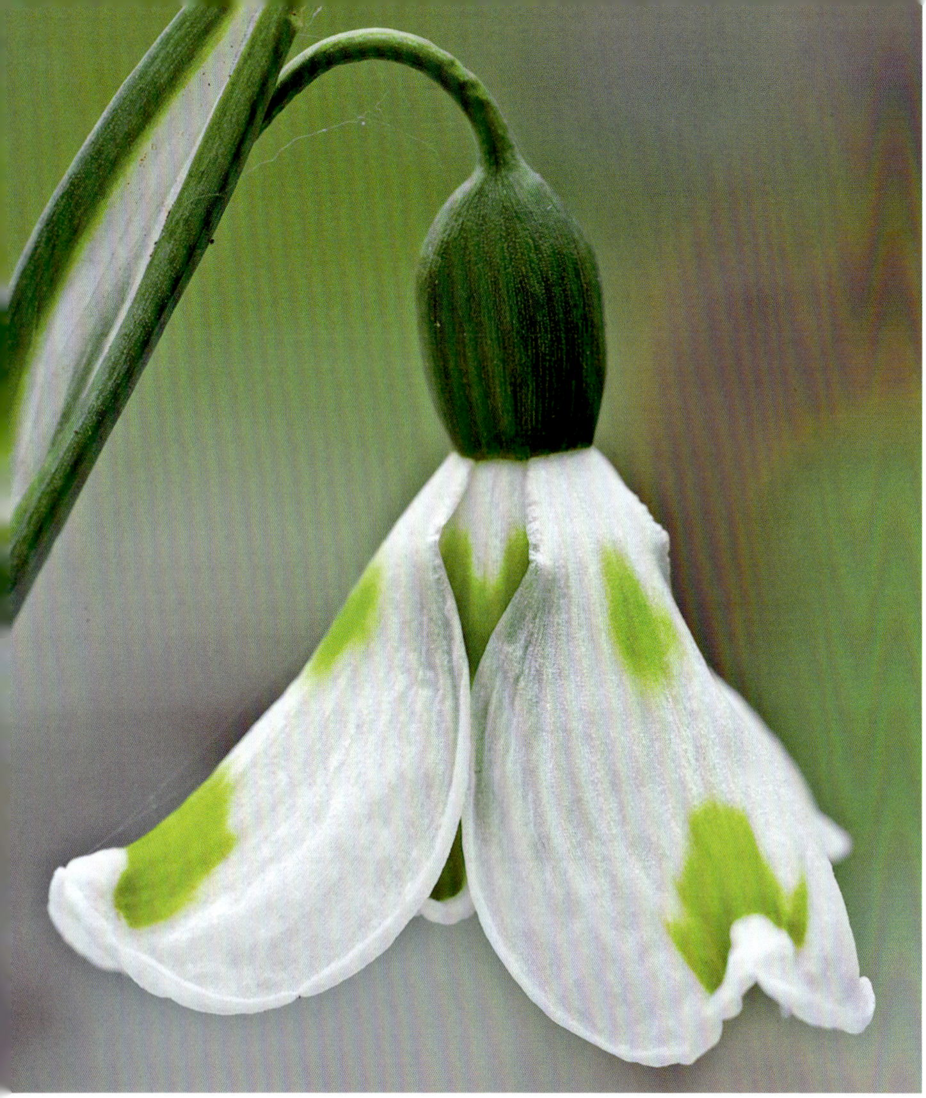
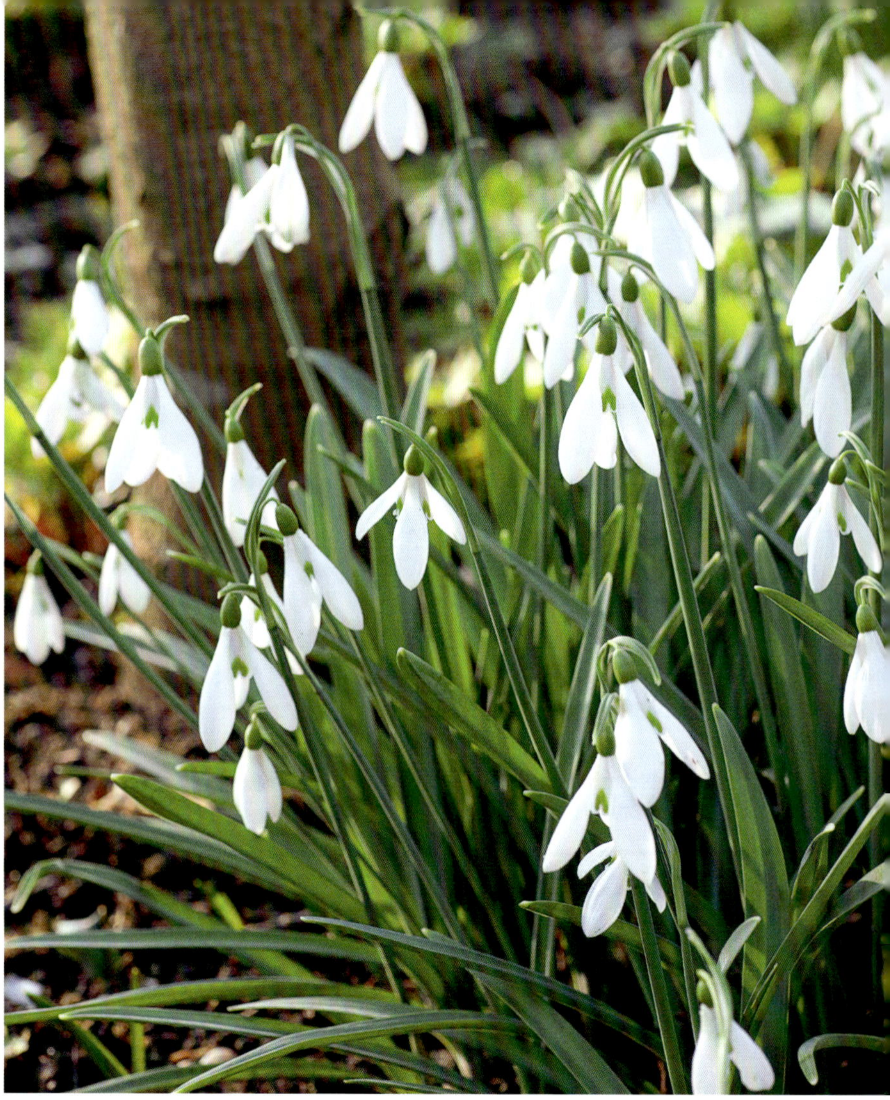
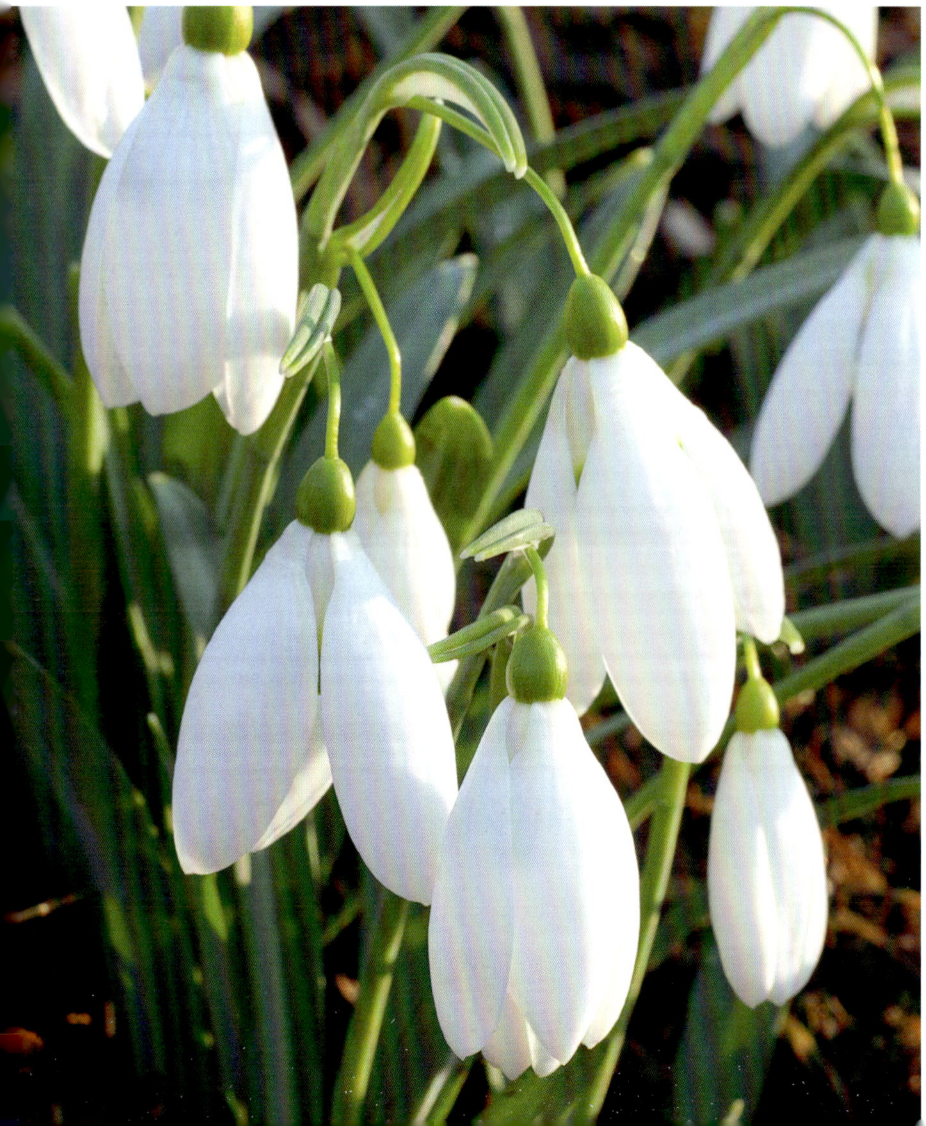
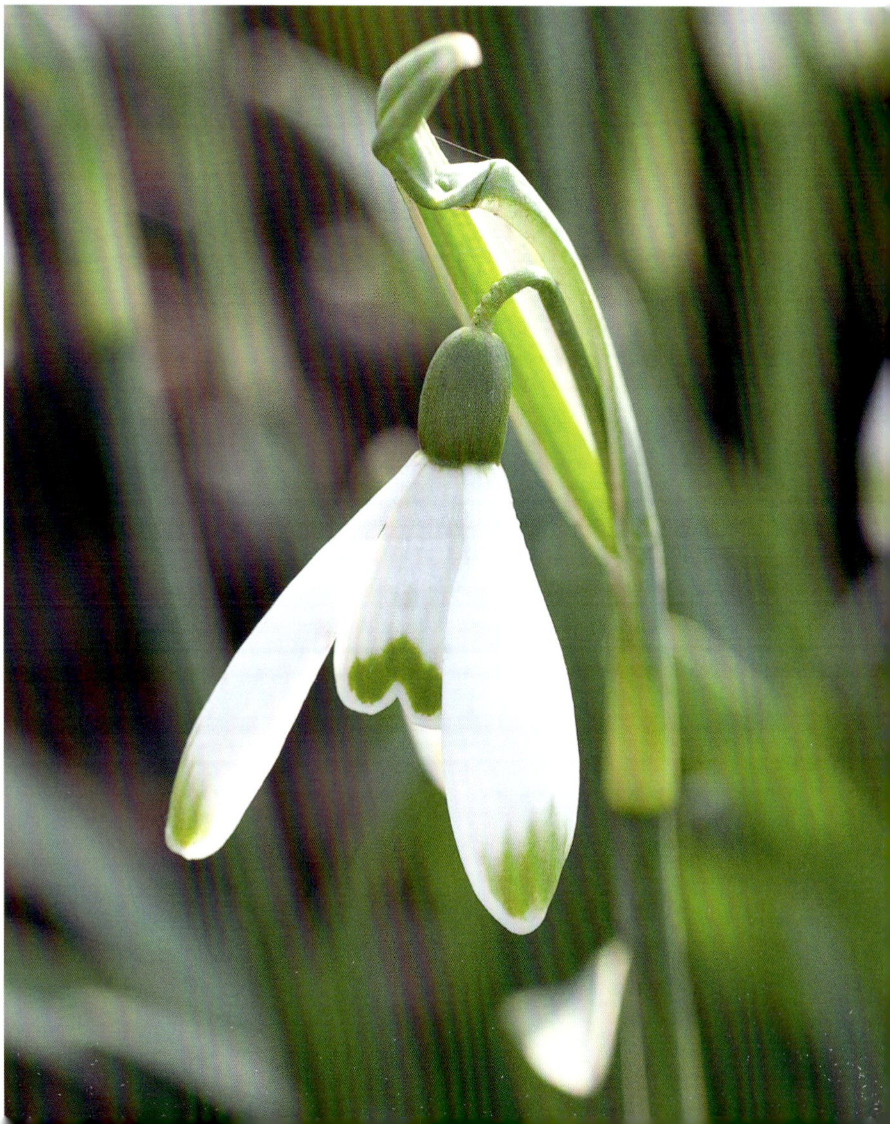

»Let's go Snowdropping« – im Skianzug

Wer die Welt von oben herab betrachtet, kann viel verpassen. Das gilt erst recht, wenn man sich Schneeglöckchen auf diese Weise nähert. Den Besuchern, die im Garten von Olive und David Mason im Spätwinter zu Gast sind, kann man diesen Vorwurf nicht machen. Ganz im Gegenteil – sie haben den Perspektivwechsel perfektioniert, um die weißen Blütenglöckchen in ihrer ganzen Schönheit betrachten zu können: Manche haben ihre Taschenspiegel dabei und schauen damit unter die Glöckchen, andere legen sich vor den Zwiebelzwergen auf den Bauch. Von letzteren sind einige sogar im Skianzug erschienen, damit sie die Liebe zu den in Großbritannien »Snowdrops« genannten Pflanzen nicht mit einer Erkältung bezahlen. Denn der Februar zeigt sich auch in der Grafschaft Worcestershire oft von seiner feucht-kalten Seite. Überhaupt: Großbritannien im Spätwinter – ein Reiseziel? Eher nicht. Trotzdem – die Menschen, die an jenem Wintertag vor den Schneeglöckchen knien oder liegen, sind teilweise sogar vom Kontinent angereist. Sie gehören zu jener kleinen, aber wachsenden Gruppe der »Galanthophilen«, wie sich die Liebhaber der Schneeglöckchen nennen. »Dial Park«, so heißt der rund 3.000 Quadratmeter große Garten von Olive und David, ist für sie, das, was in der Tourismusbranche eine Top-Destination genannt wird. Allerdings folgen »Galanthophile« ihrem eigenen Kompass. Statt vor dem Winter Richtung Süden zu fliehen, kauern sie bei widrigen Wetterbedingungen auf dem Boden, stets den Glöckchen auf der Spur. Daran, dass sich jenes illustre Völkchen alljährlich bei ihnen einfindet und beim Anblick der goldgelb gefärbten Fruchtknoten von 'Wendy's Gold' oder der nach außen gebogenen Blüten von 'South Hayes' in Verzückung gerät, haben sich Olive und David gewöhnt. »Let's go snowdropping« ist im Englischen ein bekannter Ausdruck und bedeutet so viel wie: »Lasst uns Schneeglöckchen anschauen!« Was für ein schönes Hobby.

Links oben: Selten zu finden und entsprechend kostbar – die Sorte 'Trimmer' (links). Die Hybride 'Atkinsii' entstand vermutlich aus einer Kreuzung von *G. nivalis* und *G. plicatus* (rechts). **Links unten:** 'Little Ben', eine weitere Kostbarkeit im Garten von Dial Park (links). *G. nivalis* 'Viridapice' gilt als unkompliziert (rechts). **Oben:** Mit Winterlingen und Schneeglöckchen komponiert Olive Mason Bilder, die natürlich und selbstverständlich wirken.

44 – OLIVE MASON, CHADDESLEY CORBETT, WORCESTERSHIRE (GB)

Die Glöckchen gehören zur Familie

Der in Chaddesley Corbett gelegene »Dial Park« ist ein zweifellos lohnendes Ziel für das »Snowdropping«. Deshalb rufen die zuweilen gymnastischen Bodenübungen der Besucher, die einen Blick in die gefüllte Blüte von 'Sibyl Roberta' erhaschen möchten, bei Olive keinerlei Stirnrunzeln hervor. Britisches Understatement eben und sehr sympathisch. Für Olive ist es ein Vergnügen, anderen mit ihrem Garten Freude zu machen. Und dass man die zum Teil winzigen Unterschiede in Blüte und Zeichnung nun mal am besten auf dem Boden liegend wahrnehmen kann, weiß sie selbst am besten. Schließlich teilt sie die Liebe zu den Schneeglöckchen mit ihren Besuchern. Das war nicht immer so: Schneeglöckchen hatten sie zwar schon als Kind fasziniert, doch als ihre eigenen vier Kinder klein waren, hatte sie überhaupt keine Zeit für das Gärtnern oder gar den Aufbau einer Pflanzensammlung. Erst als sie mit David in den 1990er-Jahren das Cottage in dem kleinen Dorf bezog, hatte sie genug Platz für Schneeglöckchen und erinnerte sich wieder an ihre Kindheit. Denn ein Teil des Gartens war schon früher im Besitz der Familie gewesen und von ihrer Tante Agnes gepflegt worden. Für Olive war der Garten alles andere als neu, sondern es fühlte sich eher wie ein Stück Heimat und gewachsene Erinnerung an. Jene Tante war es auch, die die kleine Olive vor vielen Jahren für Schneeglöckchen begeistert hatte: »Schneeglöckchen gehörten zu den ersten Pflanzen, die ich als Kind bewusst wahrnahm, und das habe ich meiner Tante zu verdanken. Sie hatte ganz viele davon in diesem Garten. Damals waren meist die einfachen oder gefüllten *Galanthus nivalis* erhältlich. Und genau die wuchsen auch hier.« Als Olive den ersten Spätwinter im neuen und doch bekannten Garten erlebte, war sie gerührt und zugleich begeistert, dass immer noch so viele Schneeglöckchen ihrer Tante dort wuchsen. Die kannte sie quasi noch alle persönlich und Olive pflanzte Jahr für Jahr neue dazu.

Oben links: Neben Schneeglöckchen gedeihen bei Olive Mason Haselwurz *(Asarum europaeum)*, Elfen-Krokus *(Crocus tommasinianus)* und Lenzrosen *(Helleborus orientalis)*. **Oben rechts:** Für Schneeglöckchen und Krokusse gleichermaßen ideal: ein Standort unterhalb von Laubgehölzen. **Rechts:** Die Fruchtknoten von *G. plicatus* 'Wendy's Gold' leuchten förmlich in der Spätwintersonne. Auch Einsteiger haben Freude an dieser Sorte.

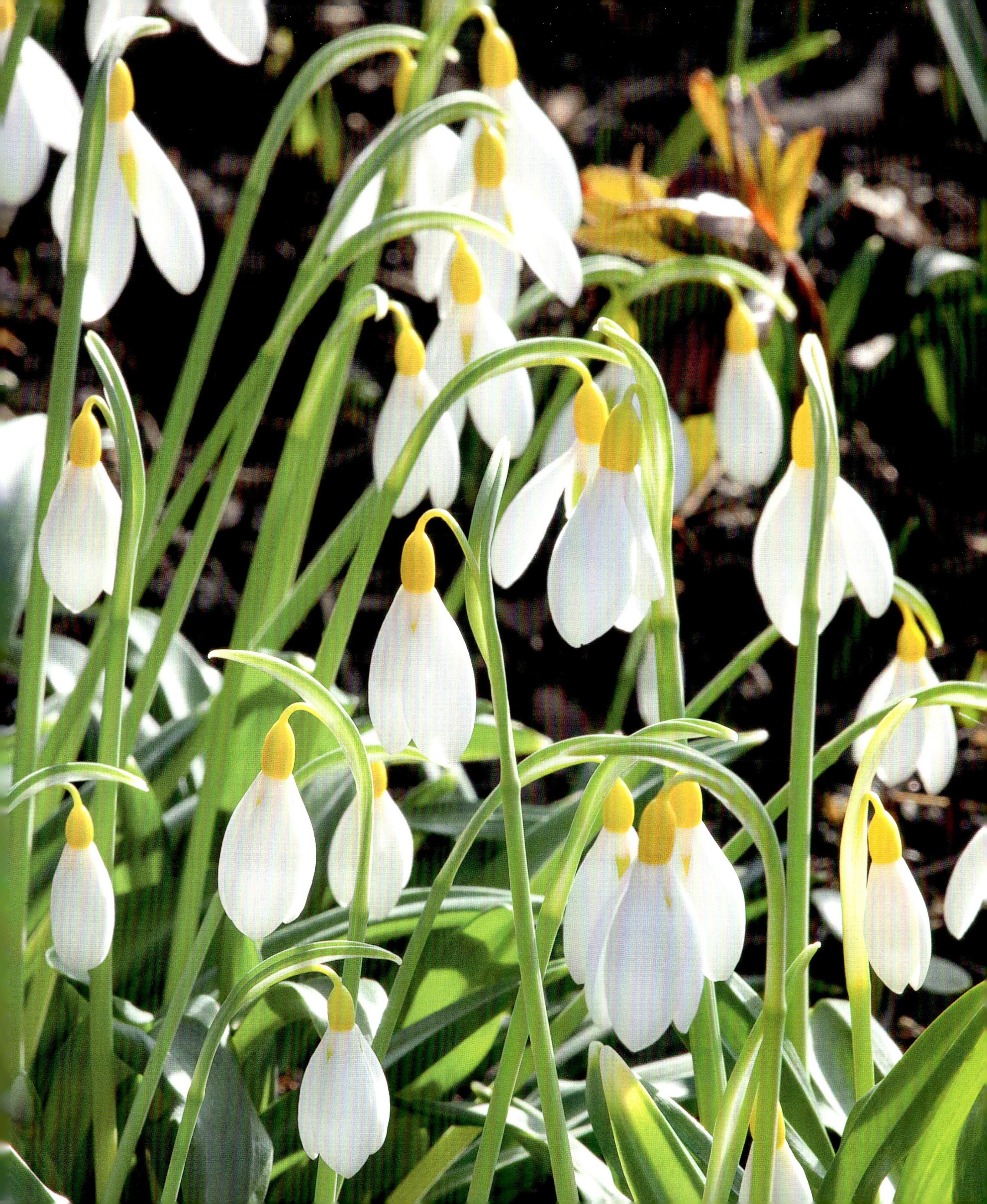

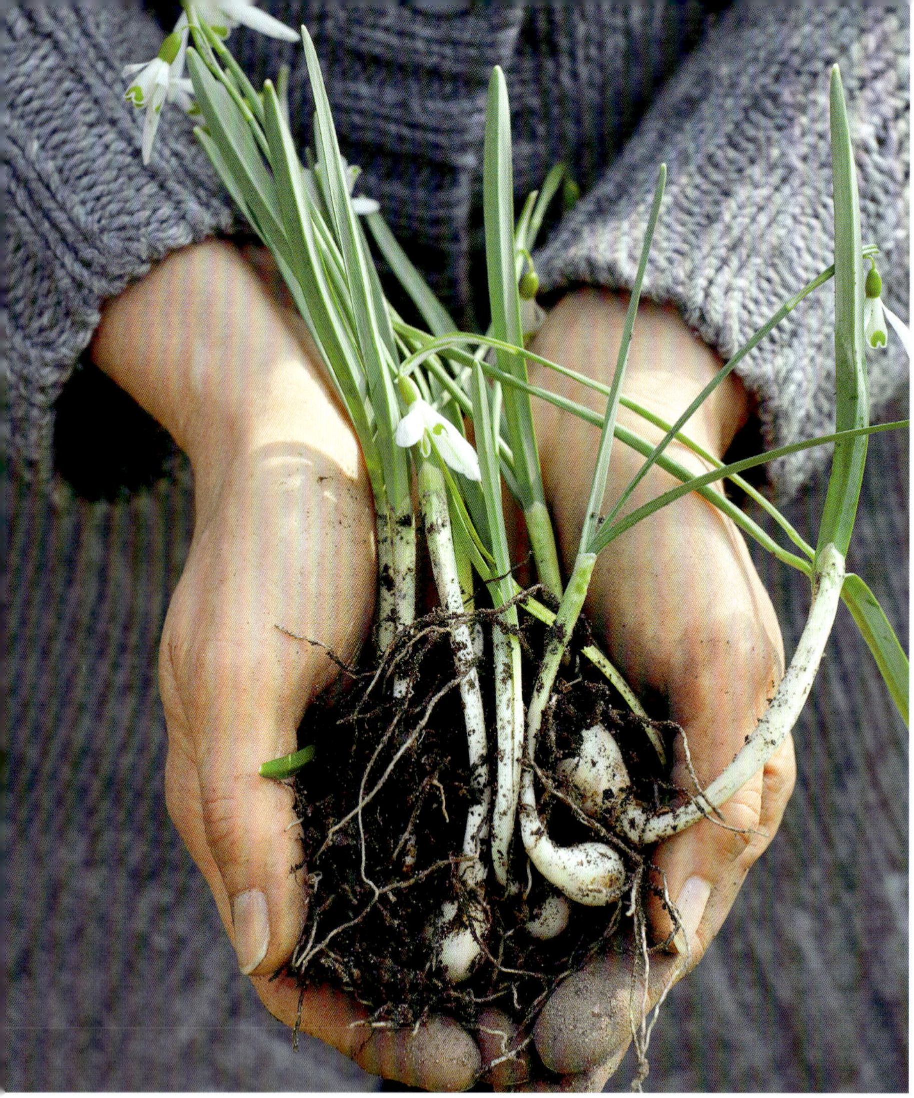
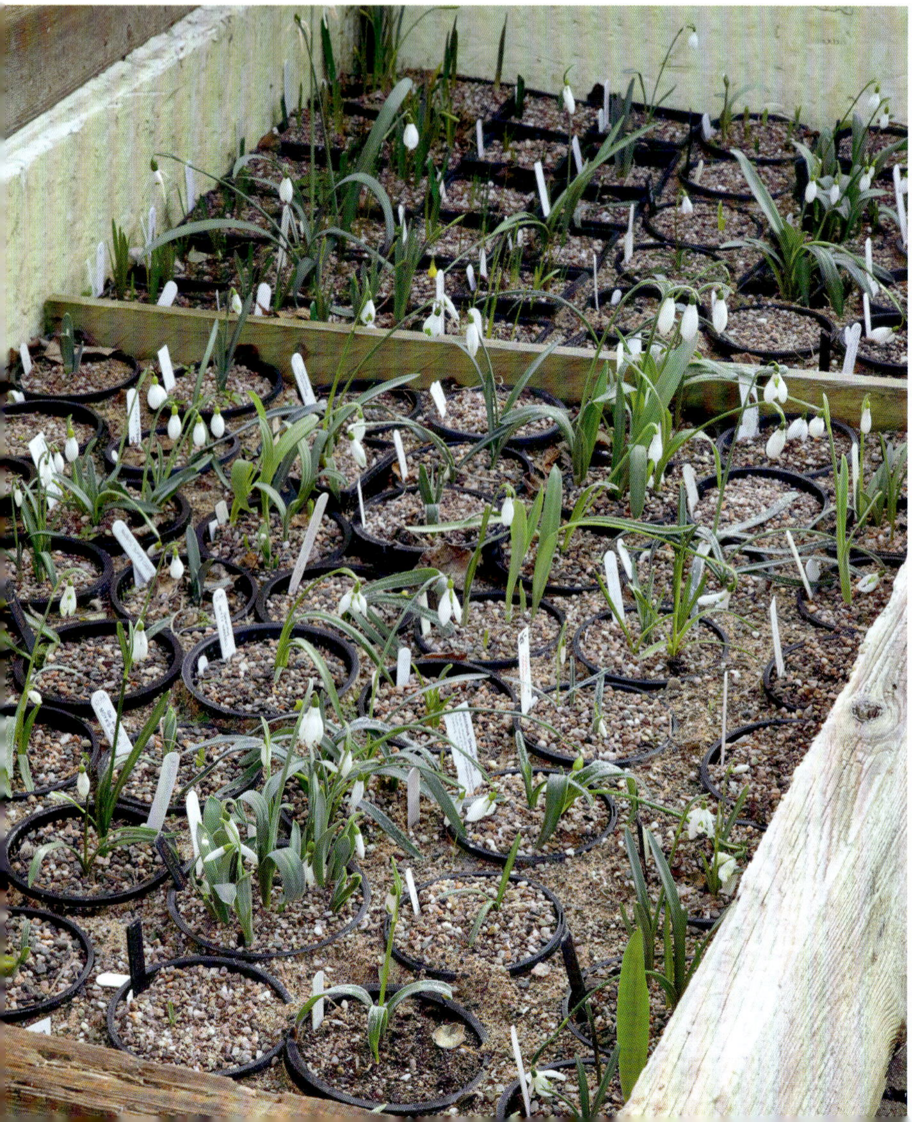
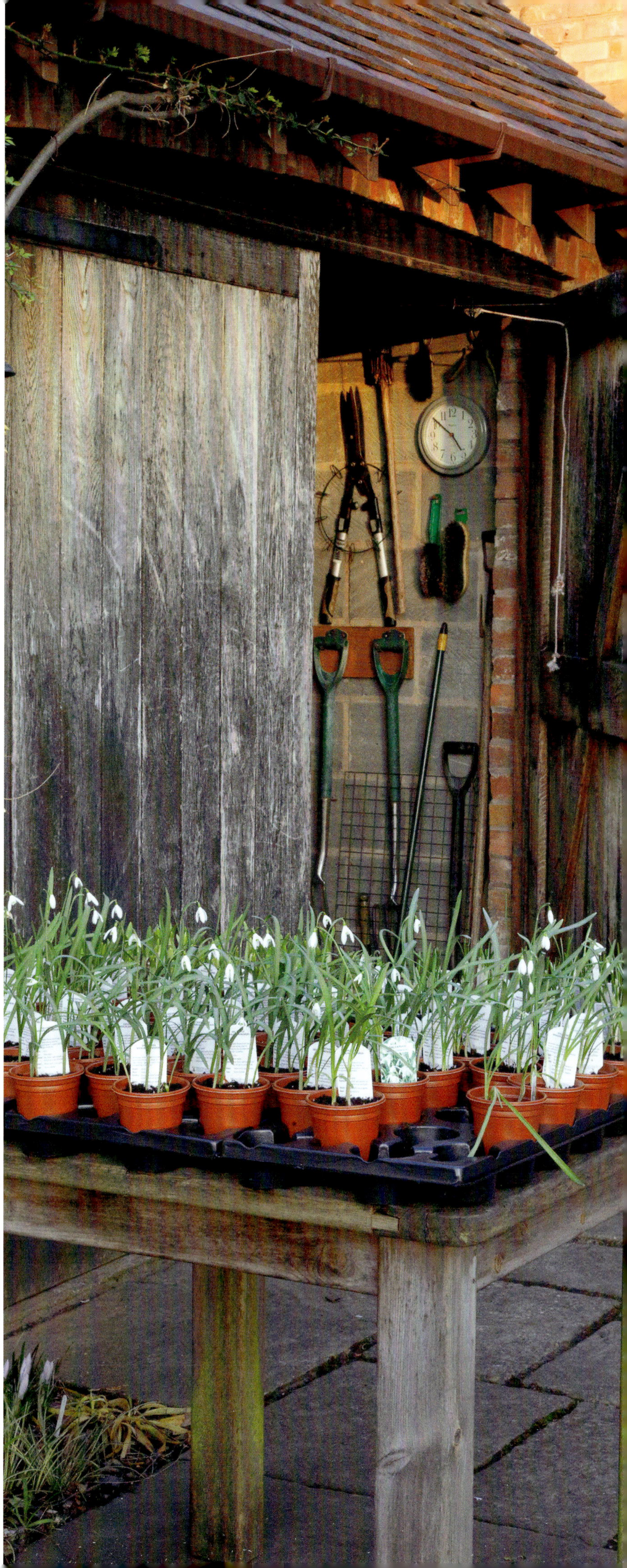

Ein Schneeglöckchen im Topf ist besser als viele Zwiebeln in der Tüte

Ein sonniger Wintermorgen, Olive Mason hat einige ihrer Schützlinge frisch eingetopft. Ein Anblick, der nicht nur ihr Herz, sondern auch das der meisten Schneeglöckchen-Liebhaber höherschlagen lässt. Eingetopfte *Galanthus* sind nicht ohne Weiteres erhältlich. Stattdessen bieten Gartencenter im Herbst meist Tüten mit den winzigen Zwiebeln an. Wer beherzt zugreift und pflanzt, wartet oft umsonst und sichtet selbst bis März noch keine oder wenige Schneeglöckchen im Garten. Der Grund: Die kleinen Zwiebeln sind oft schon ausgetrocknet, bevor sie verkauft werden. Wer sich auskennt, kauft die Schneeglöckchen im Frühjahr, samt Blättern. Und wo pflanzen? Am besten gleich bei Olive, ihre Schneeglöckchen verwöhnt sie mit Laubkompost und Knochenmehl und unter ihren Laubbäumen ist es im Frühjahr hell genug für die Glöckchen.

Auch wenn *G. nivalis* »Gewöhnliches Schneeglöckchen« genannt wird, hat es für Olive nach so vielen Jahren nichts von seiner Faszination eingebüßt: »Man bekommt es zwar fast geschenkt, aber es ist immer noch einer meiner Favoriten, weil es mich mit meiner Familie verbindet.« Und es ist ideal für Anfänger, ebenso wie *G. elwesii*, das Elwes-Schneeglöckchen mit etwas größeren Blüten, oder *G. plicatus*, das Clusius-Schneeglöckchen mit seinen am Rand gefalteten Blüten. Auch manche ältere Sorten, die sich bewährt haben, empfiehlt Olive: »'Atkinsii', 'S. Arnott' oder 'Magnet' sind erschwinglich.« Wer vom »Schneeglöckchenfieber« angesteckt wurde und bereit ist, etwas mehr Geld für eine Besonderheit auszugeben, könnte 'Wendy's Gold' pflanzen. Sie gilt als unkompliziertestes unter den begehrten goldgelben Schneeglöckchen. Jedenfalls sollte man sich nicht von den verrückt hohen Preisen, die bei begehrten Sorten für eine einzige Zwiebel aufgerufen werden, abschrecken lassen, findet Olive: »Ein Anfänger kann eine hübsche Schneeglöckchen-Sammlung zusammentragen, ohne dafür horrende Summen ausgeben zu müssen.« Es muss ja nicht ausgerechnet ein *G. plicatus* der Sorte 'E.A. Bowles' sein, das als Kostbarkeit gilt und 2011 bei einer Internet-Auktion stolze 400 Euro pro Exemplar erzielte.

Solche Preise interessieren Olive nicht. Ihr liegen nicht die teuersten Sorten am Herzen, sondern jene, mit denen sie persönliche Erinnerungen verbindet. Zum Beispiel, weil sie ihr von lieben Menschen geschenkt wurden. Auch wenn sie die Schneeglöckchen nicht des Geldes wegen sammelt, wachsen aber natürlich viele Schätze bei ihr. Ob bei ihr schon ein seltenes Exemplar gestohlen wurde? »Mir ist noch nichts aufgefallen, aber ich kenne Gartenbesitzer, die bei ihren eigenen, wertvollen Schneeglöckchen die Blüten abzwicken, damit sie nicht erkannt und gestohlen werden«. Sie selbst entfernt, wenn sie den Garten für Besuchergruppen öffnet, mittlerweile immerhin die Sortenschildchen an den Raritäten.

Links oben: Frisch samt Laub aus der Erde genommen, sind die Chancen für ein gutes Gedeihen der Zwiebeln am besten. Kenner pflanzen Schneeglöckchen deshalb während oder kurz nach der Blüte. **Links unten:** Ein Blick in Olives Schatzkiste. Hier stehen die Töpfchen geschützt und in groben Sand gebettet. **Links:** Auf dem Tisch vor dem Schuppen können die Blüten bequem und ohne Kniefall in Augenschein genommen werden.

Die Glöckchen bleiben selten allein

Die Schneeglöckchen einfach nur zu sammeln und in ordentlich beschrifteten Töpfchen zu archivieren wäre Olive natürlich viel zu wenig. Auch eine Schönheit wie das *Galanthus* gewinnt, wenn sie Seite an Seite mit anderen Frühblühern wachsen darf. Olive Mason blickt trotz aller Begeisterung für die Schneeglöckchen mit Vergnügen über den botanischen Tellerrand und gibt in ihrem Garten ein Musterbeispiel für gelungene Pflanzenverwendung. Für ihre »Snowdrops« hat sie Partner gewählt, die ähnliche Ansprüche an den Standort stellen und zur gleichen Zeit blühen. Sonnengelbe Winterlinge, leuchtend violette Elfen-Krokusse und rosafarbene Alpenveilchen wachsen Seite an Seite mit den Schneeglöckchen in großen, ganz natürlich wirkenden Tuffs. Lediglich die zu akkuraten Kugeln geschnittenen Stechpalmen (*Ilex*) verraten, dass Olive regelmäßig Hand anlegt. Pflanzenliebhaber wissen ohnehin, dass gerade jene so selbstverständlich wirkenden Gartenbilder besonders schwer zu erschaffen sind. Und sie entstehen nicht über Nacht. Auch Olive brauchte viel Geduld für ihre Schützlinge. Wenn einer Pflanze ein Standort nicht behagte, griff sie zum Spaten und setzte sie an eine andere Stelle im Garten. Bei den Schneeglöckchen war das jedoch nicht nötig, denn der humose Boden war und ist wie für sie geschaffen. Wenn Olive die Zwiebeln aufnimmt, dann eher, um die dichten Bestände zu teilen und so nebenbei zu vermehren.

Der Blütenteppich, den Olive im Garten ausrollt, ist nur ein Teil ihres Gesamtkunstwerks. Auch eine Etage höher bietet sie den Besuchern in Gestalt sorgfältig gewählter Gehölze einen Vorgeschmack auf den Frühling. Bestes Beispiel: Die Zaubernuss-Hybride 'Arnold Promise', die ihre goldgelben Blütenzungen schon ab Januar zeigt und ihren Duft anders als die Schneeglöckchen in komfortabler Nasenhöhe verströmt.

Oben links: In Knallgelb kennt ihn jeder, doch den Winterling (*Eranthis hyemalis*) gibt es auch dezenter, wie die Sorte 'Schwefelglanz' beweist. **Oben rechts:** Eine vom nächtlichen Frost überzuckerte Zwerg-Iris (*Iris reticulata*-Hybride 'George'). **Rechts:** Schneeglöckchen der Sorte 'Magnet', Lenzrosen (*Helleborus orientalis*), Winterlinge und Zaubernuss (*Hamamelis* × *intermedia* 'Arnold Promise') sorgen für frühlingshafte Bilder im Spätwinter.

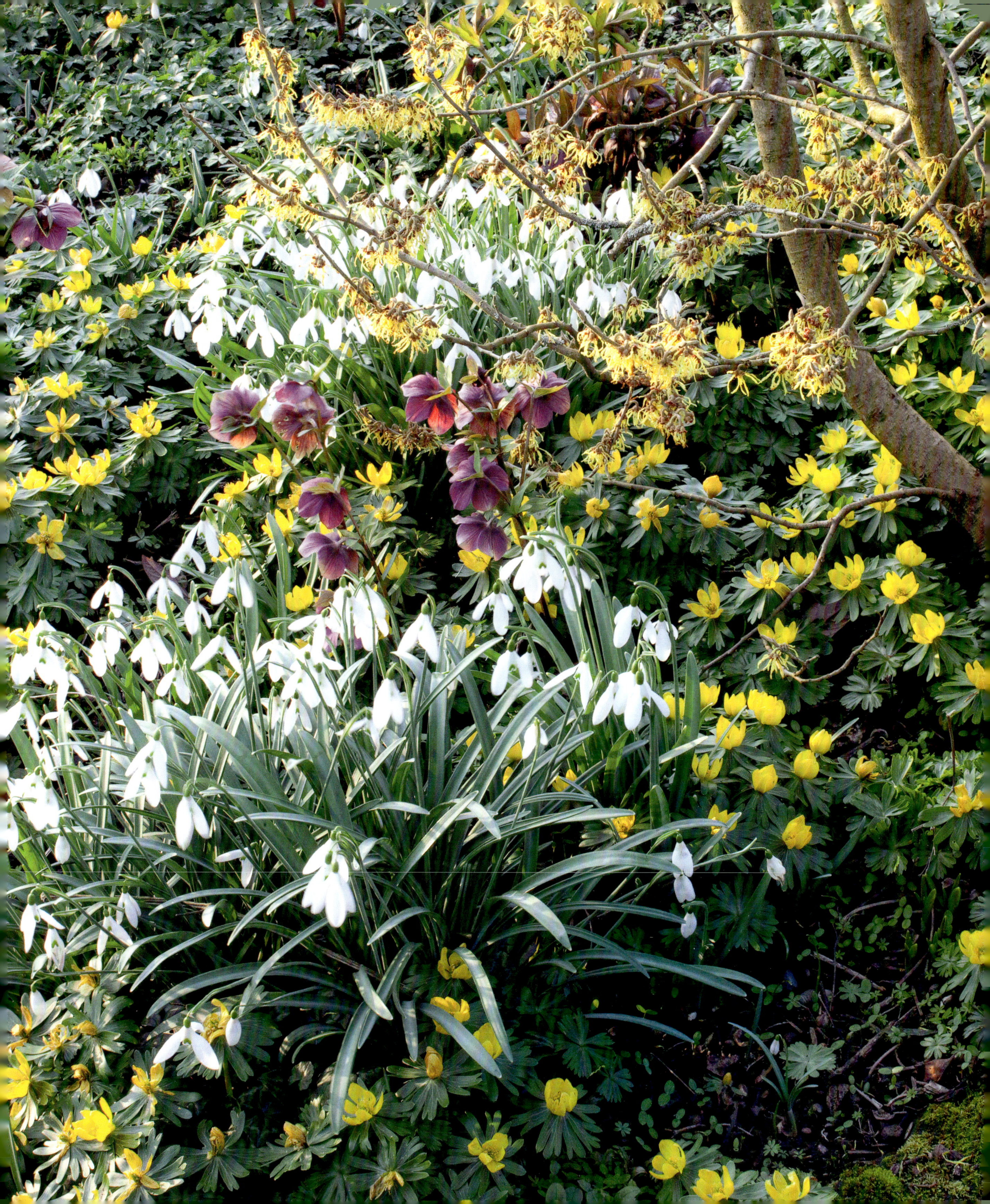

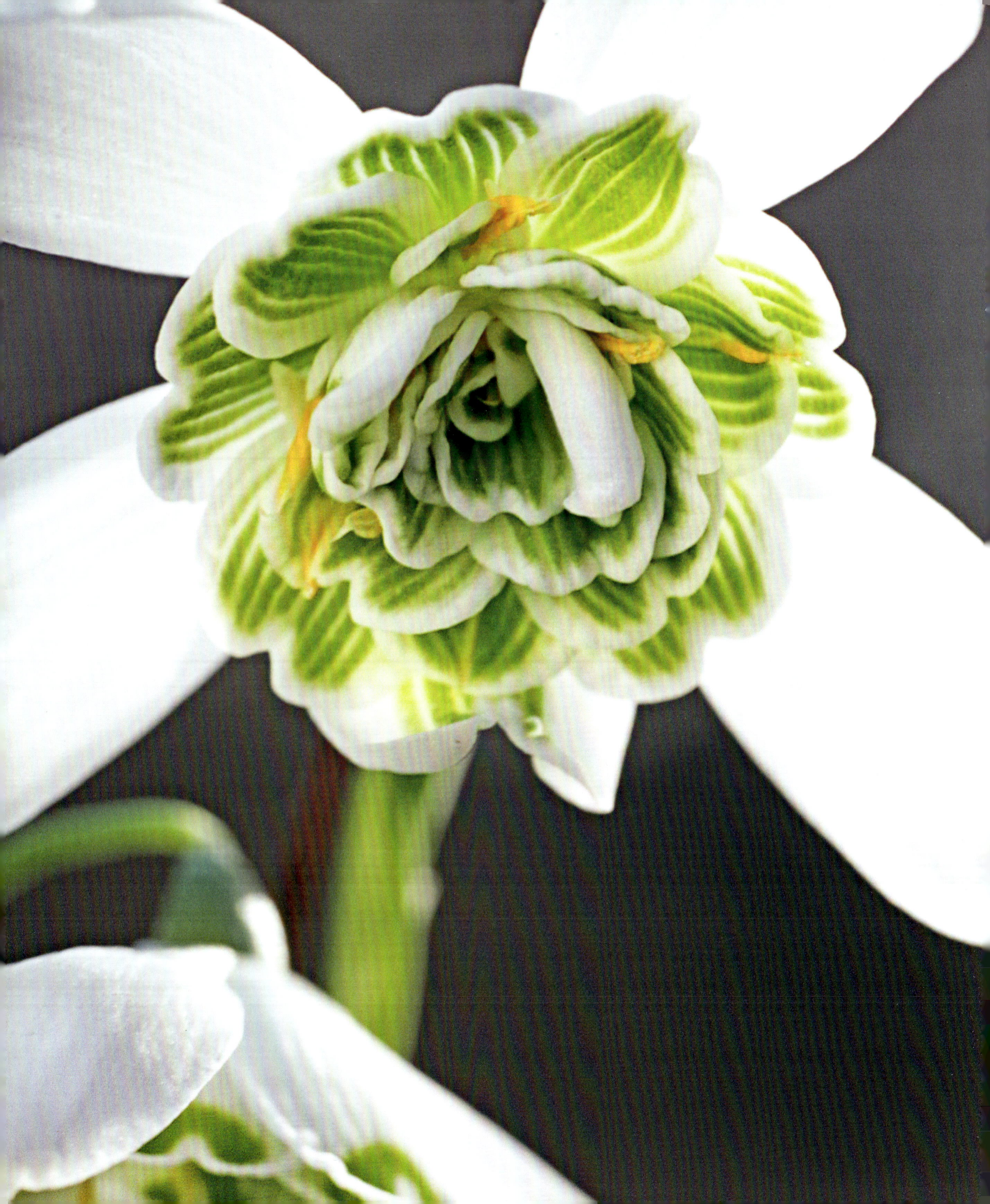

Schneeglöckchen, *Galanthus* – **51**

Die Bienen ersetzen den Züchter

Die einzelnen Schneeglöckchenarten lassen sich gut miteinander kreuzen und auch in Olives Garten wachsen viele Neuigkeiten. Sie haben noch keinen Namen, aber sie kennt nahezu jedes Pflänzchen persönlich und weiß ganz genau, was wo wächst. Und was für manche Galanthophile der Skianzug ist, ist für sie ihr kleines Notizbuch, in das sie Wichtiges rund um ihren Garten einträgt. Den Ehrgeiz, in dieses Buch möglichst viele eigene Sorten einzutragen, hat sie nicht: Die Züchtung überlässt sie den Bienen, die zufällig immer wieder neue Spielarten entstehen lassen. Den schönsten Sämling, den sie entdeckte, taufte sie 'Aunt Agnes'. Da musste sie nicht lange überlegen: »Wenn es meine Tante nicht gegeben hätte, würde ich vielleicht gar keine Schneeglöckchen sammeln. Ich habe zwar noch einige andere neue Sämlinge, aber die sollen sich erst einmal einwachsen. Dann kann ich immer noch entscheiden, ob sie auch einen eigenen Namen verdient haben.«

Wenn sich Olive nicht gerade um den eigenen Garten kümmert, geht sie übrigens selbst gerne zum »Snowdropping«: »Klar, schaue ich mir gerne andere Gärten an. Große wie der berühmte in Colesbourne, aber auch kleine von meinen Freunden, die teilweise auch richtige Schneeglöckchen-Fanatiker sind.« Dann freut sich Olive mit den anderen Galanthophilen über 'Little Ben', 'Sarah Dumont' oder einfach einen namenlosen Tuff aus ganz »normalen« *Galanthus nivalis*.

DAS WIRD GESAMMELT: *In Olives und Davids Garten wachsen rund 400 Schneeglöckchen-Sorten. Darunter auch eine eigene, nach Olives Tante 'Aunt Agnes' benannt.*

WARUM SIE FASZINIEREN: *Olive verbindet mit den Schneeglöckchen Kindheitserinnerungen. Die zum Teil winzigen Unterschiede der Blüten machen den Reiz für Sammler aus.*

WAS SIE BRAUCHEN: *Ein halbschattiger Standort mit humosem Boden unterhalb von Laubgehölzen bietet ideale Wachstumsbedingungen. Staunässe sollte ebenso vermieden werden wie extreme Trockenheit.*

Links: Olive beschränkt sich in ihrem Garten nicht auf Raritäten. Das gefüllte *Galanthus nivalis* 'Flore Pleno' gehört zu jenen Sorten, die den Weg in den Handel gefunden haben und erschwinglich sind. **Oben:** Hinter dem Gewächshaus liegt der Küchengarten der Masons. Doch selbst in den eigentlich für Gemüse gedachten Beeten sind Schneeglöckchentöpfe eingegraben – zumindest so lange, bis die Salatsetzlinge gepflanzt werden.

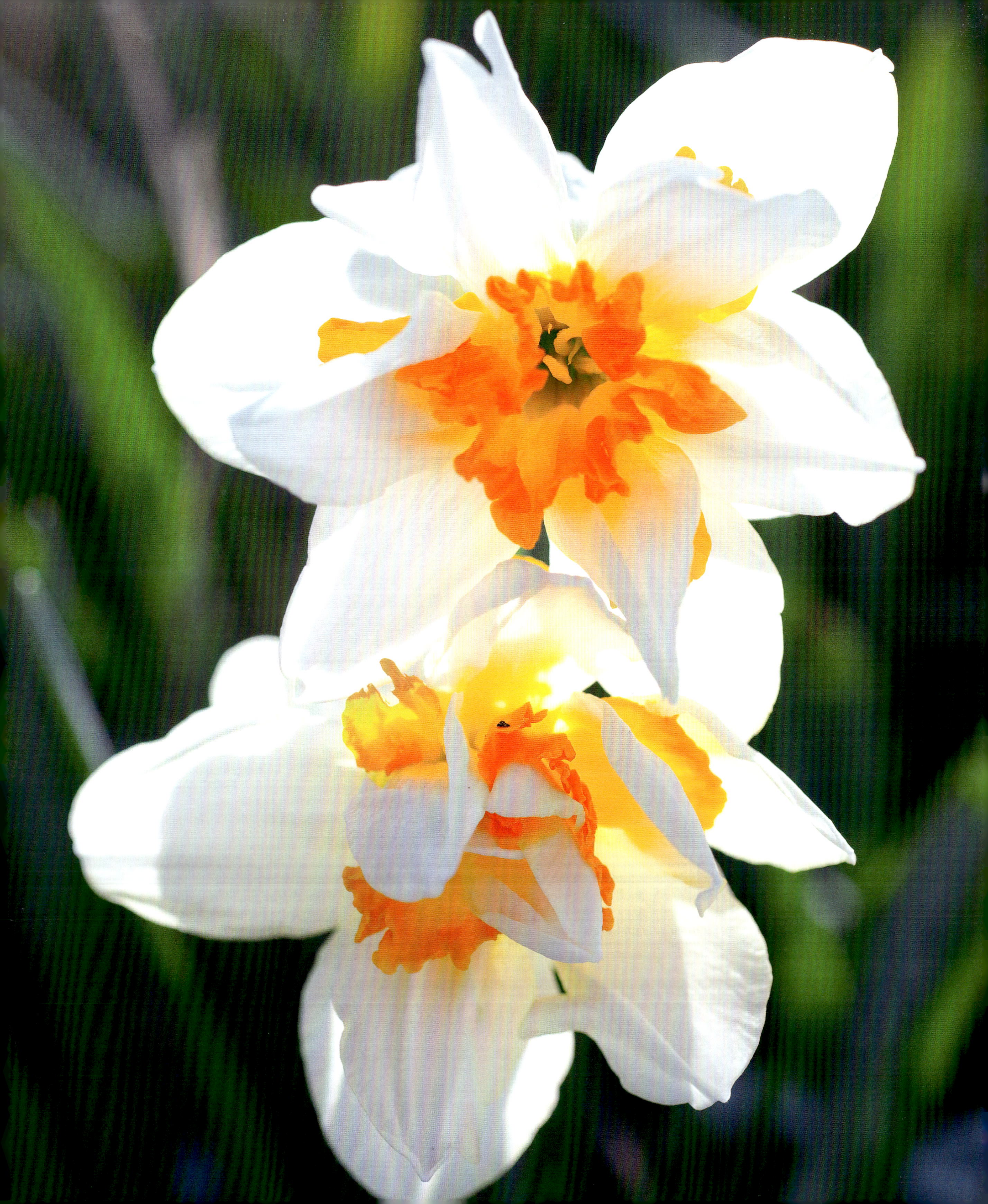

JOSEPHINE DEKKER, OTERLEEK, NORDHOLLAND (NL)

Krone statt Kartoffel

Narzisse, Narcissus

Früher war alles besser! Nein, solche Plattheiten wird man von Josephine Dekker sicher nicht hören. Nur die Narzissen – die waren früher vielleicht wirklich ein wenig schöner und sind es wert, erhalten zu werden. Dass die Landwirtin historische Narzissen zu ihrer Herzensangelegenheit machte und sich für die zurückhaltende Schönheit der eher kleinkronigen Sorten begeisterte, ist einerseits Zufall, andererseits Teil ihrer Familiengeschichte. Jedenfalls beschloss sie, dass die Narzissen ihrer Kindheit, die den Frühling nicht ganz so pompös einläuten wie die bekannten Osterglocken, nicht in Vergessenheit geraten sollten, und vermehrt die alten Sorten mit Erfolg.

Links: 'Insulinde' gehört mit einer Höhe von 60 cm zu den größeren Sorten in Josephines Kollektion. **Oben links:** Wirklich historisch – 'Albus Plenus Odoratus', eine gefüllte Dichter-Narzisse, war schon im 16. Jahrhundert bekannt. **Oben Mitte:** Mit rund 40 cm Wuchshöhe bleibt die im Mai blühende Sorte 'Seagull' eher klein. **Oben rechts:** 'Firetail', eine bis zu 45 cm hoch wachsende Dichter-Narzisse, blüht im April und wurde 1910 gezüchtet.

Rund um den Hof wachsen Antiquitäten

Die Narzissen waren längst da, bevor Josephine Dekker anfing, sie zu sammeln beziehungsweise zu retten. Schon als die Niederländerin ein kleines Mädchen war, verwandelten unzählige Narzissen die Wiesen rund um den Hof ihrer Eltern in ein Meer aus gelben und cremefarbenen Blüten. Die kleine Josephine freute sich besonders, wenn der Wind durch die Blüten der alten Sorten streifte, die sie damals noch nicht benennen konnte. Für sie waren sie einfach ein Zeichen dafür, dass der Frühling auf dem Hof in Nordholland angekommen war. Das war ganz selbstverständlich, denn so war es schon immer gewesen. Seit Generationen war der bei Alkmaar gelegene Hof im Besitz der Familie und die Narzissen gehörten einfach dazu. Josephine übernahm den Hof in den 1980er-Jahren und begann sich Anfang der 1990er-Jahre dafür zu interessieren, um welche Sorten es sich bei den Narzissen ihrer Kindheit eigentlich handelte. Doch das war leichter gesagt als getan, denn im Handel waren diese Sorten gar nicht mehr zu bekommen. Josephine grub einige Pflanzen aus und nahm sie mit zum Narzissenspezialisten Karel van der Veek, der seinerseits unzählige Sorten kultivierte. Durch ihn erkannte sie, dass die Narzissen rund um ihren Hof echte Schätze waren, und sie konnte die Lieblingsblumen aus Kindertagen dank seiner Hilfe endlich beim Namen nennen: so wie die gelbe 'Golden Spur', eine um 1885 gezüchtete Sorte, oder 'White Lady' aus dem Jahr 1897. Diese Sorten wiegen sich noch heute im Frühlingswind rund um ihr altes Bauernhaus und sie haben mittlerweile Verstärkung bekommen.

Josephine begann damit, nach anderen historischen Sorten zu suchen, und entdeckte sie – wenn auch an zuweilen ungewöhnlichen Orten. Manche Exemplare rettete sie buchstäblich in letzter Minute vor der Mülltonne, wenn die Besitzer den Garten »entrümpelten« und auch die

Oben: Bis zum Horizont blühen die Narzissen auf Josephines Feldern. Das sieht wunderschön aus, doch sie betrachtet ihre Schützlinge natürlich auch mit den Augen einer sorgfältigen Züchterin. Zur Blüte schreitet sie in Ruhe durch die Pflanzungen und gräbt nicht sortenreine Exemplare, die aus der Reihe tanzen, aus. **Rechts:** Gegen Ende der Blütezeit verwandelt sich die sonst eher orangefarbene Blütenmitte der Sorte 'Lucifer' hin zu Gelb.

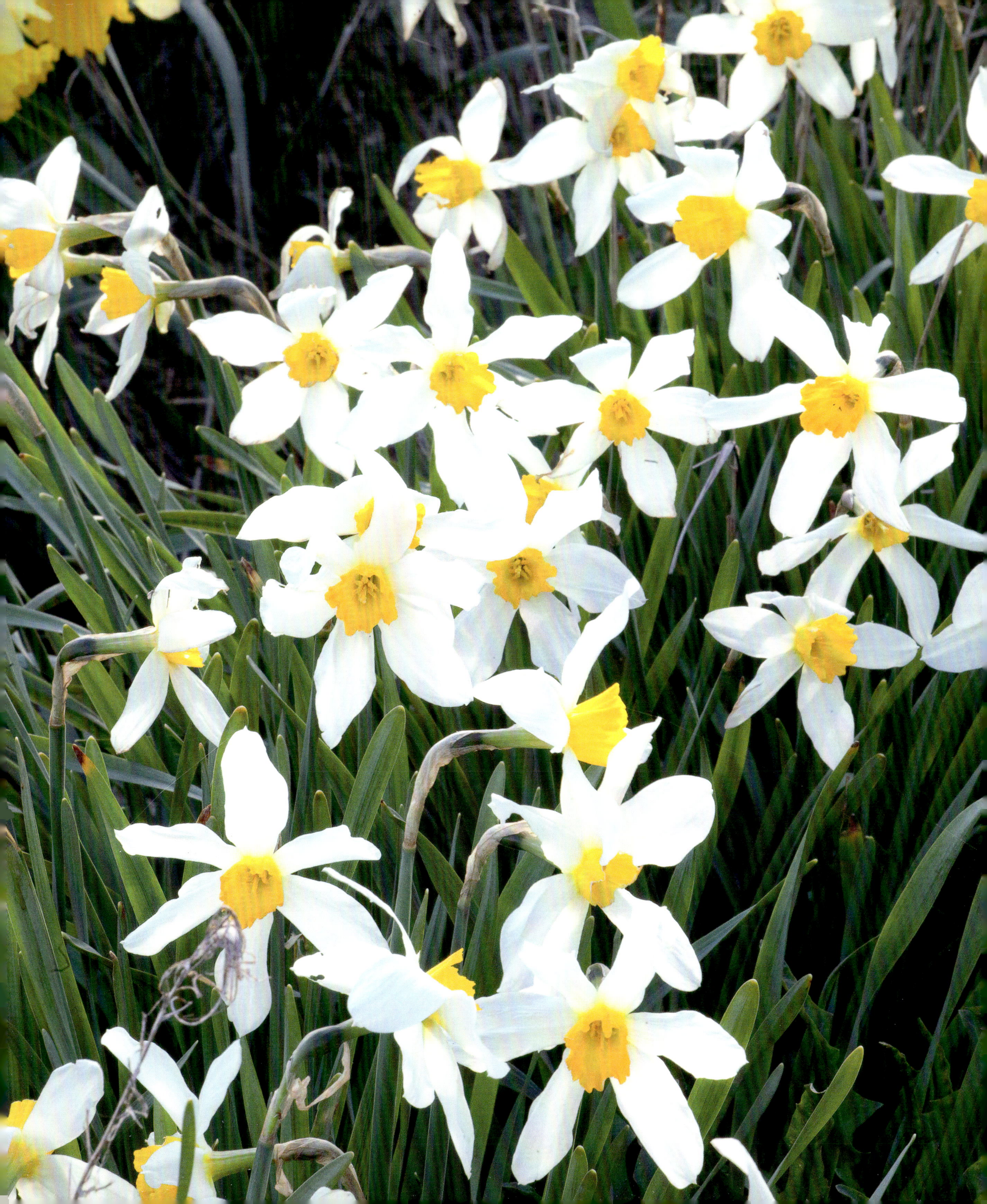

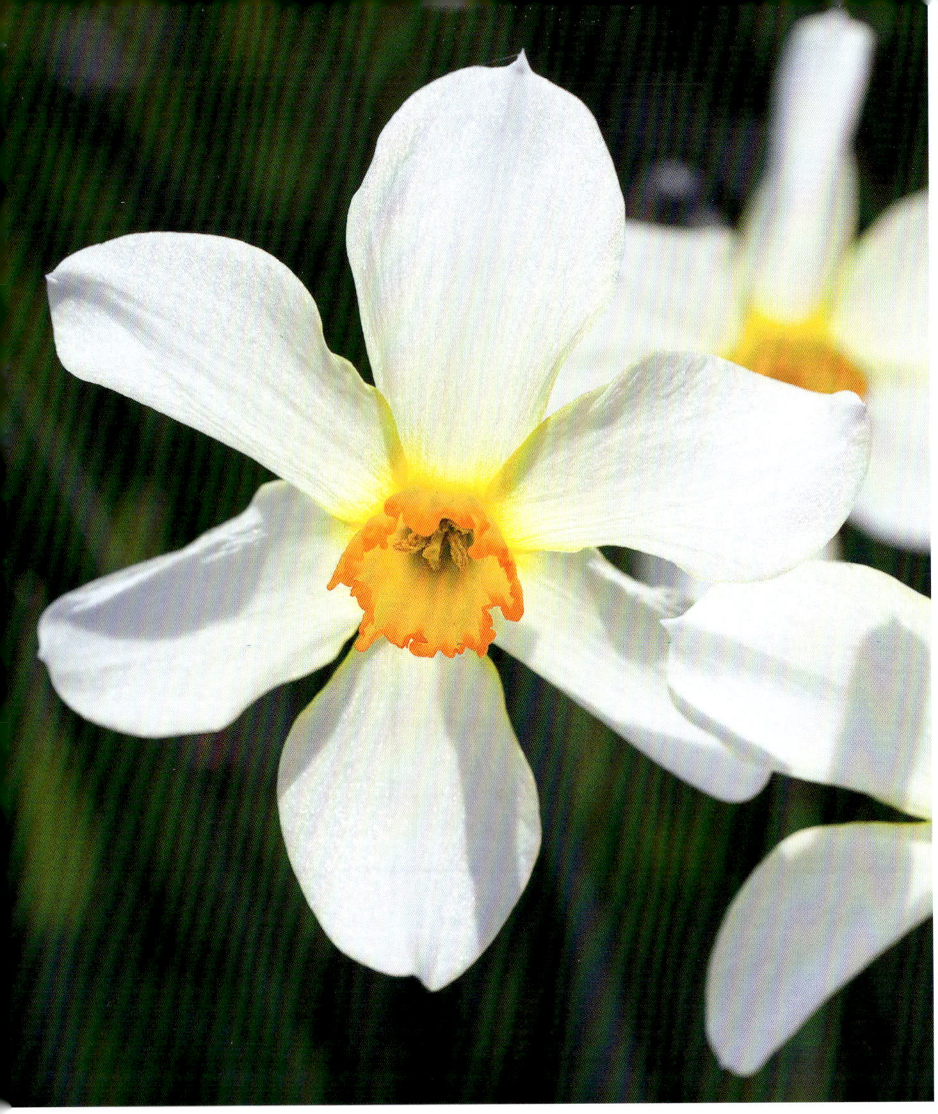
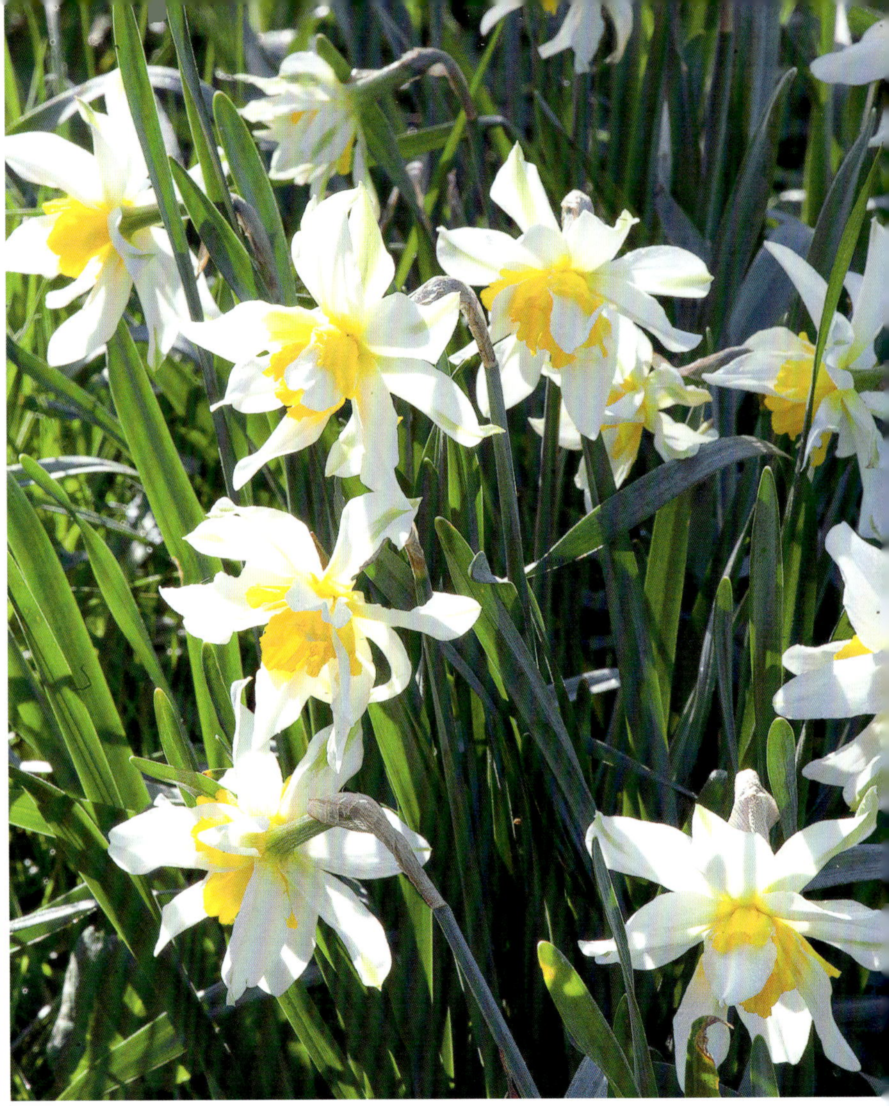
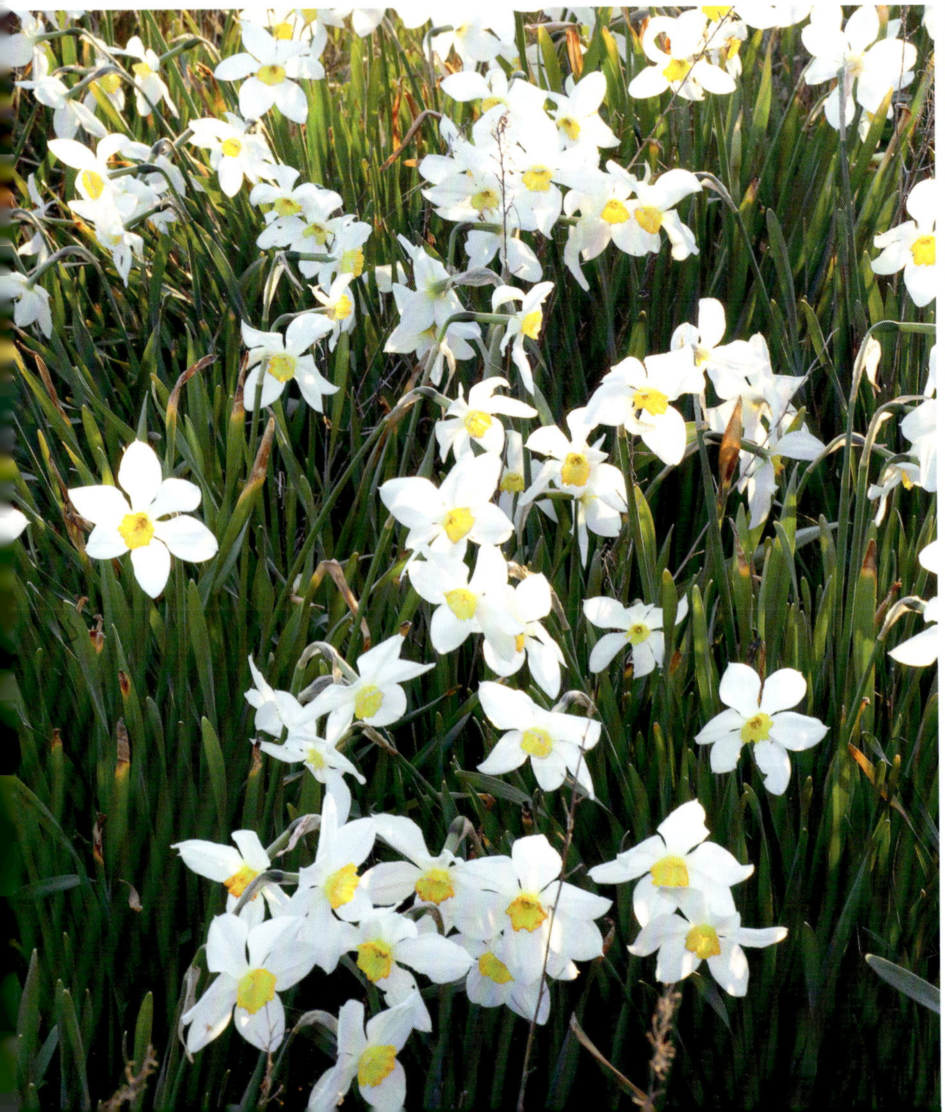
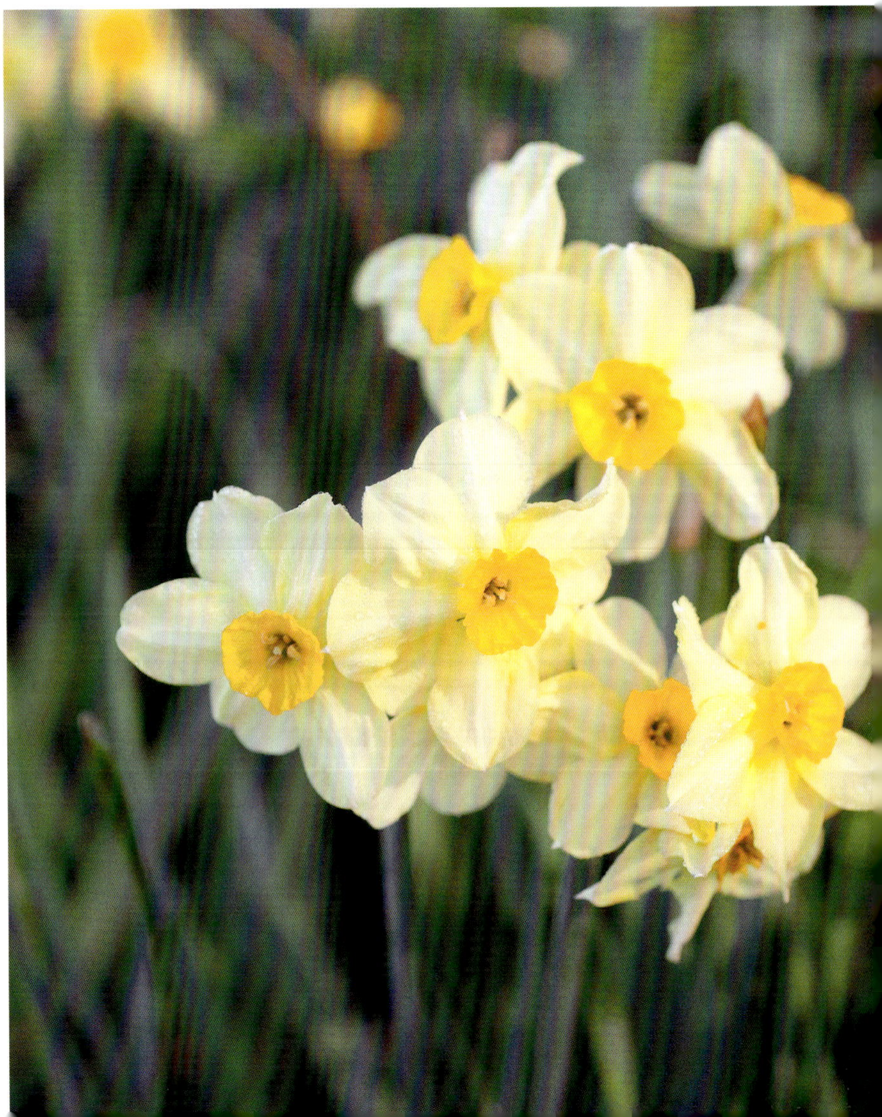

Alte Sorten verwildern gut, wenn man sie in Ruhe welken lässt

Ein Frühlingsmorgen in Oterleek, Josephine geht über die Wiesen rund um ihren Hof und pflückt frische Narzissen. Das kann sie ohne Reue tun, denn die Bestände sind im Laufe der Jahre derart prächtig herangewachsen, dass es nicht auffällt, wenn sie einige Blüten schneidet. Dass die historischen Narzissen so gut verwildern ist ein Pluspunkt, der gut in die heutige Zeit passt. Das Projekt »Narzissen-Wiese« ist jedenfalls nachahmenswert: Dazu werden die Zwiebeln im September unter die Grasnarbe gelegt. Als Faustregel empfiehlt es sich, den Durchmesser der Zwiebel zu schätzen und sie doppelt so tief in den Boden zu setzen. Damit die Zwiebel Nährstoffe speichern kann, muss das Laub nach der Blüte bis zum Vertrocknen an der Pflanze bleiben. Unter einen Rasen sollten die Narzissen in Gruppen gesetzt werden, die man beim Mähen einige Wochen aussparen kann.

Narzissen entsorgen wollten. Andere entdeckte sie rund um Bauernhöfe und grub mit Erlaubnis der Besitzer einige Zwiebeln aus. Mit den Jahren mischten sich zwischen die Reihen, die sie unter anderem mit Kartoffeln und Weizen bestellte, immer mehr Narzissen und sie begann damit, ihre Schätze weiterzuverkaufen. Eine gute Idee, denn historische Narzissen sind in vielerlei Hinsicht überaus zeitgemäß und passen zu den Anforderungen, die heutige Gartenbesitzer an ihre Pflanzen stellen: »Sie machen nicht viel Arbeit, sonst hätten diese Sorten ja nicht Jahrzehnte oder manchmal sogar Jahrhunderte auf den Bauernhöfen überlebt. Mein Vater hätte gar nicht die Zeit gehabt, Blumen mühsam zu päppeln. Das musste er auch gar nicht, denn die Narzissen verwilderten von alleine und von den Schafen, die rund um die Höfe weideten, wurden sie nicht gefressen, weil das Laub ein bisschen giftig ist«, erzählt Josephine. Kein Wunder, dass ihre kleine, aber feine Kollektion bei den Kunden gut ankommt. Rund 15 verschiedene historische Sorten bietet sie derzeit an:

»Ich vermehre nur Sorten, die vor 1938 gezüchtet worden sind.« Wobei manche Sorten auch deutlich älter sind. Bei der Dichter-Narzisse 'Albus Plenus Odoratus' reicht der Stammbaum bis ins 16. Jahrhundert zurück. Mittlerweile muss sie nicht mehr nach den alten Schätzen suchen, sondern bekommt hin und wieder auch ungefragt Zwiebeln überlassen, weil die Besitzer wissen, dass Josephine sich dieser Raritäten annehmen und sie sicher nicht achtlos auf den Kompost werfen wird.

Wobei das sortenreine Vermehren der Schätze nicht ohne Disziplin funktioniert und – Nostalgie hin oder her – ein strenges Aussortieren erfordert. Wenn sich die aufgeblühten Narzissen im Frühlingswind wiegen, könnte man ins Träumen geraten, aber gerade dann ist Josephines Verstand gefragt. Mit genauem Blick schreitet sie die Reihen ab und sticht Exemplare aus, die nicht der angebauten Sorte entsprechen. Wer bei ihr im Herbst 'Canary Bird' bestellt, soll ihn schließlich auch bekommen.

Links oben: Die Sorte 'Barrii Conspicuus' entdeckte Josephine im Garten eines alten Mannes, der sich sehr freute, ihr einige Exemplare zur Vermehrung zu überlassen (links). 'Argent' ist eine gefüllte Rarität (rechts). **Links unten:** 'White Lady' wuchs schon rund um den Hof, als Josephine noch ein kleines Mädchen war (links). Die Farbe von 'Canary Bird' erinnert tatsächlich an Kanarienvögel und ist zu Beginn der Blüte noch kräftiger (rechts).

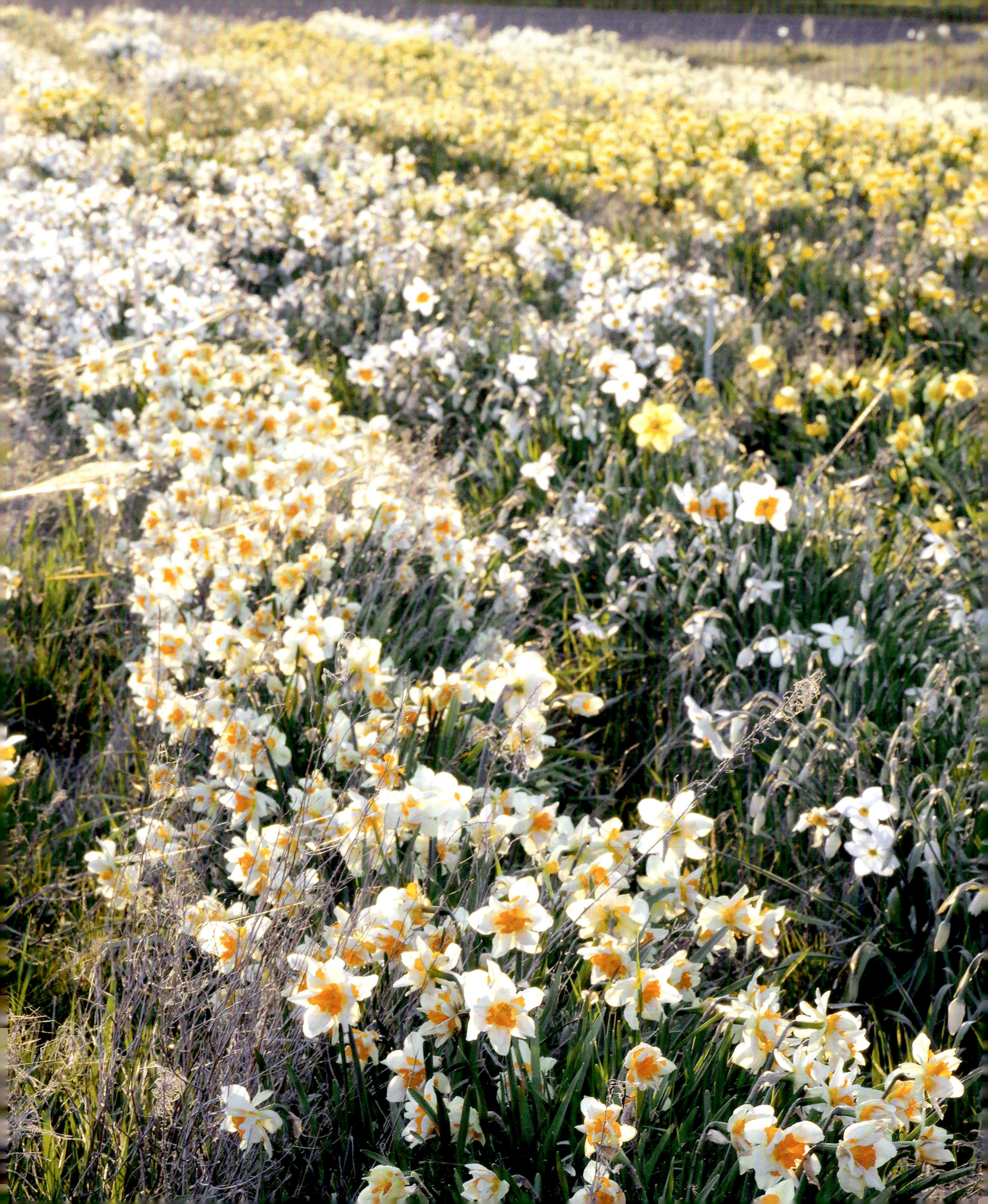

Narzisse, *Narcissus* – **59**

'White Lady' wächst neben 'Lucifer'

An die gelb und cremefarben blühenden Streifen in der Landschaft rund um das Dörfchen Oterleek haben sich die Einheimischen längst gewöhnt. Wer zufällig vorbeikommt, ist angesichts der Pracht im Frühling überrascht und sieht vielleicht auch Josephine, die mittendrin zwischen 'White Lady' und 'Lucifer' steht, mit einem Spaten bewaffnet. Sie wirkt zufrieden und das hat vielleicht auch damit zu tun, dass ihre Kunden so große Freude an ihren Narzissen haben: »Als ich noch Gemüse verkauft habe, hat mir niemand erzählt, wie lecker die Kartoffeln waren, aber bei den Narzissen ist das anders. Da erzählen mir manche Kunden, wie schön sie im Garten blühen, und sind glücklich.«

Hat sie bei so viel positiver Resonanz nicht auch Lust, eigene Sorten zu züchten und ihr Sortiment zu erweitern? Das wäre ja fast absurd, findet Josephine und hat dafür eine ganz logische Erklärung: »Ich möchte ja historische Narzissen vermehren und wenn ich nun eigene Sorten anbieten würde, wären das ja keine alten Schätze mehr, sondern nagelneue Erfindungen.« Das stimmt natürlich und vielleicht ist es auch dem Engagement von Josephine zu verdanken, dass viele neue Narzissenzüchtungen optisch wieder etwas bescheidener auftreten und sich am Charme der alten Sorten zu orientieren scheinen. Zu viele Narzissen-Sorten kann sie ohnehin nicht kultivieren, denn ein bisschen Platz muss für ihre zweite Leidenschaft, die Schneeglöckchen, übrig bleiben.

DAS WIRD GESAMMELT: *Josephine Dekker hat sich auf Narzissen spezialisiert, die vor dem Jahr 1938 gezüchtet worden sind. Derzeit führt sie 15 verschiedene Sorten.*

WARUM SIE FASZINIEREN: *Die historischen Narzissen sind robust, neigen zum Verwildern und sind pflegeleicht. Viele Sorten duften.*

WAS SIE BRAUCHEN: *Ein sonniger bis halbschattiger Standort in einem frischen Boden gilt als ideal. Werden sie mit der Zeit etwas blühfaul, nimmt man die Horste aus der Erde, teilt sie (ohne die Zwiebeln zu verletzen) und pflanzt sie neu ein.*

Links: Auch wenn die Felder lediglich dazu dienen, die Zwiebeln zu vermehren, ist der Anblick so vieler in voller Blüte stehender Narzissen-Raritäten ein ungewöhnlich prächtiger Nebeneffekt. **Ganz oben:** Frisch geborgene Schätze: Josephine hält einige aus der Erde gegrabene Narzissen-Zwiebeln in der Hand. **Oben:** Im Hochsommer werden die Zwiebeln geerntet und in Holzkisten gelagert. Ab September beginnt der Versand der Kostbarkeiten.

SUE MARTIN, FRITTENDEN, KENT (GB)

Sinfonie der Blüten

Nelkenwurz, Geum

Im Garten spielt diese Gattung selten die erste Geige, zumindest reicht ihr Bekanntheitsgrad nicht an den von Rittersporn und Rosen heran. Dabei ist die Nelkenwurz immerhin mit der Rose verwandt und gehört zur gleichen Pflanzenfamilie, den Rosaceae. Die rund 50 *Geum*-Arten gelten nicht als kapriziös, sondern als ausgesprochen gesund und dankbar. Manche Sorten blühen durchgehend von April bis Oktober und es dürfte nur eine Frage der Zeit sein, bis die Nelkenwurz vom Sternchen zum Star wird. Sue Martin leistet mit ihrer Sammlung sicher einen Beitrag dazu. Heute kann und möchte sie sich ihren Garten ohne Nelkenwurz gar nicht mehr vorstellen.

Oben links: *Geum chiloense* 'Lady Stratheden' erhielt schon 1921 den »Award of Garden Merit« für besonders empfehlenswerte Sorten. **Oben rechts:** *G. chiloense* 'Mandarin' Seite an Seite mit *G. rivale* 'Dawn'. **Rechts:** *G. chiloense* 'Red Wings' kombiniert mit weißer Akelei – ein schönes Paar.

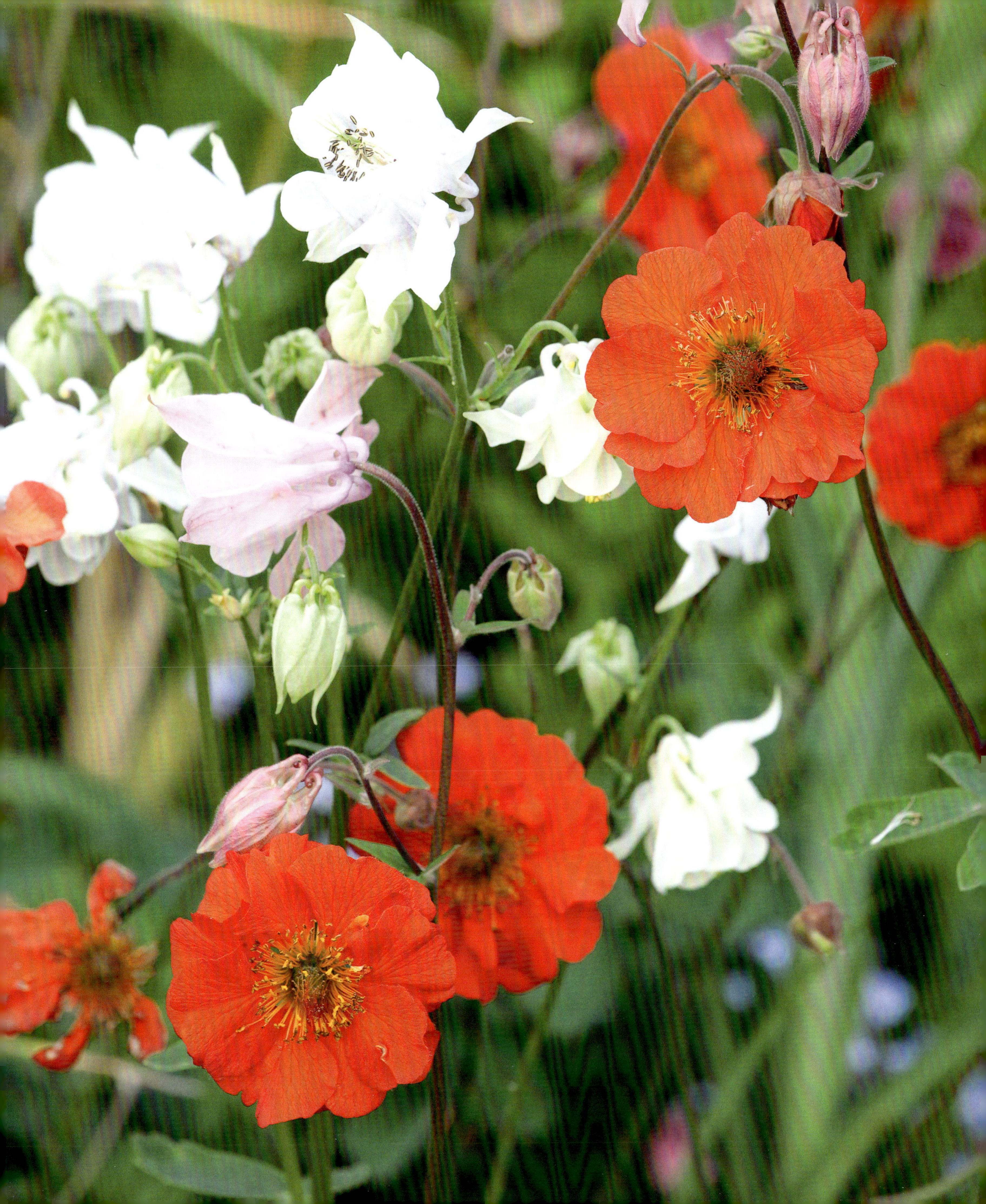

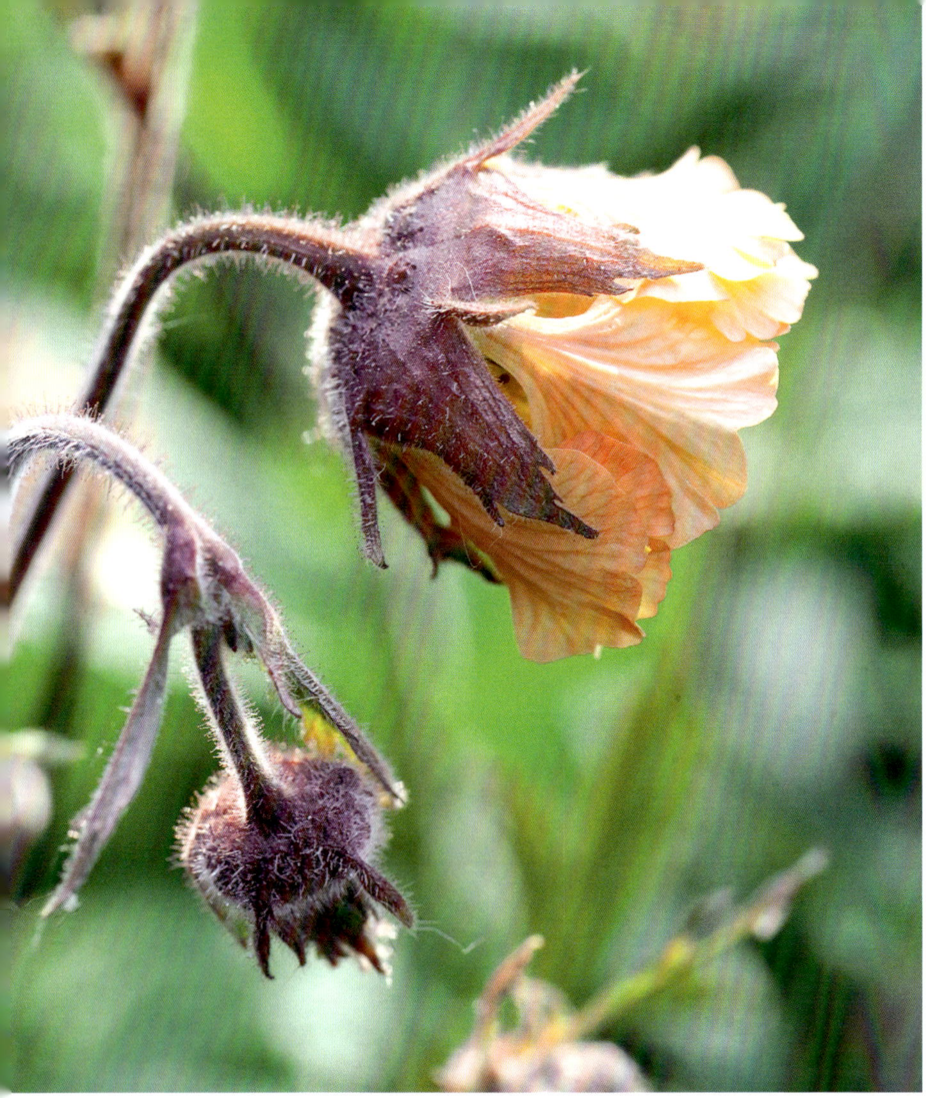
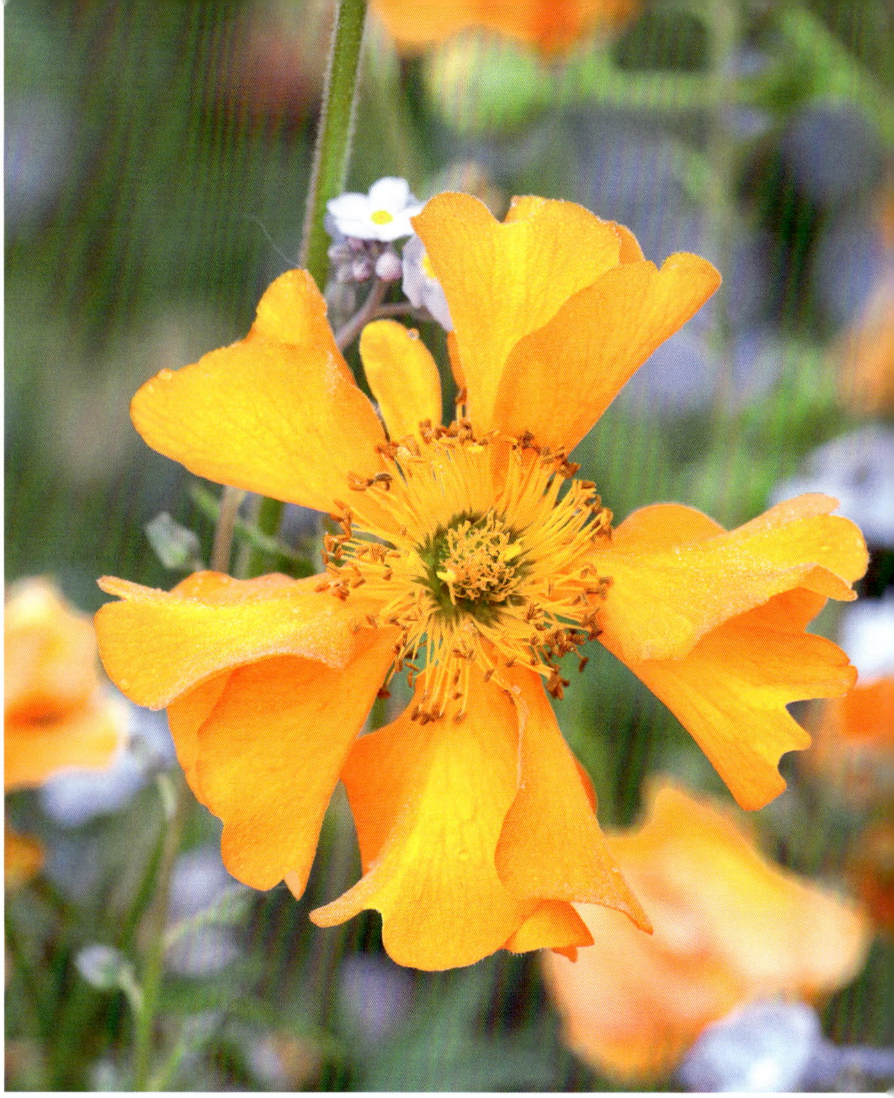
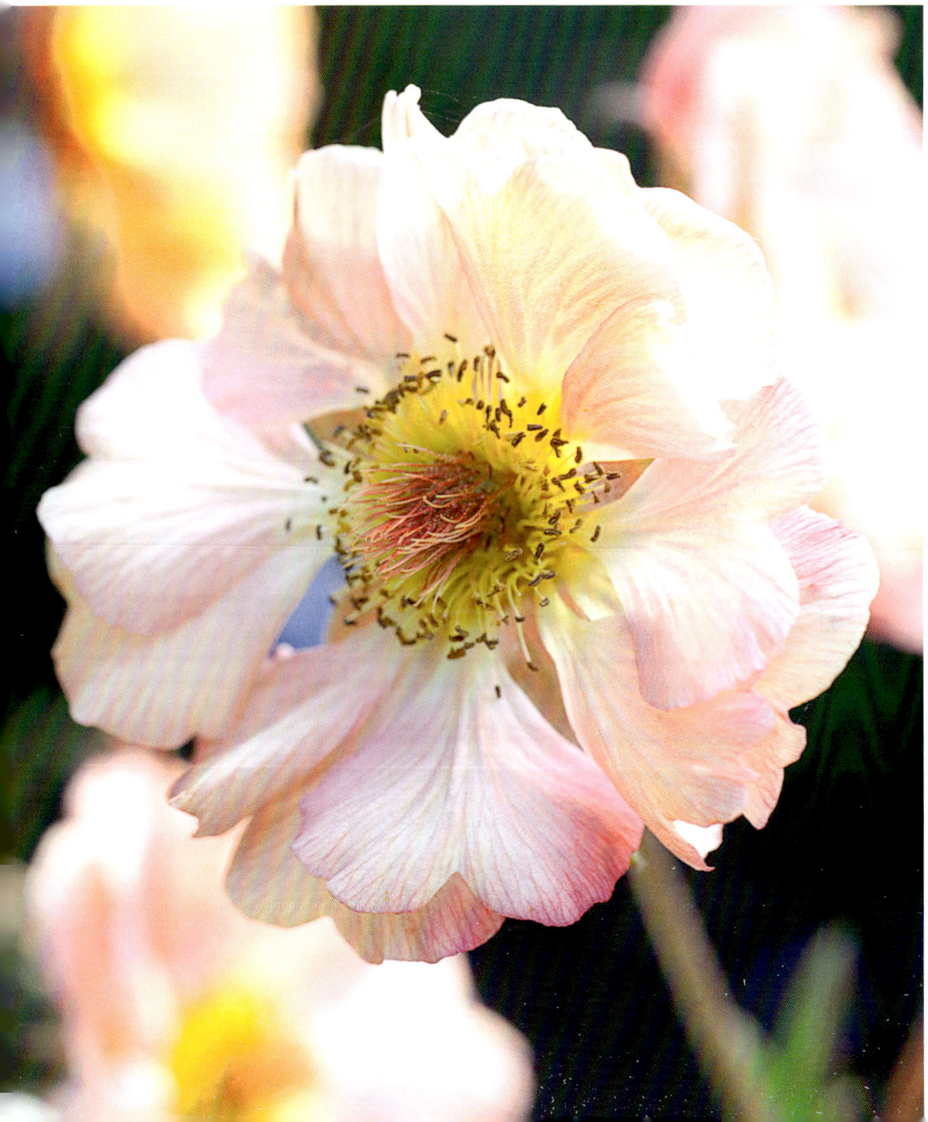
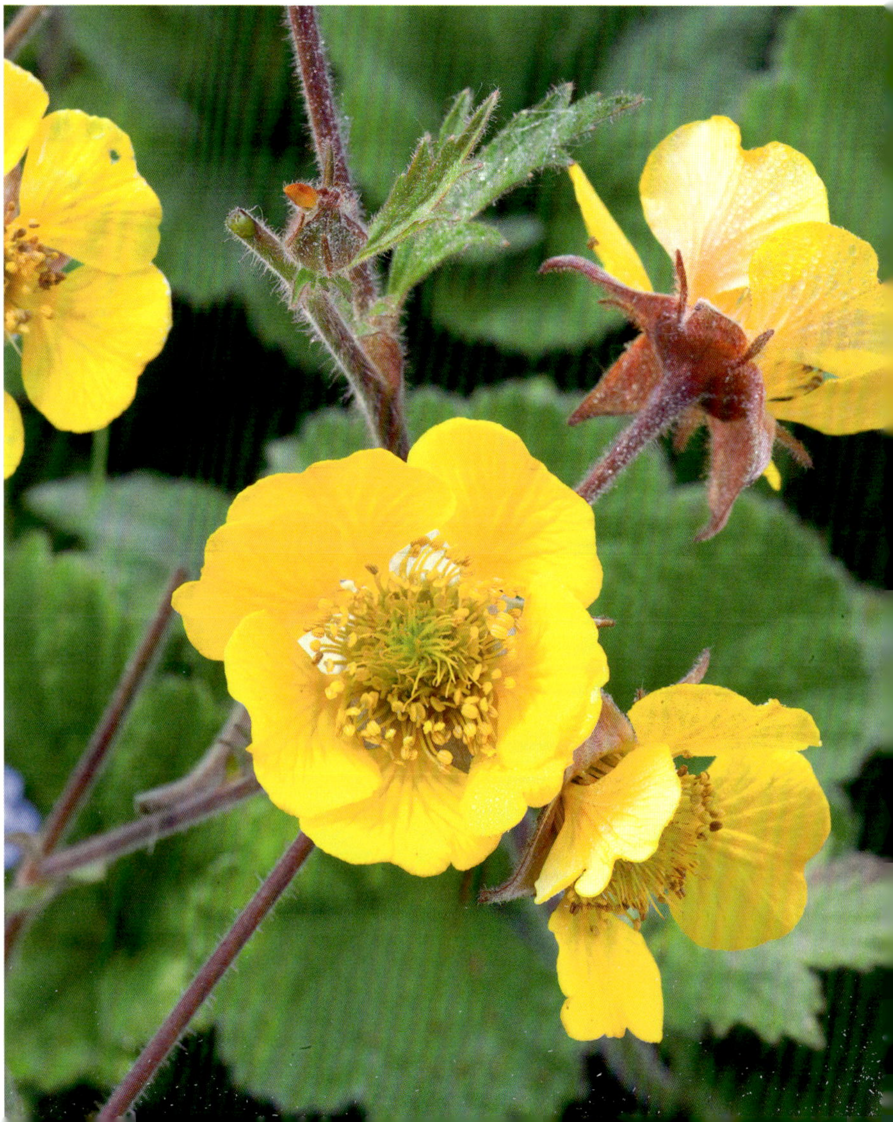

Das erste Exemplar blieb nur einen Sommer

Eigentlich ist Beth Chatto schuld – zumindest indirekt und im ganz und gar positiven Sinne. Zwar hatte sich Sue Martin schon immer für Pflanzen interessiert und war in den 1980er-Jahren Mitglied der »Hardy Plant Society« (einer Gesellschaft für Staudenfreunde) geworden, doch der Gattung *Geum* hatte sie lange Zeit keine besondere Aufmerksamkeit geschenkt. Das änderte sich, als sie das »Garden Notebook« der britischen Gärtnerin und Autorin gelesen hatte: »Dieses Buch hat mich dazu inspiriert, ein gelbes Beet in meinem Garten anzulegen, und ich habe mir ein *Geum montanum* gekauft.« Sie pflanzte es in lehmigen Boden und war enttäuscht, dass die Pflanze im nächsten Frühling nicht wieder austrieb. Damals wusste sie noch nicht, dass dies eine alpine Art war, die in schweren Böden einfach nicht gedeiht. Doch die Nelkenwurz ist vielseitig und es dauerte nicht lange, bis Sue wieder einen Vertreter dieser Gattung entdeckte: »Ich sah die Sorte 'Prinses Juliana', und obwohl Orange alles andere als meine Lieblingsfarbe ist, war diese Pracht einfach wunderbar. Sie schien gar nicht mehr aufzuhören zu blühen und fühlte sich viel wohler im Garten als mein erstes *Geum*.« Nachdem Sue die Vorzüge jener niederländischen Sorte aus dem Jahre 1923 entdeckt hatte, griff sie zu, wann immer sie eine Nelkenwurz-Art entdeckte. Sie wurde nicht enttäuscht und die Sammlung immer größer.

Längst gilt sie als international renommierte Spezialistin in Sachen Nelkenwurz, hat ein Buch über die Gattung geschrieben und pflegt einen ganz besonderen Schatz: eine nationale *Geum*-Sammlung. Nachdem ihre Sammelleidenschaft geweckt war, besuchte Sue häufig die damalige Hüterin dieses Schatzes, Alison Mallett, in Devon. Als Alison ihre Schützlinge in andere Hände geben wollte, fragte sie Sue, ob sie diese Sammlung nicht übernehmen wolle. Ein schöneres Kompliment hätte

Links oben: *Geum* 'Dawn' blüht von Mai bis August (links). Die Blüten von *G. chiloense* 'Rijnstroom' haben einen Durchmesser von rund fünf Zentimetern (rechts). **Links unten:** 'Mai Tai', eine Hybride aus den USA (links). Die Blüten von *G. hybridum* 'Luteum' leuchten von April bis Juni (rechts). **Oben:** Im Mai steht der ehemalige Gemüsegarten in voller Blüte. Außer Nelkenwurz gedeihen hier Vergissmeinnicht, Wolfsmilch und Schnittlauch.

Eine Prinzessin, die keine Diva ist und andere Schönheiten neben sich duldet

Liebevoll berührt Sue Martin mit ihrer Hand *G. chiloense* 'Prinses Juliana'. Mit dieser Sorte begann ihre Liebe zur Nelkenwurz. Diese schon 1923 in den Niederlanden gezüchtete Sorte bereichert die Beete auch heute noch überaus zeitgemäß. Die Blüten sind steril, bilden also keine Samen, erscheinen schon ab April und schmücken den Garten bis in den Spätsommer. Sue empfiehlt die Sorte als ideale »Anfängerpflanze« für all jene Pflanzenfreunde, die aus unerfindlichen Gründen noch nie ein *Geum* gepflanzt haben. Generell hält Sue die Sorten von *G. chiloense* für besonders dankbar, weshalb man 'Prinses Juliana' ruhig die von der gleichen Art abstammenden Sorten 'Red Wings' oder 'Mandarin' zur Seite stellen könnte und sich dann schon ab dem Frühling auf ein ungewöhnlich intensives Feuerwerk leuchtender Orange- und Rottöne freuen darf.

sie Sue nicht machen können. Doch eine Nationale Sammlung einer Pflanze hegen und pflegen zu dürfen, ist nicht nur eine große Ehre. Es ist an konkrete Bedingungen geknüpft, die die »Plant Heritage« überprüft. Diese britische Institution möchte die Pflanzenvielfalt in den Gärten erhalten und fördern. Sue hat sich nicht nur dazu verpflichtet, besonders viele Sorten zu kultivieren, sondern führt auch genau Buch darüber, wie sich die einzelnen Gewächse im jeweils abgelaufenen Gartenjahr entwickelt haben. Meist kann sie Gutes berichten, denn die Nelkenwurz gehört zu jenen Pflanzen, die als äußerst gesund und robust gelten. Auch wenn Sue beteuert, dass ihr sämtliche der nunmehr 110 Sorten sehr gut gefallen, sollte eine Schönheit wie 'Dawn', zu deutsch »Abendröte«, nicht unerwähnt bleiben. Ihre Blüten erinnern mit ihrem Farbspiel von Gelb- und Orangetönen tatsächlich an einen Himmel bei Sonnenuntergang. Diese Sorte hat Sue selektiert und damit ein echtes Blühwunder erschaffen. In manchen Jahren hat 'Dawn' bei ihr von April bis Mitte November fast ohne Pause geblüht. Auch wenn die Blüte manchmal »schon« im September endet, gilt die Sorte als Entdeckung und wird in der Fachpresse wärmstens empfohlen. Sue gibt sich aber bescheiden und pflegt britische Zurückhaltung: »Ich hatte aus Sämlingen der Sorte 'Lisanne' eine Pflanze gewählt, von der ich dachte, sie hätte einen eigenen Namen verdient.« Wie recht sie damit hatte. Da die Sorte vermutlich eng mit *G. rivale*, der in Mitteleuropa heimischen Bach-Nelkenwurz, verwandt ist, wundert es nicht, dass sie gut in feuchten Böden gedeiht.

Sue ist froh, dass sie sich von jenem *G. montanum*, das eher durchlässige Böden braucht, nicht abschrecken ließ. Denn die meisten Nelkenwurz-Sorten sind wie geschaffen für den lehmigen Boden ihres rund 1.000 Quadratmeter großen Gartens, den sie rund um ihr Backsteinhaus, das »Brickwall Cottage«, angelegt hat. Ab April, wenn bei Sue die ersten *Geum* ihre Blüten öffnen, ist das auch nicht zu übersehen.

Rechts: Dem Vergissmeinnicht (*Myosotis*) begegnet man im Garten immer wieder. Die blauen Blüten vertragen sich optisch ausgezeichnet mit den leuchtenden Farben der Nelkenwurz und mischen sich ganz zwanglos unter Sues Nationale *Geum*-Sammlung. Der Schnittlauch sieht mit seinen blauvioletten Blütenkugeln zwar wie eine Zierpflanze aus, ist aber noch ein Relikt aus jener Zeit, als die Beete Teil eines großen Nutzgartens waren.

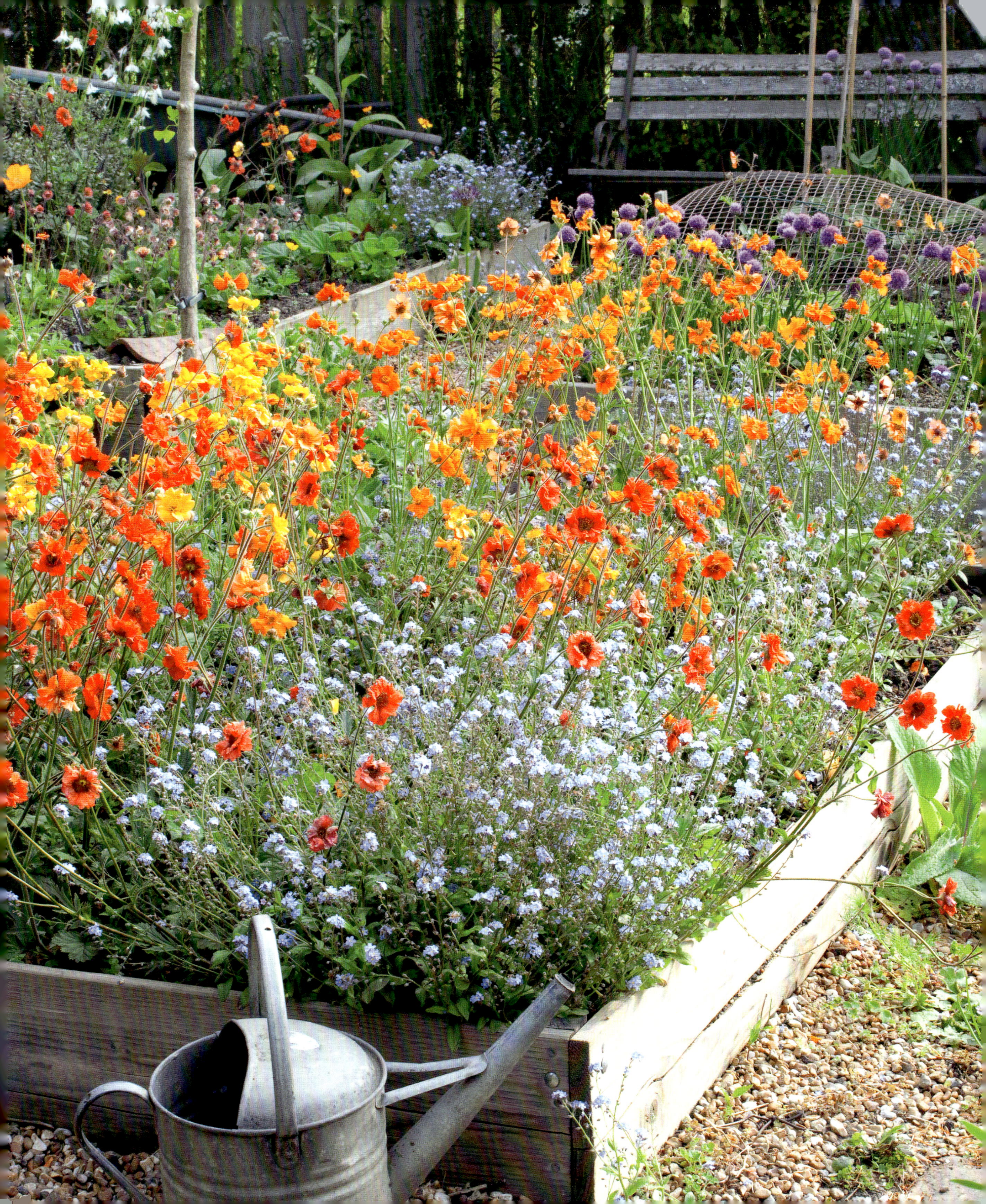

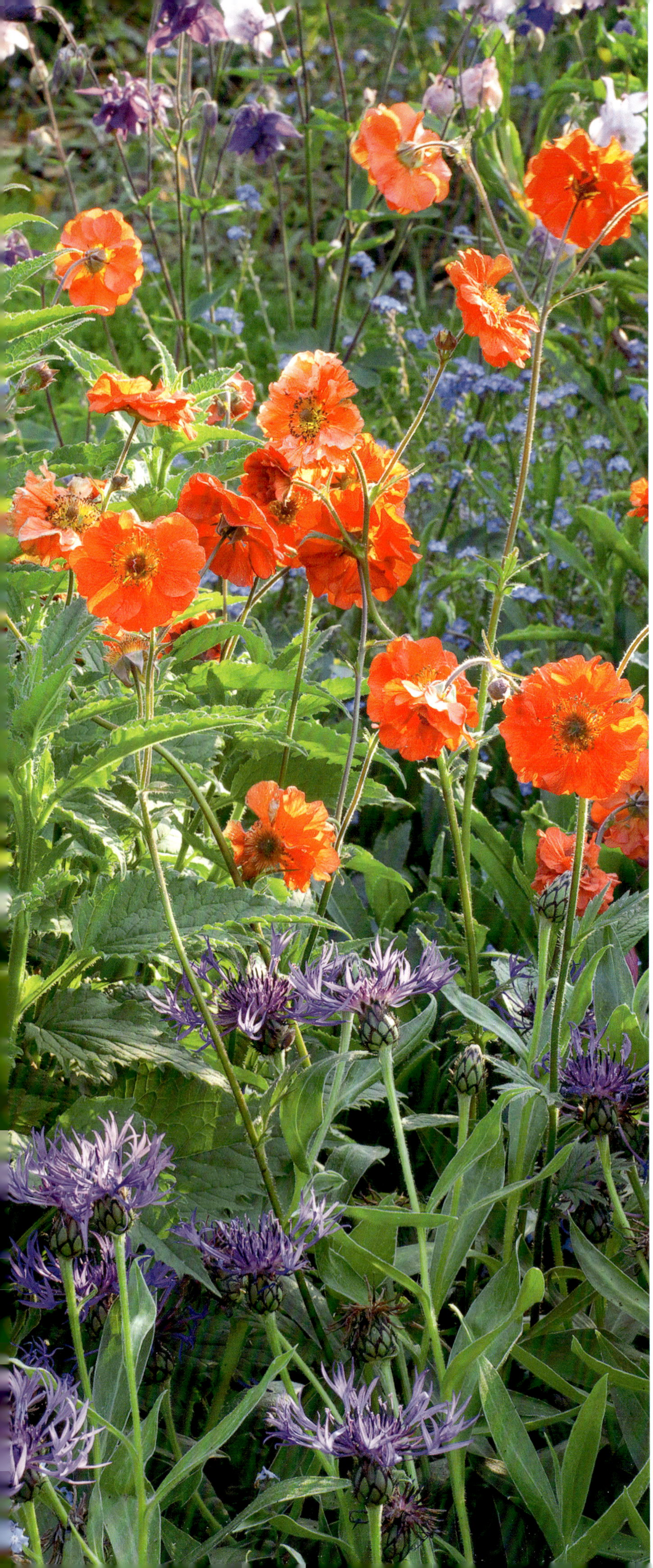

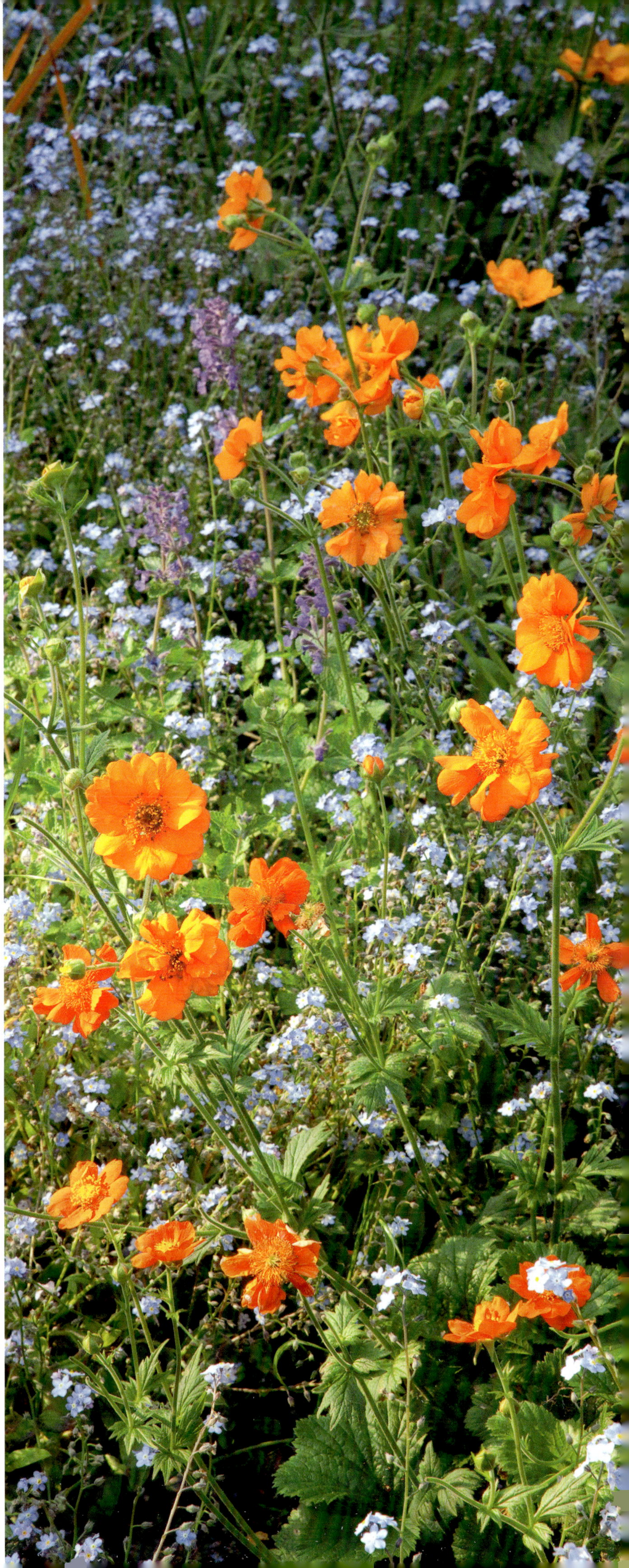

Sie komponiert ihre Beete mit leichter Hand

Ihre *Geum*-Sammlung behält Sue nicht für sich, sondern öffnet ihren Garten im Rahmen des »National Garden Scheme« und nach Vereinbarung. Die meisten Besucher kommen im Mai und lassen sich von der heiteren Fröhlichkeit der Beete anstecken. Wenn man die zwischen Vergissmeinnicht und Akeleien tanzenden *Geum*-Blüten sieht, kann man sich gar nicht vorstellen, dass viele Gärtner die Farben Gelb, Orange und Rot ganz aus ihren Beeten verbannt haben. Sue selbst hat sich mit diesen Tönen längst versöhnt und möchte sich ihren Garten gar nicht mehr ohne jenen heiteren Farbtupfer in Sonnenfarben vorstellen. Zumal sich die Blüten der Nelkenwurz schon zu einer Zeit im Jahr zeigen, wo sich die Gärten sonst eher in dezente Pastelltöne kleiden. Viele ihrer Besucher kommen wieder und das nicht nur, weil manchmal genau jene Sorte vergriffen ist, die sie gerne bei Sue gekauft hätten. Denn ihrem Garten sieht man gar nicht an, dass hier eine Sammlerin am Werk ist. Ihre *Geum*-Sorten wachsen nicht in ordentlichen Reihen, sondern ganz natürlich wirkend zwischen den anderen Pflanzen. Ein Cottage-Garten aus dem Bilderbuch eben, der nicht nur der Nelkenwurz wegen auf der Reiseroute vieler Gartenfreunde steht. Sissinghurst liegt nur rund zehn Autominuten entfernt und das Dorf Frittenden, in dem Sues »Brickwall-Cottage« steht, würde sich bestens in einem Werbeprospekt für die Grafschaft Kent machen. Wenn man den Garten besucht, hört man die Kinder auf dem Hof des gegenüberliegenden Schulhauses spielen und manchmal mischen sich auch Klavier- oder Celloklänge darunter. Denn die pensionierte Musiklehrerin Sue gibt hin und wieder noch Stunden für einige Schüler. Und vielleicht unterstützt sie ihre Musikalität auch bei der Pflanzenverwendung im Garten. Ihre Beete komponiert sie jedenfalls so virtuos, dass man kaum glauben mag, dass rund um das Backsteinhaus einst ausschließlich Gemüse und kein einziges *Geum* wuchs.

Ganz links: Die Sorte 'Red Wings' gilt als besonders unkomplizierte Nelkenwurz, hier kombiniert mit Flockenblumen *(Centaurea)*. **Links:** Das Vergissmeinnicht ist keine Staude, sondern zweijährig. Es sät sich aber leicht selbst aus und bleibt *G. chiloense* deshalb als Pflanzpartner erhalten. **Oben:** Im Mai strahlt Sues Garten heitere Leichtigkeit aus. Dann präsentieren sich Vergissmeinnicht, Akelei und Nelkenwurz als blühendes Gesamtkunstwerk.

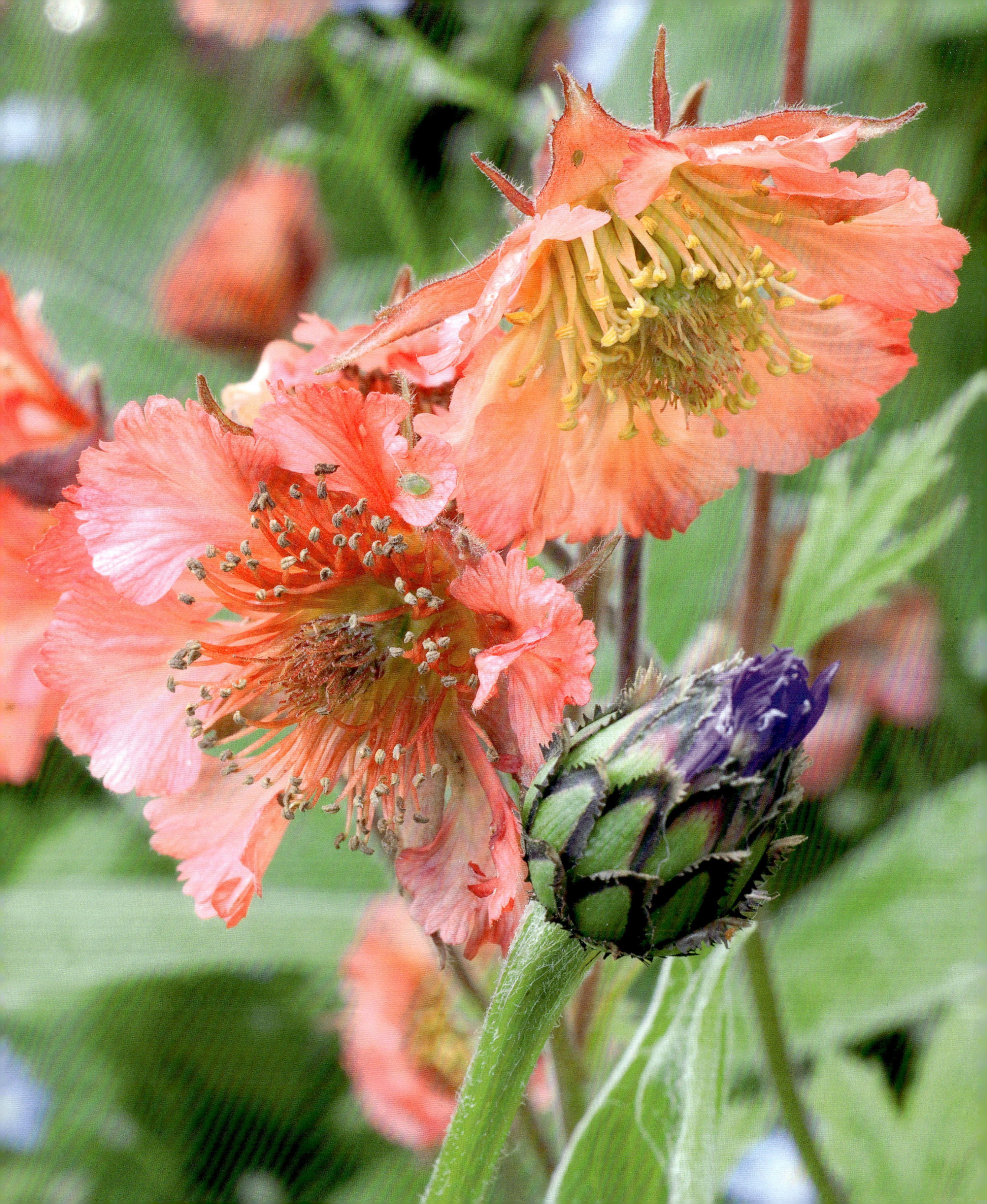

Nelkenwurz, *Geum* – **69**

Wer teilt, wird reich beschenkt werden

Wer Nelkenwurz aussät, wird eine bunte Mischung erhalten. Meistens. Die Sorten 'Lady Stratheden' und 'Mrs J. Bradshaw' gehören zu jenen Ausnahmen, die sich sortenrein aus Samen ziehen lassen. Doch ansonsten greift Sue zum Spaten und vermehrt ihre Schützlinge durch Teilung. Deshalb hat sie meist nur wenige Stückzahlen jeder Sorte vorrätig. Geteilt werden sollten die Pflanzen übrigens ohnehin alle drei bis vier Jahre, denn auch diese pflegeleichte Gattung wird mitunter blühfaul. Wer sie aus der Erde nimmt, teilt und mit einer Portion Kompost neu pflanzt, wird auch im nächsten Gartenjahr mit Blüten belohnt.

Eine Art, jenes eingangs erwähnte alpine *G. montanum*, vermehrt Sue allerdings nicht mehr – aber nur, weil sie eine bessere Alternative kennt: »*Geum montanum* scheint mir ein wenig heikel zu sein. Bei mir wächst es jedenfalls nicht mehr. Aber es gibt von dieser Art die Sorte 'Diana', das ist eine robustere Pflanze, die einfacher zu halten ist.« Sie braucht zwar einen etwas trockeneren Standort als die anderen Arten, blüht aber wie die meisten Arten vom Frühling bis zum Sommer und hat damit das Zeug, zu einem Bestseller für Staudenbeete zu werden.

DAS WIRD GESAMMELT: *Bei Sue Martin wachsen mittlerweile rund 110 Nelkenwurz-Sorten. Eine davon, Geum 'Dawn', hat sie selbst gezüchtet. Sue betreut die Nationale Pflanzensammlung dieser Gattung für die »Plant Heritage«.*

WARUM SIE FASZINIEREN: *Die meisten Arten blühen mehrere Wochen, manche auch Monate. Zudem ist die Nelkenwurz anders als die meisten anderen Stauden wintergrün.*

WAS SIE BRAUCHEN: *Außer für die alpinen Arten ist für Geum ein eher feuchter Boden gut. Regelmäßiges Teilen erhält die Blühfreude.*

Links: *G. chiloense* 'Bell Bank', hier mit der Knospe einer Flockenblume, gehört zu jenen Sorten, die Sue Einsteigern empfiehlt, die viel Freude und wenig Arbeit mit ihrem Garten haben möchten. **Oben:** Das Beispiel *G. rivale* 'Marika' zeigt, dass sich die Nelkenwurz in ihren unterschiedlichen Entwicklungsstadien sehen lassen kann: Kurz vor dem Aufblühen (ganz oben) ebenso wie nach der Blüte, wenn sich der Samenstand am Stängel bildet.

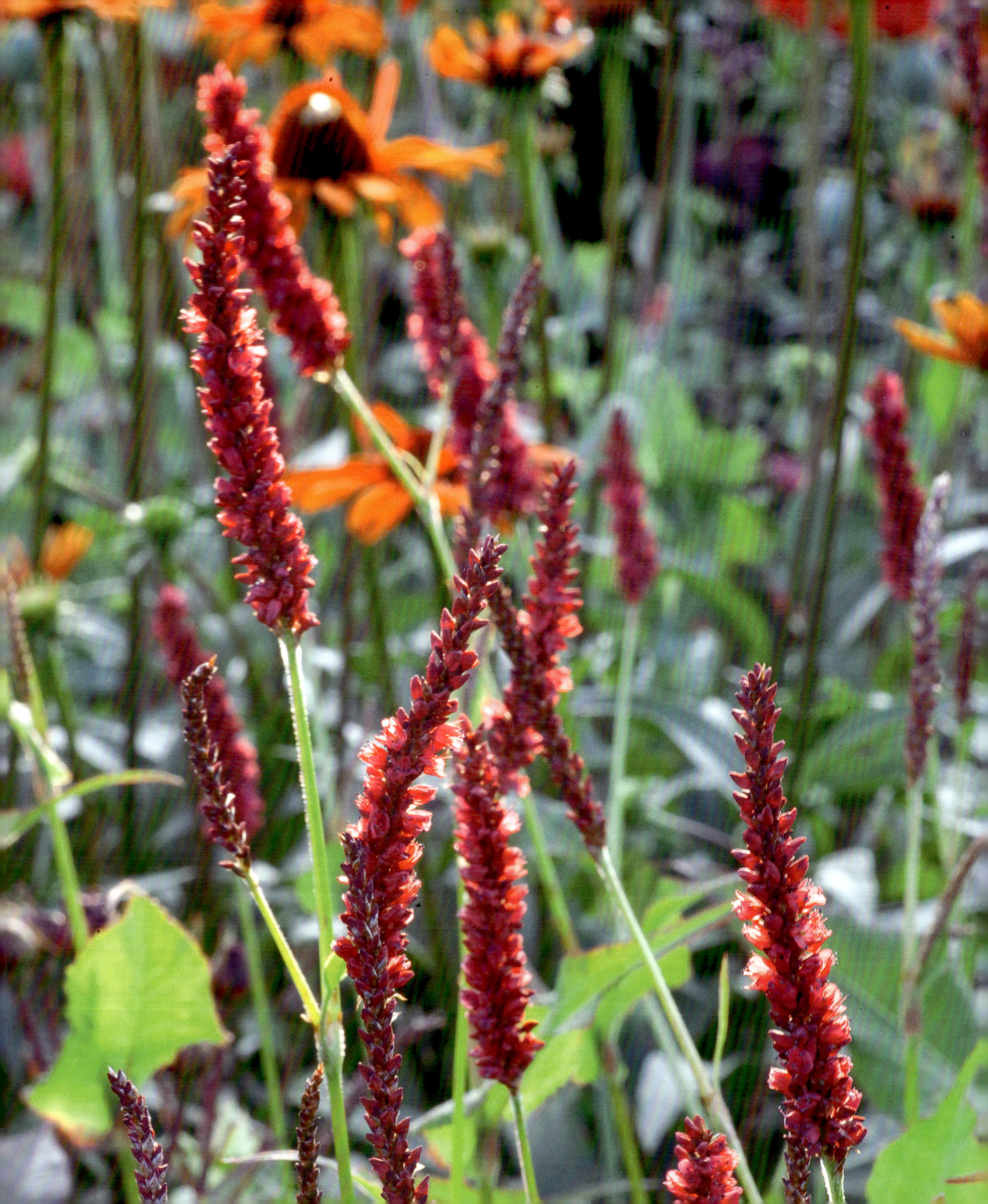

CHRIS GHYSELEN, OEDELEM, FLANDERN (B)

Der tut nichts!

Kerzenknöterich, Persicaria amplexicaulis

»Knöterich? Um Himmels willen! Den hole ich mir doch nicht freiwillig ins Beet!« Viele Gartenbesitzer bekommen eine Gänsehaut, wenn sie nur daran denken. Im Kopf haben die meisten ein auch als »Architektentrost« verspottetes Klettergehölz, das unter dem botanischen Namen *Polygonum aubertii* sein Unwesen treibt. Es klettert in Rekordzeit und legt seinen Teppich aus Blättern und weißen Blüten gnädig über Müllhäuschen, Garagen oder andere Bausünden. Mit diesem Gartengast, den man nur schwer wieder loswird, hat der Kerzenknöterich nichts gemein. Die Sorten von Chris Ghyselen wird man sich gerne ins Beet holen. Wenn man sie bekommt.

Links: In der Spätsommersonne kommt das dunkle Purpur von *Persicaria amplexicaulis* 'Fat Domino' bestens zur Geltung. Chris Ghyselen hat ihn ebenso wie die beiden folgenden Sorten selbst kreiert. **Oben links:** Die Sorte 'White Eastfield' trägt sehr lange Blütenkerzen. **Oben Mitte:** 'Black Adder' bleibt mit rund 60 cm Wuchshöhe relativ kompakt. **Oben rechts:** 'Rosea' kommt vor einem ruhigen, grünen Hintergrund gut zur Geltung.

Ein herrliches Hecken-Kunstwerk

Eine über drei Meter hohe grüne Wand aus kerzengerade geschnittenen Hainbuchen *(Carpinus betulus)*, davor ein Schild aus Cortenstahl mit der Aufschrift »Chris Ghyselen Tuinarchitect« (Gartenarchitekt). Hinter dieser Hecke liegt er also, der rund 4.500 Quadratmeter große Garten samt Knöterich-Sammlung. Flandern gehört bekanntermaßen zu den eher flachen Regionen, die einen guten Weitblick über die Landschaft ermöglichen. In den Gärten werden die Blicke gelenkt, denn die hohe Kunst der Heckengestaltung ist ein traditioneller Bestandteil der belgischen Gartenkultur. Der Trend, Gärten mithilfe grüner Wände in Räume zu teilen, ist in Belgien alles andere als neu. Das erkennt man schon daran, dass viele der Hecken eine ganz beachtliche Höhe erreicht haben und demzufolge schon viele Jahre alt sein müssen. Der Garten von Chris Ghyselen ist nicht nur nach außen von Hainbuchen vor Wind und Blicken geschützt, auch im Inneren gliedern die Hecken den Garten. An einem Tag im Jahr, meist im Juli, haben Besucher die Möglichkeit, hinter seine Hecke zu blicken. Wer noch nie da war, ist meist erstaunt über die vielfältig gestaltete Abfolge von Gartenzimmern und wird dann auch jene länglichen Blütenlanzen entdecken, die im Hochsommer durch die Beete tanzen. Was das ist? »Kerzenknöterich, botanisch *Persicaria amplexicaulis*«, antwortet Chris Ghyselen und erntet erstaunte Blicke, da Knöterich von vielen Menschen nach wie vor als Unkraut angesehen wird.

Die Besucher sind nach dem Anblick seiner Beete »bekehrt« und überrascht, welche Schönheiten unter den Knöterichen gedeihen. Die Botaniker sind sich allerdings nicht einig, zu welcher Gattung der Kerzenknöterich gehören soll. Teile der Fachwelt ordnen ihn der Gattung *Bistorta* zu und nennen ihn *B. amplexicaulis*. Chris Ghyselen und die meisten Staudengärtner bieten Kerzenknöterich als *Persicaria amplexicaulis* an.

Oben: Spätsommer im Garten von Chris Ghyselen. Hecken dienen hier nicht nur als Sichtschutz, sondern gliedern die Anlage. Am Ende der großen Staudenrabatte beginnt nach den Hecken ein weitläufig mit viel Rasen und Gräsern angelegter Gartenteil, der optisch mit der Landschaft verzahnt ist.
Rechts: Die Sorte 'Pink Elephant', auch eine Eigenzüchtung von Chris, passt gut als Partner zu Wermut, hier *Artemisia arborescens* 'Powis Castle'.

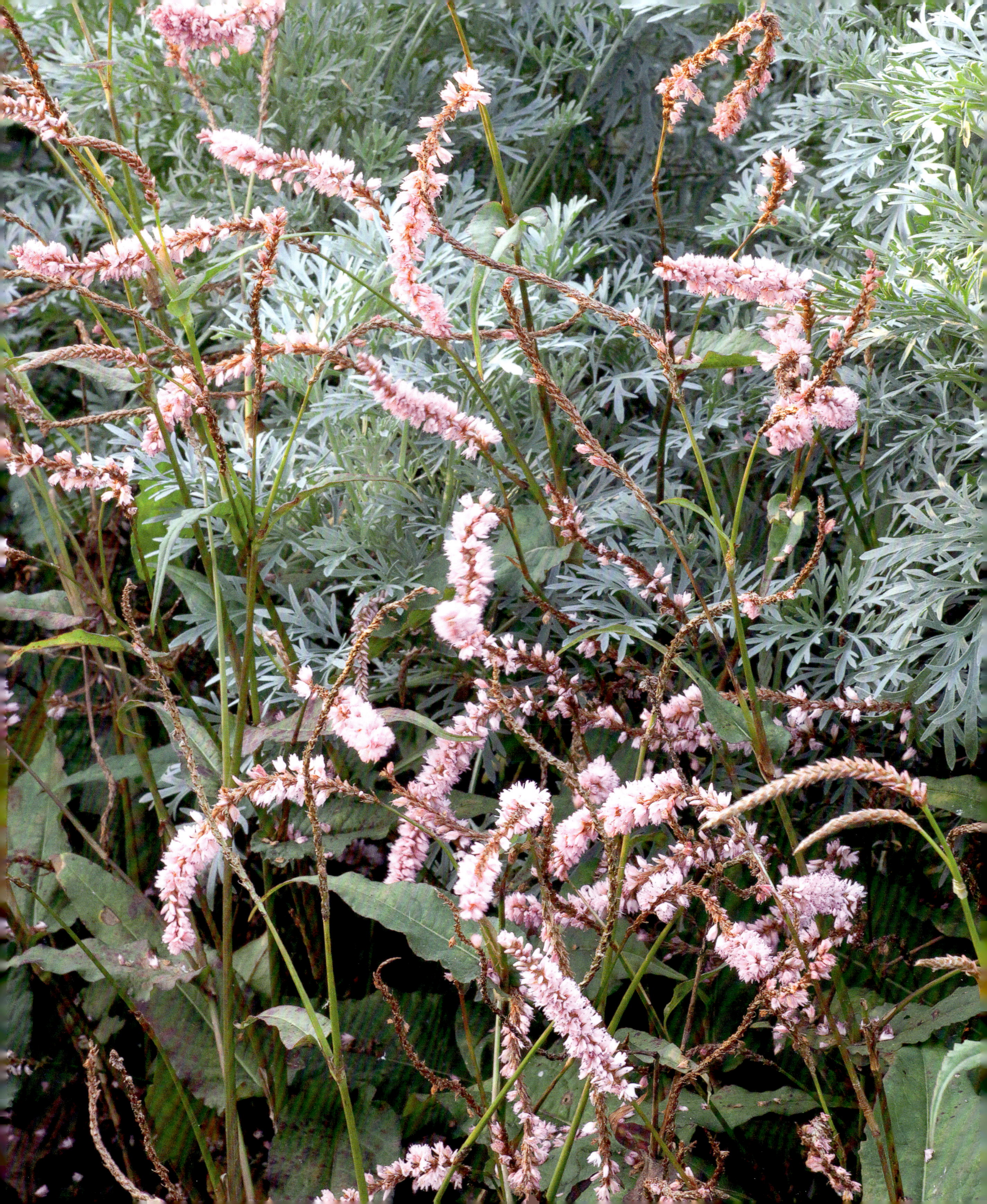

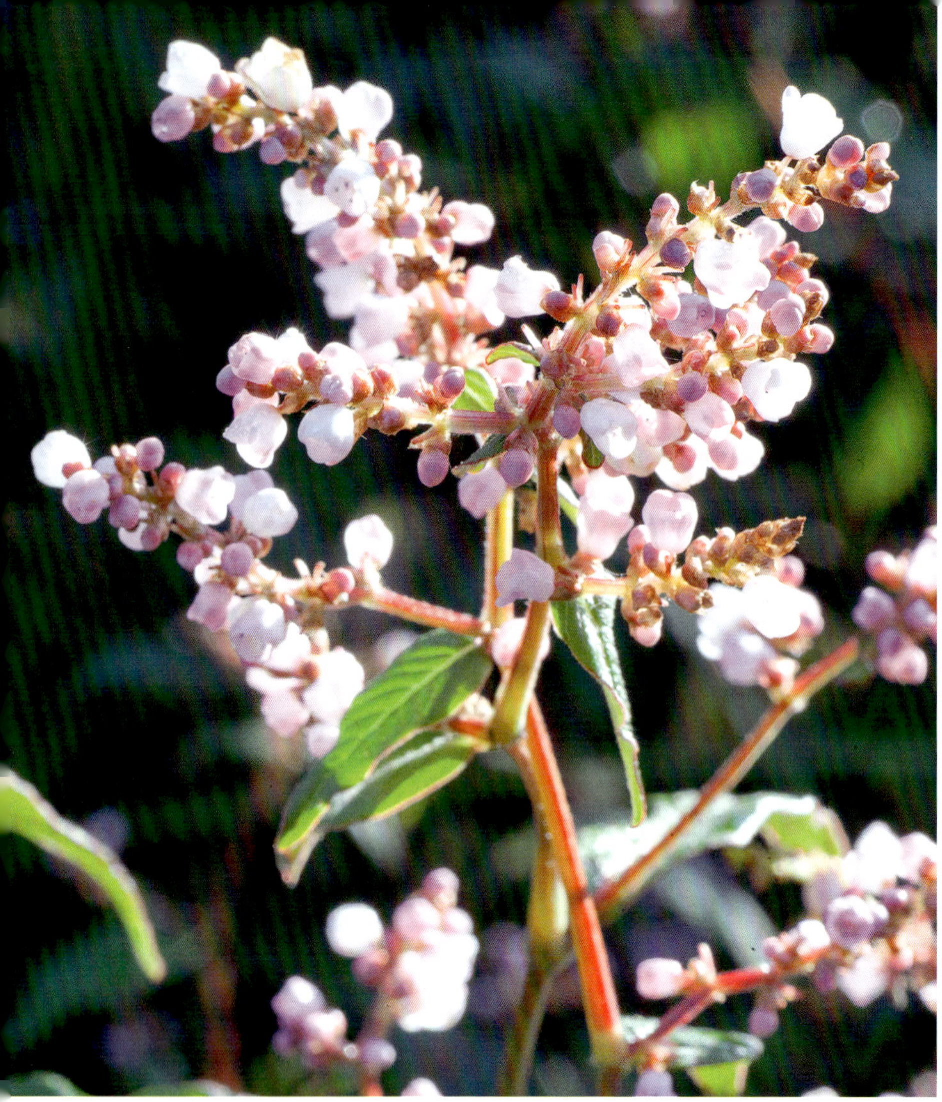
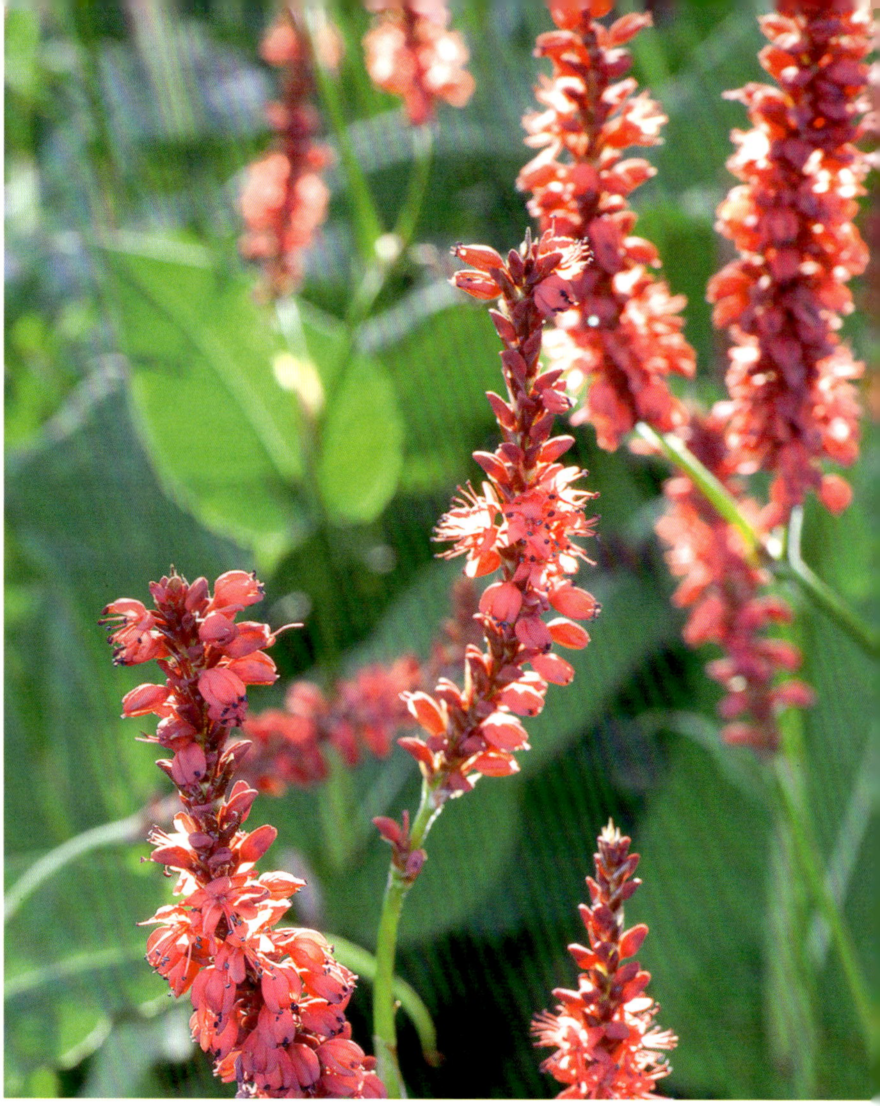
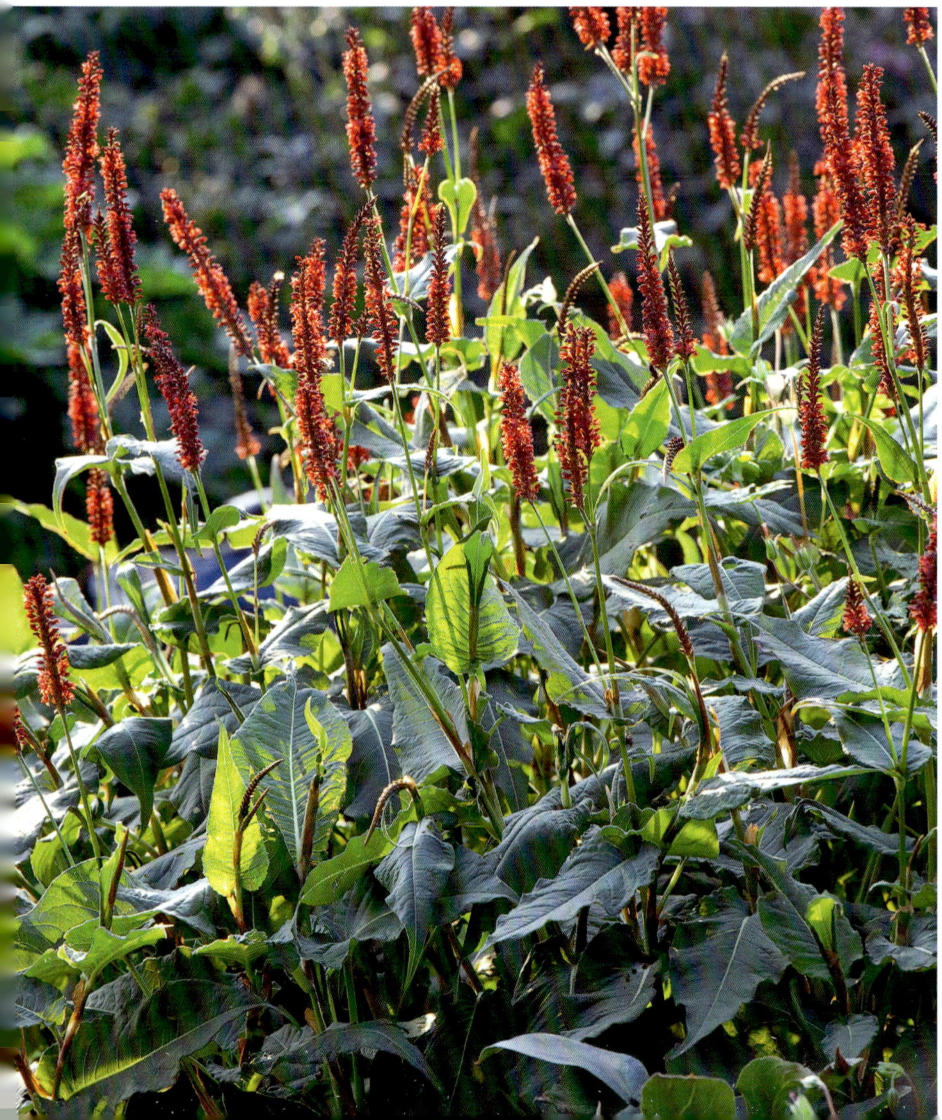
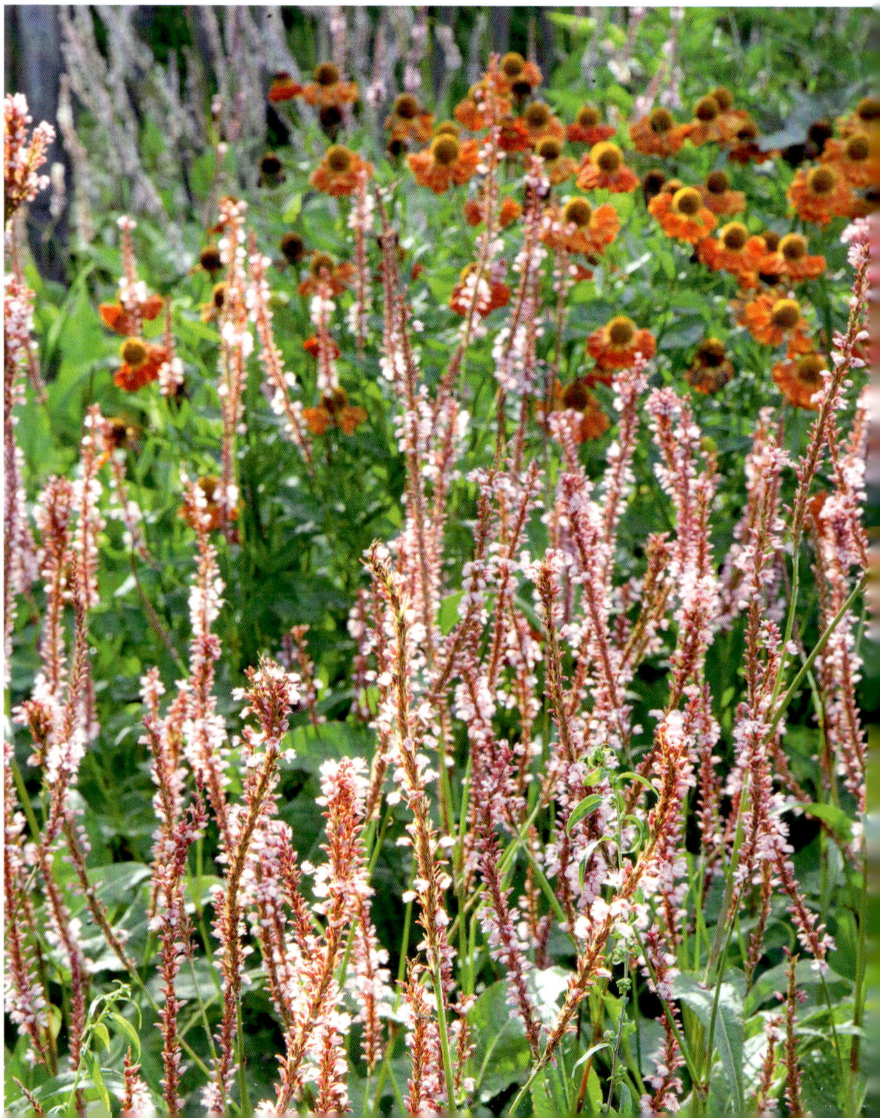

Kerzenknöterich, *Persicaria amplexicaulis* – **75**

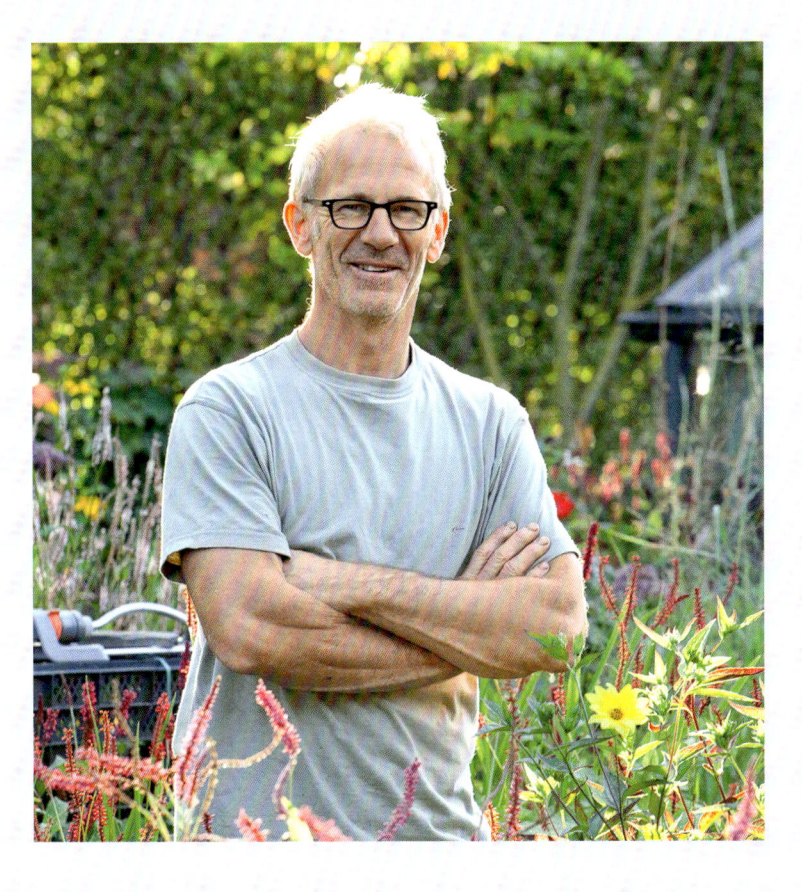

Wo ist also der Haken? Selbst Chris Ghyselen kennt noch keinen

»Eigentlich ist der Kerzenknöterich unersetzlich, wenn man eine pflegeleichte langlebige Pflanze mit einer tollen Flächenwirkung sucht«, findet Chris. Vielleicht wird er ja von Schnecken verspeist und man muss zumindest den Austrieb schützen? »Nein, an den Pflanzen finde ich nur manchmal eine Schnecke«, erzählt Chris. Kein Vergleich mit Rittersporn oder Dahlien. Pilzkrankheiten wie bei den Rosen sind auch kein Thema. Vielleicht ist das ja das »Problem«: Der Kerzenknöterich verlangt so wenig Aufmerksamkeit, dass er einfach ein wenig gering geschätzt wird. Man muss sich nicht um ihn bemühen. Das stimmt aber eigentlich auch nicht, denn zumindest sein Erwerb ist durchaus schwierig: Im Gartencenter wird man normalerweise nicht fündig und man muss nach einer gut sortierten Staudengärtnerei suchen. Aber das tun Pflanzenkenner ja sowieso.

Die botanische Namensgebung verwirrt also und das ein oder andere Schwarze Schaf, neben dem erwähnten Schlingknöterich vor allem der übermannshohe Japanische Staudenknöterich *(Fallopia japonica)*, hat dem Image der Knöterichgewächse geschadet. Vielleicht lässt der Siegeszug des Kerzenknöterichs auch deshalb auf sich warten. Immerhin hat der Bund deutscher Staudengärtner *Persicaria amplexicaulis* 2011 zur »Staude des Jahres« gekürt und ein wenig die Werbetrommel gerührt. Die beste Werbung ist allerdings die Pflanze selbst. Wer sich auf die noch relativ selten im Handel angebotene Staude einlässt, will meist mehr davon. Aus gutem Grund, findet Chris Ghyselen: »Zugegeben, die Blätter sind vielleicht ein bisschen wild, aber die Blütenkerzen sind nicht so wuchtig und tanzen fast transparent durch die Beete. Ich empfehle, die Sorten in den Rabatten mehrfach zu pflanzen. Das ist einfach fesselnd!« Chris Ghyselen beschränkte sich allerdings nicht darauf zu sammeln, sondern züchtet seine eigenen Sorten: »Ich suche besonders Exemplare mit dunklen dicken Ähren, die nicht auseinanderfallen. Und schöne Blätter sind mir auch ganz wichtig. So ähnlich, wie es mir bei der Sorte 'White Eastfield' geglückt ist.« Mittlerweile hat der Belgier schon 17 eigene Sorten kreiert. Von weißen über rosafarbene, wie 'Pink Elephant', deren Blüten sich nicht kerzengerade, sondern eher leicht gebogen wie ein Elefantenrüssel zeigen, bis zu dunklen Schmuckstücken wie 'Blackfield'. Als Züchter hat sich Chris längst einen Namen gemacht. Dabei ist das nur eines seiner Talente.

Denn eigentlich ist er von Beruf Gartenarchitekt, und zwar ein erfolgreicher. Die unterschiedlichen Räume seines Gartens zeigen, dass er sich nicht auf einen Stil festlegen lässt, sondern die Klaviatur der Gestaltungsmöglichkeiten ausschöpft: Rund um das ehemalige Forsthaus finden sich formalere Gartenteile samt Gemüsegarten, eine lange Staudenrabatte bis hin zum sanft in die Landschaft übergehenden Wiesengarten.

Links oben: *P. campanulata* 'Rosenrot' steht beispielhaft für die 27 anderen Knöterich-Arten und -Sorten aus der Sammlung, die nicht zu den Kerzenknöterichen gehören (links). Die Sorte 'Firedance' hat Piet Oudolf gezüchtet (rechts). **Links unten:** 'Blackfield' gehört zu den Eigenkreationen von Chris und wird rund 80 cm hoch (links). Im Hintergrund der Sorte 'Fascination' blüht die *Helenium*-Hybride 'Flammendes Käthchen' (rechts).

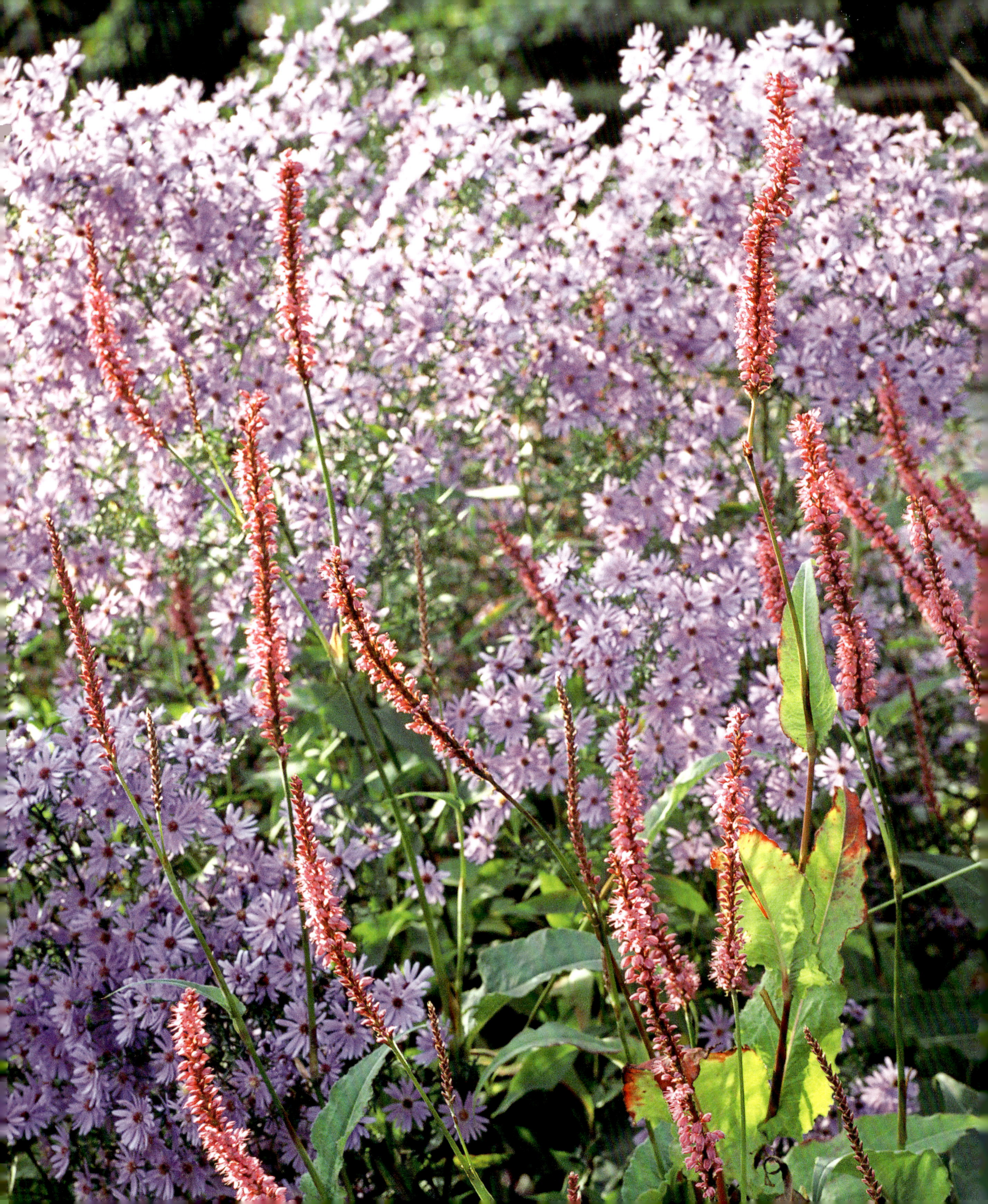

Kerzenknöterich, *Persicaria amplexicaulis* – **77**

Diese Kerzen leuchten auch für Anfänger

Gartenarchitekt und Züchter sind aber nicht die einzigen Berufungen, denen Chris Ghyselen folgt. Gärtner ist er ja auch noch, denn die Pflege seiner diversen Gartenzimmer übernimmt er ebenso: »Manchmal frage ich mich selbst, wie ich das alles schaffe.« Die knappe Zeit ist auch der Grund, warum er seinen Garten nur ein Mal pro Jahr öffnet. Diese Gelegenheit nutzen dann besonders viele Besucher: Rund 400 Gartengäste empfängt er meist. Viele fragen am Ende ihres Rundgangs, ob er schon den Termin für das nächste Jahr wisse, und fahren mit einem Kopf voller Ideen für den eigenen Garten nach Hause. Der Kerzenknöterich spielt bei ihren Plänen oft eine Rolle, denn im Juli prägen dessen Blüten die Beete. Sofern man eine gut sortierte Staudengärtnerei gefunden hat, lassen sich einige der so natürlich wirkenden Gartenbilder nachpflanzen. Denn Kerzenknöterich ist noch selten in den Sortimentslisten zu finden, aber keineswegs nur für Fortgeschrittene geeignet.

Abgesehen von einem relativ frischen Boden und einem sonnigen bis halbschattigen Platz braucht er nicht viel. Einen Tipp hat Chris aber doch: »Gut ist es, wenn man ihn alle vier Jahre ausgräbt und teilt. Ein Teil wird wieder eingepflanzt und den Rest verschenkt man an Freunde.« Seine eigenen Freunde muss er von den Vorzügen des Kerzenknöterichs nicht überzeugen. Sie wissen es zu schätzen, wenn sie einen Abkömmling der pflegeleichten Staude vom Züchter persönlich bekommen.

DAS WIRD GESAMMELT: *Chris Ghyselen hat ein großes Persicaria amplexicaulis-Sortiment. Er kultiviert 29 Sorten, 17 davon hat er selbst gezüchtet. Ebenfalls bekannt: Seine Kaukasusvergissmeinnicht-Kollektion (Brunnera macrophylla). Davon hat er bereits vier eigene Sorten kreiert.*

WARUM SIE FASZINIEREN: *Die lange Blüte von Ende Juni bis Ende Oktober begeistert ebenso wie die markante Struktur der Blütenkerzen.*

WAS SIE BRAUCHEN: *Kerzenknöteriche gelten als pflegeleicht, sehr trockene Sandböden sollten aber mit Kompost verbessert werden.*

Links: Die von Coen Jansen gezüchtete Sorte 'September Spires' kommt mit einer Aster im Hintergrund, hier *Aster laevis* 'Calliope', gut zur Geltung.
Ganz oben: Allein der Hecken wegen lohnt sich ein Besuch des Gartens. Hier begrenzt eine bis zu fünf Meter hohe Hainbuchenhecke die Rabatte, die im August auch von Gräsern und Rudbeckien geprägt wird. **Oben:** Vor dem Gewächshaus blüht im Spätsommer ebenfalls Kerzenknöterich.

TERRY BAKER, ATWORTH, WILTSHIRE (GB)

Ein Hüter der Hüte

Fingerhut, Digitalis

Grelles Pink und dann auch noch hochgiftig? Fingerhut kennt jeder, aber nicht jeder möchte ihn in den Garten pflanzen. Tatsächlich sind alle Pflanzenteile giftig, aber sie schmecken derart bitter, dass jeder, der Blatt oder Blüte in den Mund nimmt, beides unweigerlich ausspuckt. Und optisch ist der »Foxglove«, wie der Fingerhut in Großbritannien heißt, vielseitiger, als die meisten glauben. Bei Terry Baker kann man im Frühsommer auf Entdeckungsreise gehen und voll aufgeblühte Exemplare betrachten, die sich von einer Seite zeigen, die noch weitgehend unbekannt ist. Er führt auch Sorten in Apricottönen oder Arten, die an warmen, kalkreichen Standorten gedeihen.

Oben links: Die Fingerhut-Hybride 'Spice Island' blüht in einem für die Gattung sehr ungewöhnlichen Honiggelb. **Oben rechts:** *Digitalis* 'Camelot Cream' blüht schon im Jahr der Aussaat. **Rechts:** *D. purpurea* 'Foxy' zeigt seine Blüten in verschiedenen Tönen, hier ein rosafarbenes Exemplar.

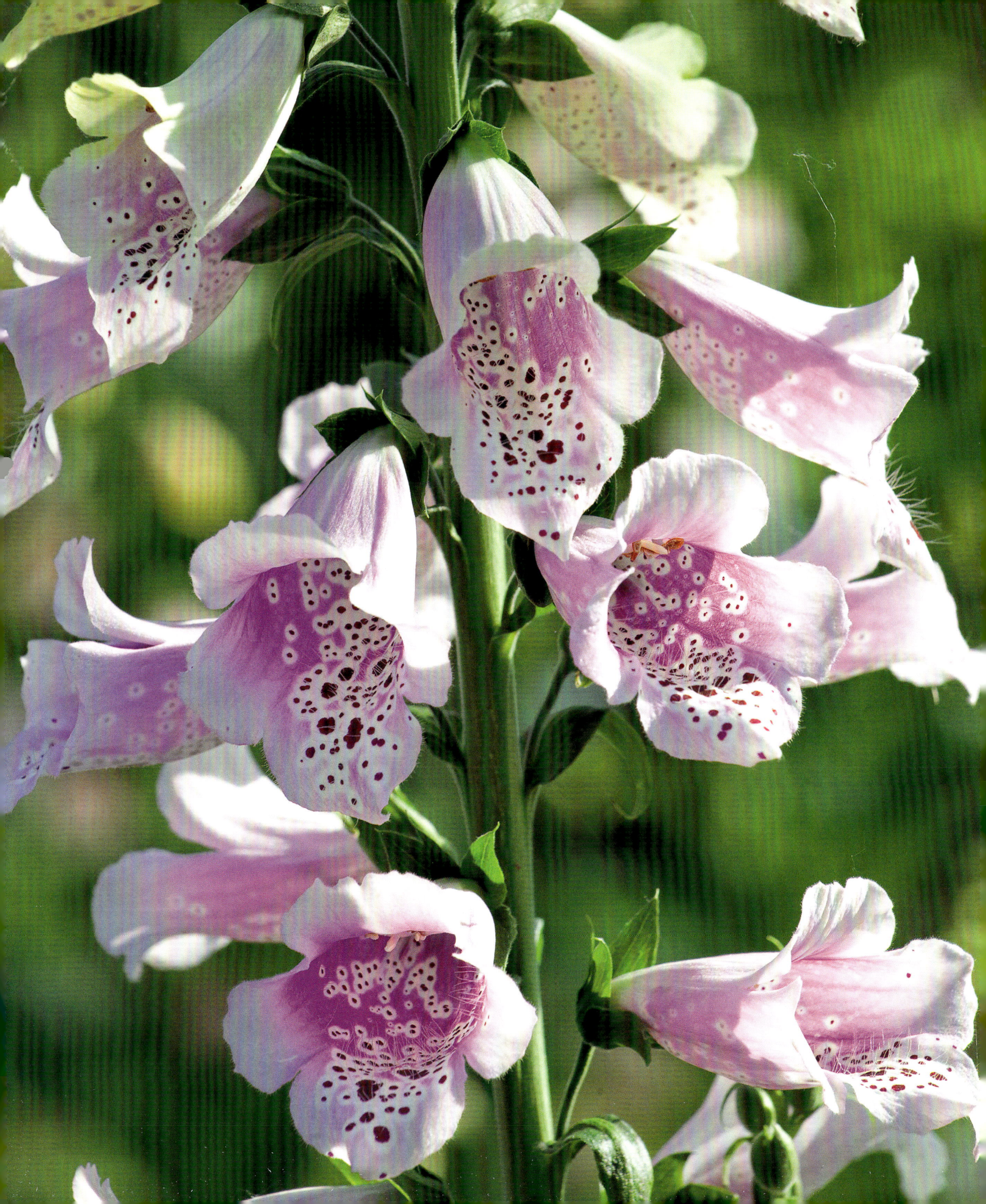

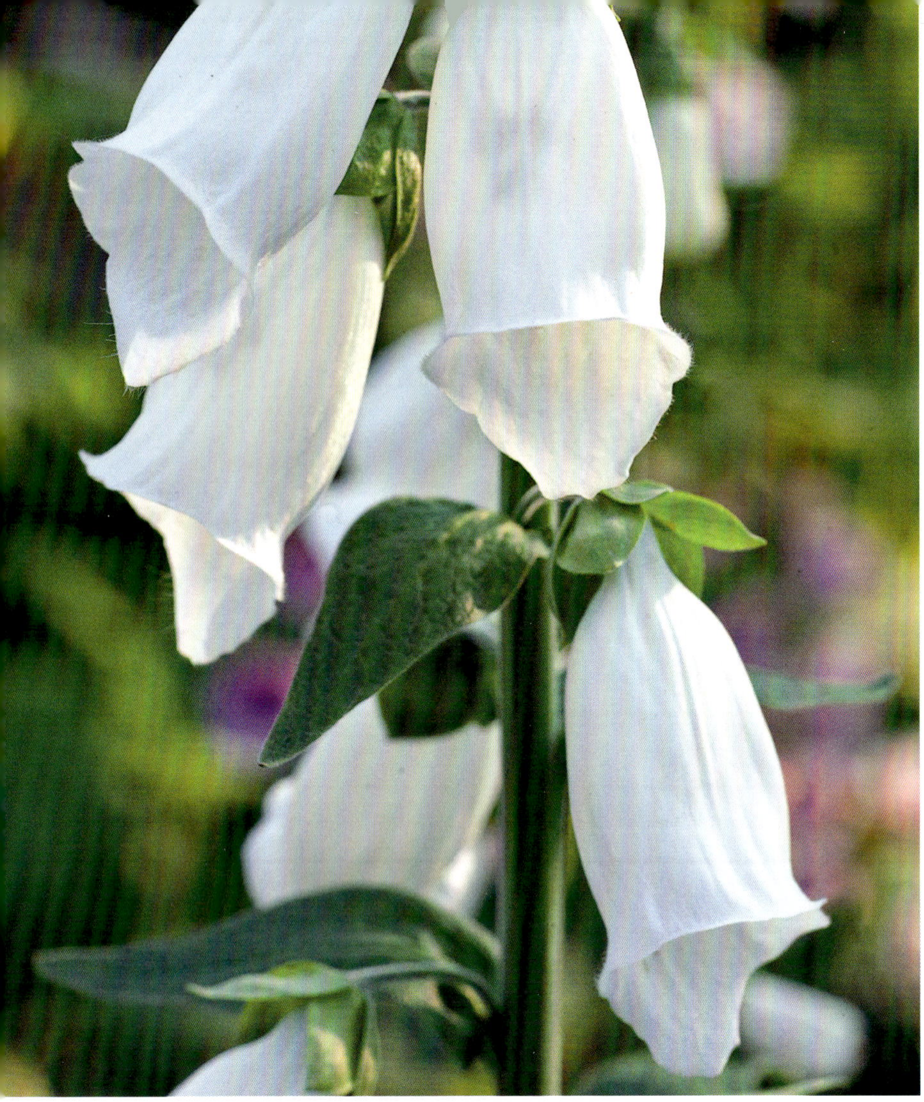
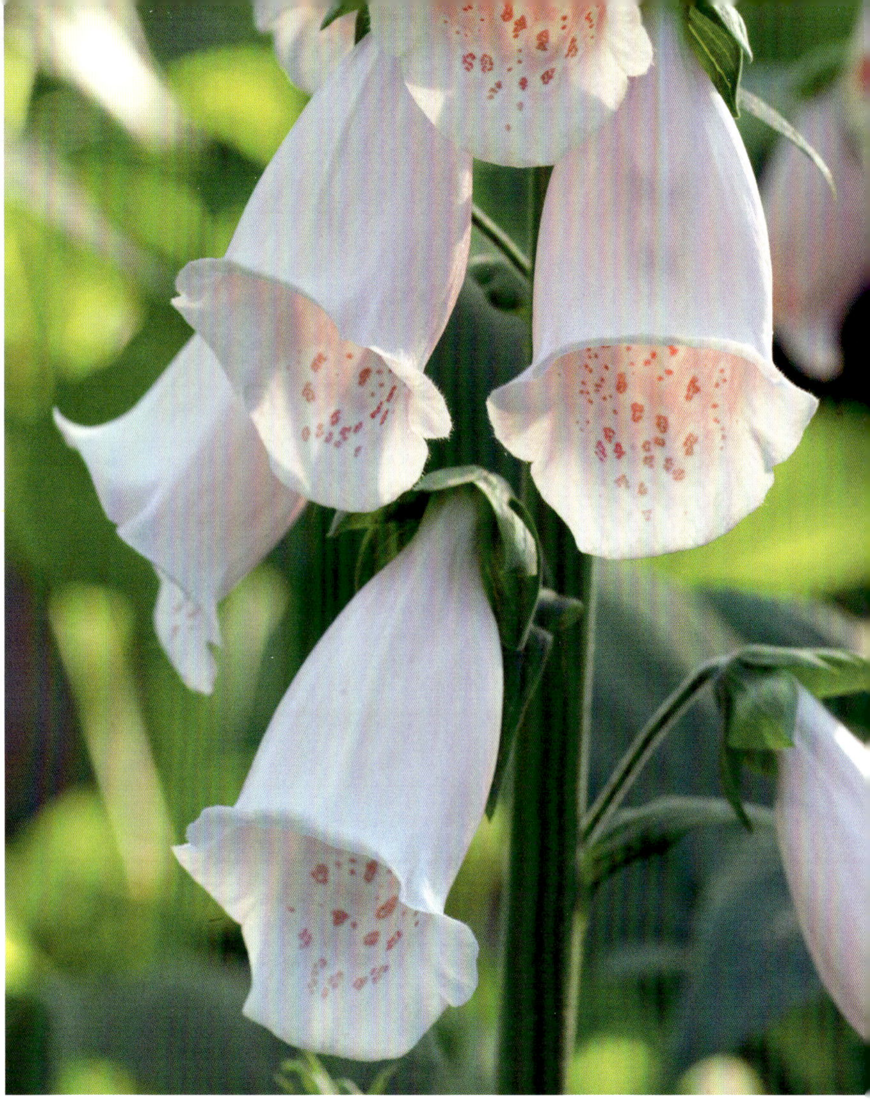
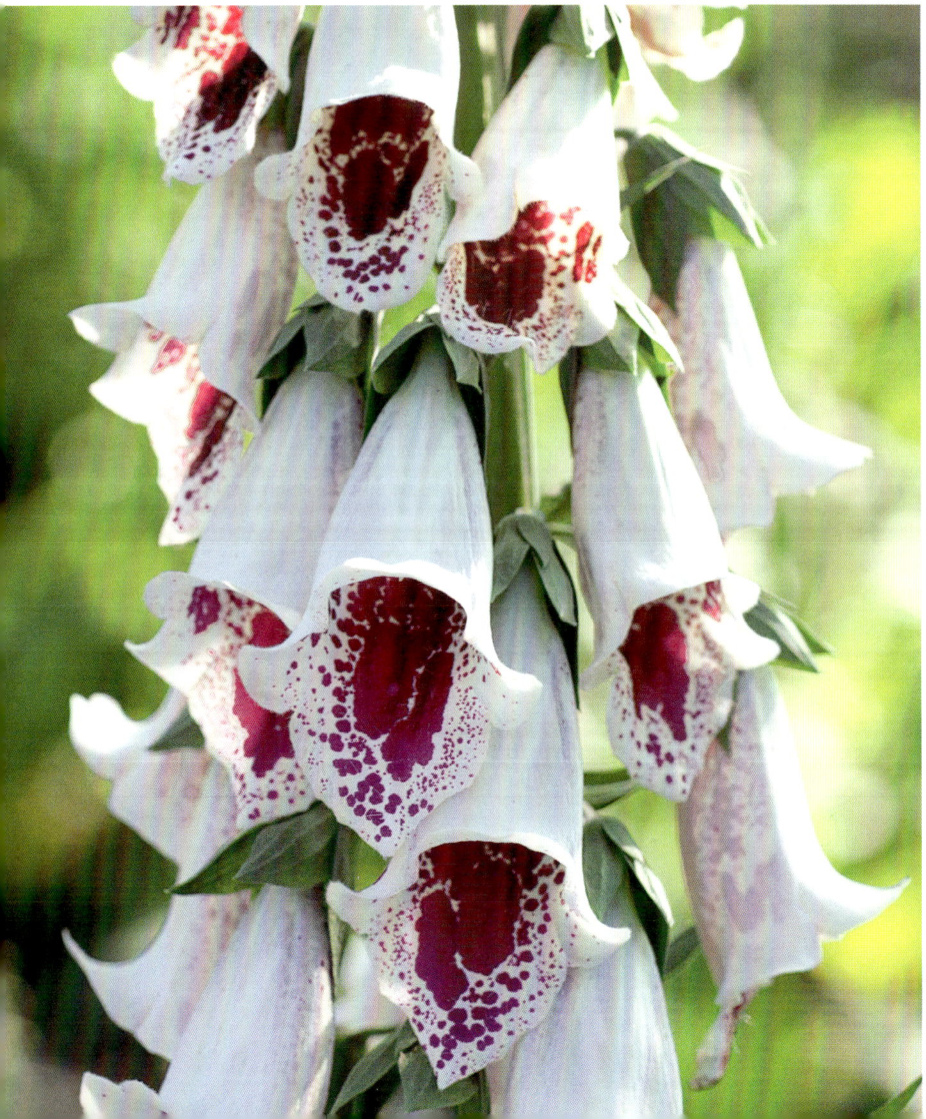
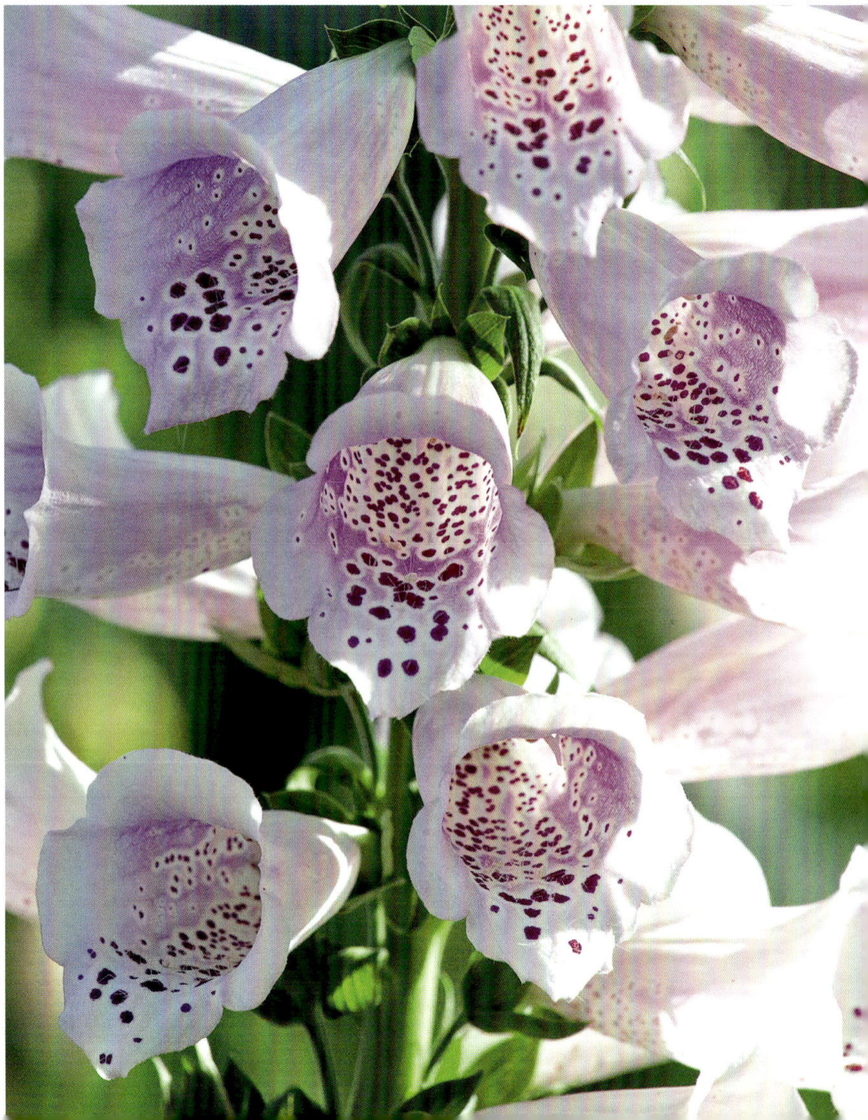

Nur wer präsentiert, wird prämiert

Die Sonne steht schräg und setzt die wie an einer Perlenschnur aufgereihten Blütenhüte in Szene, als wären sie Schauspieler auf einer Bühne. Terry Baker betrachtet seine Fingerhüte mit prüfendem Blick. Wie jedes Jahr, wenn sich der Mai seinem Ende nähert, wird es spannend. Dann steht die »Foxglove Week« in der Gärtnerei an und seine Schützlinge sollten natürlich gut entwickelt sein und die Besucher mit geöffneten Blüten begrüßen. Ende Mai und Anfang Juni stehen die Chancen dafür aber gut. Um diese Zeit beginnt die große Zeit der Fingerhüte in der »Botanic Nursery«. Den Namen trägt die Gärtnerei aus gutem Grund, denn Terry und seine Frau Mary »produzieren« hier keine Massenware, sondern kultivieren botanische Schätze. Nicht nur Fingerhüte, aber davon eben besonders viele. Die britische »Nationale Sammlung« der Gattung *Digitalis* hütet Terry nicht umsonst: Von den 22 derzeit bekannten Arten kultiviert er 21 und gilt als Europas führender Fingerhut-Spezialist. Seine Pflanzen präsentiert er auf den großen Shows der »Royal Horticultural Society« (RHS). Mit seinen Fingerhüten hat er schon viele Medaillen gewonnen. Aber auch bei einem hochdekorierten Gärtner wie ihm schlug der Puls schneller, als seine hoch aufragenden Fingerhüte 2012 auf der »Chelsea Flower Show« mit einer Goldmedaille prämiert wurden. Silber hatte er bereits mehrfach gewonnen, aber Gold in Chelsea fühlt sich für einen Gärtner wie der Oscar an.

Trotz solcher Weihen gehört die eigene »Foxglove Week« zu den Höhepunkten im Kalender. Und seine Pflanzen haben ihn auch diesmal nicht im Stich gelassen. Pünktlich Ende Mai machen sie förmlich Werbung für die Fingerhüte. Terry wirkt zufrieden und natürlich hat er auch selbst viel dazu beigetragen, dass diese Inszenierung gelingt. Einen Teil seiner Fingerhüte hat er vor eine hohe dunkle Eibenhecke gepflanzt, die als grüne

Links oben: Seine weißen Blüten machen *D. purpurea* 'Snow Thimble' so begehrt (links). So kennt man *D. purpurea* gar nicht, aber es gibt ihn auch in warmen Pastelltönen, wie 'Apricot' beweist (rechts). **Links unten:** 'Pam's Choice', eine Sorte, die Terry seinen Kunden empfiehlt (links). Schon im ersten Jahr der Aussaat blüht die Hybride 'Camelot Lavender' (rechts). **Oben:** Kerzengerade Fingerhut-Parade in der »Botanic Nursery.«

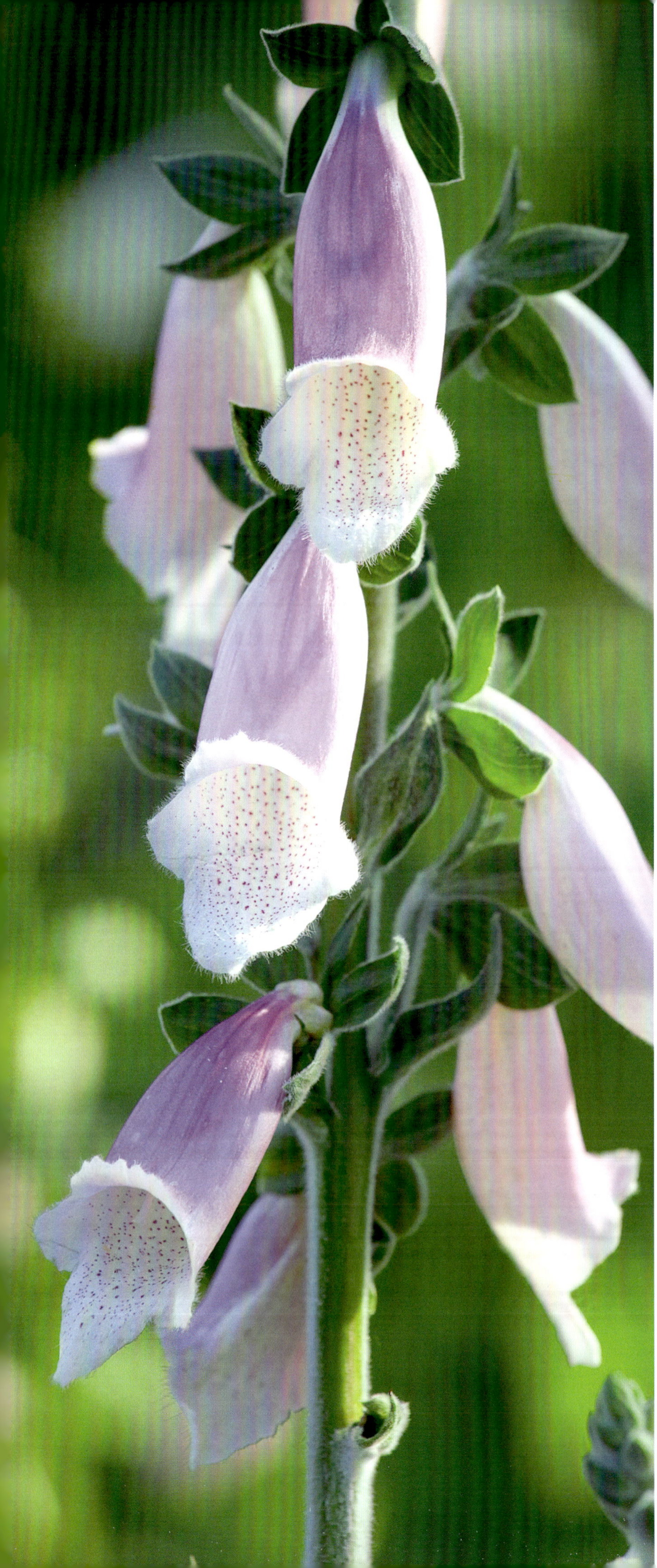
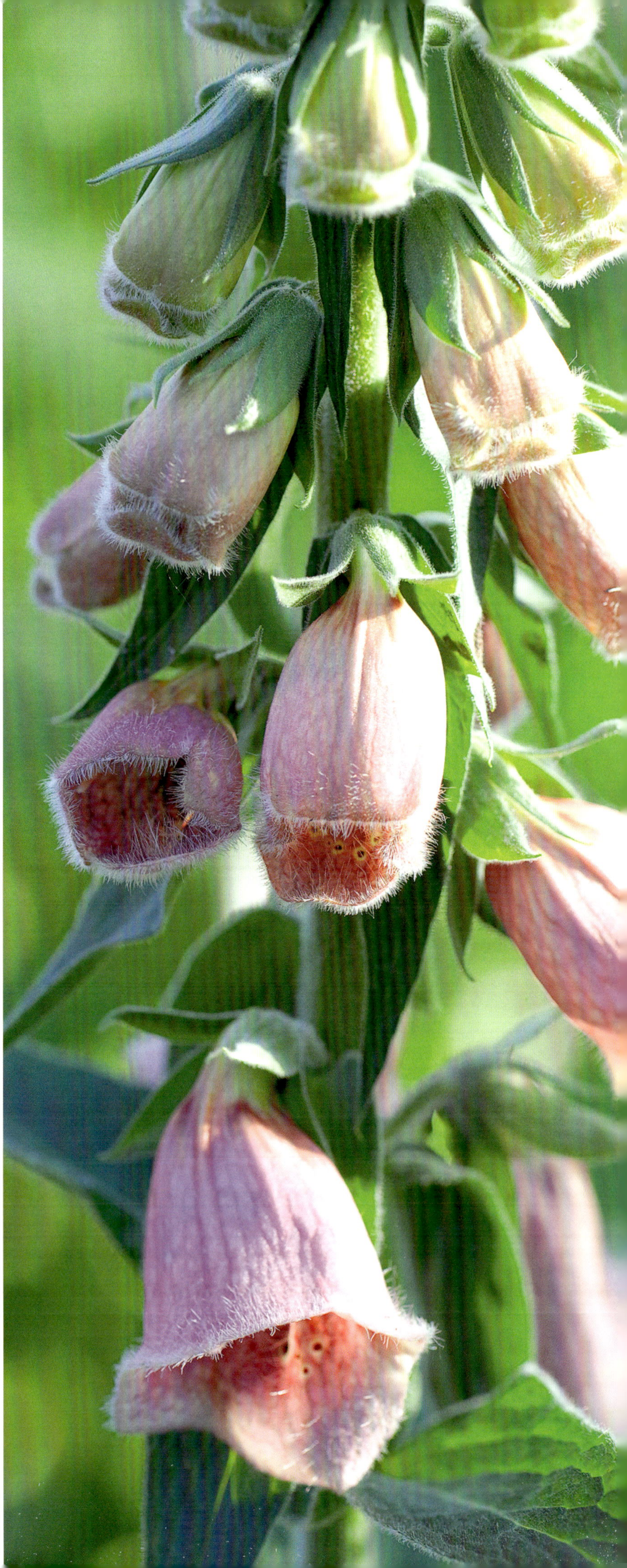

Der Rote Fingerhut scheut die Hitze, und zwar von Anfang an

Eigentlich ist es gar nicht schwer, dem Roten Fingerhut *(Digitalis purpurea)* ideale Bedingungen zu bieten. Schließlich samt er sich leicht aus und wächst auch ohne gärtnerische Obhut wild, zum Beispiel an Waldrändern. Insofern gilt es vor allem die dortigen Bedingungen zu bieten. Konkret bedeutet dies: ein halbschattiges Plätzchen mit etwas Mulch, zum Beispiel einer Schicht Laubkompost. Damit sich möglichst viele Exemplare etablieren, rät Terry zu folgender Taktik: »Setzen Sie gut entwickelte Jungpflanzen und säen Sie gleichzeitig einige Samen der gleichen Sorte aus. Auf diese Weise sorgen Sie dafür, dass sich eine Kolonie entwickeln kann, die sich selbst aussät und weiter vermehrt.« Und: Wer die Fingerhüte im Gewächshaus vorzieht, sollte früh beginnen, rät er: »Säen Sie dort nie nach Ostern aus. Dann ist es so warm, dass die Samen nicht keimen«.

Leinwand fungiert und die Blütenlanzen leuchten lässt. Eine Idee, die sich auch gut im Hausgarten umsetzen lässt. Dabei überrascht diese Fingerhut-Parade zumindest die Laien. Denn sie hat optisch wenig mit jenem *Digitalis purpurea* gemein, der in den meisten Gärten in Pink blüht. Ganz anders in der »Botanic Nursery«. Unter den kerzengeraden Fingerhüten, die vor der Eibenhecke zu posieren scheinen, sind viele helle oder ganz weiße Exemplare. Die reinweißen Sorten wie 'Snow Thimble' erinnern an den »Weißen Garten« von Sissinghurst, wo Vita Sackville-West auch weißen Fingerhut gepflanzt hatte. Terry Baker wird oft nach weißen Sorten gefragt und kennt die Sehnsucht seiner Kunden nach dieser hellen »Nichtfarbe«. Da *Digitalis purpurea* zu den zweijährigen Pflanzen gehört und sich nach der Blüte im Garten versamt, ist es gar nicht so leicht, einen weißen Garten auch weiß zu halten. Rote und weiße Fingerhüte kreuzen sich untereinander und so kann auch ein weißer Fingerhut in Rosa blühende Nachkommen bilden. Im ersten Jahr nach der Aussaat bildet sich die Blattrosette, aus der sich im zweiten Jahr der Blütenstiel schiebt. Schneidet man Verblühtes nicht ab, versamt sich der Fingerhut. Das erspart die Anzucht, und sollte eine Pflanze tatsächlich nicht gefallen, entfernt man sie eben. Oder man schaut sich die Rosette genau an: Sind die Blattadern rötlich, wird Pflanze voraussichtlich rosa blühen. Wer das nicht möchte, jätet diese Sämlinge.

Terry Baker mag sie natürlich alle und wer die »Botanic Nursery« an einem Frühsommertag mit dem festen Vorsatz besucht, ausschließlich weiße Fingerhüte zu kaufen, wird sein Herz auch an Sorten verlieren, die sich etwas auffälliger präsentieren. Terry hätte da auch einen Vorschlag: »Ich finde die Sorte 'Pam's Choice' sehr bemerkenswert und sie passt zu so vielen verschiedenen Gartenstilen.« Mit 120 Zentimeter Wuchshöhe und ihrer kontrastreichen, purpurnen Blütenzeichnung auf cremefarbenem Grund zieht sie die Blicke magisch an und bereichert die Beete.

Links außen: In den von Terry gekreuzten Hybriden der Sorte 'Vesuvius' stecken *D. heywoodii* und *D. dubia*. Beide Arten sind auf der Iberischen Halbinsel beheimatet; dementsprechend handelt es sich um eine Züchtung, die sich auch in der Sonne und auf kalkigen Standorten gut aufgehoben fühlt. **Links:** *D. × mertonensis* bevorzugt ähnliche Standorte wie *D. purpurea*, bereichert die Farbpalette aber um einen dunklen Rosaton.

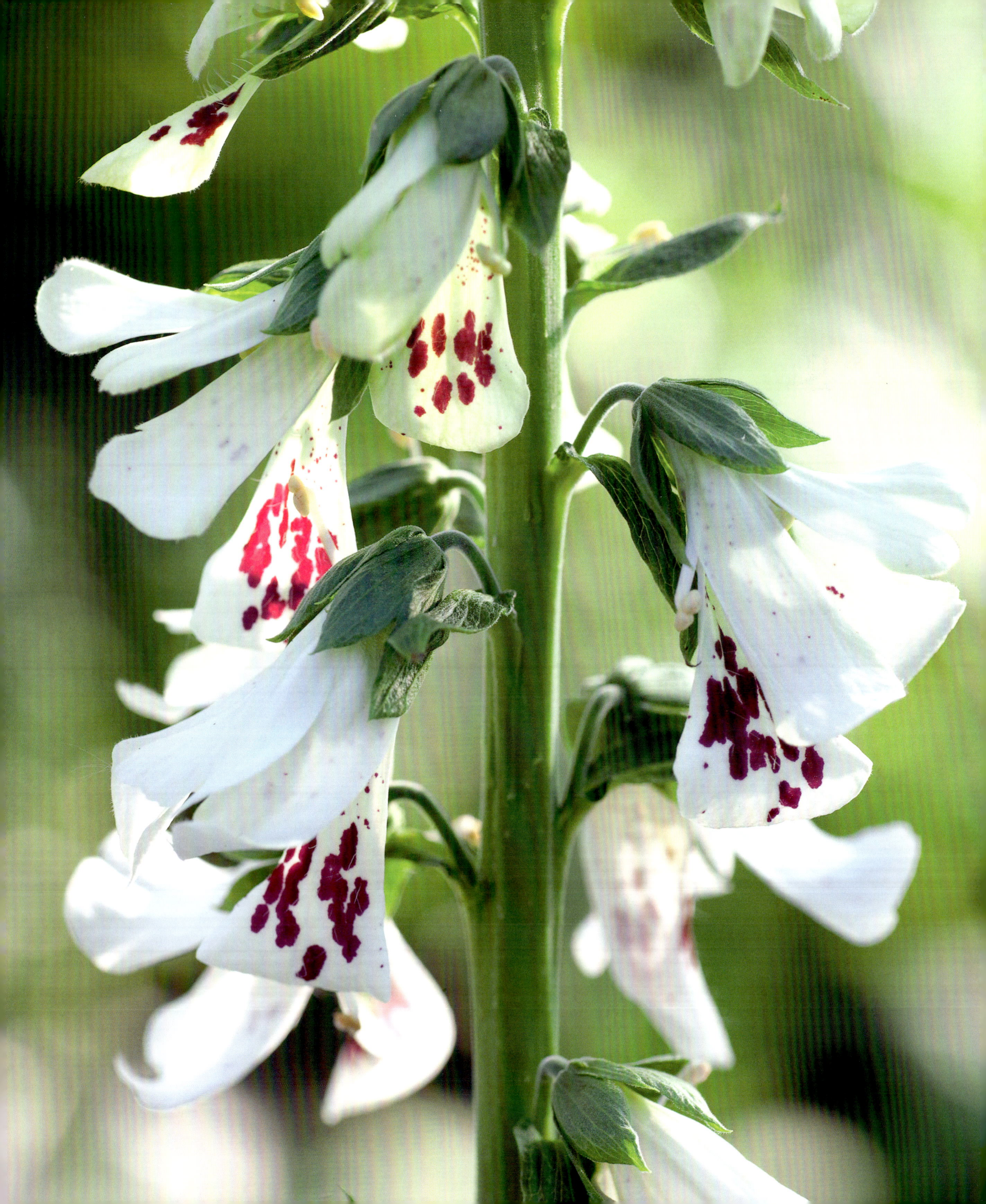

Fingerhut, *Digitalis* – **85**

Manche Fingerhüte sind Sonnenkinder

Als Fingerhut-Liebhaber wäre es Terry natürlich zu langweilig, ausschließlich den bekannten *Digitalis purpurea* und seine Sorten zu kultivieren. Dass es auch etwas langlebigere Stauden-Fingerhüte gibt, ist weniger bekannt. Auch der erste Fingerhut in der »Botanic Nursery« gehörte nicht zu den Zweijährigen, erinnert sich Terry: »Unser erstes Exemplar war ein *Digitalis lutea*.« Dieser Gelbe Fingerhut wächst in der Natur auf eher kalkigem Boden. Und auch das ist ungewöhnlich. Während *Digitalis purpurea* neutrales bis leicht saures Substrat bevorzugt, gedeihen andere Fingerhut-Arten durchaus in kalkhaltigem Substrat. Und auch volle Sonne vertragen einige, das wissen nur viele Gartenbesitzer nicht.

Terry hat es sich zur Aufgabe gemacht, diese Wissenslücken zu schließen, und ist seinen Kunden gerne dabei behilflich, den passenden Fingerhut für den Garten zu finden. Für sonnige Standorte hat er sogar eigene Hybriden gezüchtet: 'Vesuvius', eine Kreuzung aus *D. heywoodii* mit *D. dubia*, gedeiht an sonnigen Standorten und verträgt kalkhaltigen Boden. Ebenfalls von ihm kreiert: 'Vicky Emma Group', eine Kreuzung aus *D. sceptrum* und *D. purpurea*, die er momentan nicht anbietet. Für notwendig hält er das züchterische Bemühen ohnehin nicht und bleibt bescheiden: »In Wirklichkeit ist es für uns Menschen unmöglich, die Vielfalt zu verbessern. Die Arten, die es heute schon gibt, haben sich über so viele Jahre entwickelt und angepasst, dass sie perfekt sind.«

DAS WIRD GESAMMELT: *Terry Baker und seine Frau Mary kultivieren 21 verschiedene Fingerhut-Arten und 15 Sorten. Neben der zweijährigen Digitalis purpurea bieten sie auch langlebige Arten an und haben zwei eigene Hybriden gezüchtet.*

WARUM SIE FASZINIEREN: *Fingerhüte sind nicht nur wegen der Blüte interessant, sondern bringen durch den linearen Wuchs Struktur in die Beete.*

WAS SIE BRAUCHEN: *Für die meisten Sorten sind halbschattige Plätze mit einem humosen Boden ideal. Mit Laubkompost lässt sich das Substrat gegebenenfalls verbessern.*

Links: Die Blüten von *D. purpurea* 'Pam's Split' sind ähnlich wie bei 'Pam's Choice' gezeichnet, aber leicht geschlitzt. Durch diese Form erinnert die Rarität sogar ein wenig an Orchideen. **Ganz oben:** Bestellt und noch nicht abgeholt: ein Wagen verkaufter Fingerhüte in der »Botanic Nursery«. **Oben:** Die Hybride 'Glory of Roundway' verträgt Sonne und kann daher gut mit Disteln, hier *Eryngium giganteum* 'Miss Willmotts Ghost', kombiniert werden.

SANDRA GERDING, GESCHER, MÜNSTERLAND (D)

Grün ist die Hoffnung

Funkie, Hosta

Sie gelten als die Königinnen der Blattschmuckstauden und haben Suchtpotenzial. Auch Sandra Gerding ist von der Vielfalt der Funkien so angetan, dass sie Jahr für Jahr neue Sorten in ihre Beete pflanzt. Am liebsten hätte sie alle, doch das ist angesichts Tausender Sorten praktisch unmöglich. Außerdem ist ihr Garten nicht nur Sammlergarten, sondern in erster Linie ein Familienspielplatz, den die drei Kinder mit Vergnügen nutzen. Doch sie schafft es, Rasen, Rutsche und ihre Funkien unter einen Hut zu bekommen, und lässt sich auch von Rückschlägen, wie einer rätselhaften *Hosta*-Krankheit, nicht entmutigen. Ihr Enthusiasmus ist ansteckender als das Virus.

Oben links: Ein Stuhl, der mit Mauerpfeffer *(Sempervivum)* gepolstert ist, dient als humorvolle Dekoration. **Oben rechts:** Die Hybriden 'Captain Kirk' (hinten) und 'Golden Tiara' teilen sich ein Fass. **Rechts:** Auch die Blüten der Funkien, hier die Hybride 'Halcyon', können sich sehen lassen.

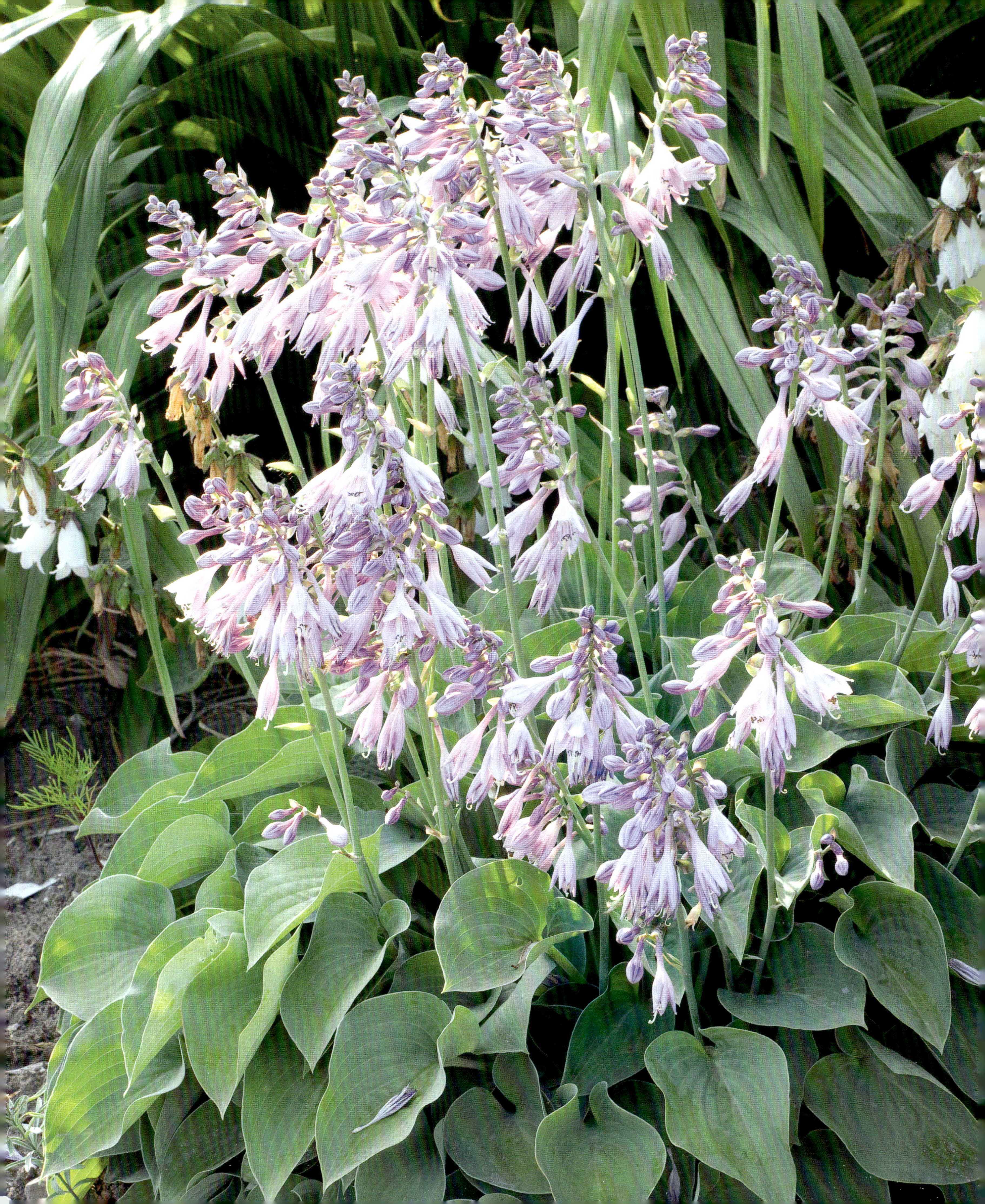

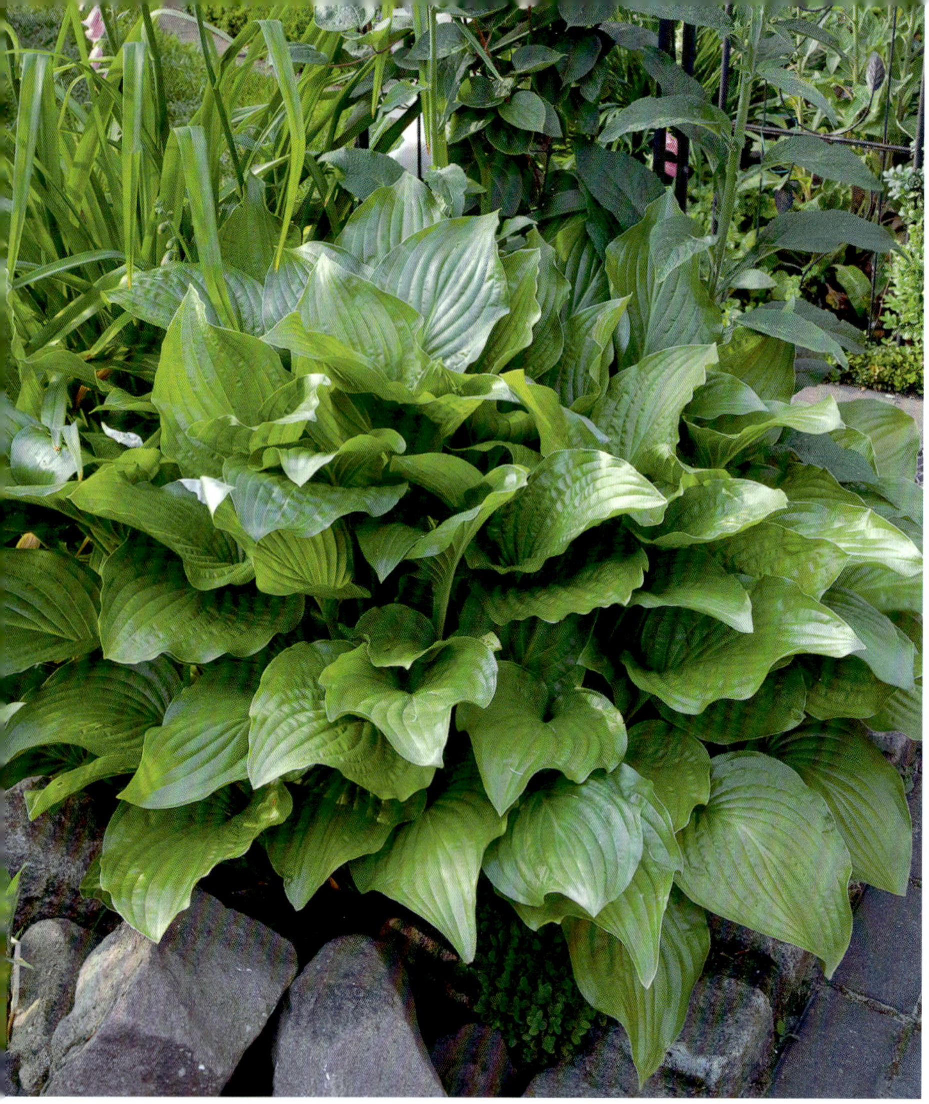
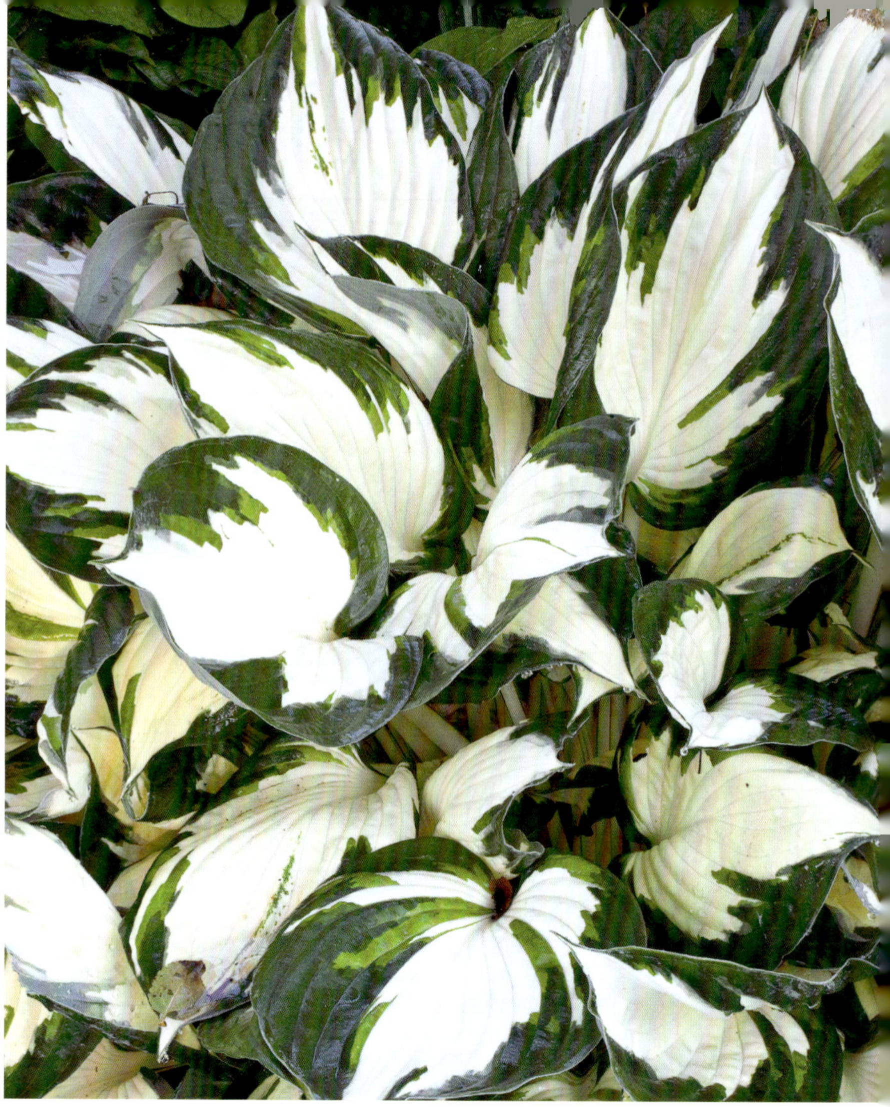
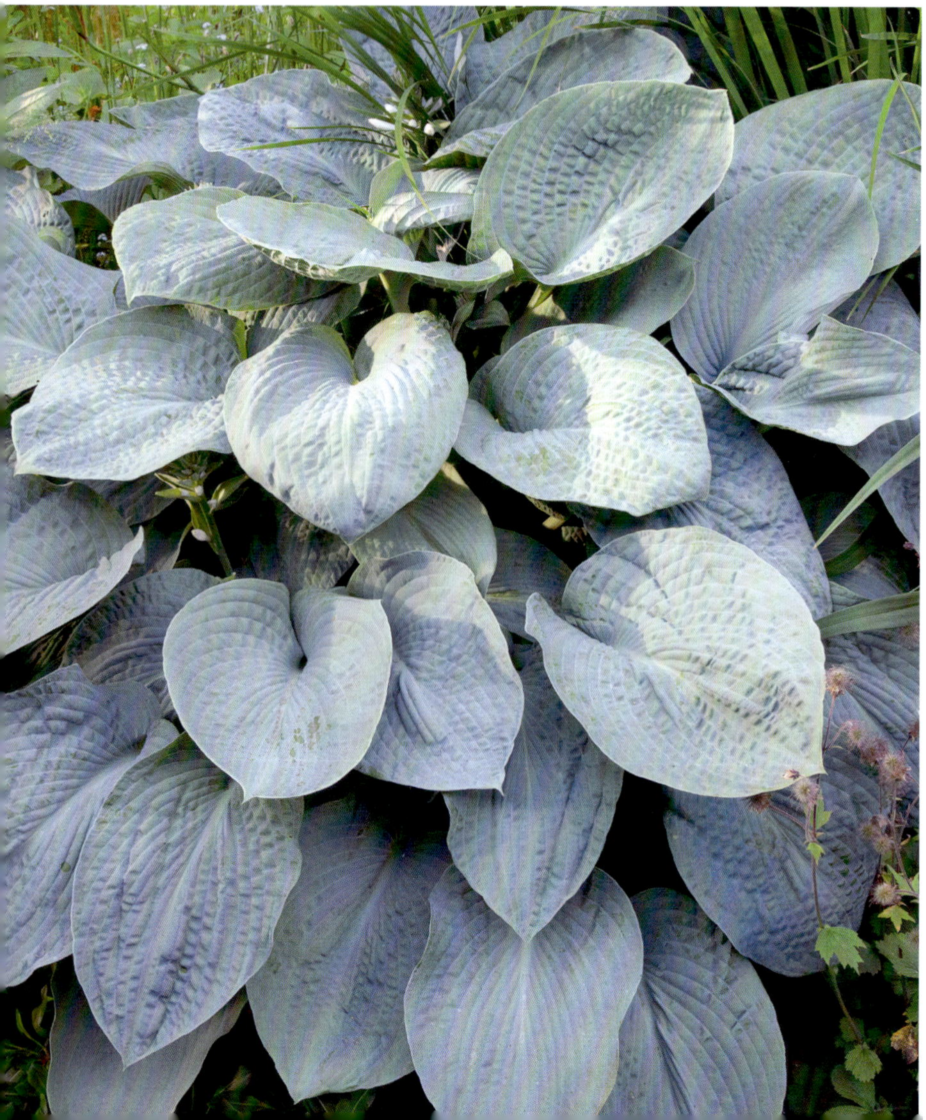
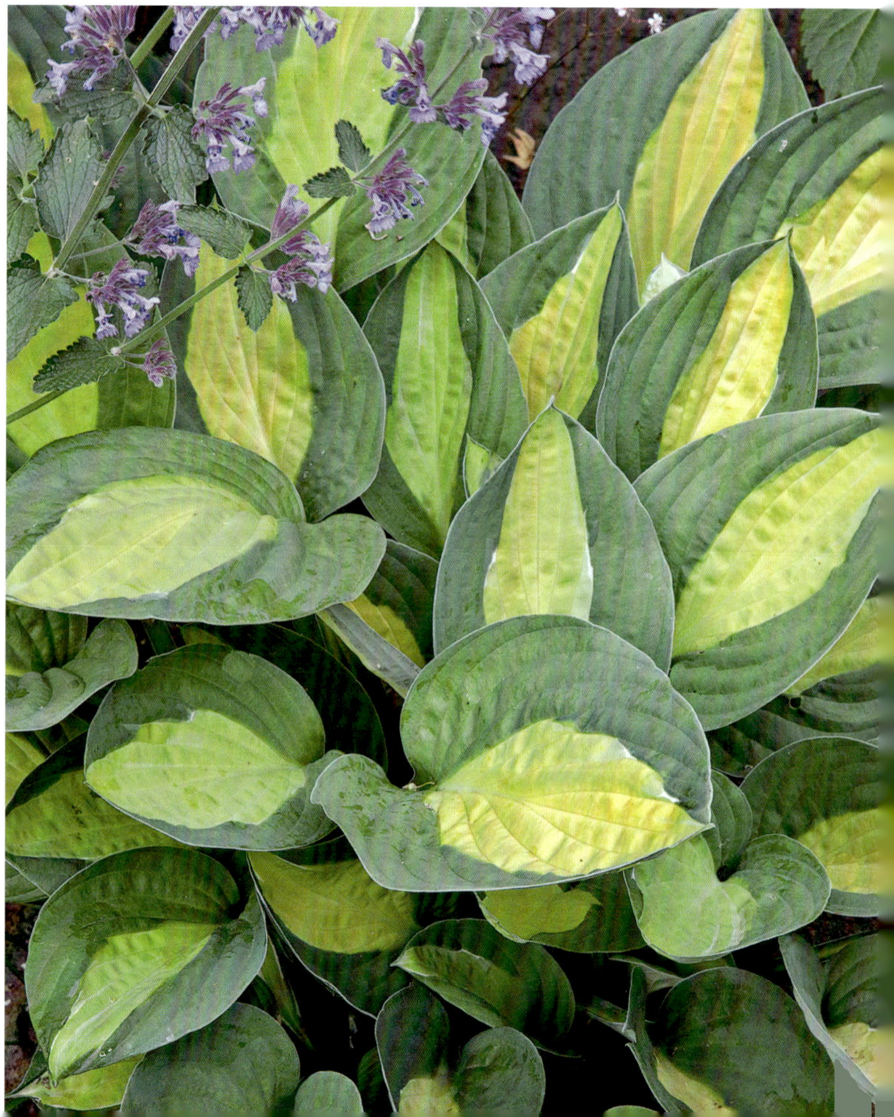

Pragmatismus half beim Anpacken

Bangemachen gilt nicht. Den bekannten Spruch »Es gibt kein schlechtes Wetter, sondern nur falsche Kleidung« könnte man auch auf den Garten übertragen. Sinngemäß würde er lauten: »Es gibt keinen schlechten Standort, sondern nur falsche Pflanzen.« Es kommt eben darauf an, was man daraus macht. In einen warmen Daunenmantel eingepackt, wird man den glitzernden Raureif wahrnehmen, statt sich über eisige Kälte zu beklagen, und ein schattiger Garten wird durch die entsprechenden Pflanzen üppig wirken und je nach Jahreszeit sogar aufblühen. Sandra Gerding ließ sich jedenfalls nicht vom Zustand des rund 700 Quadratmeter großen Gartens entmutigen, der zu dem Haus gehörte, das sie 1998 mit ihrem Mann bezog. Als sie das Grundstück zum ersten Mal betraten, sahen sie vor allem Brennnesseln und Giersch. Doch über die stattliche Blutbuche freute sich Sandra Gerding, obwohl sie einen Teil des Gartens beschattete. Sie sah es positiv, denn im Sommer ist es unter dem purpurfarbenen Blätterdach angenehm kühl. Dass es auch für den Schatten passende Stauden geben würde, war ihr klar. Doch wie sehr sie sich speziell für Funkien begeistern würde, wusste sie damals noch nicht. Anfangs war Sandra Gerding gar nicht wählerisch und freute sich über die Ableger, die ihre Freunde mitbrachten. Sie pflanzte alle in ihren am Ortsrand von Gescher bei Münster, gelegenen Garten ein.

»Alles muss raus«, hieß es wenige Jahre später, denn die Ableger hatten sich gut entwickelt. Zu gut, fand Sandra Gerding, denn Felberich und Minze wucherten und mussten wie Unkraut gejätet werden. Doch auch diese Erfahrung sieht sie rückblickend gelassen: »Meine Freunde hatten es natürlich gut gemeint und ich habe dadurch gelernt, dass man das Wachstum einer Pflanze durchaus an ihren Wurzeln ableiten kann. Alles, was nicht enden wollende Wurzeln hat, brauche ich nicht mehr.«

Links oben: Hier sieht man nur das Laub, doch *H. plantaginea* 'Royal Standard' trägt im Spätsommer duftende, an Lilien erinnernde Blüten (links). Die Hybride 'Fire and Ice' bringt Lichtreflexe ins Beet (rechts). **Links unten:** *H. sieboldiana* 'Elegans', die Blaublatt-Funkie (links). 'Gipsy Rose', eine zierliche Hybride, die auch im Topf gehalten werden kann (rechts). **Oben:** Im Garten gedeihen die Funkien Seite an Seite mit Iris und Frauenmantel.

Mit Igeln, festen Blättern und kleinen Brettern den Schnecken begegnen

Manche Pflanzen lösen Bewunderung aus, wenn man sie in einem Garten sieht. Nicht unbedingt, weil sie besonders kapriziös wären, sondern weil es der jeweilige Gartenbesitzer offensichtlich geschafft hat, sie vor Schneckenfraß zu bewahren. Auch die Funkie steht auf dem Speiseplan der kriechenden Weichtiere ganz oben. Manchmal präsentieren sich die Blätter ähnlich durchlöchert wie ein Schweizer Käse und werden dem Begriff »Blattschmuckstaude« nicht mehr gerecht. Anders bei Sandra Gerding. Angebissene Blätter? Selten. Warum? »Wir haben Igel im Garten und ich bevorzuge robuste Sorten: Je fester die Blätter, desto robuster. So wie zum Beispiel bei 'June' oder 'Big Daddy'. Wenn es doch mal zu viele Schnecken für den Igel sind, lege ich kleine nasse Bretter aus und sammle sie später ein. Samt der Schnecken, die sich auf der Unterseite verkriechen.«

Die Pfefferminze hat Sandra Gerding zwar immer noch, allerdings gut im Griff. Sie pflanzte das Teekraut in einen Topf. Und auch in den Beeten durften einige Stauden bleiben. Allen voran eine *Hosta undulata*. Sie war noch von den Vorbesitzern übrig geblieben und hatte auch die zwischenzeitliche Verwilderung gut überstanden. Sie wächst noch heute im Garten und hat unzählige Kolleginnen an ihrer Seite. Warum heute so viele *Hosta* in ihrem Garten gedeihen? Das hat vor Jahren mit einem harmlosen Ausflug angefangen, erinnert sich Sandra Gerding: »Schön fand ich Funkien zwar schon immer, aber auf einer Gartenfahrt mit meiner Freundin in eine *Hosta*-Gärtnerei in den Niederlanden ist dann der Funke zu den Funkien endgültig übergesprungen.« Sagenhafte 900 Sorten hatte die Gärtnerei im Sortiment. Nach wie vor unternehmen die beiden Frauen ein Mal pro Saison eine »Pflanzenfahrt« in jene Gärtnerei. Natürlich lädt auch Sandra Gerding stets den ein oder anderen Topf mit einer neuen Sorte für ihre Sammlung ein. Und der Nachschub geht nie aus. Schließlich sind über 4.000 *Hosta*-Sorten offiziell registriert. Bei Sandra Gerding wachsen schon rund 150. Und trotz der Vielfalt muss sie auf die Frage nach Favoriten nicht lange überlegen: »Die Sorten 'Sagae' und 'Cat's Eyes' sind meine absoluten Lieblinge. Die Erste mag ich wegen ihrer riesigen, tellergroßen Blätter und ihres schönen Wuchses. Sie wirkt, als wäre sie unverwüstlich. Bei der Zweiten ist es genau umgekehrt. Die mag ich wegen ihrer Zartheit. Sie ist wohl eine der kleinsten Funkien und darf bei mir wohlbehütet im Kübel wachsen. Und ansonsten pflanze ich gerne die grauen Sorten, da sie robuster sind.«

Die Vielfalt ist sehr viel größer, als ein Laie vermutet, und grün ist eben nicht gleich grün. Am auffälligsten sind natürlich die weiß gezeichneten Sorten, die Lichtreflexe in den Schatten zaubern. Wobei Sandra Gerding Einsteiger zur Vorsicht mahnt: »Ich würde mit Sorten anfangen, die keinen hohen Weißanteil haben. Auch wenn sie als Einzelstücke toll sind.«

Rechts: Im Frühling streckt sich der Austrieb von *H. undulata* 'Koreana' der Morgensonne entgegen. Einige Wochen später wird sie ihre Blätter voll entfaltet haben: in der Mitte weiß und am Rand grün. **Rechts außen:** Viele Exemplare wachsen bei Sandra Gerding in Töpfen. In den Beeten hat sie nicht genug Platz für alle ihre Schützlinge. Außerdem sind eingetopfte Funkien für Schnecken schwerer erreichbar als die ausgepflanzten Kolleginnen.

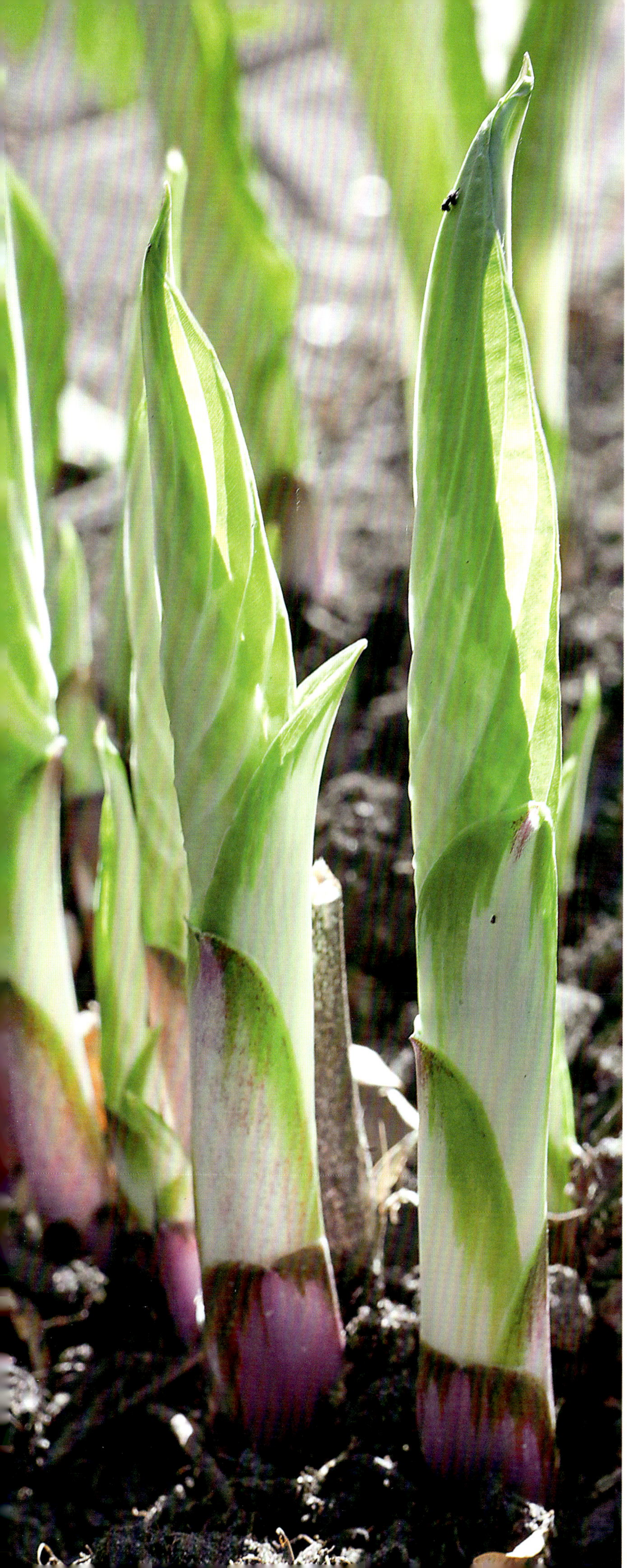

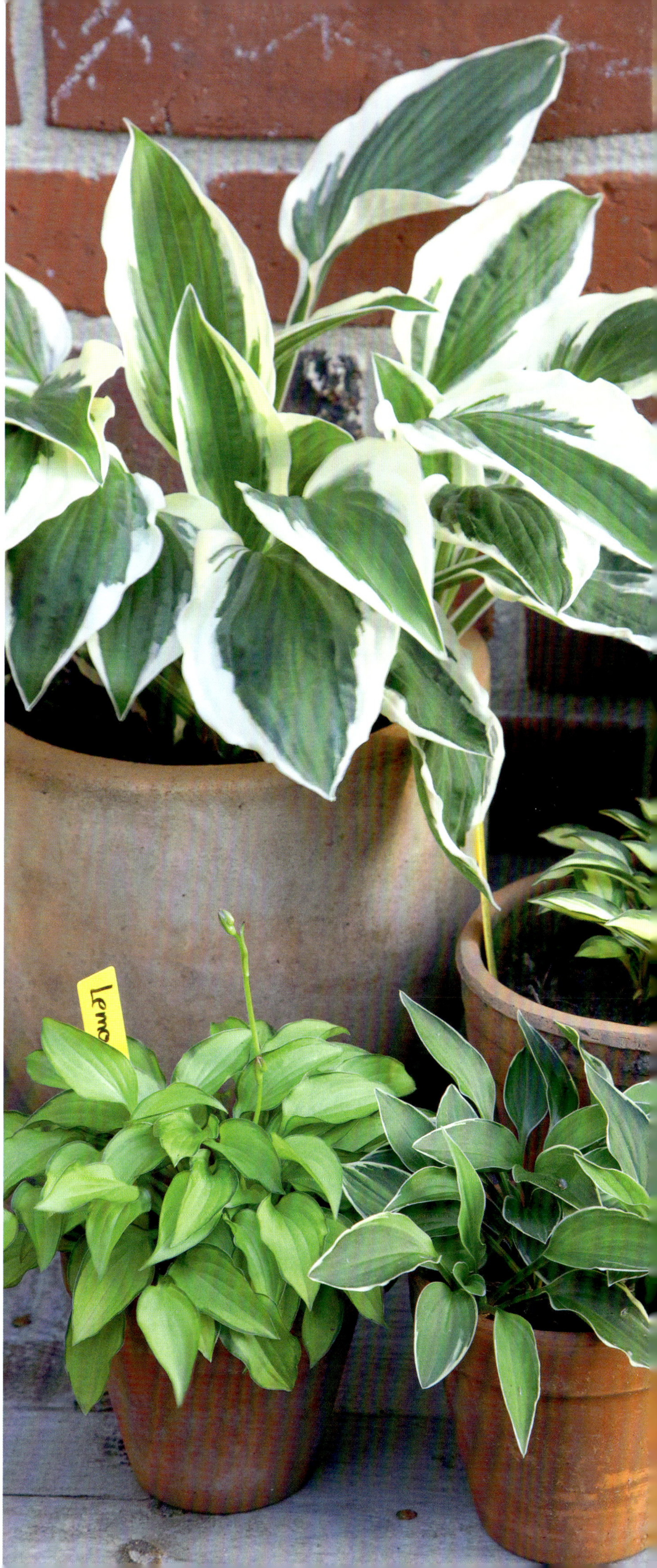

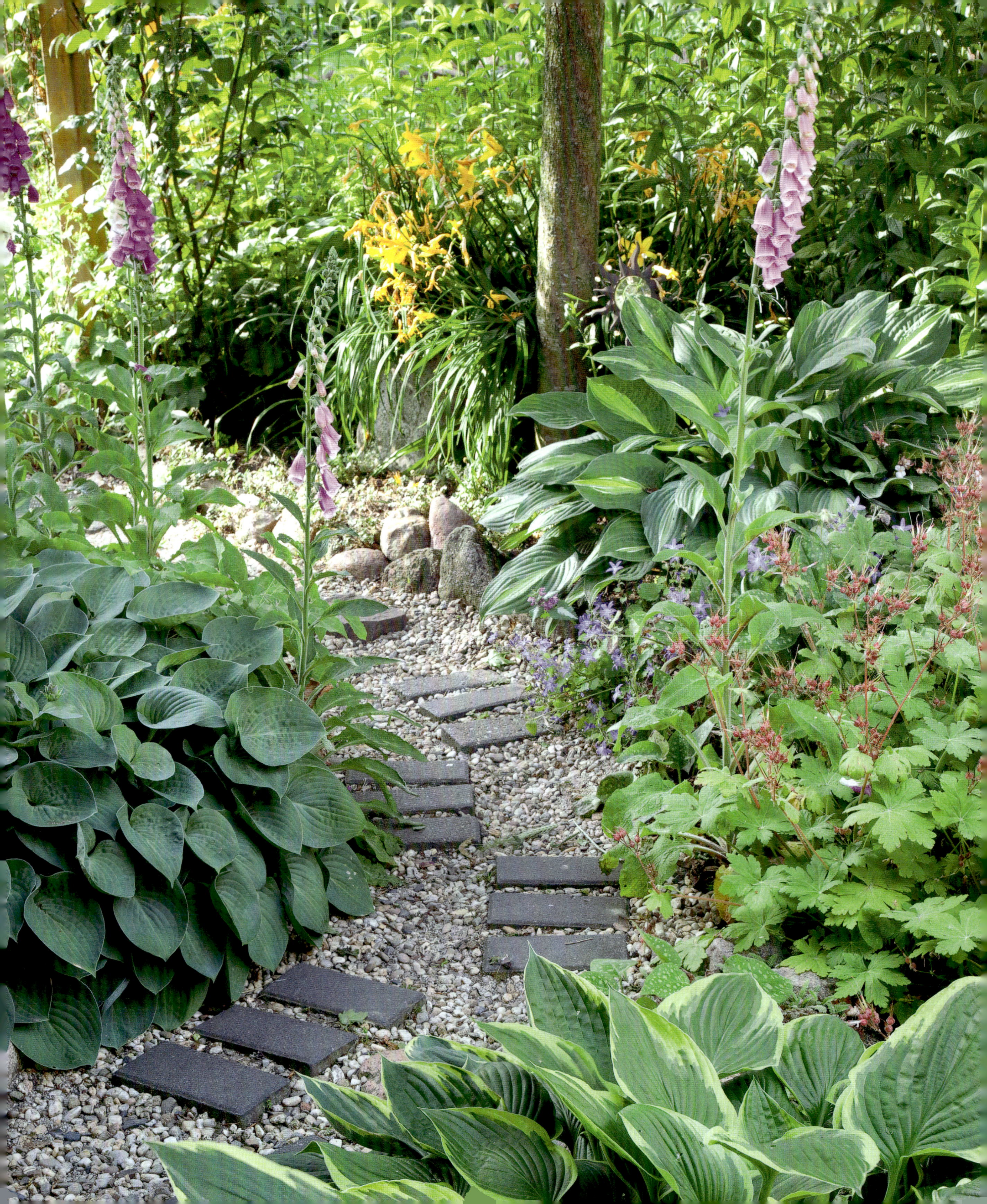

Weiß ist schwierig, aber harmloser als das Virus

Von den weiß gezeichneten Exemplaren hat sie zwar einige, aber sie lassen sich nicht so gut in die Sinfonie sanft abgestimmter Grüntöne integrieren: »Klar greift jeder gerne zu den auffällig gezeichneten Funkien. Die sind ja auch sehr schön, aber wenn es darum geht, den richtigen Platz im Garten zu finden, wird es schwierig. Ich bekam vor ein paar Jahren *Hosta* 'Fire and Ice' geschenkt. Wunderschön, aber ich bin tagelang mit ihr durch den Garten gewandert und fand keinen Platz, an dem die weiß panaschierten Blätter gepasst hätten. Am Ende landete sie im Kübel allein am Seiteneingang.« Aber es gibt ja genug Alternativen und deshalb wachsen in vielen ihrer Beete ausschließlich *Hosta*. Hin und wieder gesellt sich auch eine andere Art hinzu. Frauenmantel und Storchschnabel setzt sie gerne als Pflanzpartner zu Funkien.

Derzeit macht sich Sandra Gerding aber ganz andere Gedanken, denn ein Teil ihrer Pflanzen ist von dem auf *Hosta* spezialisierten HVX-Virus befallen. Angesteckt werden Pflanzen durch den Kontakt mit Pflanzensaft – zum Beispiel über die Gartenschere. Bis das Virus ausbricht, kann es zwei Jahre dauern. Deshalb bleibt bei ihr jede neue *Hosta* zwei bis drei Jahre im Topf, bevor sie ins Beet darf. Den hohen Aufwand sieht sie positiv: »Alles Schlechte hat auch sein Gutes. Ich bin jetzt Expertin für dieses Virus, habe ein Blog zum Thema und durch die Vorsichtsmaßnahmen keine Neuinfektion mehr finden können.« Es grünt also wieder.

DAS WIRD GESAMMELT: *Sandra Gerding sammelt Funkien und kultiviert rund 150 Sorten im Garten. Sie vermehrt die Stauden durch Teilen und betreibt keine Gärtnerei, gibt ihre überzähligen Pflanzen aber von Zeit zu Zeit auf Tauschbörsen weiter.*

WARUM SIE FASZINIEREN: *Ihre Blätter zeigen sich in unendlich scheinenden Grüntönen und Zeichnungen, wirken kraftvoll und üppig.*

WAS SIE BRAUCHEN: *Die meisten Sorten bevorzugen Halbschatten und Schatten und frischen Boden. Sie brauchen etwas Zeit, um sich zu etablieren, sind aber langlebig.*

Links: Den Kiesweg säumen Storchschnabel und Fingerhut sowie die Blaublatt-Funkie der Sorte 'Halcyon' und die im Blattzentrum hell gezeichnete *H.* × *fortunei* 'Striptease'. **Ganz oben:** Im Vordergrund des Kugel-Ahorns (*Acer platanoides* 'Globosum') gedeiht die blaugrüne *H. sieboldiana* 'Elegans'. **Oben:** Auf der Schaukelbank kann Sandra Gerding entspannen. Von dort aus hat sie die Funkien-Sinfonie ebenso im Blick wie ihre Kinder.

LOUISE BENDALL DUCK, LISS, HAMPSHIRE (GB)

Die Neugierige

Stechpalme, Ilex

Sie haben grüne, stachelige Blätter, tragen rote Beeren und gehören in Großbritannien zu den obligatorischen Zutaten für die Weihnachtsdekoration. Mehr muss man über Stechpalmen nicht wissen, oder? Doch! Die Blätter können silbrig oder goldgelb gezeichnet und fast stachelfrei sein. Die Beeren wiederum reifen auch zu gelben, orangefarbenen oder schwarzen Perlen heran. Oder auch nicht. Denn männliche Pflanzen tragen gar keine Früchte. Kurz: Man sollte doch ein bisschen mehr wissen, die Gattung *Ilex* ist nicht langweilig – wenn man sich darauf einlässt. Genau das hat Louise Bendall Duck getan. Zum Glück, denn ursprünglich hatte sie ganz andere Interessen.

Oben links: Der silbrig-weiße Blattrand ist typisch für die männliche und daher beerenlose *Ilex aquifolium* 'Silver Queen'. **Oben rechts:** Die Blätter von *I*. × *koehneana* 'Chestnut Leaf' erinnern an die der Kastanie. **Rechts:** *I. aquifolium* 'Elegantissima', eine männliche, weiß gerandete Sorte.

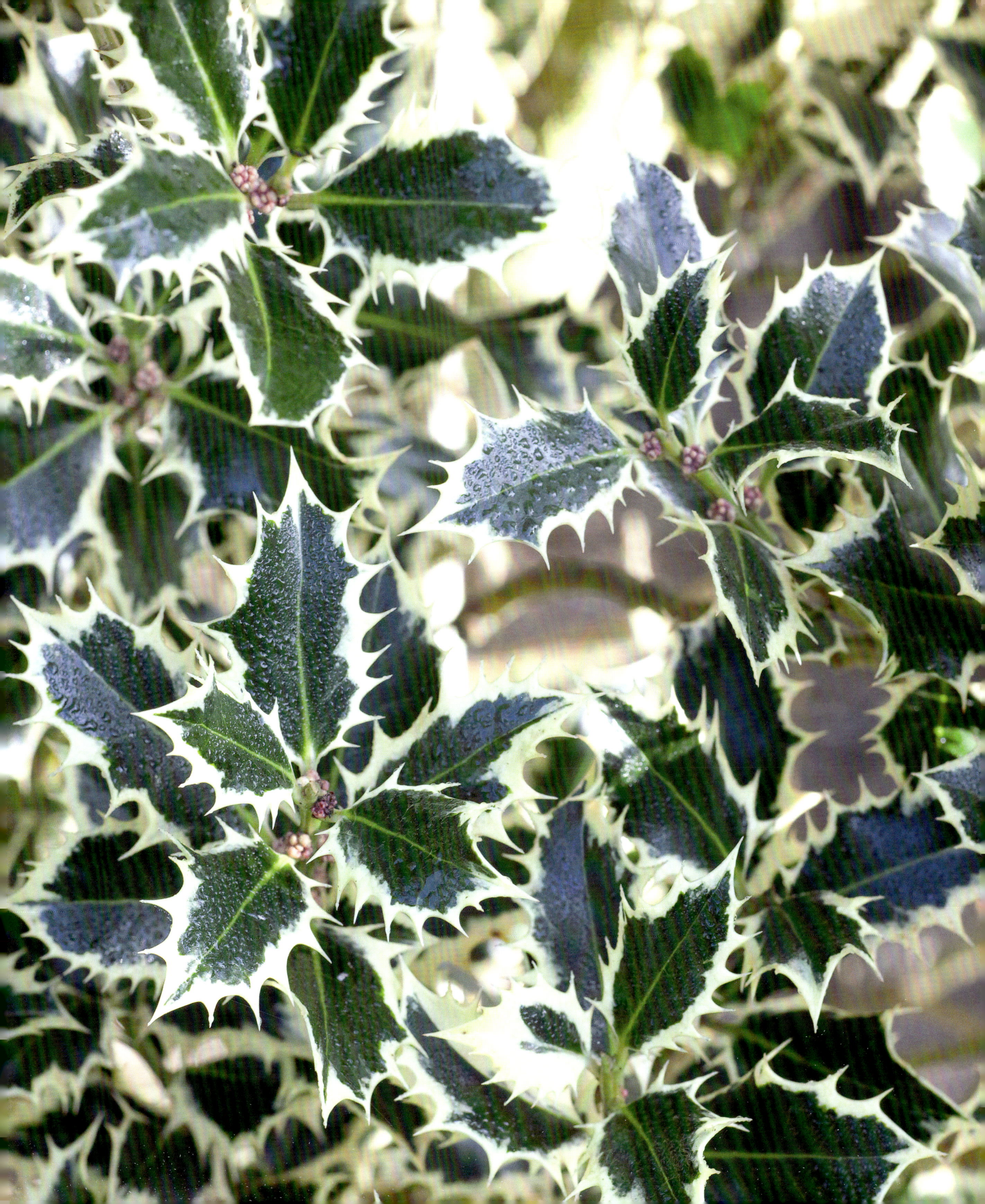

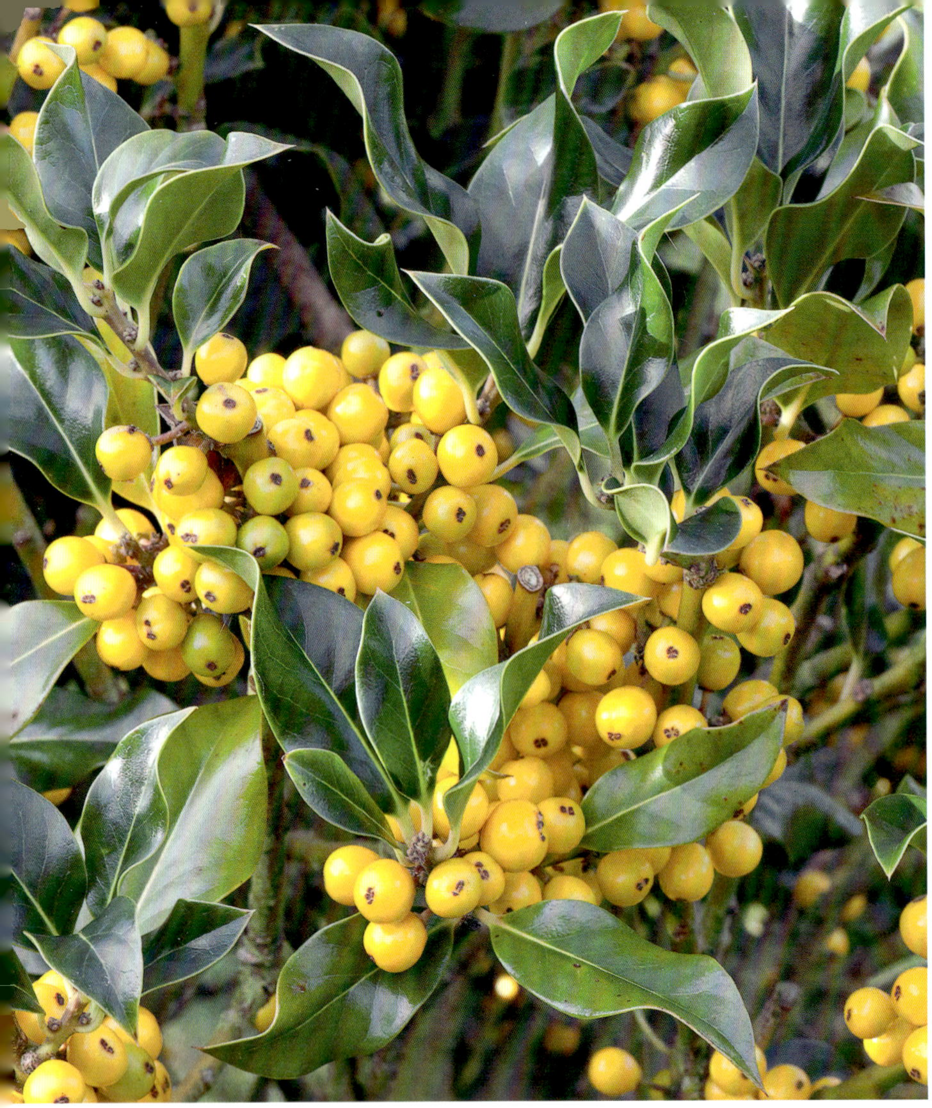
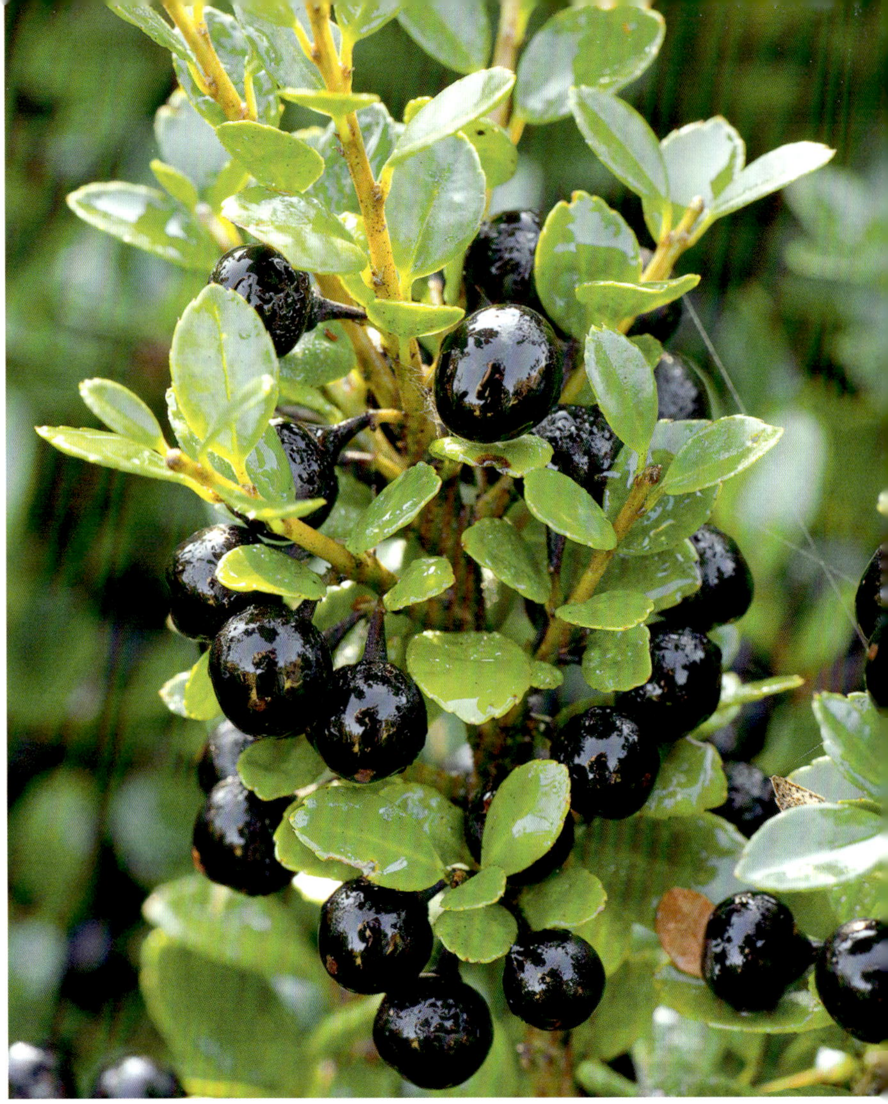
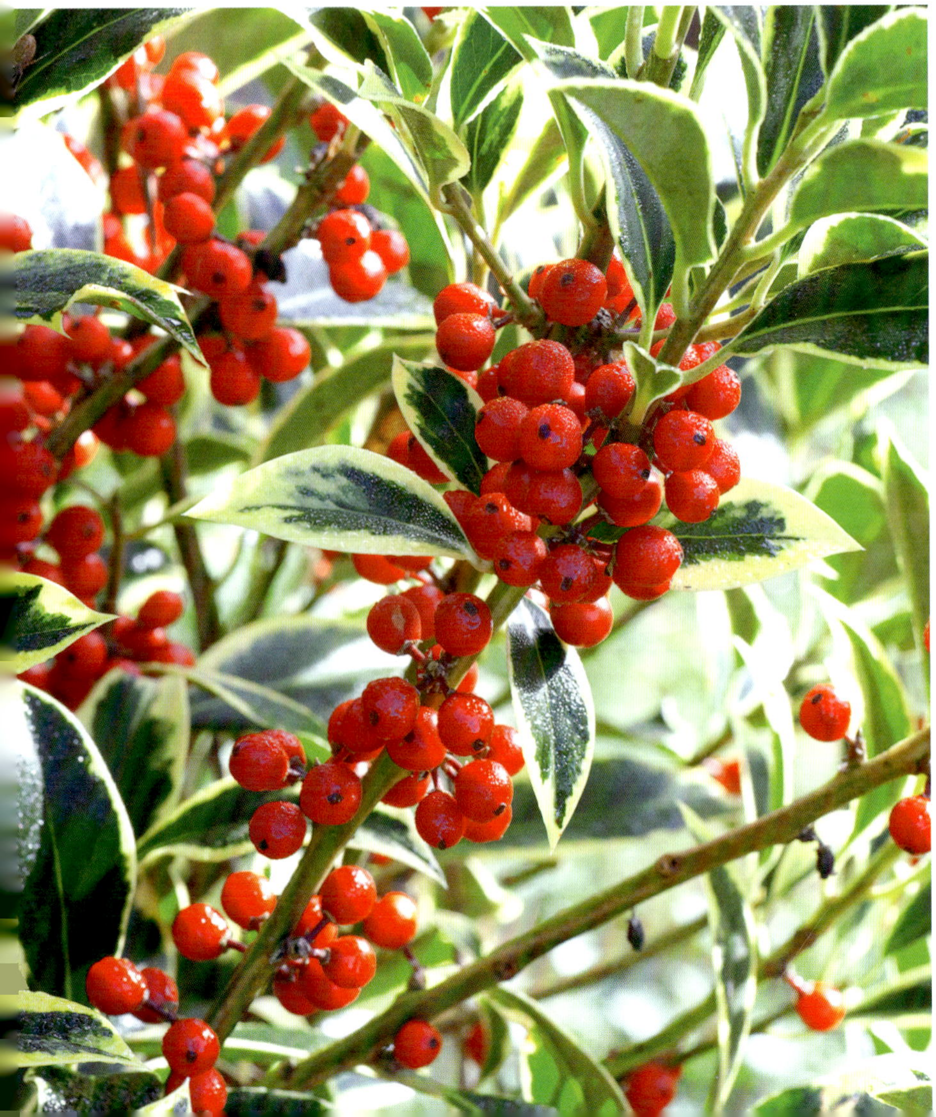
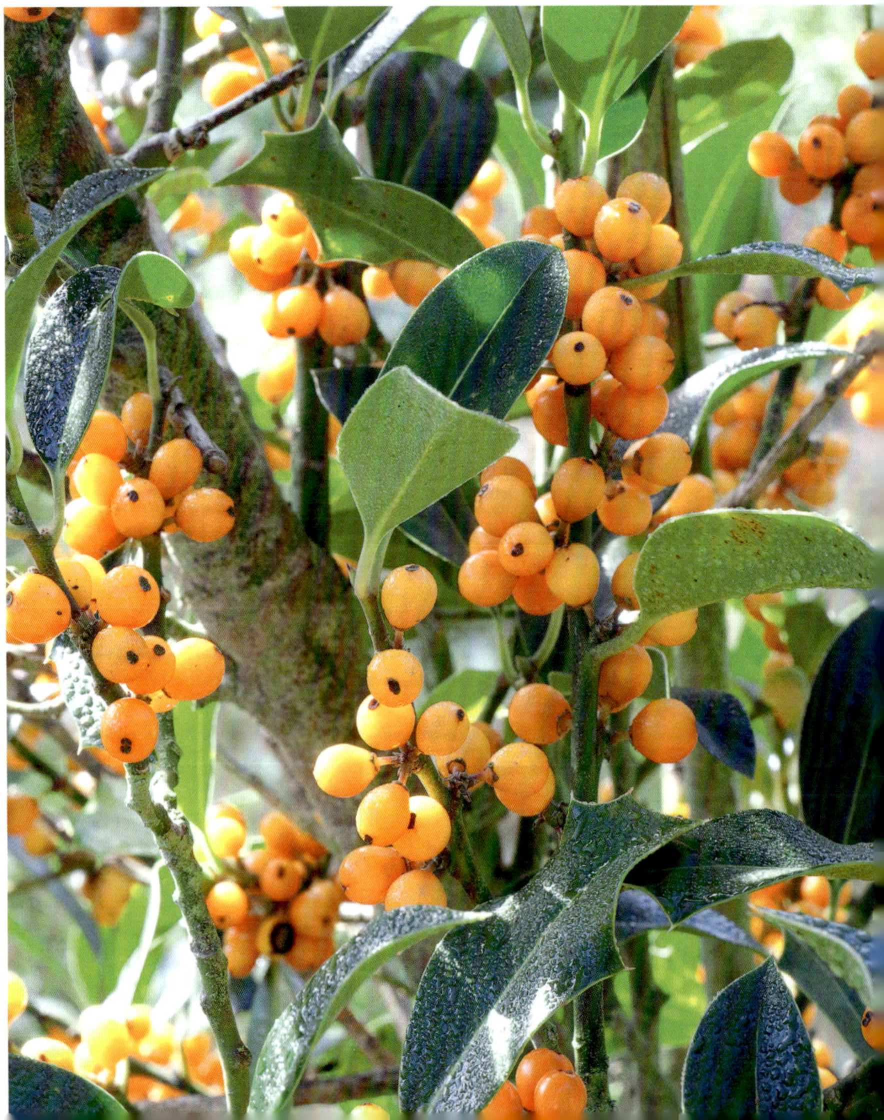

Wie ein Bauernhof zur Gärtnerei wurde

Neugierde macht das Leben spannender, und Louise Bendall Duck gehört zu jenen Menschen, die nicht überall gleich Probleme sehen, sondern bereit sind, sich auf unbekanntes Terrain vorzuwagen. So war das schon Anfang der 1990er-Jahre. Louise züchtete damals Rinder und Schafe und war genervt, dass die Vorschriften der Europäischen Union immer komplizierter wurden. Der zunehmende Papierkram drohte ihr die Freude an ihrem Beruf zu nehmen und sie war auf der Suche nach einer neuen Nutzung für ihr Land. Genau zu jener Zeit suchte ein Vertreter des Britischen Ministeriums für Umwelt, Ernährung und den ländlichen Raum jemanden, der Stechpalmen anbaut. Durch gemeinsame Bekannte erfuhr Louise zufällig davon und beschloss, die Viehzucht zugunsten der Stechpalmen aufzugeben. Eine mutige Entscheidung: »Ich habe keine gärtnerische Ausbildung und meine wenigen Bekannten aus der Gartenbaubranche warnten mich davor, Stechpalmen zu züchten. Sie glaubten, dass diese Pflanzen nicht besonders populär wären. Im Nachhinein würde ich sogar sagen, dass sie recht hatten.« Allerdings hatte sich Louise da schon mit den Stechpalmen vertraut gemacht und war in Gärten und Baumschulen auf Entdeckungsreise gegangen. Kurz: Es war um sie geschehen und sie hatte sich in die »Hollies«, wie die Pflanzen in England genannt werden, verliebt.

Louise ließ sich nicht beirren und machte 1992 aus der »Highfield Farm« die »Highfield Hollies«, ihre eigene Spezialgärtnerei. Sie riss das Hühnerhaus ab, pflügte rund 1.000 Quadratmeter Land und schaffte im Frühling Platz für ihre ersten 100 »Hollies«. Dort, wo einst Kühe und Schafe grasten, wuchsen je 33 Exemplare von *Ilex aquifolium* 'Argentea Marginata', *I.* × *meserveae* 'Blue Prince' und 34 *I. C meserveae* 'Blue Princess'. Mit diesen drei akkurat in Reihen gepflanzten Sorten startete sie in ihr

Links oben: *I. aquifolium* 'Bacciflava' (links); *I. crenata* hat ähnliche Blätter wie Buchs (rechts). **Links unten:** *I.* × *altaclarensis* 'Belgica Aurea' (links); *I. aquifolium* 'Amber' (rechts). **Oben links:** *I. aquifolium* 'Ferox', eine männliche Sorte. **Oben rechts:** *I.* × *altaclerensis* 'Golden King'.

Ilex am besten regional kaufen und nicht in Topf oder Kübel pflanzen

Auswahl hätte sie zwar genug, aber bestimmte Sorten möchte Louise trotzdem nicht empfehlen. Stattdessen ermuntert sie Interessierte lieber dazu, selbst auf Entdeckungsreise zu gehen. Jeder sollte sich Zeit nehmen und seine persönlichen Favoriten finden. Viel wichtiger als die Optik ist dagegen die Herkunft. Es lohnt sich, darauf zu achten, dass die Stechpalmen nicht aus Italien kommen, sondern möglichst aus regionaler Herkunft. Dann werden sie auch im Garten gut anwachsen. Für die Auswahl der Pflanzen sollte man sich also Zeit nehmen. Und sie nach dem Kauf möglichst bald auspflanzen. *Ilex* im Kübel? Keine gute Idee, findet Louise: »Außer man ist mit Leib und Seele dabei. Man muss sich ständig um sie kümmern. Sie brauchen viel Wasser, Dünger, regelmäßigen Wurzelschnitt und müssen oft umgetopft werden.« Sie mögen einfach ihre Freiheit.

neues Leben als Pflanzenzüchterin. Und als solche musste sie natürlich mehr als 100 *Ilex* kultivieren und ihre Schützlinge auch vermehren. Sie brauchte mehr Platz und pflügte weitere 4.000 Quadratmeter Weide um. Dort pflanzte sie 700 Jungbäume, rahmte das Gelände mit einer gemischten *Ilex*-Hecke und stellte an der Südseite ein großes Folien-Gewächshaus auf. Das brauchte sie für die vielen Stecklinge, die sie dort großziehen wollte. Doch gerade als sie dabei war, mit der Pflanzenzucht durchzustarten, kamen die Probleme, erinnert sich Louise: »Natürlich ging alles schief, was überhaupt schiefgehen konnte: Wühlmäuse machten Hunderte Stecklinge kaputt, das Bewässerungssystem platzte mehrmals und der frühe Frost raffte viele Jungpflanzen dahin.« Das sind nur einige der Widrigkeiten, mit denen Louise anfangs zu kämpfen hatte, und es ist mehr als erstaunlich, dass sie weitermachte. Doch es lohnte sich. Die Anzahl der verschiedenen Sorten wuchs und sie wollte ihr Sortiment zu Papier bringen: »Mein erster Katalog passte auf eine DIN-A4-Seite und ein lieber Freund, der in den Kew Gardens arbeitete, nahm sich meine Liste vor und korrigierte sie wie eine Schulaufgabe. Die ganze Seite war übersät mit roten Anmerkungen. Ich war tief gedemütigt.« Doch sie fühlte sich bei der Ehre gepackt und schrieb die botanischen Namen fortan mit einer solchen Akkuratesse, dass ihre nachfolgenden Kataloge in die »Lindley Library« aufgenommen wurden. Diese Gartenbau-Bibliothek wird von der »Royal Horticultural Society« geführt und gilt weltweit als einzigartig. Louises langer Atem war also belohnt worden. Und es kam noch besser: »Im Jahr 1995 entdeckte ich einen Sämling, der ein wenig anders als alle anderen Stechpalmen aussah. Also grub ich ihn aus und kümmerte mich um ihn. Ich schnitt Stecklinge und ließ diese weiterwachsen. Die Pflanzen schlugen sich gut. Ich schickte Blätter und alle Informationen, die ich gesammelt hatte, an die Amerikanische Stechpalmen-Gesellschaft und sie erkannten die Sorte 'Silver Lining' glücklicherweise als erste *Ilex* im neuen Jahrtausend an.«

Rechts: *I. aquifolium* 'J. C. van Tol' wurde schon 1895 in den Niederlanden gezüchtet und ist bis heute beliebt. Aus guten Gründen: Die Sorte bietet glänzende, dunkelgrüne und fast stachelfreie Blätter sowie leuchtend rote Beeren. Außerdem hat sie einen weiteren, bei Stechpalmen wichtigen Vorteil: Die Sorte bestäubt sich selbst. Wer Wert auf den Beerenschmuck legt, muss also nicht ein männliches Exemplar als Pollenspender pflanzen.

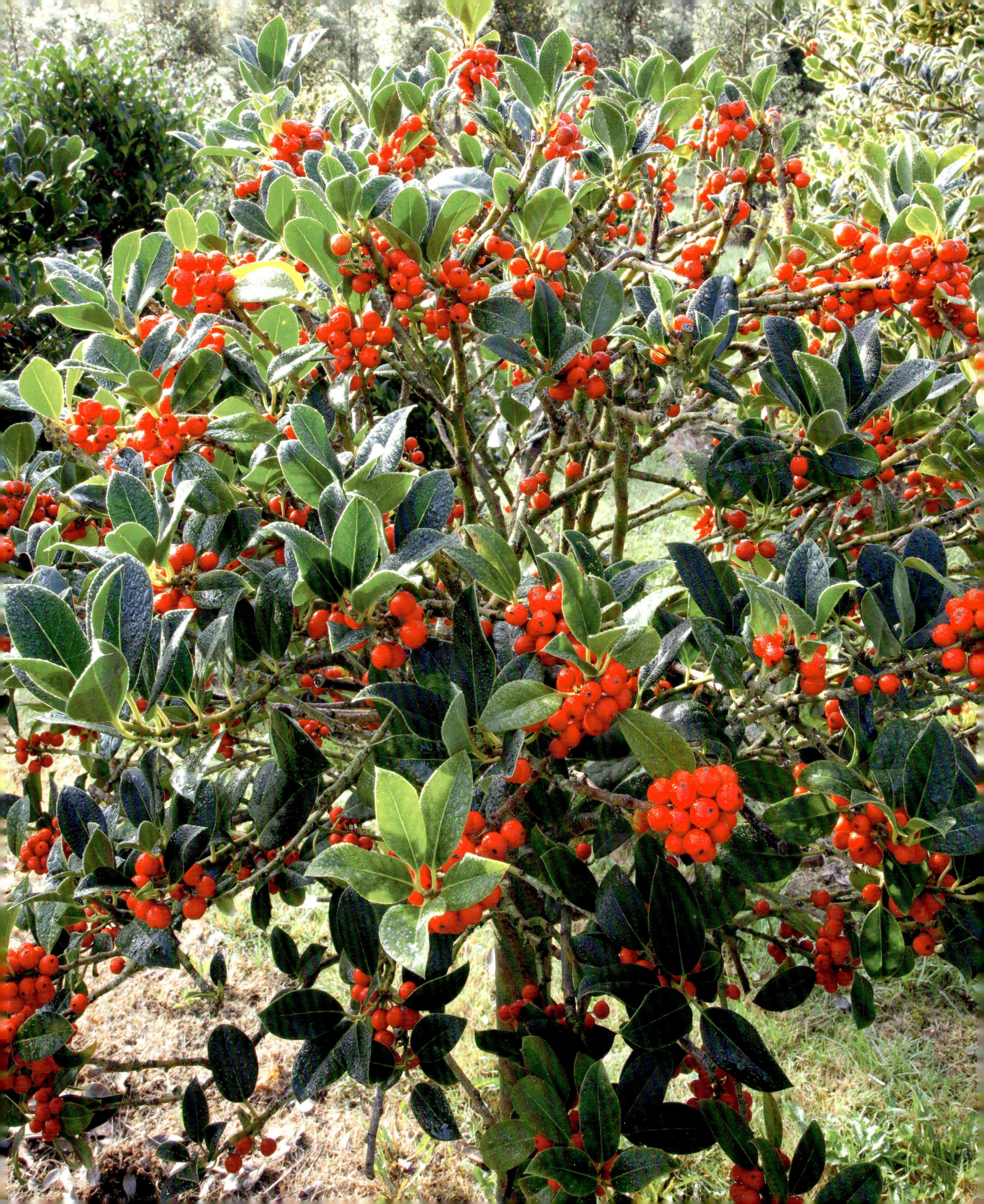

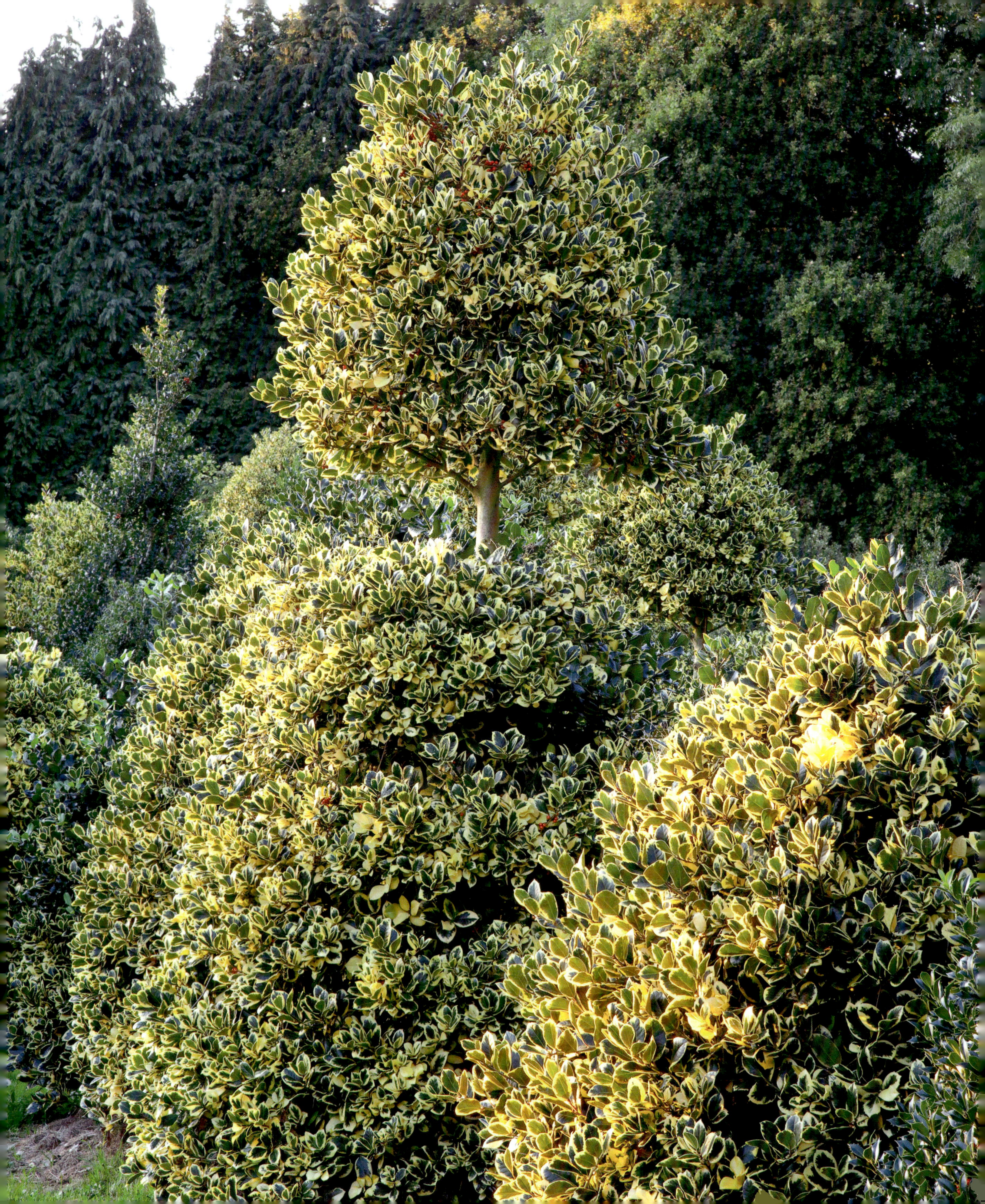

Im Winter werden die »Hollies« zu Stars

Ilex war zur Gründung der Gärtnerei wohl tatsächlich keine sehr populäre Pflanze, aber Louise ist zufrieden: »Eigentlich hatte ich sogar Riesenglück mit der Wahl dieser Pflanzen, denn im Winter gehen den Gartenzeitschriften oft die Themen aus und dann sind sie auf mich gekommen, um ihre Seiten zu füllen. Das war kostenlose Werbung und ich habe viele der besten Gartenfotografen kennengelernt.« Ihre »Hollies« brachten sie sogar ins Fernsehen, und auch wenn sie die Gärtnerei nach rund 20 Jahren aufgegeben hat, kann man ihre Sammlung nach Absprache immer noch besichtigen. Am besten im Winter, wenn ihre Schützlinge Beeren tragen oder von Raureif überzogen sind. Dann zeigt sich, wie wertvoll sie als Strukturgeber sind: Viele ihrer Pflanzen hat sie mit der Schere in Skulpturen verwandelt, denn *Ilex* lassen sich gut in Form schneiden.

Ein Besuch bei Louise macht zudem Freude, denn sie gerät nach wie vor ins Schwärmen, wenn sie Gästen ihre Sammlung zeigt: »Als ich anfing, mich mit ihnen zu beschäftigen, hätte ich nie gedacht, wie viel mir die Pflanzen geben würden, und ich nenne mich selbst eine sehr glückliche Frau.« Wie schön, dass sie dieses Glück gerne mit anderen teilt.

DAS WIRD GESAMMELT: *Louise hat rund 150 verschiedene Sorten der Stechpalme zusammengetragen. Eine davon, Ilex aquifolium 'Silver Lining', hat sie selbst gezüchtet.*

WARUM SIE FASZINIEREN: *Stechpalmen bieten vielfältige Blattzeichnungen und bei weiblichen Pflanzen zusätzlichen Beerenschmuck. Größter Pluspunkt: Sie sind immergrün und bereichert den Garten ganzjährig. Blätter und Beeren sind giftig.*

WAS SIE BRAUCHEN: *Ein neutraler bis leicht saurer Boden, der nicht geharkt wird, gilt für die flach wurzelnden Gehölze als erste Wahl.*

Links: *I.* × *altaclerensis* 'Golden King', diesmal von Weitem fotografiert. Louise hat die Sträucher im Laufe der Jahre mit der Schere zu Prachtexemplaren erzogen. Die Sorte ist, anders als ihr Name vermuten lässt, weiblich. **Oben:** Von Tau überzogene Spinnweben stehen den Stechpalmen ausgezeichnet.

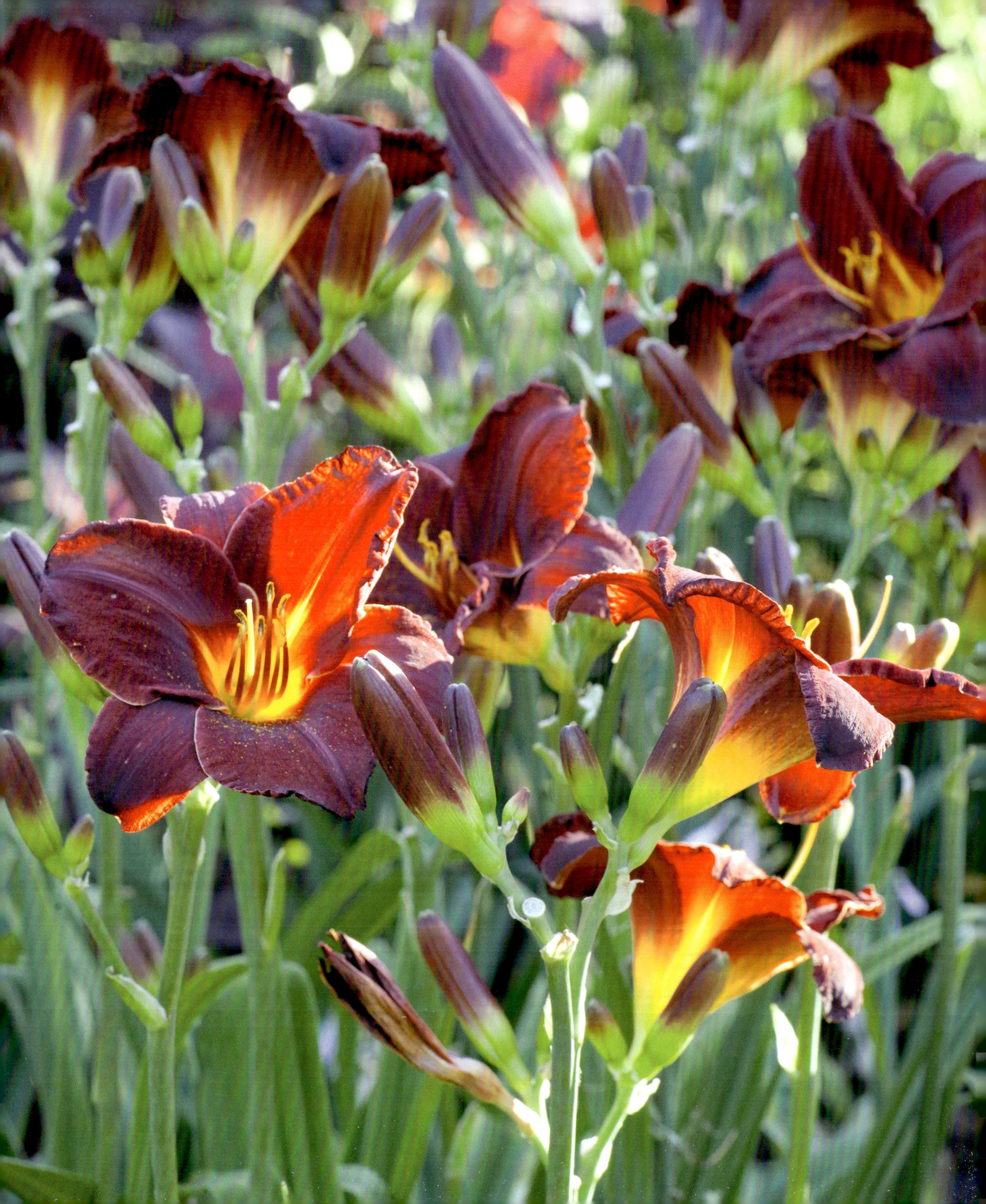

WERNER REINERMANN, SCHÖPPINGEN, MÜNSTERLAND (D)

Vielfach verliebt

Taglilie, Hemerocallis

Eigentlich wird man Werner Reinermann nicht gerecht, wenn man ihn als Taglilien-Sammler vorstellt. Wo bleiben dann Iris, Mohn oder Funkien, an die er auch sein Herz verloren hat? Sie werden an dieser Stelle zumindest erwähnt. Wer Augen und Geist für die Schönheit der Natur öffnet, kann sich unmöglich auf eine Art konzentrieren, das dürfte den meisten Pflanzenfreunden so gehen. Zumindest im Hochsommer liegt Reinermanns Schwerpunkt aber auf der Taglilie. Sie ist in den unterschiedlichsten Farben zu haben – von Blau und blütenreinem Weiß einmal abgesehen, wobei zumindest die hellen Cremetöne dem ersehnten Weiß schon sehr nahe kommen.

Links: In der schräg stehenden Sonne kommt das samtige Braunrot der Sorte 'Serena Dark Horse' noch besser zur Geltung. **Oben links:** 'Declaration of Love', eine Liebeserklärung in Rot und Orange. **Oben Mitte:** Vom Namen der Sorte 'Watchyl Lavender Blue' sollte man sich nicht täuschen lassen. Sie blüht weder blau noch lavendelfarbig. Eine Schönheit ist sie aber allemal. **Oben rechts:** 'Angels Sigh' rahmt die gelbe Mitte mit Apricot.

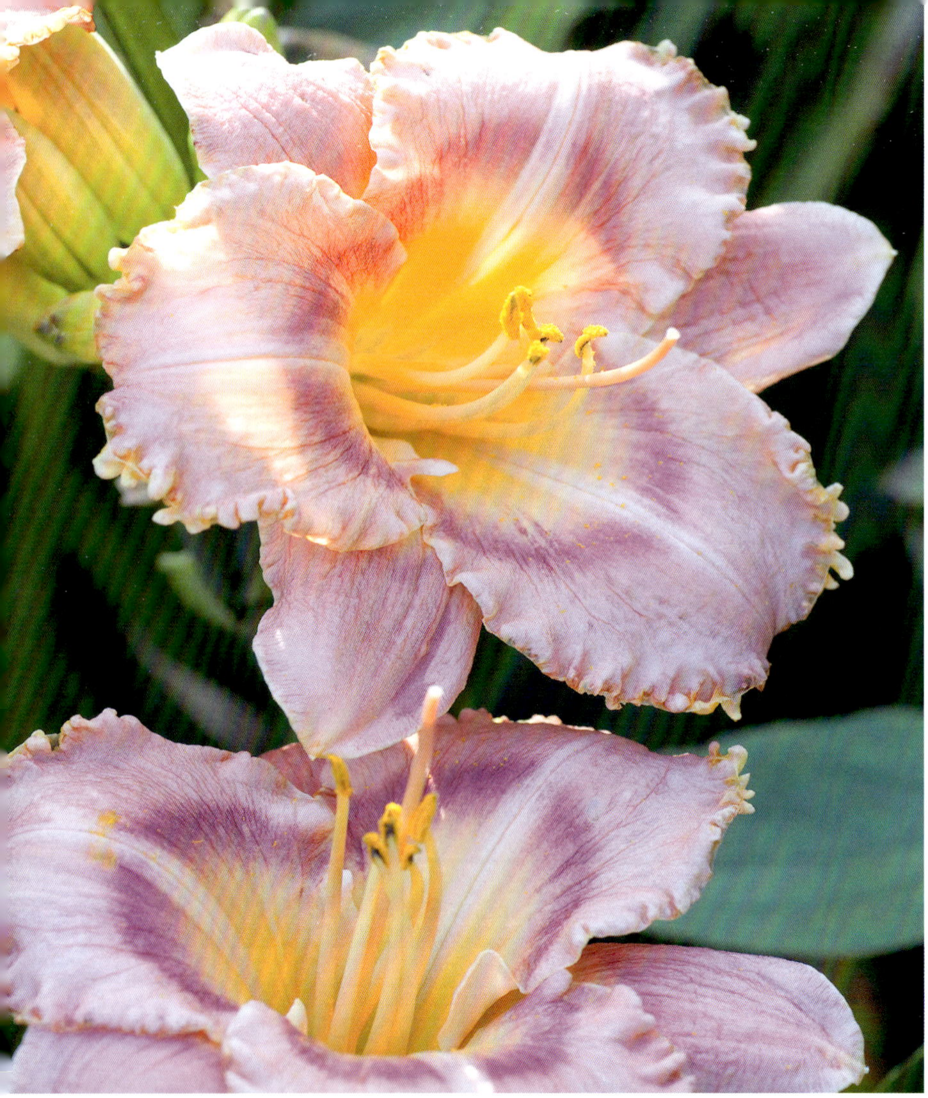
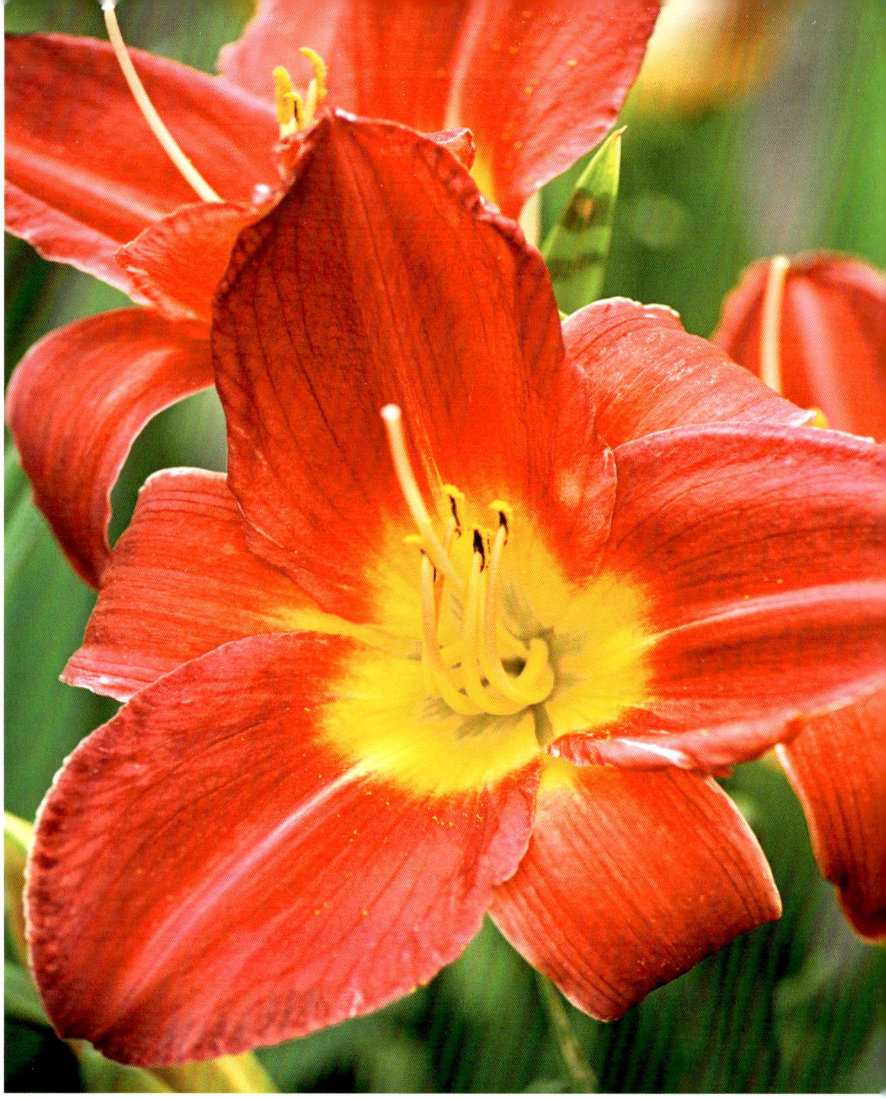
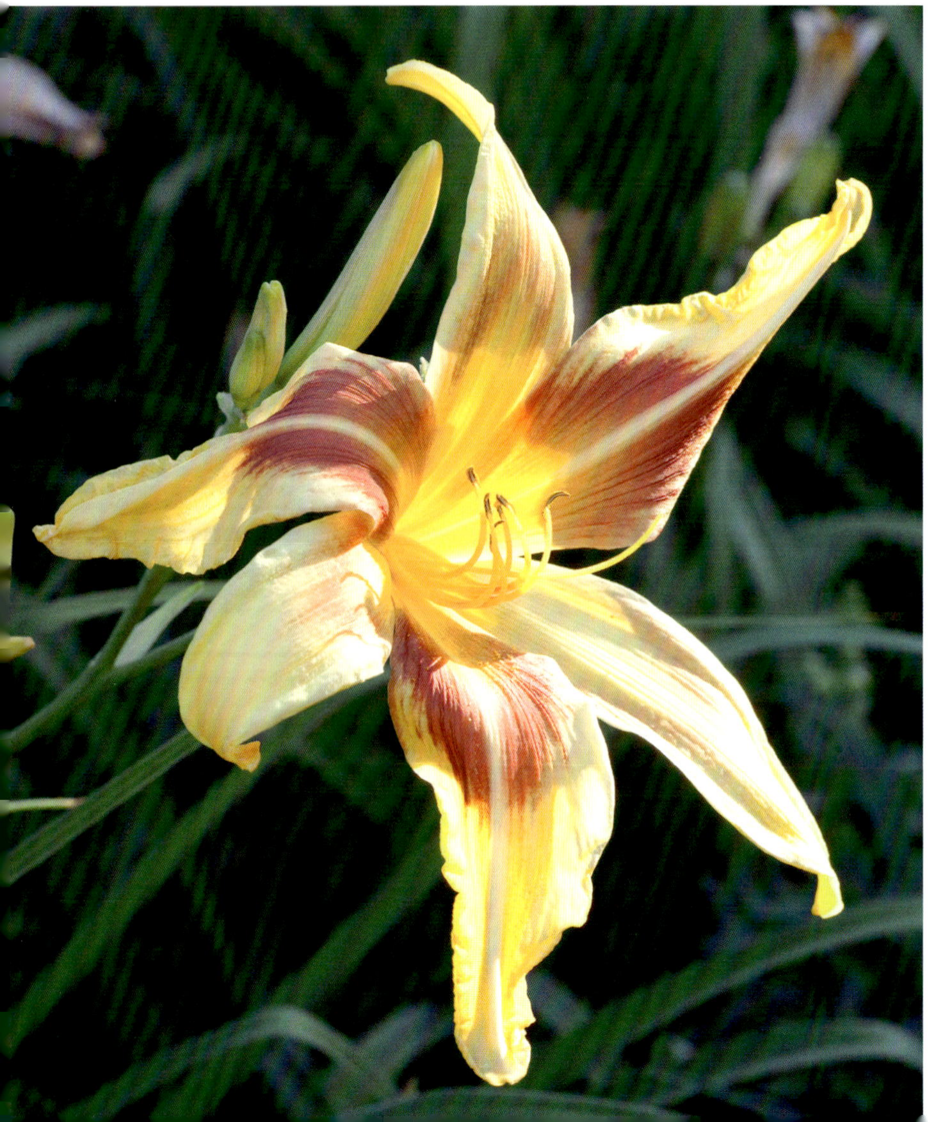
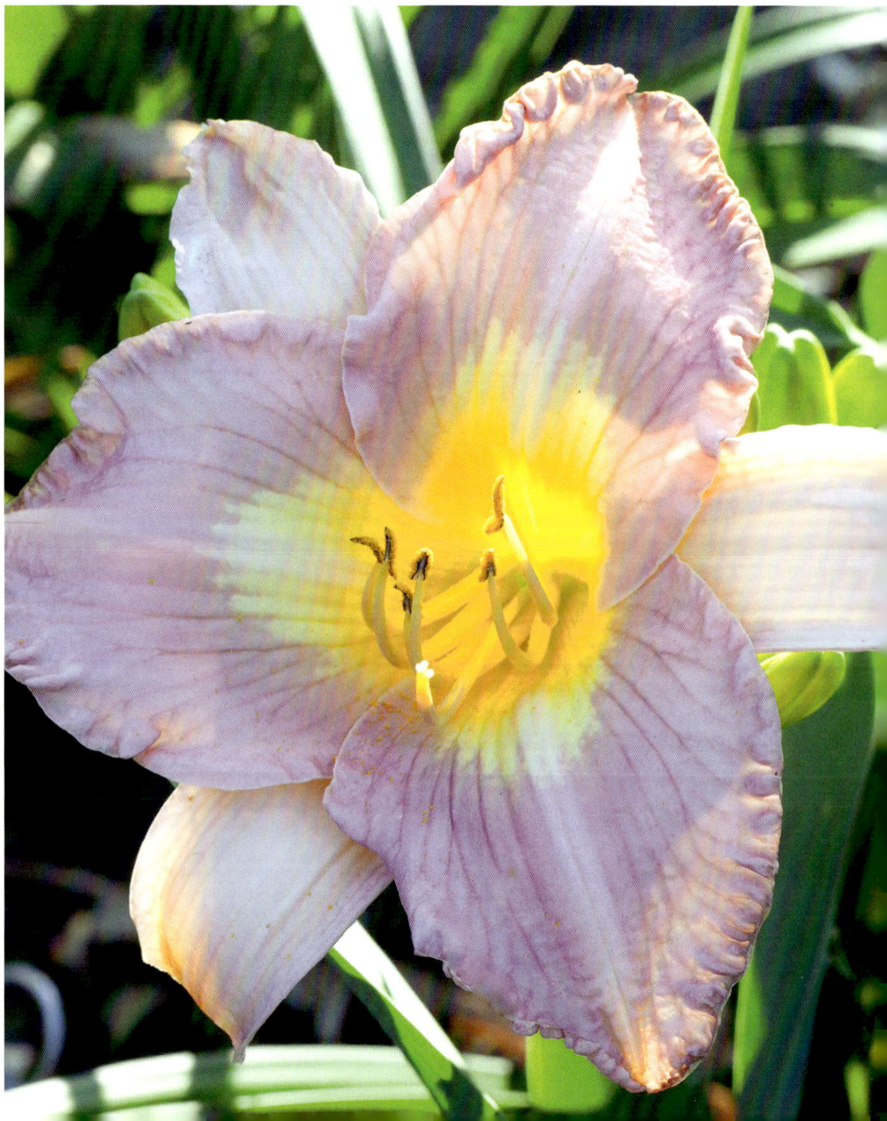

Am Anfang war der Lauch. Oder auch nicht.

Manchmal täuscht der erste Eindruck. Das trifft besonders auf die Welt der Pflanzen zu. Die wenigsten Gewächse lassen von ihrem Austrieb auf ihr späteres Erscheinungsbild, geschweige denn auf ihre Blüten schließen. Werner Reinermann wunderte sich deshalb nicht, dass interessierte Laien ihm alljährlich im Frühling immer wieder die gleiche Frage stellten: »Alle Zaungäste wollten wissen, was ich mit so viel Porree mache.« Bei dem vermeintlichen Gemüse-Lauch handelte es sich um den lanzettförmigen Blattaustrieb seiner *Iris*-Pflanzen, die Werner Reinermann in so großer Zahl und in Reih und Glied gepflanzt hatte, dass Passanten die Stauden für eine Gemüsemonokultur hielten. *Iris* kultiviert er bis heute, sein Garten trägt nicht umsonst den Beinamen »Schöppinger Irisgarten«, aber er hatte Lust auf mehr bekommen: »Diese sturen Rabatten, ausschließlich mit *Iris* waren nicht so sehr mein Fall. Deshalb kamen dann Taglilien, Pfingstrosen und nachher auch noch Funkien dazu.« Wobei es sich jeweils nicht um einige Sorten handelt. Wenn Werner Reinermann von seinen Schätzen erzählt, werden Liebhaber einer der vier Pflanzen begeistert sein: »Ich habe 120 verschiedene Pfingstrosen, 200 verschiedene *Iris*-Sorten und hatte in Spitzenzeiten auch fast 300 *Hosta*! Die große Liebe war aber die Taglilie, und so ist es bis heute geblieben!« Die kann man auch in Zahlen messen, denn von der Taglilie hat er mit Abstand die meisten Sorten zusammengetragen. Rund 1.000 verschiedene dürften es mittlerweile sein, schätzt er.

Rund 200 dieser Sorten hat er selbst gezüchtet und ihre Namen klingen teilweise wie Musik in den Ohren: Die rosafarbene Sorte 'Rivers of Babylon' ist da keine Ausnahme. Ob Werner Reinermann ein Fan von Boney M. ist? »Ich mag eben einfach Musik. Auch die von Boney M. oder Helmut Lotti. Aber auch Opern oder Operetten gehören dazu. Ich habe

Links oben: 'Linda Daniels' gefällt mit einem dunkleren Ring um die Blütenmitte (links). Ungewöhnlich strahlendes Rot und eine feine, helle Linie in der Mitte der Blütenblätter sind typisch für die Sorte 'Segramoor' (rechts). **Links unten:** 'Lady Neva' hat schmalere Blüten, die in der Luft zu schweben scheinen (links). 'Rivers of Babylon', eine Sorte von Werner Reinermann (rechts). **Oben:** Im Sommer kommt man an den Taglilien nicht vorbei.

Mit wenig »Tamtam« und erprobten Sorten zum Gartenglück

Werner Reinermann wundert sich, wenn er nach Pflegetipps für *Hemerocallis* gefragt wird: »Wie schon Karl Förster sagte – die Taglilie ist die Pflanze des faulen Gärtners. Ich mache da nicht viel ›Tamtam‹. Mit meinem sandigen Boden müssen sie klar kommen.« Und meint dann noch augenzwinkernd: »Wasser ist zur Wachstumszeit von Vorteil. Ich kann aber nicht den ganzen Garten gießen – also gibt es nur das, was der Himmel gibt!« Wie schön, dass Taglilien nicht so viel verlangen, wie man angesichts ihrer Pracht glauben könnte. Wichtiger als die laufende Pflege ist da schon die Wahl der Pflanze. Viele der weltweit bekannten, rund 60.000 (!) Sorten wurden im milden Florida gezüchtet: »Ich rate dem Anfänger, in Deutschland bewährte Sorten zu pflanzen. Der neueste Schrei aus Übersee mag chic aussehen, aber da kann es auch mal eine Bauchlandung geben.«

eine Vorliebe für alles, was melodisch ist. Und deswegen tragen viele meiner eigenen Taglilien-Sorten Namen von Musikstücken oder auch von Gemälden.« Der Hang zu den schönen Dingen und der Kunst bedeutet aber nicht, dass sich Werner Reinermann verkünsteln würde. Ganz im Gegenteil. Manches ist auch einem ausgewiesenen Taglilien-Liebhaber einfach zu viel. Gefüllte *Hemerocallis*-Sorten zum Beispiel. Ob sie ihm gefallen? »Ich habe zirka 10 gefüllte Taglilien im Garten. Das sagt doch alles.« Zehn verschiedene gefüllte Sorten, das klingt nach viel, doch bei einem passionierten Sammler wie Reinermann ist diese Zahl eher ein Zeichen der Geringschätzung. Wer den Garten von Werner Reinermann besucht, wird die gefüllten Taglilien nicht vermissen. Apropos besuchen: Seinen Garten öffnet er mit der Hauptblüte seiner Pflanzenschätze. Im Frühsommer ist die Pforte jeweils ein Wochenende für die *Iris*- und die Päonienblüte und im Juli drei Wochenenden für die Taglilie geöffnet. »Natürlich öffne ich meinen Garten auch auf Anfrage, ansons-

ten bin ich dort gerne auch allein.« Sein Paradies besteht mittlerweile aus zwei Gärten – einem rund 500 Quadratmeter großen rund um das Wohnhaus und auf der anderen Straßenseite einem weiteren auf rund 900 Quadratmeter Fläche. Statt genauer Ordnung nach Gattungen, Arten und Sorten präsentieren sich die Gärten üppig: »Ich mag strenge Rabatten mit einzelnen Pflanzen nicht besonders gerne. Stattdessen kombiniere ich lieber: Taglilien mit *Iris*, Päonien, Funkien, Akelei, Mohn, Tulpen und vielen anderen. Gerahmt ist alles von Säuleneiben, und dann wachsen ja noch 35 Ginkgos bei mir.«

Die ersten Taglilien öffnen in den Beeten von Werner Reinermann ihre Blüten schon im Frühsommer, bis dann im Juli die Hochsaison einsetzt. Und obwohl jede einzelne Blüte nur einen Tag hält – daher auch der Name –, dauert der Flor einer einzelnen Pflanze oft mehrere Wochen an. Denn je nach Sorte trägt eine *Hemerocallis* Dutzende Knospen.

Rechts oben: Besonders oft sitzt Werner Reinermann nicht auf der Bank, die ihm einen herrlichen Ausblick auf die Taglilien bieten würde. Meist gibt es irgendwo etwas zu zupfen oder zu jäten. Ein Gärtner kommt zumindest im eigenen Garten nur selten zur Ruhe. **Rechts unten:** Auch die Schwertlilie hat natürlich einen Platz im Herzen von Werner Reinermann, hier *Iris germanica* 'Loop de Loop' mit ihren auffälligen lila gerandeten Blüten.

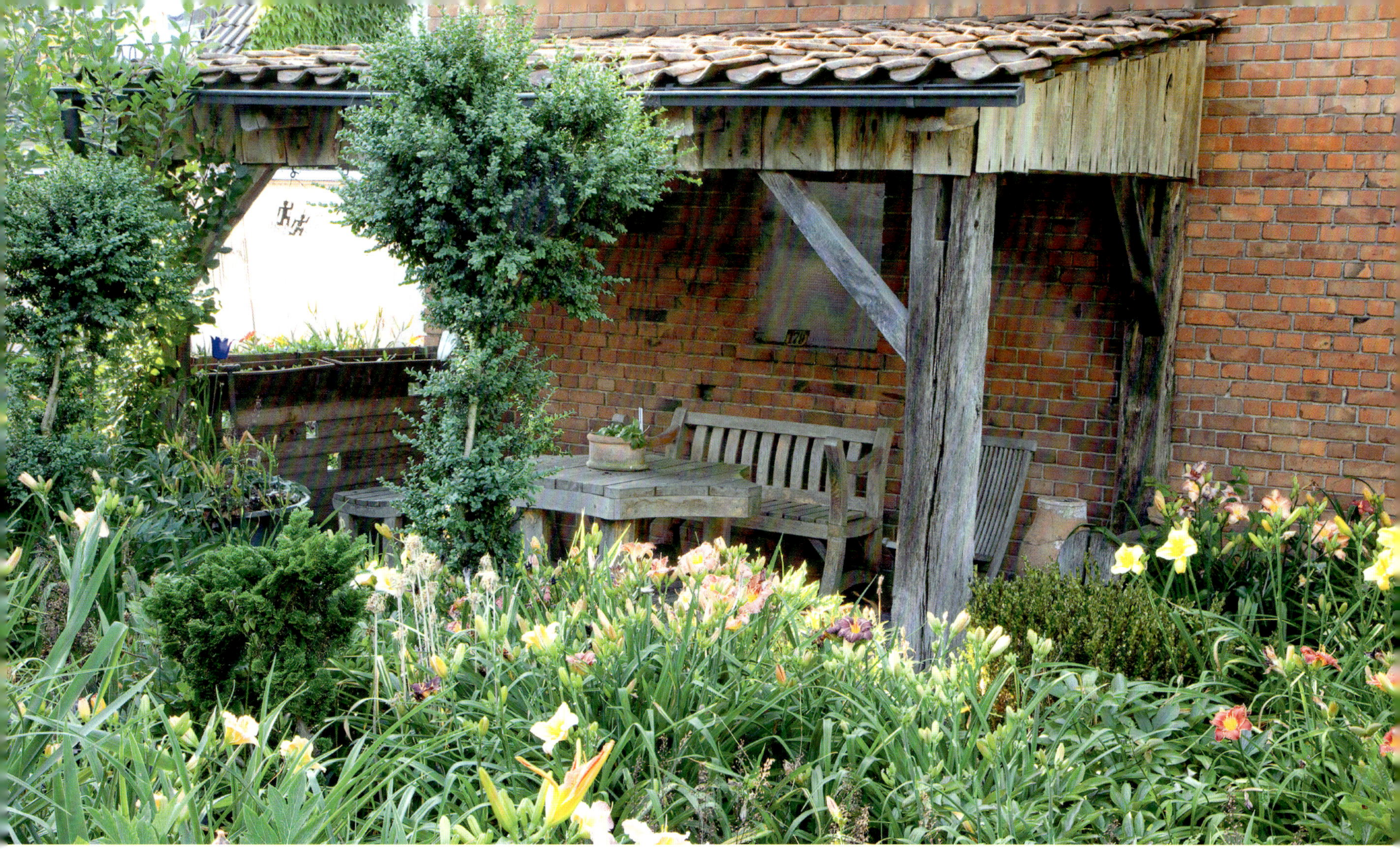
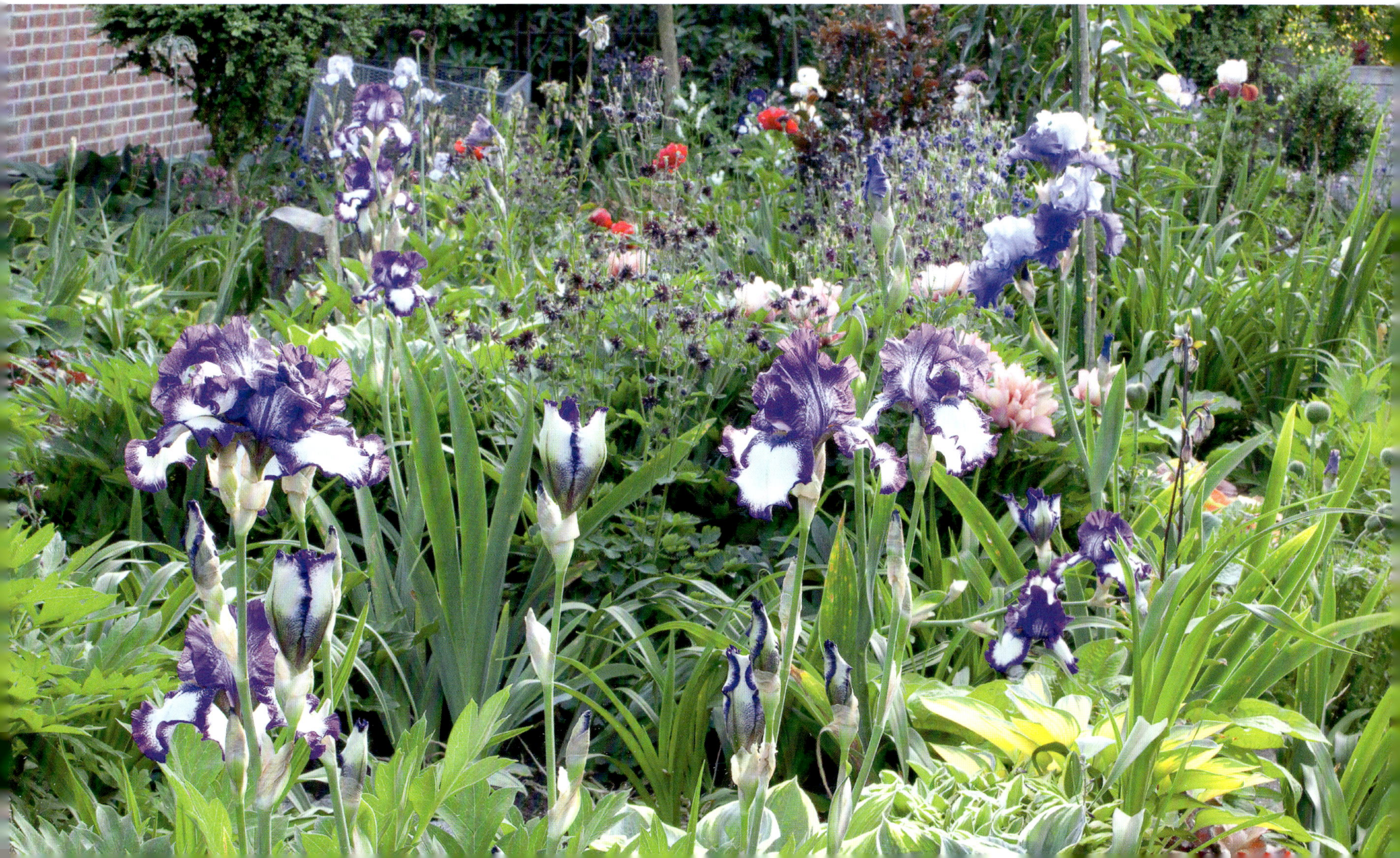

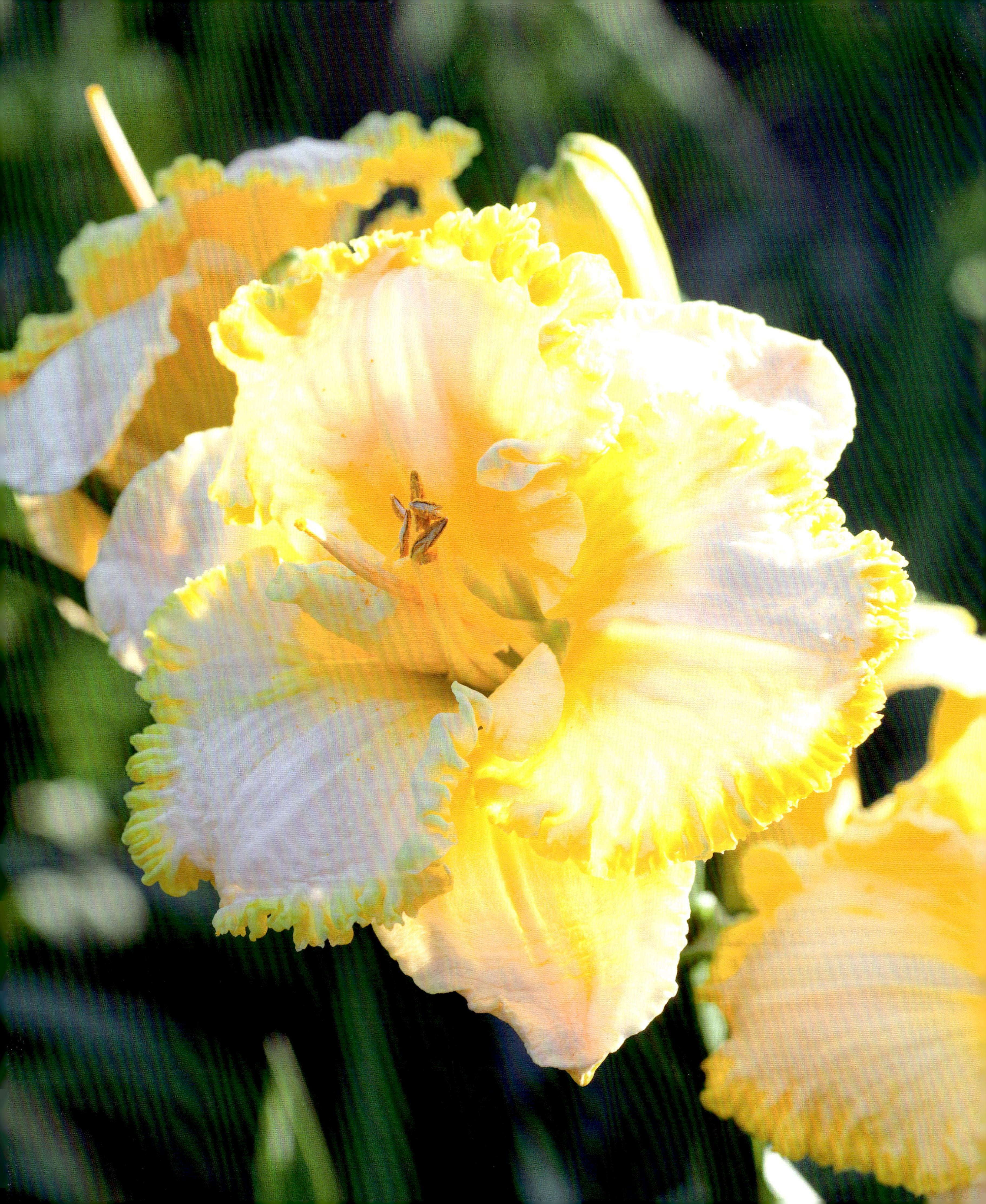

Werner Reinermann wächst und gedeiht bestens

»Darf ich vorstellen? Das ist 'Werner Reinermann'«, sagt Werner Reinermann. Er zeigt auf eine apricotfarbene Taglilie, die gerade ihre Blütenblätter entfaltet hat. Der 2012 verstorbene *Hemerocallis*-Züchter Karl Rupp hat diese Sorte nach ihm benannt. Seit dem Jahr 2008 bereichert sie das Taglilien-Sortiment und schmückt das Beet dank ihrer 30 Knospen sehr lange. Die Nachricht, dass eine Züchtung nach ihm benannt werden sollte, erreichte den gelernten Bankkaufmann am Arbeitsplatz. Werner Reinermann ist immer noch berührt, wenn er davon erzählt: »Karl Rupp rief mich in der Sparkasse an und fragte, ob er eine neue Taglilien-Sorte nach mir benennen dürfte. Ich war sehr gerührt und Tränen flossen über mein Gesicht. Meine Kollegin befürchtete schon das Schlimmste. Ich konnte es natürlich gleich aufklären. Es war für mich eben eine große Ehre, eine Taglilie gewidmet zu bekommen.«

Dass diese Ehre den Richtigen getroffen hat, wissen längst auch die rund 8.000 Schöppinger. Dort ist Reinermann mittlerweile so bekannt, dass niemand mehr auf die Idee kommt, sich nach dem Befinden seiner Porreepflanzen zu erkundigen. Zumal sein Garten den Namen »Schöppinger Irisgarten« trägt und daher keinerlei Verwechslungsgefahr mit Gemüse besteht. Dass die Taglilienvielfalt die der *Iris* mittlerweile übertrifft, stört da nicht weiter, und der Name »Schöppinger Taglilien-, Pfingstrosen-, Iris- und Funkiengarten« ist eben eindeutig zu lang.

DAS WIRD GESAMMELT: *In den beiden Gärten von Werner Reinermann wachsen nicht nur Taglilien, davon aber besonders viele. Geschätzte 1.000 Sorten sind es, 200 davon sind eigene Kreationen.*

WARUM SIE FASZINIEREN: *Jede einzelne Blüte hält nur einen Tag, doch Hemerocallis öffnen über Wochen täglich neue Knospen und sorgen dafür, dass der Garten auch nach der Fülle des Frühsommers bunt bleibt.*

WAS SIE BRAUCHEN: *Volle Sonne ist der wichtigste Faktor, damit sich diese ansonsten relativ anspruchslosen Stauden etablieren.*

Links: So sieht der Sommer aus. *Hemerocallis* 'Uerdinger Sonnenschein' ist eine der Sorten, die hält, was ihr Name verspricht. Zudem gedeiht sie gut im mitteleuropäischen Klima.

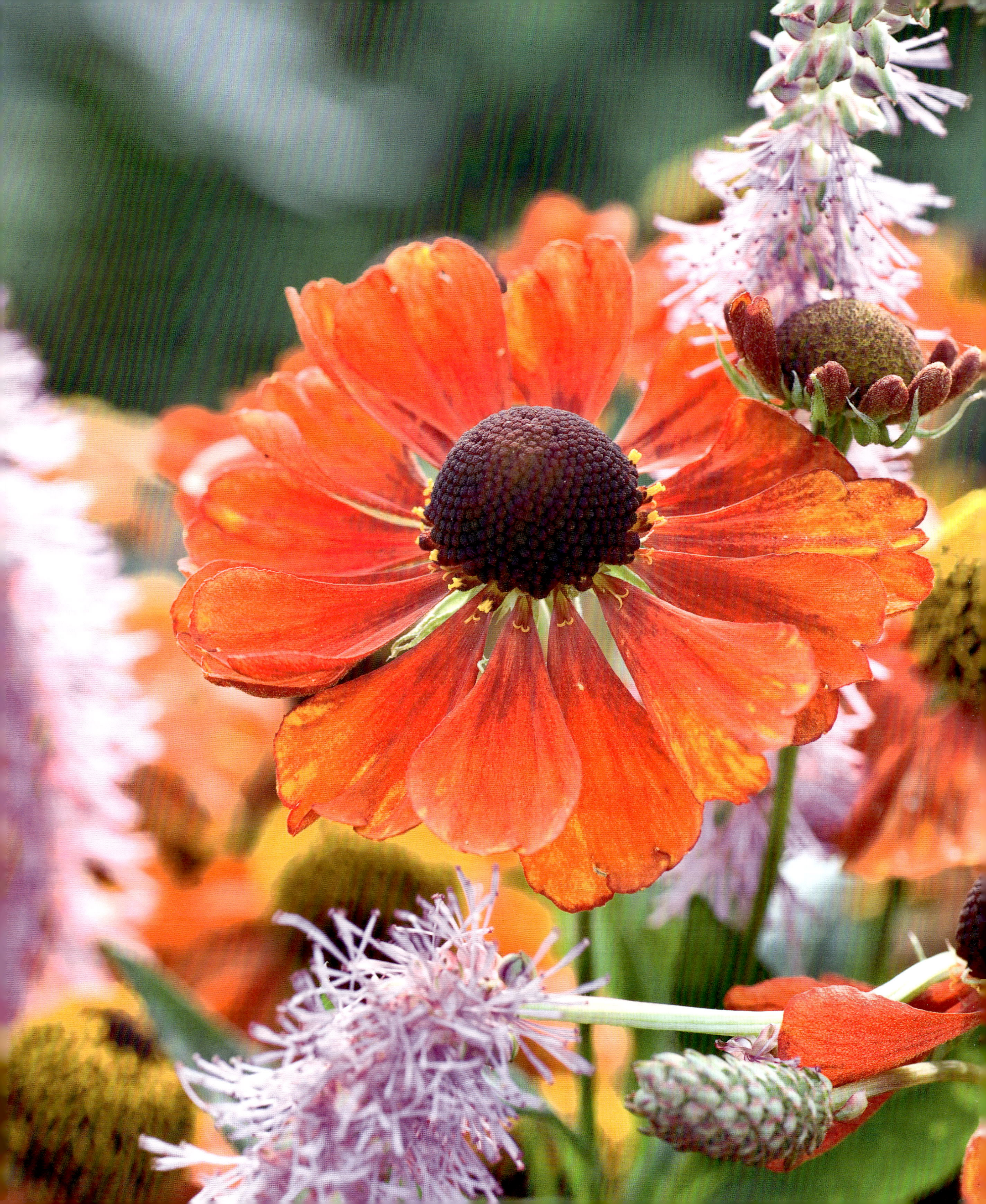

DORI UND HENK JACOBS, VRIESCHELOO, GRONINGEN (NL)

Glücklich verheiratet

Sonnenbraut, Helenium

Dori und Henk Jacobs sind leidenschaftliche Pflanzensammler und bieten in ihrer Gärtnerei viele verschiedene Stauden an. Doch für die Sonnenbraut sind beide regelrecht entflammt. Die ursprünglich aus Nordamerika stammende Pflanze macht froh, finden sie. Wer die beiden in Vriescheloo besucht, glaubt es sofort. Dass manche Freunde sagen, ihre Liebe zur Sonnenbraut sei ihre gemeinsame »Krankheit«, stört die beiden nicht wirklich. Ganz im Gegenteil: Mit ihrem *Helenium*-Sortiment, dem großen Schaugarten und den selbst gezüchteten Sorten stecken sie Jahr für Jahr ihre Kunden an. Mit ihrer Begeisterung sind sie also längst nicht mehr allein.

Links: Warmes Rotorange der Sonnenbraut-Sorte 'Chelsey' trifft auf rosafarbenen Wiesenknopf (*Sanguisorba*). Was in der Theorie schräg klingt, funktioniert im Beet ganz hervorragend. Der Mut zu einer ungewöhnlichen Farbkombination zahlt sich hier aus. **Oben links:** 'Two Faced Fan', eine frühe Sorte, die ab Juli im Beet die Sonne aufgehen lässt. **Oben rechts:** 'Baronin Linden', eine Sorte, deren gelbe Blüten rotbraun überhaucht sind.

Vom Begleiter zum Hauptdarsteller

Zur Sonnenbraut fanden Dori und Henk Jacobs auf Umwegen. Eigentlich waren die beiden fasziniert von der Eleganz und Poesie der Ziergräser und suchten nach passenden Pflanzpartnern. Nicht für irgendwelche Gräser, sondern für jene sprichwörtlich herausragenden Sorten, die der bekannte, 2007 verstorbene Staudenzüchter Ernst Pagels im Laufe seines Lebens gezüchtet hatte. Stattliche Exemplare wie das Chinaschilf *(Miscanthus sinensis)* der Sorte 'Malepartus' brauchen Begleiter, die ein optisches Ausrufezeichen setzen und sich an der Seite der hohen Halme behaupten können. Die warmen Farben der Sonnenbraut *(Helenium)* gefielen den beiden und sie waren sich sicher, in ihr genau den richtigen Nachbarn für ihre Ziergräser gefunden zu haben. Henk und Dori wollten mehr und begannen 1998 damit, die verschiedenen Sorten der Sonnenbraut zu sammeln. Aus der ambitionierten Liebhaberei wurde mehr, und drei Jahre später gründeten die beiden ihre eigene Gärtnerei, die »Kwekerij Jacobs« in Vriescheloo, einem rund 50 Kilometer östlich von Groningen gelegenen Dorf. Innerhalb weniger Jahre hat sich die Gärtnerei zu einer Attraktion gemausert, die auch viele Besucher aus dem benachbarten Deutschland anzieht. Denn Dori und Henk sammeln die Sonnenbraut nicht nur, sie haben auch einen rund 6.000 Quadratmeter großen Schaugarten angelegt und zeigen dort unter anderem, wie gut sich die Sonnenbraut mit hohen Ziergräsern kombinieren lässt.

Mittlerweile gedeihen rund 160 *Helenium*-Sorten auf dem Gelände der Gärtnerei. Einige davon sind gängige und bewährte Hybriden wie die orange-gelb gezeichnete 'Waltraud', die schon 1947 gezüchtet wurde, andere sind eigene Züchtungen und zugleich Raritäten wie die samtrote 'Red Velvet'. Mehr als ein Drittel der Sorten, rund 60 verschiedene, haben Dori und Henk so zahlreich vermehrt, dass sie verkauft werden.

Oben links: Die Sonnenbraut 'Blütentisch' wurde von Karl Foerster gezüchtet. **Oben rechts:** *Helenium* 'Vivace' mit *Carex comans* 'Bronze Form'. **Rechts oben:** *Helenium,* so weit das Auge reicht – der Schaugarten im Hochsommer. **Rechts unten:** Die beiden roten Sorten 'Rubinzwerg' und 'Vivace' bleiben mit rund 80 cm Höhe kompakt. Die Sorte 'Two Faced Fan' wächst rund 150 cm hoch und empfiehlt sich für den Hintergrund.

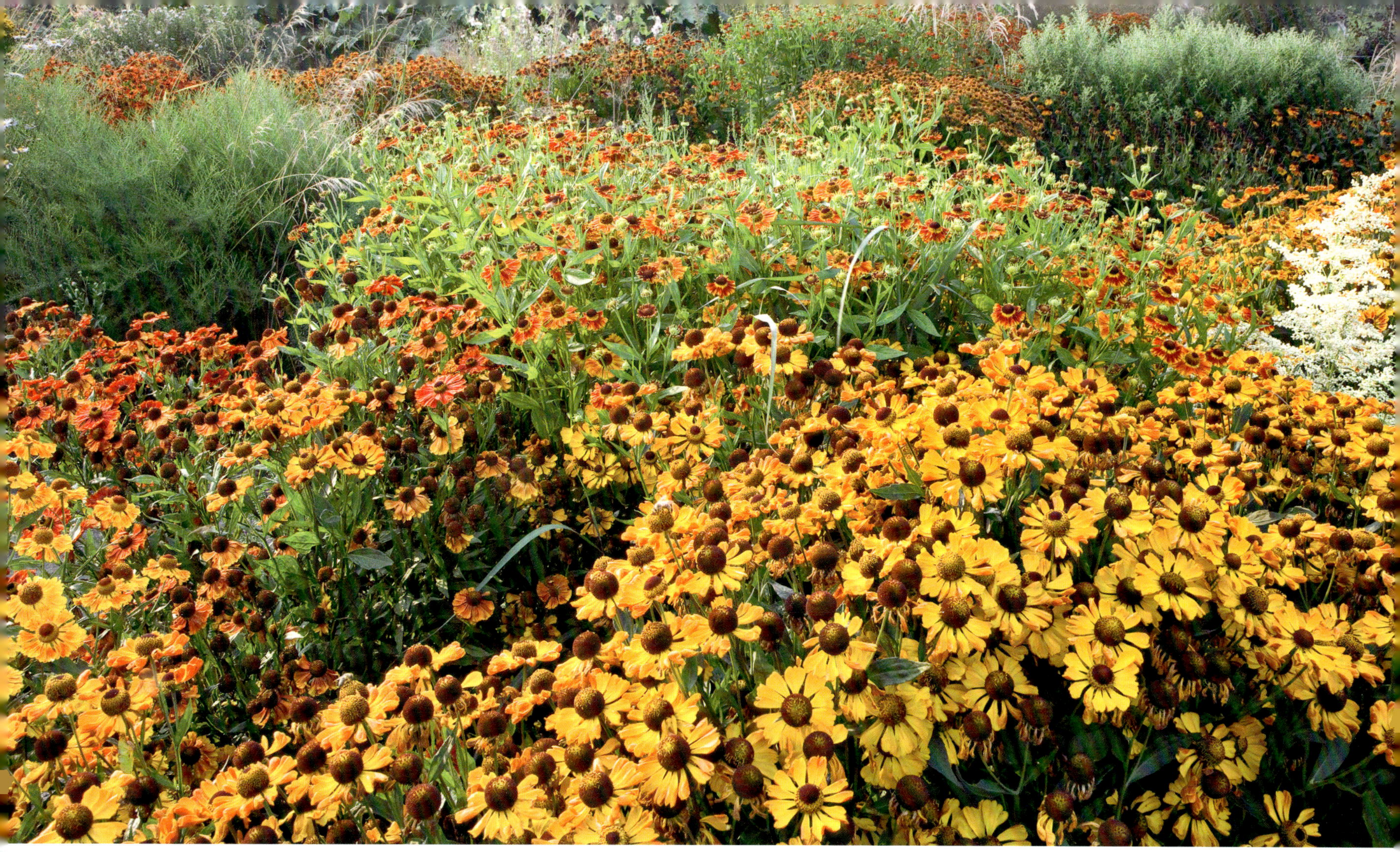

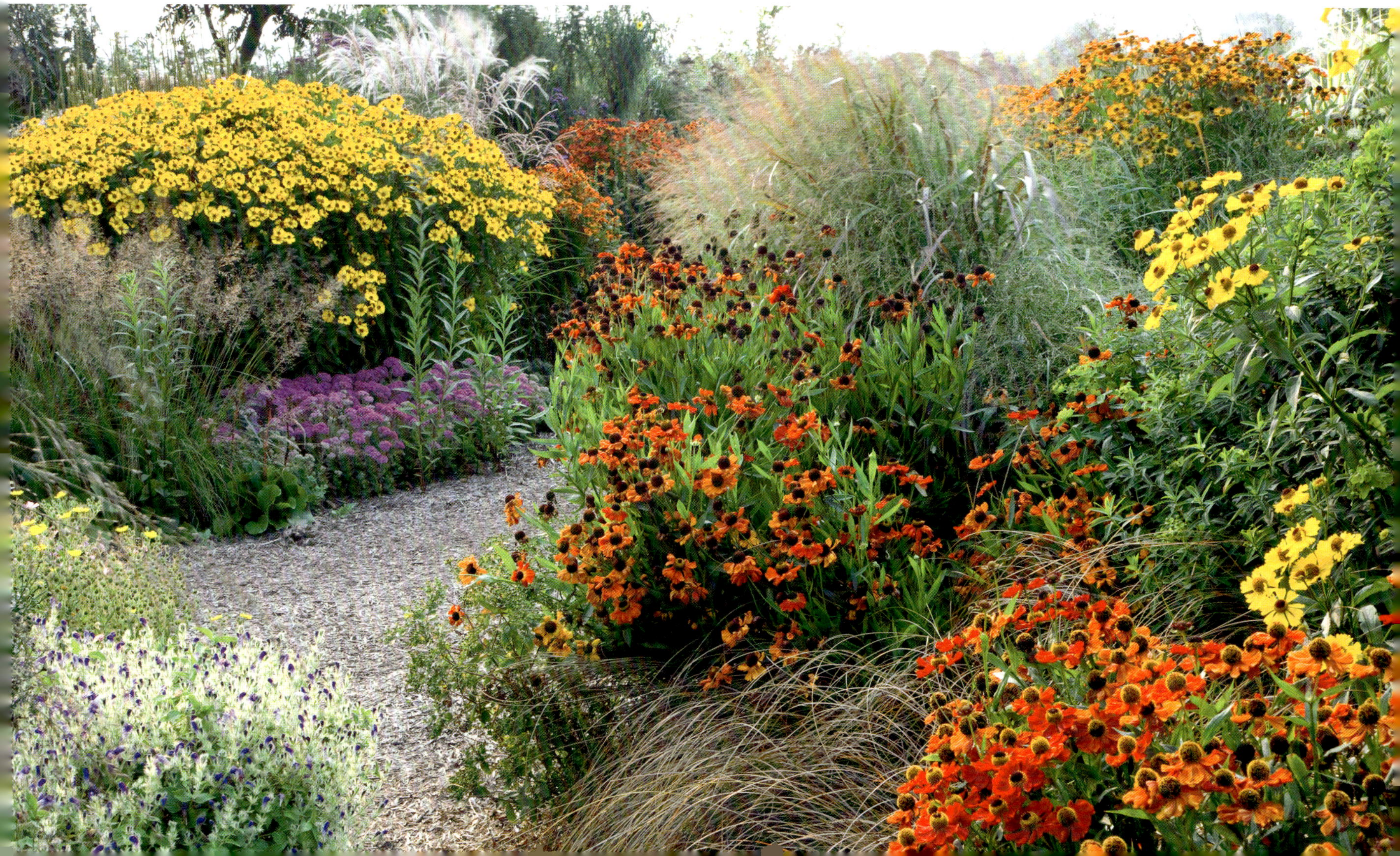

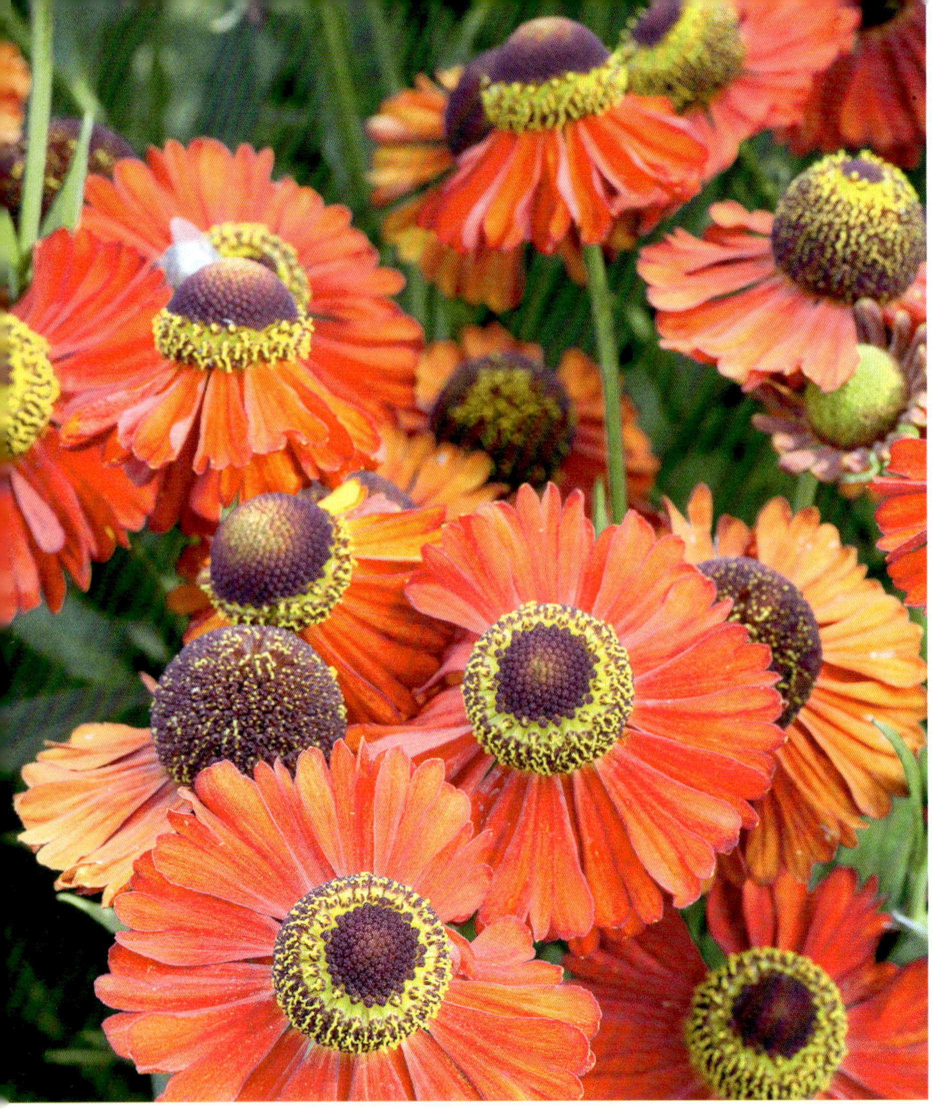
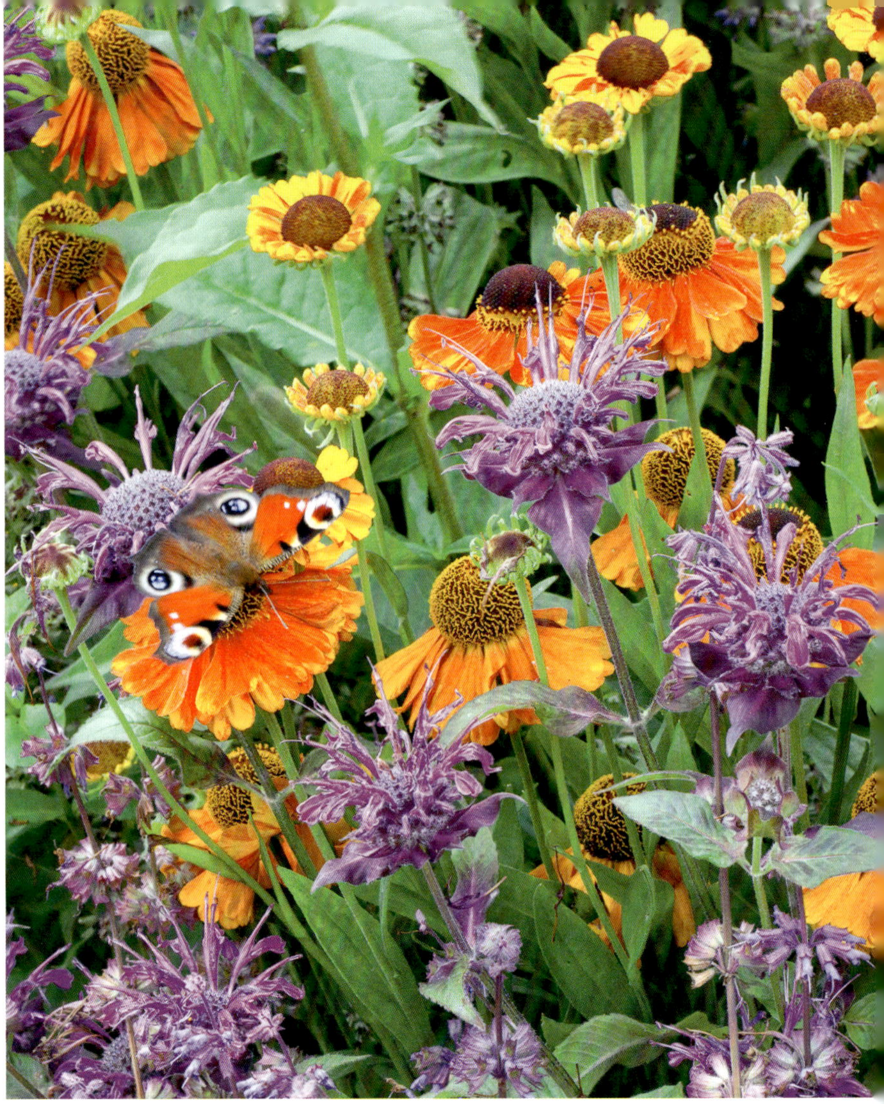
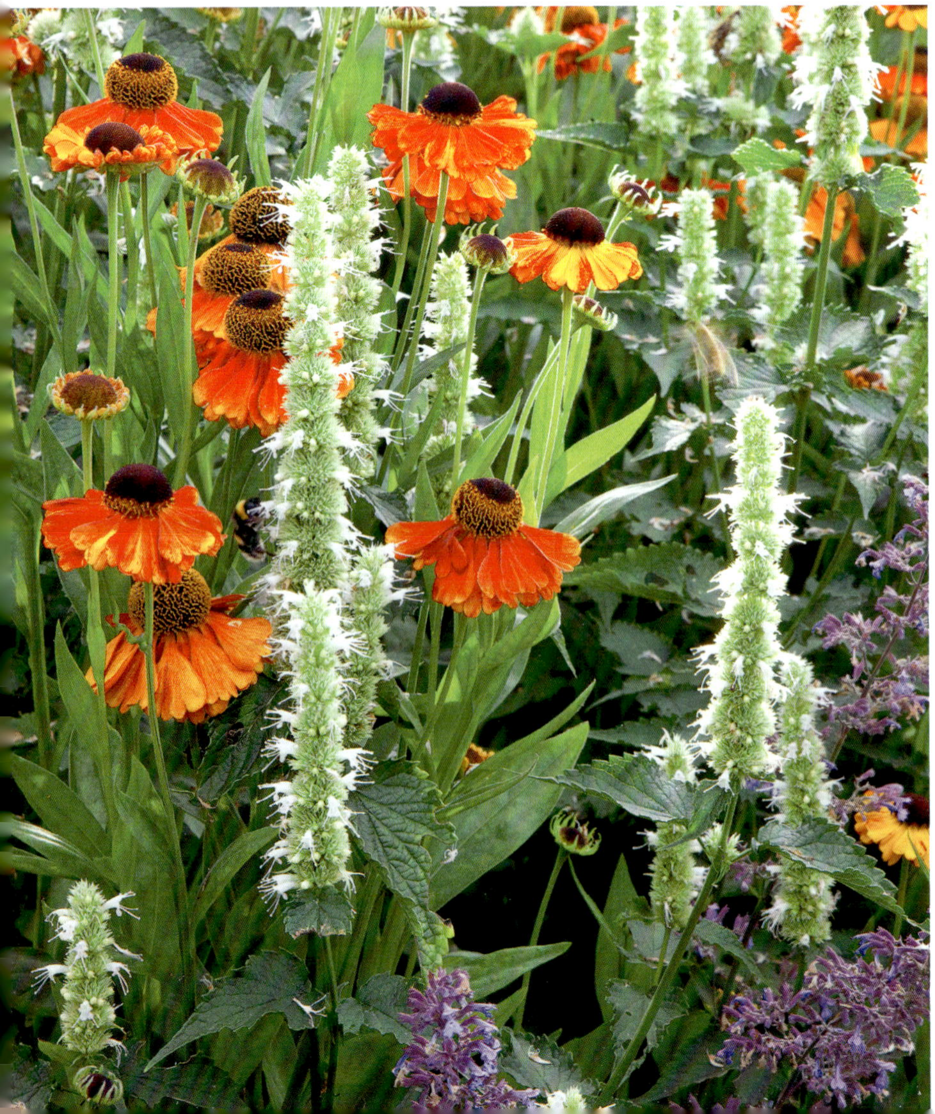
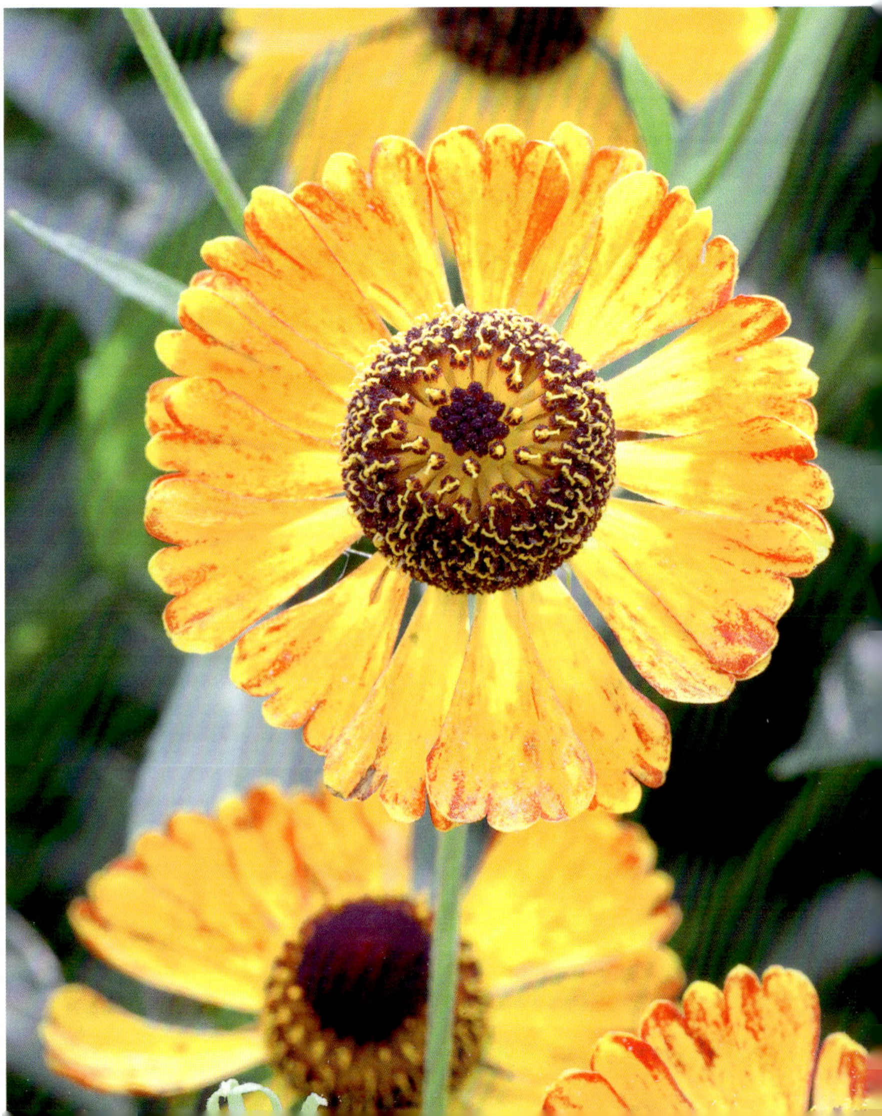

Angenehm altmodisch und ohne Allüren

Dass die Sonnenbraut längst einen eigenen Platz in den Herzen von Dori und Henk erobert hat und nicht mehr »nur« als Gräserbegleiterin dient, hat viele Gründe: Sie entfaltet ihre Blüten zwischen Juli und Oktober – zu einer Zeit, wo viele andere Stauden ihren Höhepunkt schon überschritten haben. Die ohnehin schon warmen Sonnenfarben wirken durch das schräg stehende Licht des Spätsommers noch samtiger und haben eine ganz und gar positive Ausstrahlung. Sie macht sogar ein bisschen glücklich, erzählt Dori: »Viele Besucher erinnert die Sonnenbraut an den Garten ihrer Großmutter und es ist für uns besonders schön, in unserem Garten zu erleben, dass diese Staude nicht nur uns fröhlich macht.« Eine Pflanze, die an Großmutters Garten erinnert, das klingt rührend, aber doch auch ein bisschen altmodisch. Tatsächlich waren jahrelang dezente Pastell- und Blautöne in den Gärten angesagt.

Die warmen Blütenfarben der Sonnenbraut passten nicht zu diesem Trend. Doch das hat sich geändert. Denn die Gattung *Helenium* gehört zu den Hauptdarstellern eines Gartenstils, der nicht nur natürlich wirken, sondern die Beete auch die ganze Saison über schmücken soll. Bekannte Gestalter wie der Niederländer Piet Oudolf greifen nicht umsonst gerne auf die Sonnenbraut zurück und schätzen ihre optischen Qualitäten.

Im Schaugarten von Dori und Henk kann man sich davon überzeugen, dass die Gattung *Helenium* ihren vom griechischen Sonnengott »Helios« abgeleiteten Namen völlig zu Recht trägt. Die Blütenfarben variieren von Gelb über Orange, Rot bis hin zu edlem Mahagonibraun und harmonieren miteinander. Ganz egal, welche Sorten man miteinander kombiniert, das Ergebnis kann sich sehen lassen und wirkt wie ein Leuchtfeuer warmer Sonnenfarben. Je nachdem, welche Sorten man wählt, kann dieses Feuer von Ende Juni bis weit in den Oktober hinein lodern.

Links oben: 'Red Velvet' haben Dori und Henk gezüchtet (links). Das Tagpfauenauge passt in seiner Buntheit gut zur Indianernessel (*Monarda*-Fistulosa-Hybride 'Gewitterwolke') und *H.* 'Sahin's Early Flowerer' (rechts). **Links unten:** 'Waltraud', kombiniert mit *Agastache* 'Alabaster' (links). 'Amber Dwarf', ebenfalls eine Eigenkreation aus der »Kwekerij Jacobs«. **Oben:** Wieder 'Sahin's Early Flowerer', diesmal mit weißer Schafgarbe (*Achillea*).

Die Staude blüht so üppig, dass sie auch im Haus die Sonne scheinen lässt

Gute Laune gedeiht nicht nur im Beet, sie lässt sich auch in die Vase holen und hält dort sogar besonders lange. Wenn man – was sich fast von selbst versteht – die Sonnenbraut vormittags und nicht während der Mittagshitze schneidet, schmückt sie die Vase durchaus zwei Wochen lang. Auch die kleinen Knospen blühen meist nach einigen Tagen auf. Dori und Henk gönnen sich im Sommer deshalb gerne den ein oder anderen Strauß, und zwar ganz ohne Reue. Die Sonnenbraut verträgt den Rückschnitt sehr gut und die frühen Sorten geben danach häufig sogar eine Zugabe und bilden noch weitere Blüten.

Eine Rabatte ohne Sonnenbraut? Das geht natürlich, aber es wäre schade, sich diese schönen warmen Farben vom Sommer bis zum Herbst entgehen zu lassen – wenn man den richtigen Standort zu bieten hat. Das Wichtigste vorab: *Helenium* braucht, wen wundert es, vor allem eines: Sonne satt. Wer nicht gerade ein Schattenbeet bepflanzen möchte oder das Farbkonzept seines Gartens ganz in kühlen Rosa-, Blau- und Lilatönen halten möchte, darf sich die Extraportion Sonne in Gestalt dieser Staude gönnen. Henk überlegt nicht lange, wenn man ihn nach den Vorteilen der Sonnenbraut fragt: »Sie ist sehr winterhart, wächst kräftig, stellt keine großen Ansprüche und lässt sich leicht pflegen. Und dann erst die schönen warmen Farben im Sommer und Herbst!« Kurz: Wer sie nicht pflanzt, ist selbst schuld. Zumal die Sonnenbraut keineswegs auf Exklusivität besteht, sondern sich gut kombinieren lässt. Dori und Henk pflanzen sie nicht nur zu Ziergräsern, sondern gerne zu Duftnesseln (*Agastache*), Kandelaber-Ehrenpreis (*Veronicastrum*), Fetthennen (*Sedum*), Kerzen-Knöterich (*Persicaria*), Wiesenknopf (*Sanguisorba*) und Schafgarbe (*Achillea*). Das sind selbstverständlich nicht alle möglichen Pflanzpartner: Auch zu Rudbeckien (*Echinacea*) passt die Sonnenbraut hervorragend und im Hintergrund macht sich an etwas feuchteren Standorten der hoch aufragende Wasserdost (*Eupatorium*) bestens.

Pflanzpartner gibt es also viele, aber ein ganz besonderes Trio verrät Dori dann doch: »Es gibt ein uralte und berühmte Kombination von Mien Ruys. Sie hat *Helenium* 'Moerheim Beauty' zu *Salvia nemorosa* 'Ostfriesland' und *Achillea filipendulina* 'Parker' gepflanzt. Also leuchtend rote Blüten zu violetten Rispen und flachen, gelben Scheiben.« Eine meisterhafte Kombination, nicht nur der mutig gewählten Farben, sondern auch der Formen wegen. Die 1999 verstorbene Mien Ruys war übrigens nicht nur Gartengestalterin, sondern Tochter von Bonne Ruys, jenem Gärtner, der viele bis heute beliebte *Helenium*-Sorten züchtete.

Rechts oben: Sogar die Verkaufsfläche der Gärtnerei kann es optisch mit einem Schaugarten aufnehmen. Auf den ersten Blick könnte man meinen, eine mit Staudenknöterich, Chinaschilf und Sonnenbraut bepflanzte Rabatte zu sehen. Doch die Containerpflanzen dürfen gekauft und zu Hause eingepflanzt werden. **Rechts unten:** Auch das gibt es bei Dori und Henk: Eine Rabatte ohne *Helenium*, dafür mit Chinaschilf, Astern und Sonnenhut.

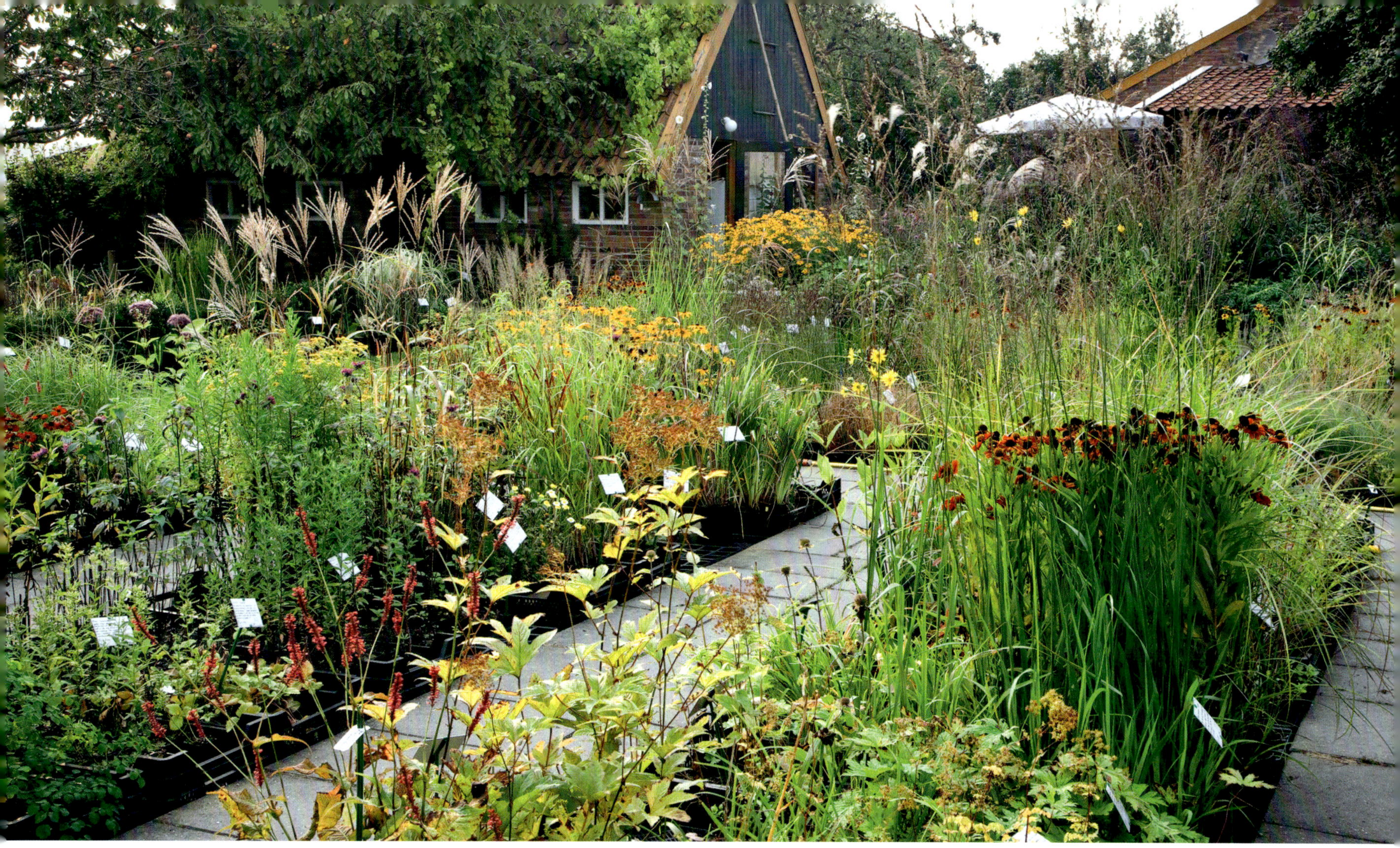

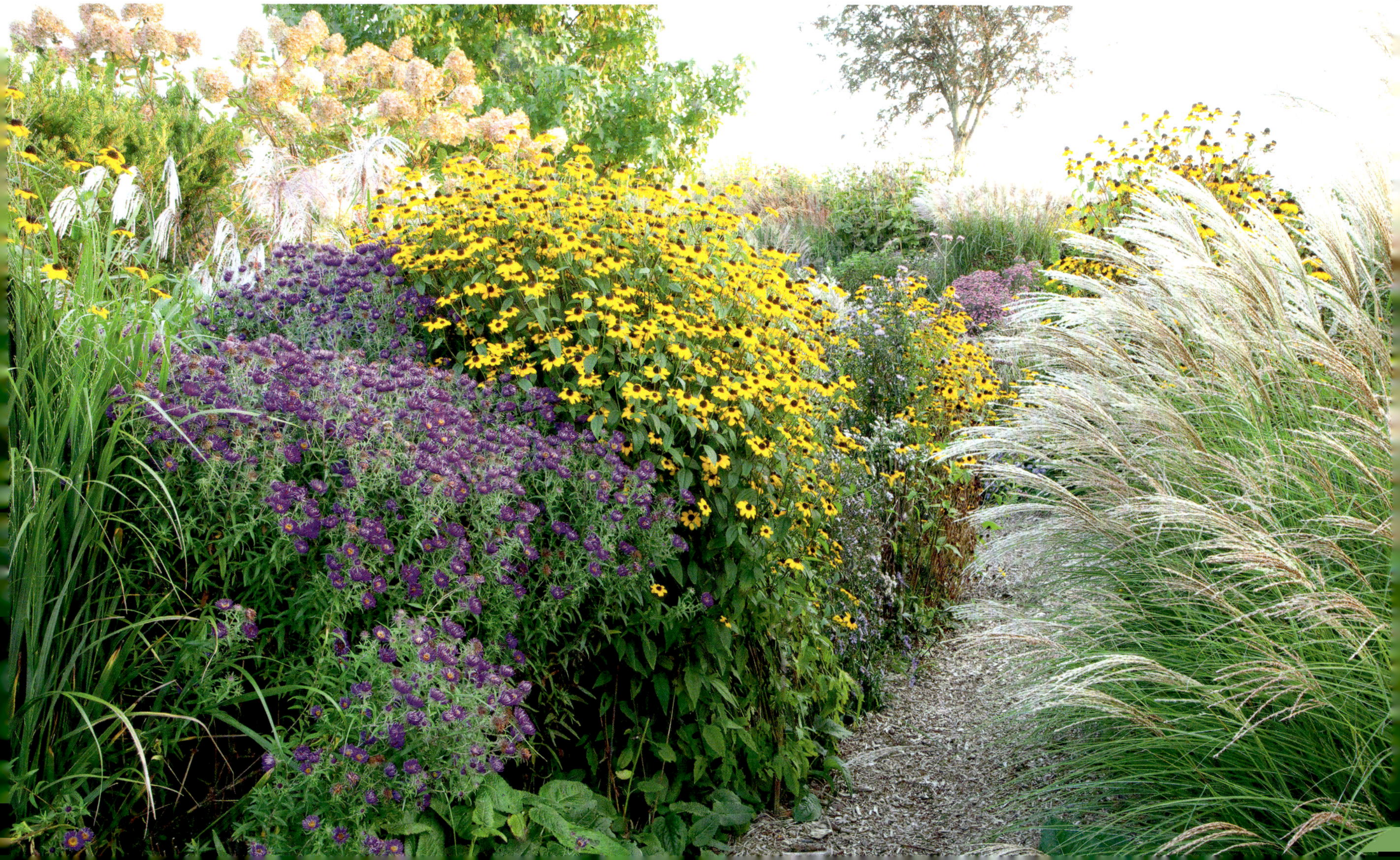

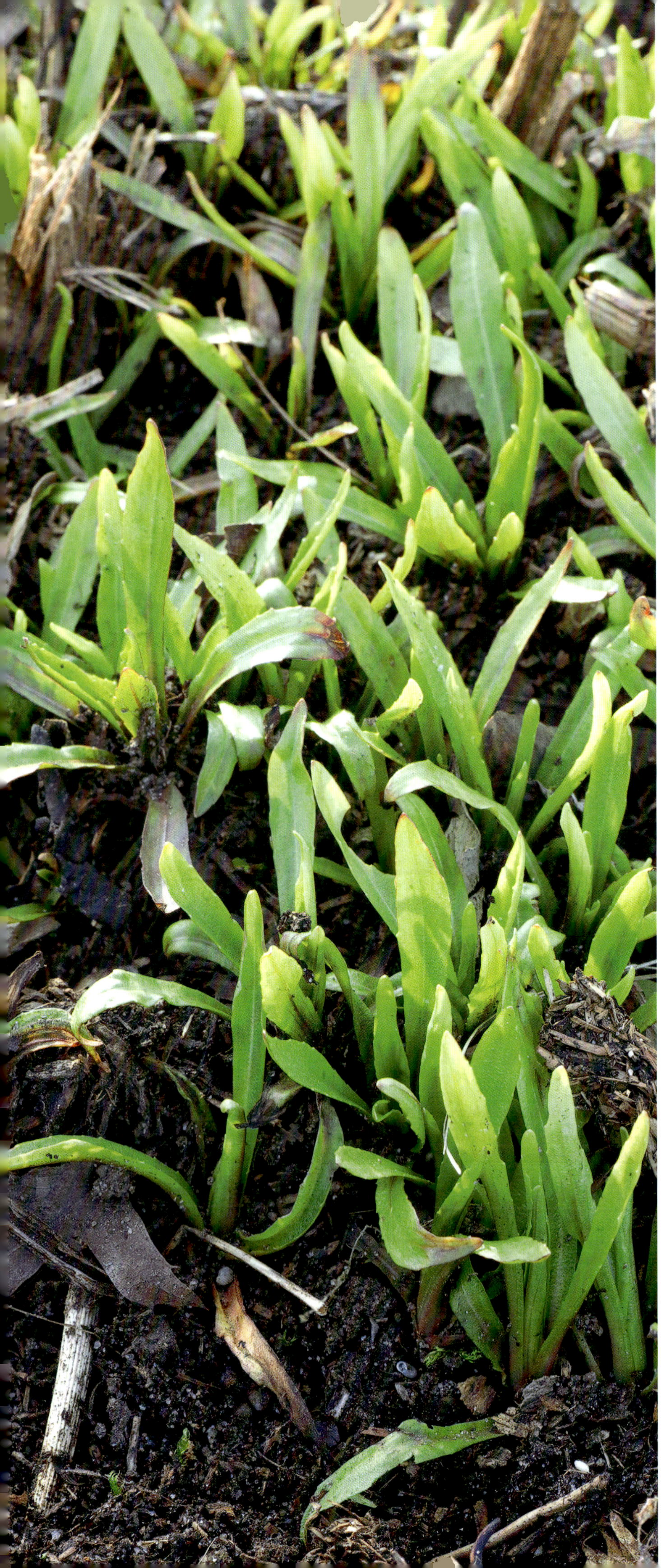
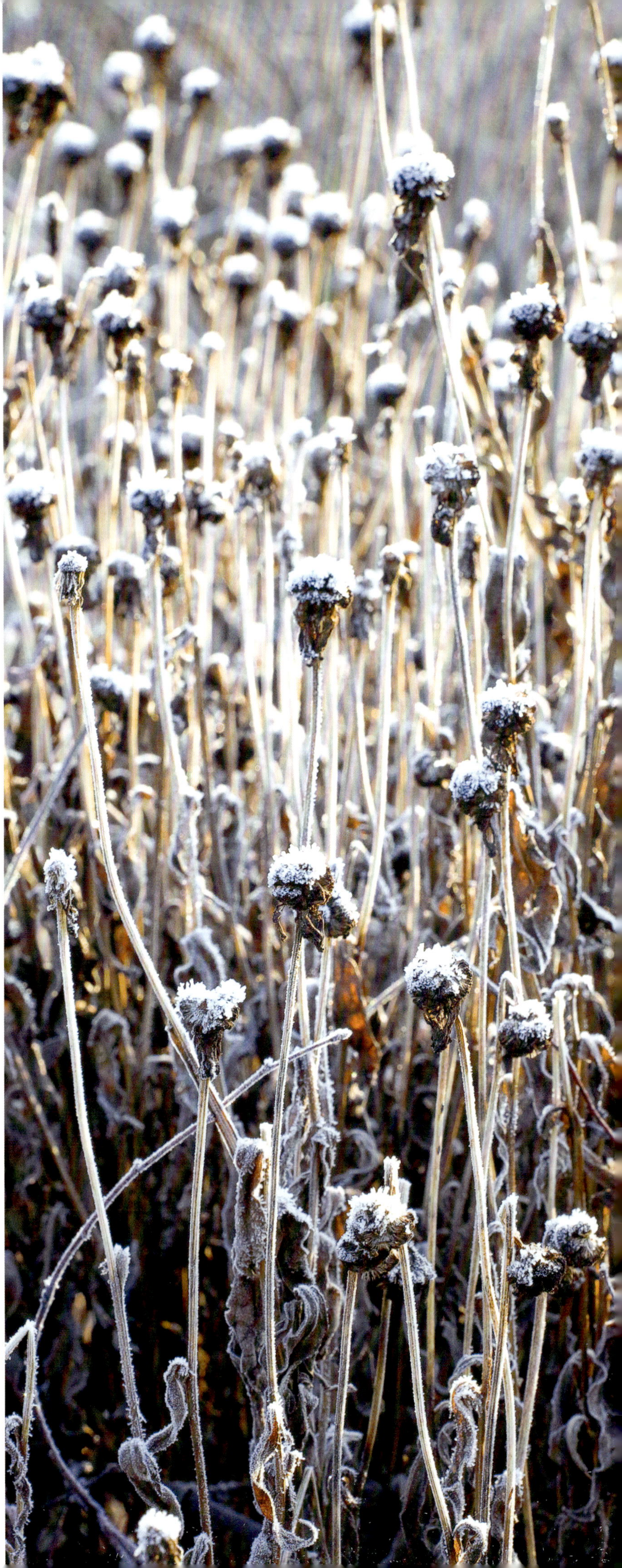

Nach der Blüte ist vor der Blüte

Die Sonnenbraut ist als Sommerblüher bekannt, aber es lohnt sich, die Sortenvielfalt auszuschöpfen und ihre Saison so lange wie möglich auszudehnen. Dann leuchten die Beete schon ab Ende Juni und fangen das Sonnenlicht bis zum Herbst ein. Es beginnt mit Frühstartern wie der samtroten 'Waltraud', die auch im Juli und August, wenn die meisten Sorten ihren Höhepunkt erreichen, noch weiterblüht. Und dann wäre da noch ein Tausendsassa wie die Sorte 'Sahin's Early Flowerer', die sich durchgehend verausgabt und von Juni bis November blüht. Mithilfe der Gartenschere lässt sich der Zeitpunkt der Blüte auch verschieben: Hohe Sorten wie 'Two Faced Fan' lassen sich durch einen Rückschnitt Ende Mai oder Anfang Juni »bremsen«. Bevor sich erste Knospen zeigen, werden die Triebe um rund ein Drittel gekappt. Auf diese Weise lässt sich die Blüte doppelt genießen. Einmal von Ende Juli bis September bei »normal« entwickelten Pflanzen und wenige Wochen später und entsprechend länger bei den gekappten Exemplaren. Doch auch ohne solche Tricksereien macht die Sonnenbraut viel Freude. Im Schaugarten von Henk und Dori kann man das am besten Mitte August beim alljährlichen »Heleniumfestival« erleben. Ein sinnliches Erlebnis, nicht nur der feurigen Farben wegen: Über der Gärtnerei liegt im Sommer das sonore Summen unzähliger Bienen, die von den Blüten magisch angezogen werden. Wer die Sonnenbraut pflanzt, verwöhnt nicht nur sich selbst, sondern deckt den Tisch für die Bienen im Beet.

Sonne satt und ein nährstoffreicher, nicht zu trockener Boden – ist das wirklich alles, was Dori und Henk für die alljährliche Pracht ihrer Schützlinge tun? Nicht ganz, erzählt Dori: »Wir teilen die Pflanzen im Frühjahr und vermehren sie dadurch.« Das sollten auch Hobbygärtner tun, denn durch die Teilung werden die Pflanzen verjüngt und bleiben blühfreudig.

Links: Auch vor und nach der Blüte verleiht die Sonnenbraut dem Staudenbeet Struktur. Die Triebspitzen gehören zur Sorte 'Potter's Wheel' (links) und die von Raureif überzogenen Samenstände haben sich aus 'Sahin's Early Flowerer' entwickelt. **Oben:** 'Moerheim Beauty', ein Klassiker in Samtrot, den der Niederländer Bonne Ruys 1930 gezüchtet hat. Nach der Blüte scheinen die Pflanzen förmlich ihre Köpfe zusammenzustecken.

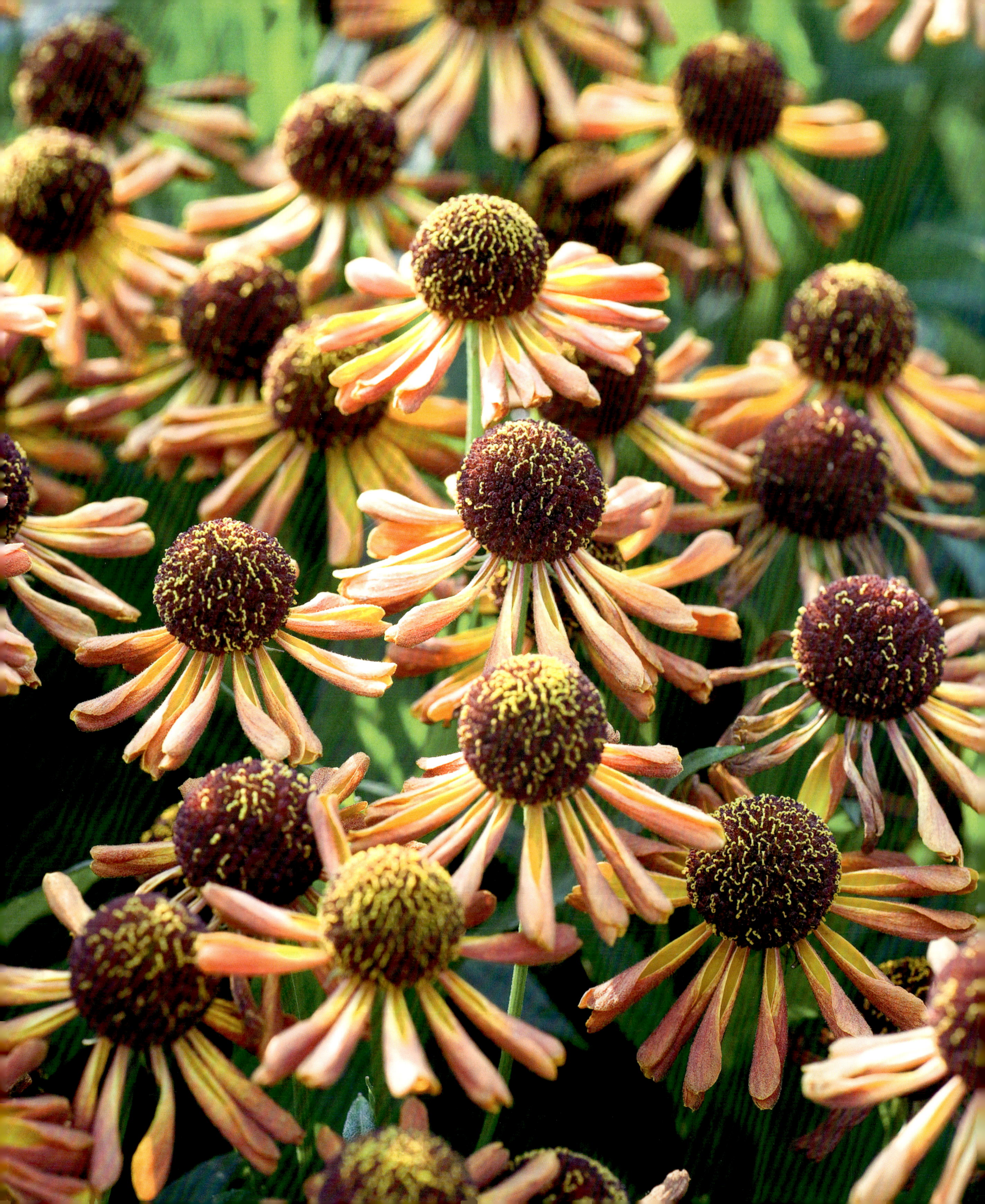

Sonnenbraut, *Helenium* – **121**

Der Sonne entgegen und immer gut aufgelegt

Henk und Dori vermehren ihre Pflanzen nicht nur durch Teilung, sie lassen auch Neues entstehen, erzählt Henk: »Wir lassen uns von den Sämlingen überraschen. Sie sind ganz verschieden, aber immer anmutig.« Besonders lohnende Sämlinge werden vermehrt und bekommen irgendwann einen Namen. So wie die Sorte 'Tess', die Dori sehr gerne mag: »Die späte Hauptblüte im September ist toll, weil wir sie gut mit Astern kombinieren können.« Die Liste ihrer eigenen Kreationen umfasst noch neun andere Sorten: 'Little Orange', 'Red Velvet', 'Mien Ruys', 'Amber Dwarf', 'Fancy Fan', 'Serenade', 'Persian Carpet', 'Prairie Gold', 'Karnivale'. Jede von ihnen bereichert den Garten, das versteht sich von selbst. Vorausgesetzt, man ergattert eine von ihnen, denn die beiden können gar nicht so viele Exemplare vermehren, wie sich die Kunden wünschen.

Einen Teil ihrer Pflanzen geben Dori und Henk in die Hände anderer Sammler, erzählt Dori: »Wir teilen und tauschen miteinander, damit die Sammlung gesichert ist. Wenn bei uns doch mal eine Sorte kaputtgeht, bekommen wir eine neue. Umgekehrt machen wir das natürlich auch.« Die Sammlung ist mittlerweile keine reine Privatsache, sondern durchaus eine – wenn auch ehrenvolle – Verpflichtung. Denn die beiden hüten die Nationale Niederländische *Helenium*-Kollektion. Eine schöne Aufgabe, die nebenbei vielen Menschen Freude macht. Wer die Gärtnerei besucht, kehrt meist mit einem Lächeln nach Hause zurück.

DAS WIRD GESAMMELT: *Dori und Henk Jacobs kultivieren 100 verschiedene Sonnenbraut-Sorten. Zehn davon haben sie selbst gezüchtet.*

WARUM SIE FASZINIEREN: *Sie gelten als Botschafter der guten Laune, blühen ausnahmslos in warmen Tönen und füllen die »Blütenlücke«, die in manchen Gärten zwischen dem Rosenflor und der Dahlienblüte klafft.*

WAS SIE BRAUCHEN: *Sonne satt und ab und zu ein wenig Unruhe, das heißt, die Horste sollten regelmäßig geteilt werden. So bleiben sie blühfreudig. Ein nährstoffreicher und leicht feuchter Boden ist ideal.*

Links: Die Blütenblätter der Hybride 'Loysder Wieck' sind eingerollt und verleihen dieser gelb und braun gezeichneten Sorte ein unverkennbares Gesicht. Mit rund 90 Zentimeter Wuchshöhe gehört sie zu den niedrigen Sorten. **Oben:** Von Juli bis September öffnet die Sorte 'Indianersommer' ihre Blüten. Hier legt sich die Ähre eines Chinaschilfs *(Miscanthus)* über die orangerote Pracht und empfiehlt sich als guter Pflanzpartner im Beet.

SANDY WORTH, CHERITON, HAMPSHIRE (GB)

Super, diese Poppies!

Mohn, Papaver

Sandy Worth kannte sich aus und zog in ihrer Staudengärtnerei viele Arten groß. Doch keine war ihr so sehr ans Herz gewachsen wie *Papaver orientale*, der in England »Oriental Poppy« heißt. Ob Austrieb, Knospe, entfaltete Blüte oder Samenstand – egal, in welchem Stadium sich die Staude gerade befand, Sandy schaute hin. Besser geht's nicht, dachte sie und wollte der Art ein ganzes Buch widmen. Ihre Recherche für dieses Werk führte sie bis in die USA. Seit sie dort völlig neuen Mohn-Hybriden begegnete, liegt ihr Buchmanuskript in der Schublade. Doch in der Gärtnerei schlug Sandy ein neues Kapitel auf und bietet nun zusätzlich die »Super Poppies« an.

Oben links: *Papaver orientale* 'May Queen' ist ein Hingucker, der seine üppige Blüte im Juni und Juli öffnet. **Oben rechts:** Lila Zier-Lauch im Hintergrund lässt *P. orientale* 'Perry's White' leuchten. **Rechts:** 'Medallion' gehört zu den »Super Poppies«. Bei Sandy hält eine Blüte bis zu 18 Tage lang.

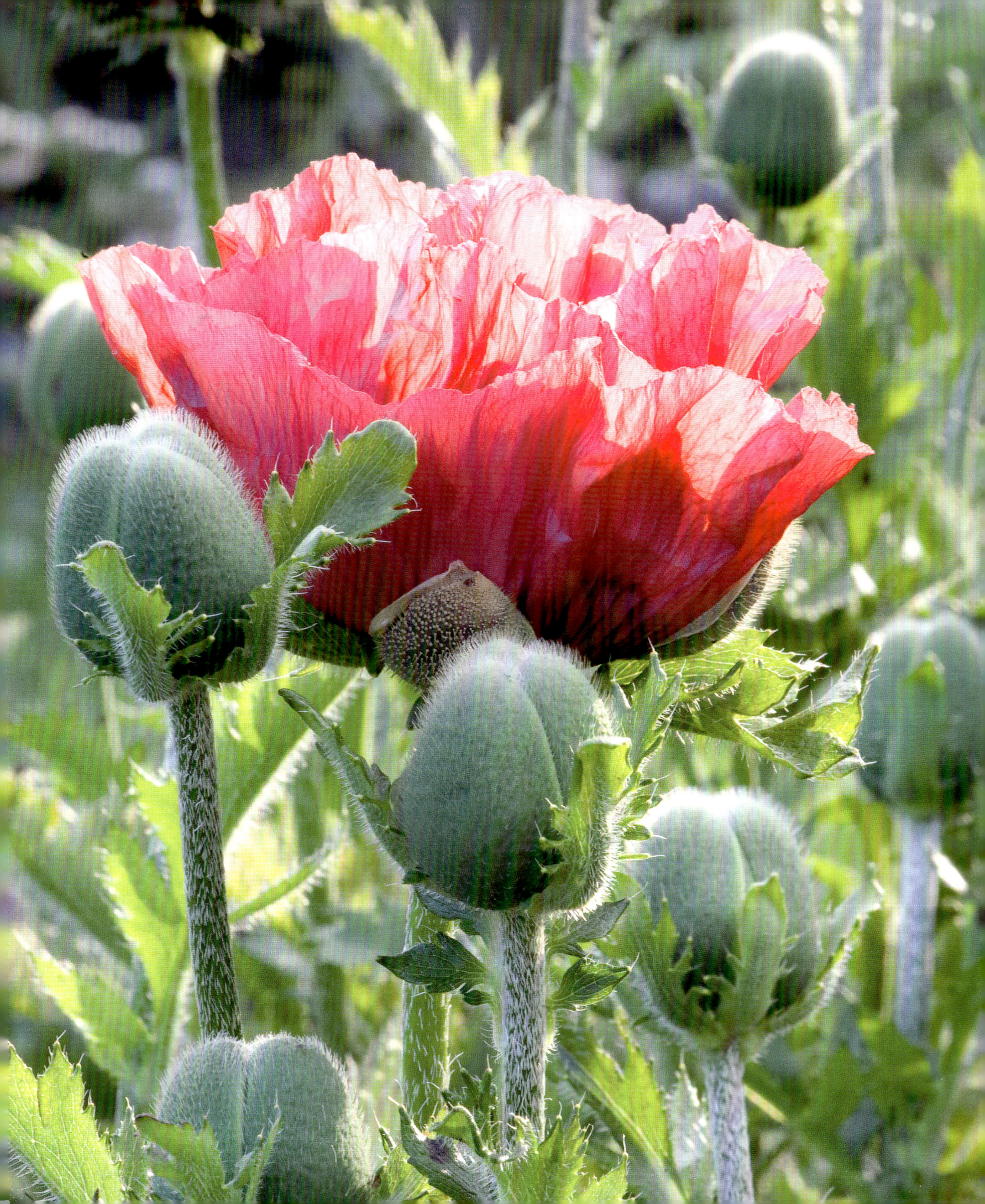

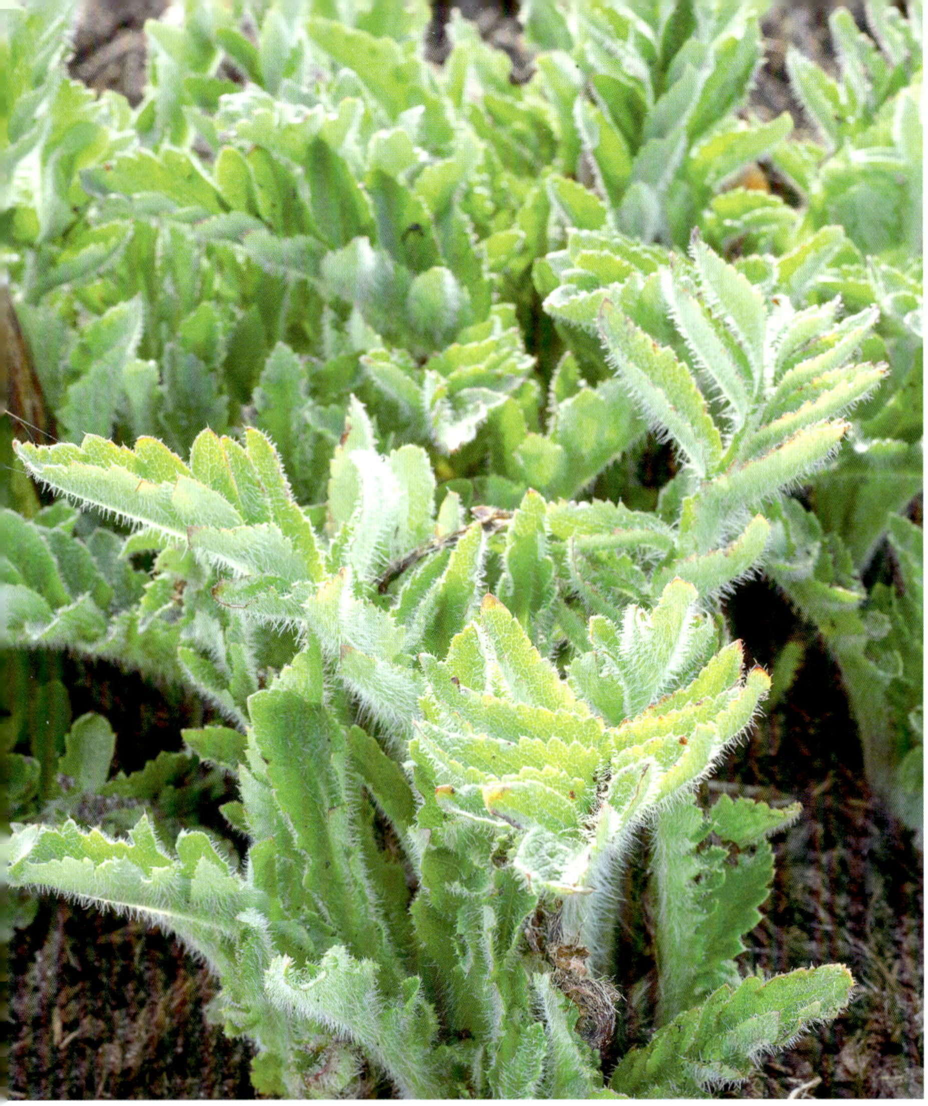
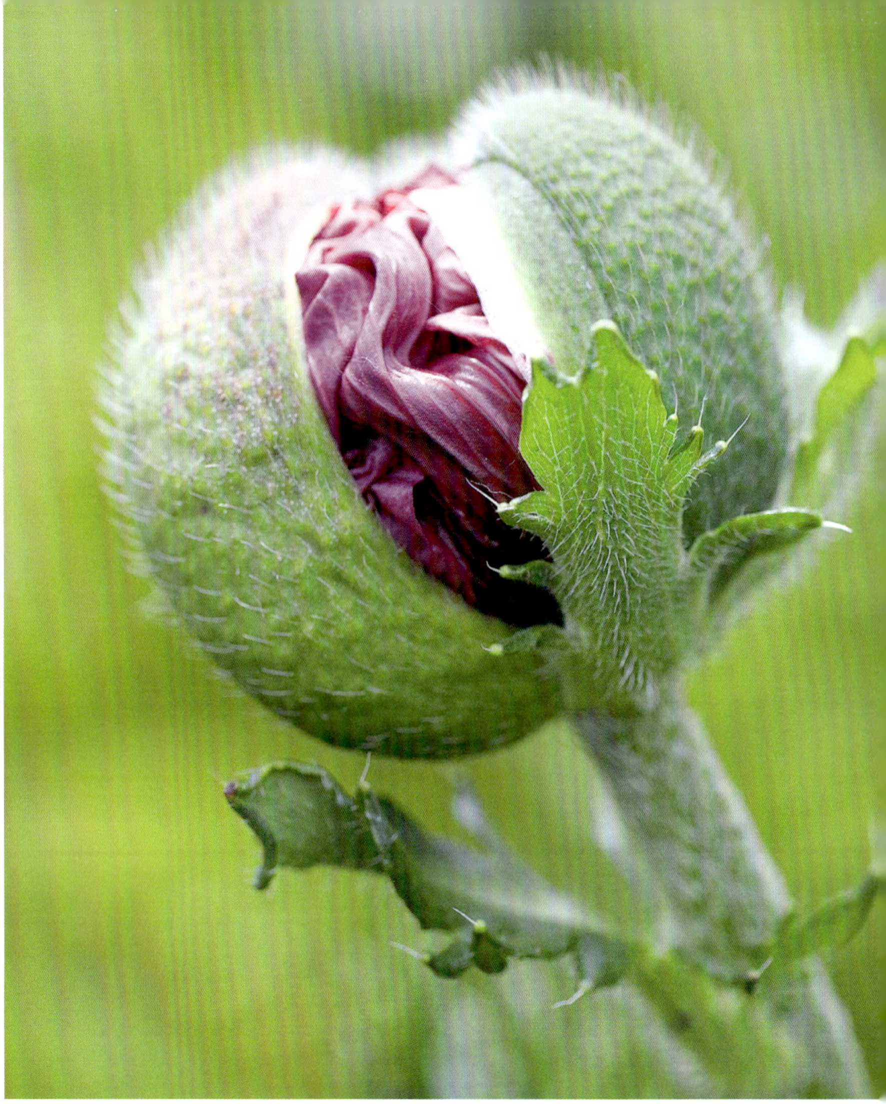
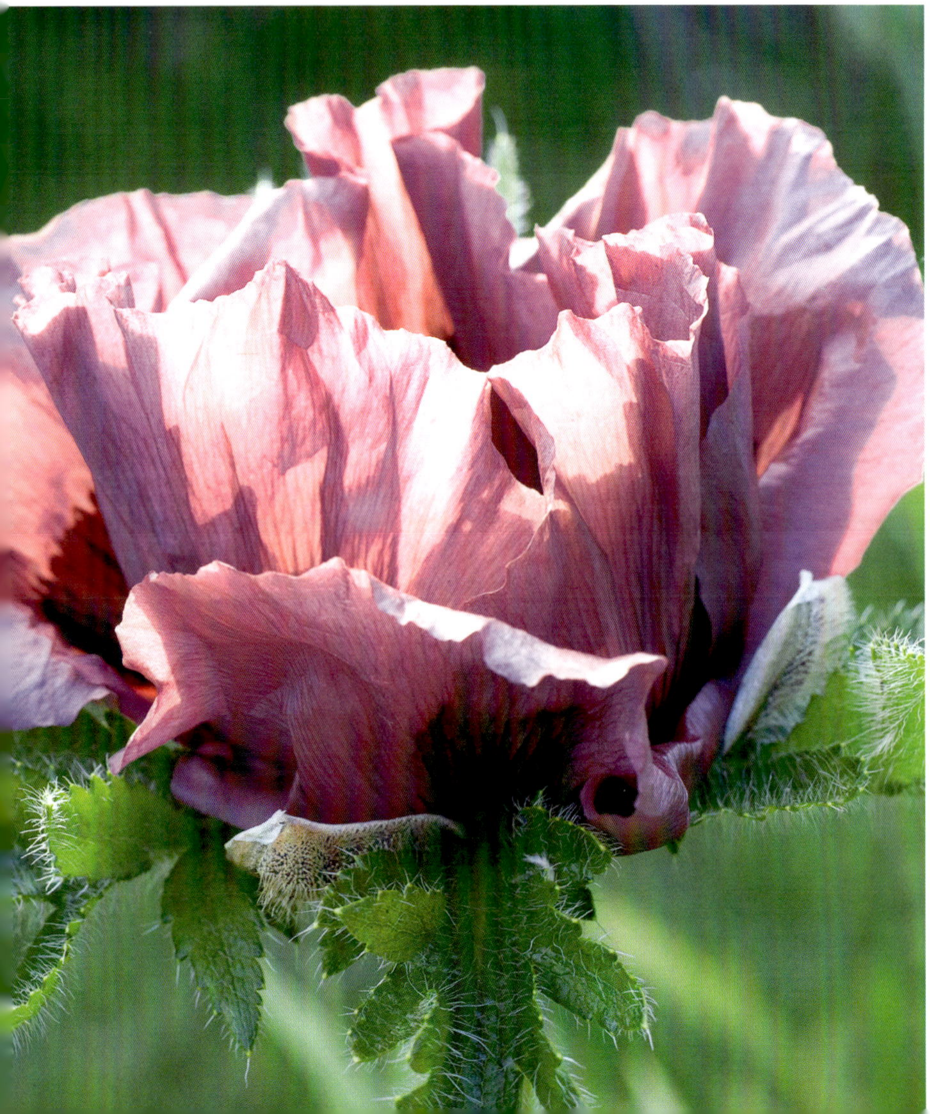
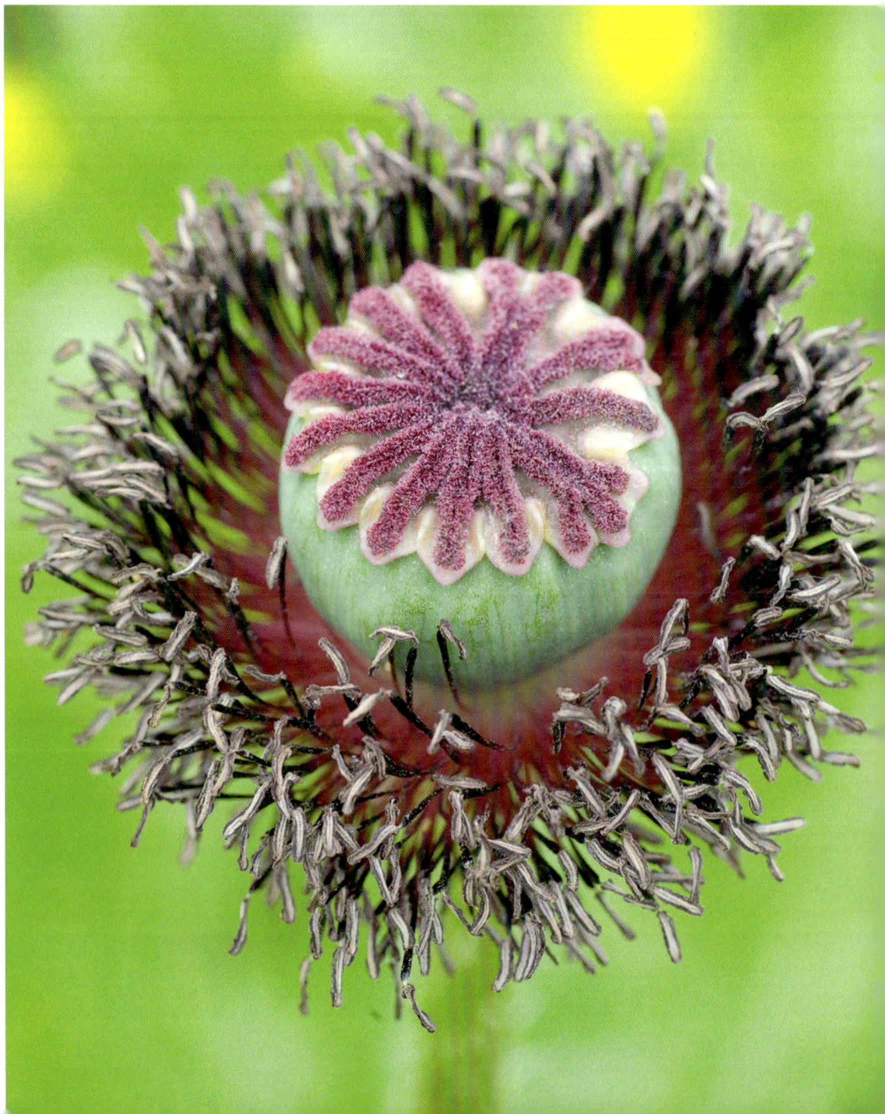

Ab Mai beginnt die Zeit magischer Momente

Morgens um halb acht ist die Mohnwelt in Ordnung. Später auch, aber um diese Zeit entfalten viele ihrer Pflanzen gerade die Blüten, und das ist für Sandy Worth nach wie vor magisch. Ab Ende Mai gehört der morgendliche Rundgang durch ihre östlich von Winchester gelegene Gärtnerei deshalb zu den schönsten Ritualen, die ihr Beruf zu bieten hat. Wenn sich die anfangs noch leicht verknitterten Blütenblätter im milden Licht der Morgensonne langsam entfalten, ist das ein feierlicher Moment. Manchmal sieht man Sandy ergriffen vor einem ihrer Schützlinge stehen, versunken im Augenblick. Die Sorte, die sich zuletzt aus der Knospe gefaltet hat, ist für sie dann jeweils die schönste. Gerade hat 'Patty's Plum' seine purpurfarbenen Blüten der Sonne entgegengereckt, morgen ist es vielleicht 'Perry's White', der sie in den Bann zieht. Ohnehin hält Sandy die Frage nach einer Lieblingssorte für absurd: »Das ist ja gerade so, als ob man eine Mutter fragen würde, welches Kind sie am liebsten hat!« Tatsächlich ist Sandy so etwas wie die Mutter für ihre Mohnsorten. Sie vermehrt sie, zieht sie groß und lässt sie ziehen, wenn sie flügge geworden sind. Ihr Mohn ist gefragt und wächst mittlerweile nicht nur in Großbritannien, sondern in vielen Gärten auf dem »Kontinent«.

Als Sandy Worth die »Water Meadow Nursery« 1991 gemeinsam mit ihrem Mann gründete, mussten die beiden erst einmal wieder Wurzeln schlagen. Über zwei Jahrzehnte lang hatten sie weit weg der Heimat gewohnt. Ihr Mann arbeitete für seine Firma weltweit als Ingenieur und so waren es auch Sandy und die beiden Kinder gewohnt, fern von Großbritannien zu leben. Sandy betrieb zeitweise ein eigenes Studio für Glasmalerei und Bleiglas in Singapur. Allerdings war schon immer klar gewesen, dass sie irgendwann auf die Insel zurückkehren würden. Das Gelände der heutigen Gärtnerei hatten sie schon vor der Abreise für die

Links oben: Stauden-Mohn fasziniert in jedem Entwicklungsstadium. Der Austrieb im Frühling (links) und der magische Moment, wenn die Blütenblätter eine Knospe öffnen (rechts). **Links unten:** Es ist vollbracht. *P. orientale* 'Patty's Plum' entfaltet seine Blüte (links). Auch nach dem Flor schmückt der Samenstand das Beet (rechts). **Oben:** *P. orientale*, hier 'Salome', ist ein guter Pflanzpartner für die zeitgleich blühenden Schwertlilien.

126 – Sandy Worth, Cheriton, Hampshire (GB)

Die Farben sind manchmal Geschmackssache – der Standort nicht

Wieder so ein Fall. Sandy lächelt. Vor dem Pflanztisch der »Super Poppies« steht ein Ehepaar. Er greift zur Sorte 'Vesuvius', die eine ihrer orangeroten Blüten geöffnet hat – sie versucht es ihm auszureden. »Das kommt öfter vor«, erzählt Sandy. »Männer mögen diese Knallfarbe und die Frauen befürchten, dass das sorgfältig abgestimmte Farbkonzept des Gartens gestört wird.« Die Frauen sollten ihren Männern die Freude an der Farbe zugestehen und gärtnerische Souveränität beweisen. Wachsen und blühen lassen, sozusagen. Viel wichtiger ist es, dem Stauden-Mohn möglichst gute Standortbedingungen zu bieten. In schwerem Lehmboden wird er nicht gut gedeihen, ganz egal in welcher Farbe er blüht. Tonige Erde lässt sich mit Sand oder feinem Kies verbessern, ein guter Wasserabzug ist aber trotzdem wichtig, da die Wurzeln keine Staunässe vertragen.

Rückkehr gekauft. Beide waren sich sicher, dass sie dort einen kompletten Neuanfang wagen wollten und eine Gärtnerei eröffnen würden. Sandy hatte schon immer davon geträumt und auch ihr Mann gab den Beruf auf und stieg ein: »Wir hatten es uns alles ganz einfach vorgestellt, aber wir konnten nicht einfach Stauden vermehren und warten, bis die Menschen von alleine zu uns kommen«, erzählt sie und lacht.

Mittlerweile ist das längst anders. Ihre Gärtnerei, die außer Mohn auch noch viele andere Stauden und eine sehr große Auswahl an Wasserpflanzen anbietet, ist nicht nur in Großbritannien bekannt. In den Anfangsjahren war es aber wichtig, sich zu zeigen. Vor allem die renommierten Pflanzenshows der »Royal Horticultural Society« waren in den 1990er-Jahren Pflichttermine für sie. Dort lernte Sandy viele andere Pflanzenzüchter kennen und machte sich als Spezialistin für Mohn einen Namen: »Es war einfach wichtig, dass die anderen Züchter auch wussten, wie sehr ich mich für Mohn interessiere«. Und so wuchs ihre Mohn-Sammlung mit der Zeit. Ihr Augenmerk liegt auf den Stauden unter den Mohngewächsen: dem Orientalischen Mohn (*Papaver orientale*) und den sogenannten »Super Poppies«. Diese noch relativ neuen Hybriden entdeckte sie Ende des vergangenen Jahrtausends. Damals führte Sie eine Recherchereise für ein Buch über *Papaver orientale* zu James DeWelt in die USA. Er träumte davon, Sorten zu züchten, die in der Hitze Kaliforniens gedeihen würden. Seine Hybriden hatte er aus fünf verschiedenen Arten gekreuzt: Atlas-Mohn (*Papaver atlanticum*), Schlaf-Mohn (*P. somniferum*), Spanischem Mohn (*P. rupifragum*), Orientalischem Mohn (*P. orientale*) und Westlichem Mohn (*P. californicum*). Getauft hatte er sie auf den Namen »Super-Poppies«. Sandy erinnert sich, dass sie trotz des Namens zunächst wenig beeindruckt war: »Für mich war *Papaver orientale* der Mohn schlechthin. Ich dachte damals, etwas Besseres kann es doch gar nicht geben.« Trotzdem – ihre Neugierde war geweckt.

Rechts oben: Wieder der »Super Poppy« 'Medallion', diesmal aus der Nähe und kurz nach dem Öffnen der Blüte fotografiert (links). *P. orientale* 'Charming' trägt diese Blüte auf rund 50 cm hohen Stielen (rechts). **Rechts unten:** Bei 'Perry's White' riskieren wir einen zweiten Blick in das Innere der Blüte (links). 'Vesuvius', jener »Super Poppy«, der Frauen zur Verzweiflung bringt und den meisten Männern richtig gut gefällt (rechts).

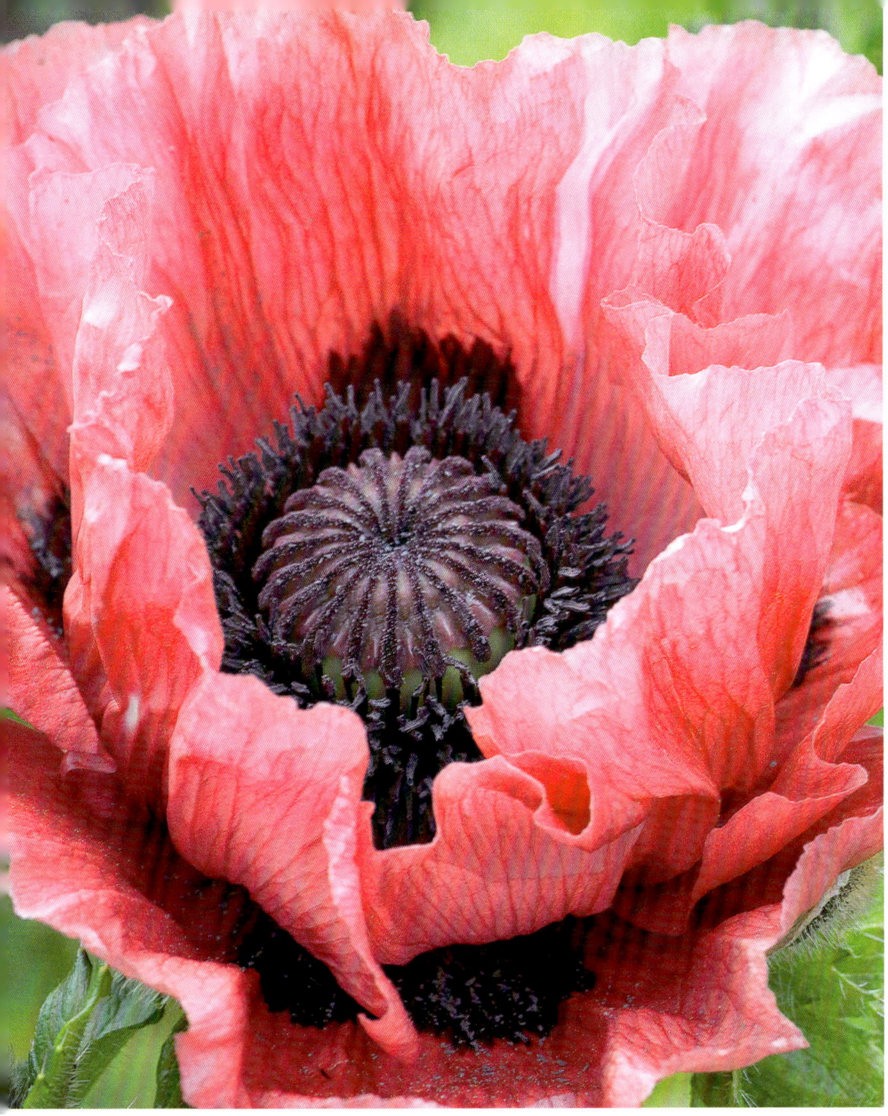
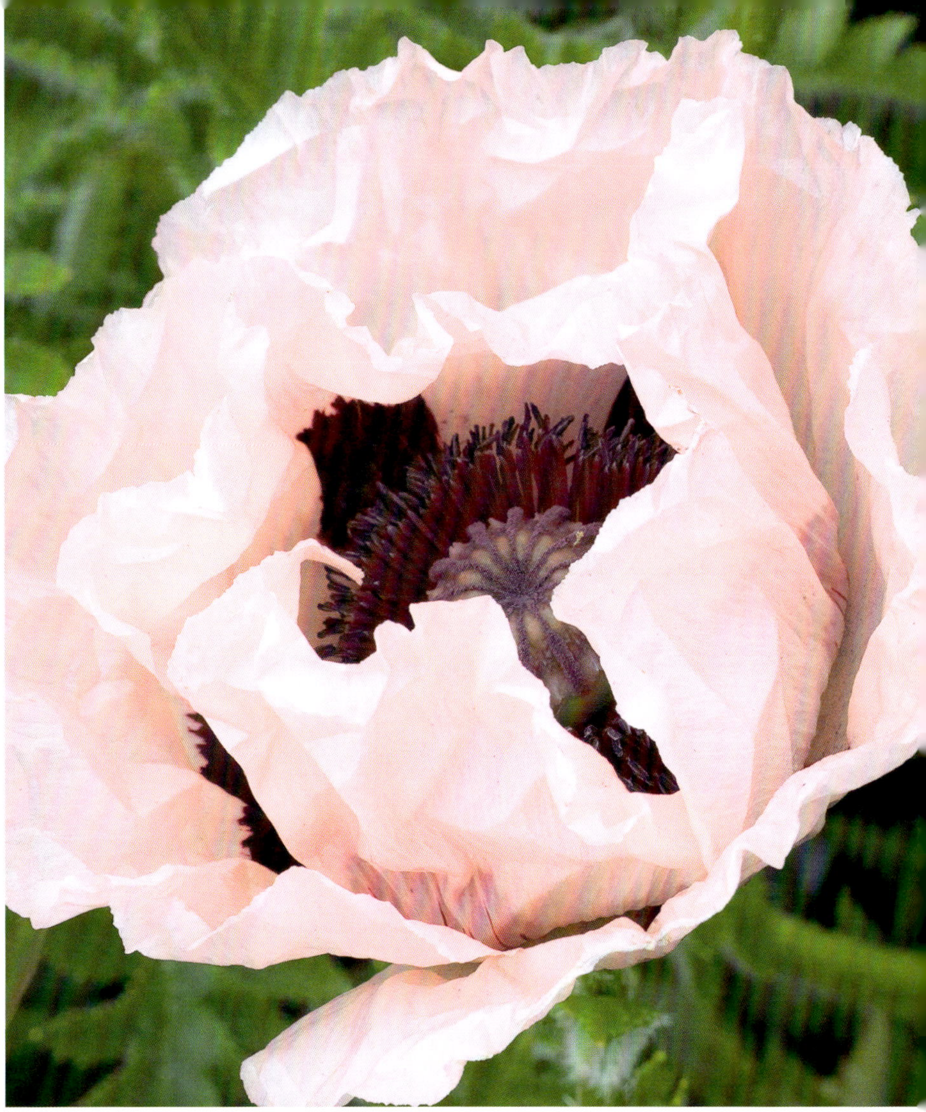
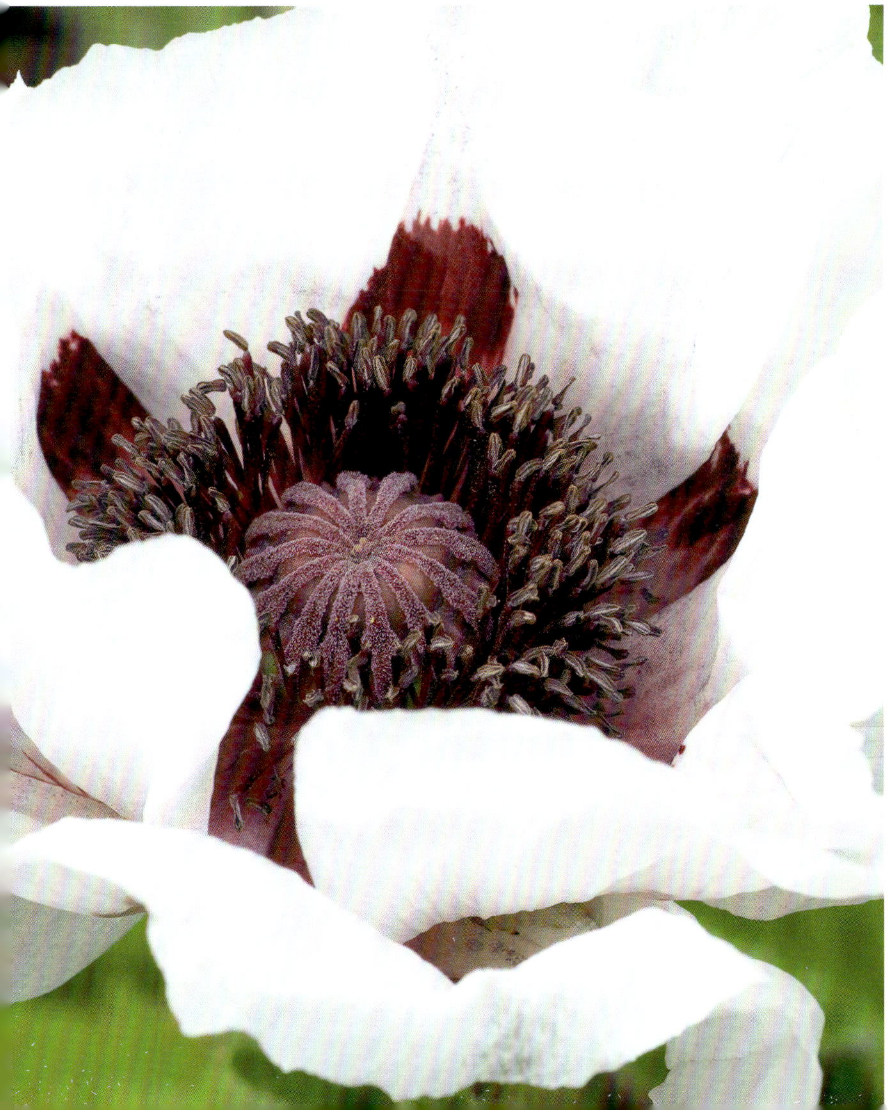
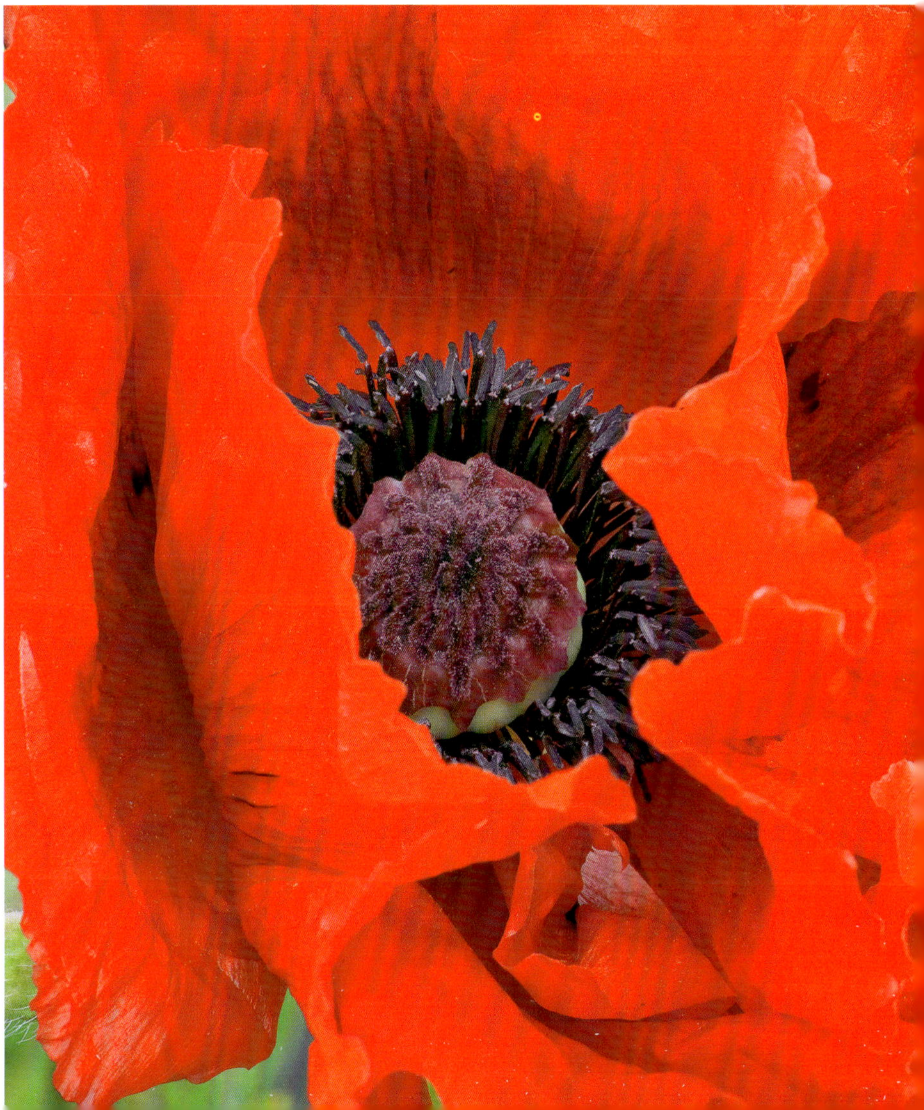

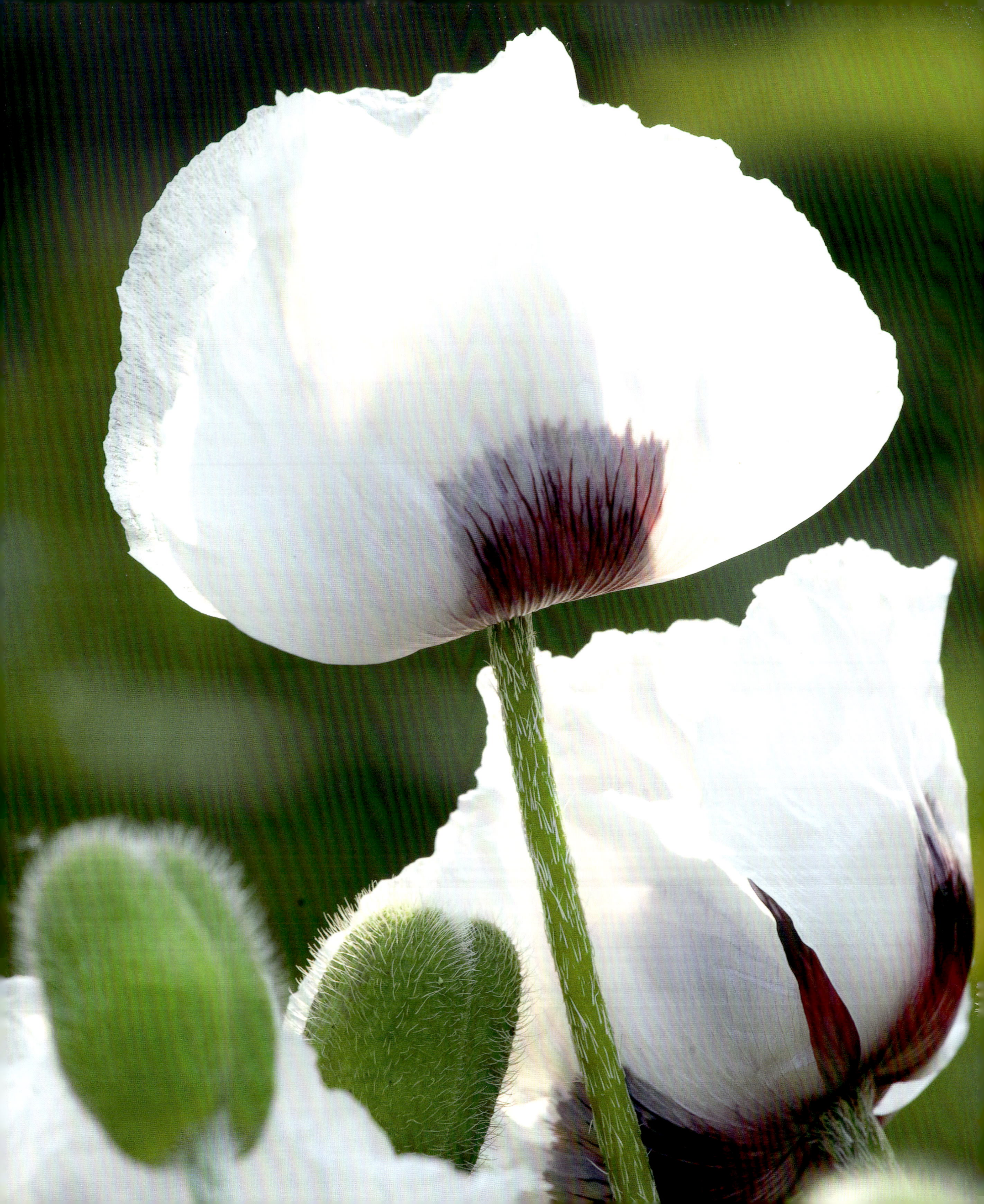

Mohn, *Papaver* – **129**

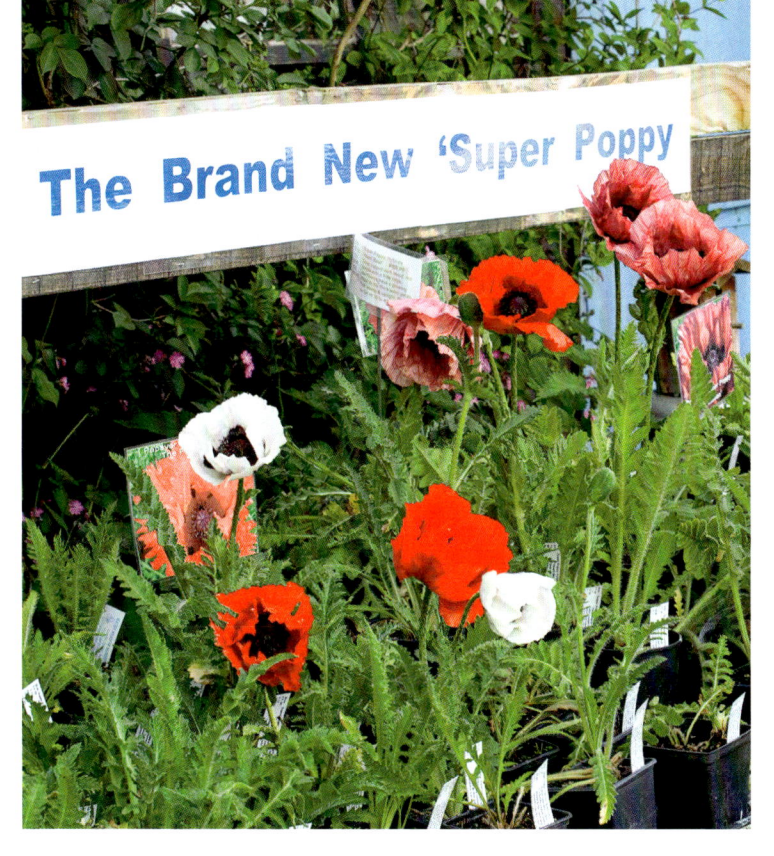

Neues wagen und Bewährtes erhalten

Ein paar der brandneuen Pflanzen brachte sie mit nach Hampshire und nach rund zwei Jahren stellte sie fest, dass ein Teil der Hybriden sich auch im britischen Klima bewährte. Tatsächlich war es James DeWelt offensichtlich gelungen, *Papaver orientale* noch zu verbessern: Sandy stellte fest, dass die »Super Poppies« dickere Blütenblätter hatten und gut eingewachsene Pflanzen sogar zwei Mal pro Saison blühten. Sie war begeistert und beschloss, neben ihrer Orientale-Sammlung, die mittlerweile als »Nationale Kollektion« anerkannt war, einen Platz für die neuen Hybriden zu reservieren. Mittlerweile hat sie die Lizenz zur Vermehrung dieser Pflanzen samt dem Recht, selbst »Super Poppies« zu züchten.

Die Nachfrage ist längst so groß, dass Sandy schon eine Warteliste führt. Sie vermehrt ihren Stauden-Mohn sortenrein durch Wurzelschnittlinge und produziert keine Massenware. Besonders spannend sind ihre »Testbeete«. Dort nimmt sie ihre neuen Eigenkreationen unter die Lupe. Die wenigsten Exemplare schaffen es zur Marktreife und werden als Sorte eingeführt. Auch eine Schönheit wie 'Snow White' musste sich jahrelang im Testbeet bewähren. Derzeit hat Sandy auch gar nicht die Absicht, besonders viele Neuheiten auf den Markt zu bringen: »Mir ist es viel wichtiger, die Vielfalt, die ich jetzt schon habe, zu erhalten.« Und ihr Buch, für das sie seinerzeit in den USA bei James DeWelt recherchiert hatte, möchte sie ja auch noch schreiben. Irgendwann.

DAS WIRD GESAMMELT: *Bei Sandy Worth wachsen rund 180 Sorten von Papaver orientale, acht davon hat sie selbst gezüchtet. Von den »Super Poppies« kultiviert sie 17 Sorten, inklusive vier eigener.*

WARUM SIE FASZINIEREN: *Das Werden und Vergehen einer Blüte des Stauden-Mohns ist ein Schauspiel, das auch Laien gerne verfolgen.*

WAS SIE BRAUCHEN: *Stauden-Mohn fühlt sich an einem vollsonnigen Standort am wohlsten und gedeiht in einem durchlässigen Boden. Tiefe Minusgrade verträgt er gut – sofern die Erde nicht nass ist.*

Links: Die Sorte 'Snow White' gehört nicht nur zu den begehrten »Super Poppies«, sie wurde von Sandy Worth selbst gezüchtet und war 2009 die erste eigene Hybride, die sie in Großbritannien auf den Markt brachte. Auf ihren Versuchsbeeten testet sie derzeit noch andere Kandidaten. **Ganz oben:** Ein Blick auf die Verkaufsfläche der »Water Meadow Nursery«. **Oben:** Ihre »Super Poppies« präsentiert Sandy auf einem eigenen Pflanztisch.

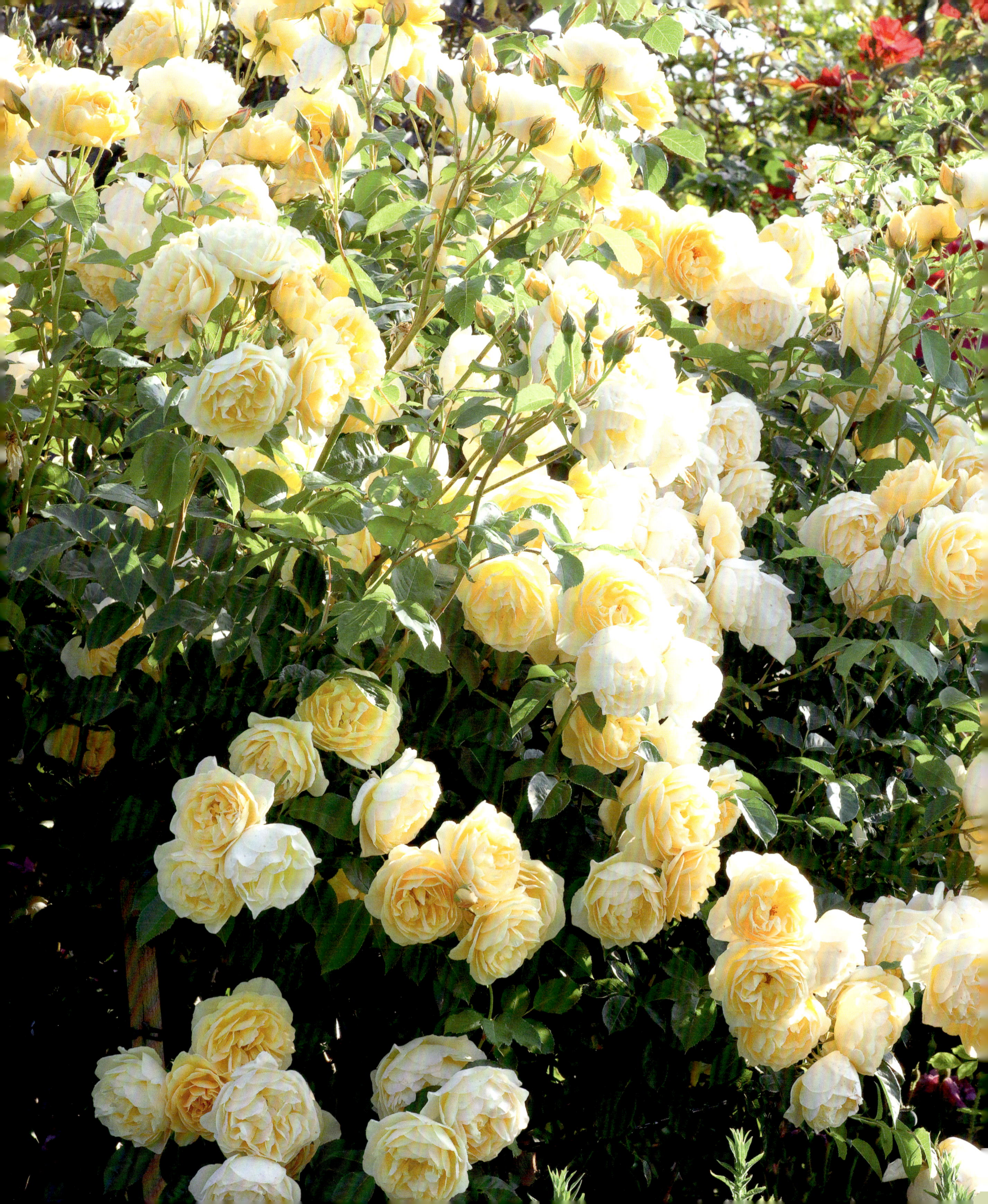

JEANETTE GRIESE, SPENGE, OSTWESTFALEN (D)

Rosenlust statt Frust

Rose, Rosa

Sie ist begehrt wie keine zweite Gartenpflanze und doch denken viele bei Rosen unweigerlich an Mehltau und die diversen anderen Pilzkrankheiten, die diese Gattung magisch anzuziehen scheint. Auch Jeanette Griese hat nicht jederzeit in Rosenblüten geschwelgt. Sie musste erkennen, dass sich die Rose in echter Gartenerde zuweilen ganz anders entwickelt als auf den hochglänzend bedruckten Katalogseiten gezeigt. Doch sie ließ sich nicht vom Diventum beeindrucken und vergrößerte im Laufe der Jahre ihre Rosensammlung. Sie bittet nur noch Sorten ins Beet, die sich bewährt haben, und hat aus ihrer Leidenschaft für die stacheligen Schönheiten einen Beruf gemacht.

Links: 'Graham Thomas' brachte David Austin 1983 auf den Markt. Unter den Englischen Rosen gilt die Sorte als Klassiker. **Oben links:** Ebenfalls von Austin gezüchtet: 'Cariad', deren Blüte an Kamelien erinnert. **Oben Mitte:** In ihren Seminaren zeigt Jeanette den richtigen Schnitt: Bei sich überkreuzenden Trieben wird der nach innen wachsende Trieb entfernt. **Oben rechts:** 'Ghislaine de Féligonde' ist schon seit 1916 auf dem Markt.

132 – JEANETTE GRIESE, SPENGE, OSTWESTFALEN (D)

In Waterloo entdeckte sie die Rosen für sich

Jeanette Griese erwischte es früh. Mit 22 Jahren, sie lebte gerade als Au-pair-Mädchen in Waterloo bei Brüssel, entdeckte sie die Rose für sich. Ihre amerikanische Gastfamilie hatte rund um die Terrasse Edelrosen gepflanzt und Jeanette war von den Blüten begeistert: »Als ich wieder zu Hause war, habe ich meine Eltern überredet, im Vorgarten Rosen zu pflanzen. Von den Edelrosen, die ich mir im Katalog ausgesucht hatte, war ich schon in der ersten Saison enttäuscht, da sie teils laublos und krank vor sich hin vegetierten. Das war nicht meine Vorstellung von Rosen. Ich begann Fachbücher zu lesen und so wuchs meine Leidenschaft für sie Stück für Stück. Heilung bis heute nicht in Sicht!« Warum auch? Das Rosenfieber hatte sich positiv entwickelt und half ihr bei der Berufswahl. Sie wurde Landschaftsgärtnerin. Noch ein paar Jahre später, im Jahr 2001, machte sie sich selbstständig und eröffnete den

»Garden of Roses«. Unter diesem Namen bietet sie nicht nur Rosen und die passenden Begleitpflanzen an, sondern berät und entwickelt Gestaltungskonzepte. Ihren Kunden möchte sie ein »Rosen-Waterloo«, wie sie es einst erlebte, ersparen. Wobei sie die verkümmerten Edelrosen aus dem Hochglanzkatalog eher anspornten als entmutigten. Der Garten ihres Elternhauses wurde zu einem Schaugarten, den auch Hochzeitspaare für sich entdeckten, um hier perfekte Fotos vom schönsten Tag des Lebens zu machen. Romantik statt Rosenrost.

Kümmernde Rosen wird man heute in ihrem »Garden of Roses« vergeblich suchen. Eigentlich hätte Jeanette ihn auch »Garden of Grieses« nennen können, denn tatsächlich ist der Schaugarten ihres rosigen Unternehmens zugleich auch der Familiengarten, aber das ist auch gut so. Dort, wo einst Jeanettes Großmutter Gemüse anbaute und sie mit ihren Schwestern auf dem Rasen tobte, wachsen heute 'Carolyn Knight',

Oben: Ein Blick in den »Garden of Roses« im Juni. Dass sich hier Hochzeitspaare gerne fotografieren lassen, versteht sich von selbst. Für dieses rundum romantische Gesamtbild sorgen neben den Rosen von David Austin auch deutsche Züchtungen und zahlreiche historische Klassiker.
Rechts: Schade, dass der Duft von 'Gertrude Jekyll' nicht zwischen die Deckel dieses Buches passt. Die Austin-Züchtung ist berühmt für ihr Odeur.

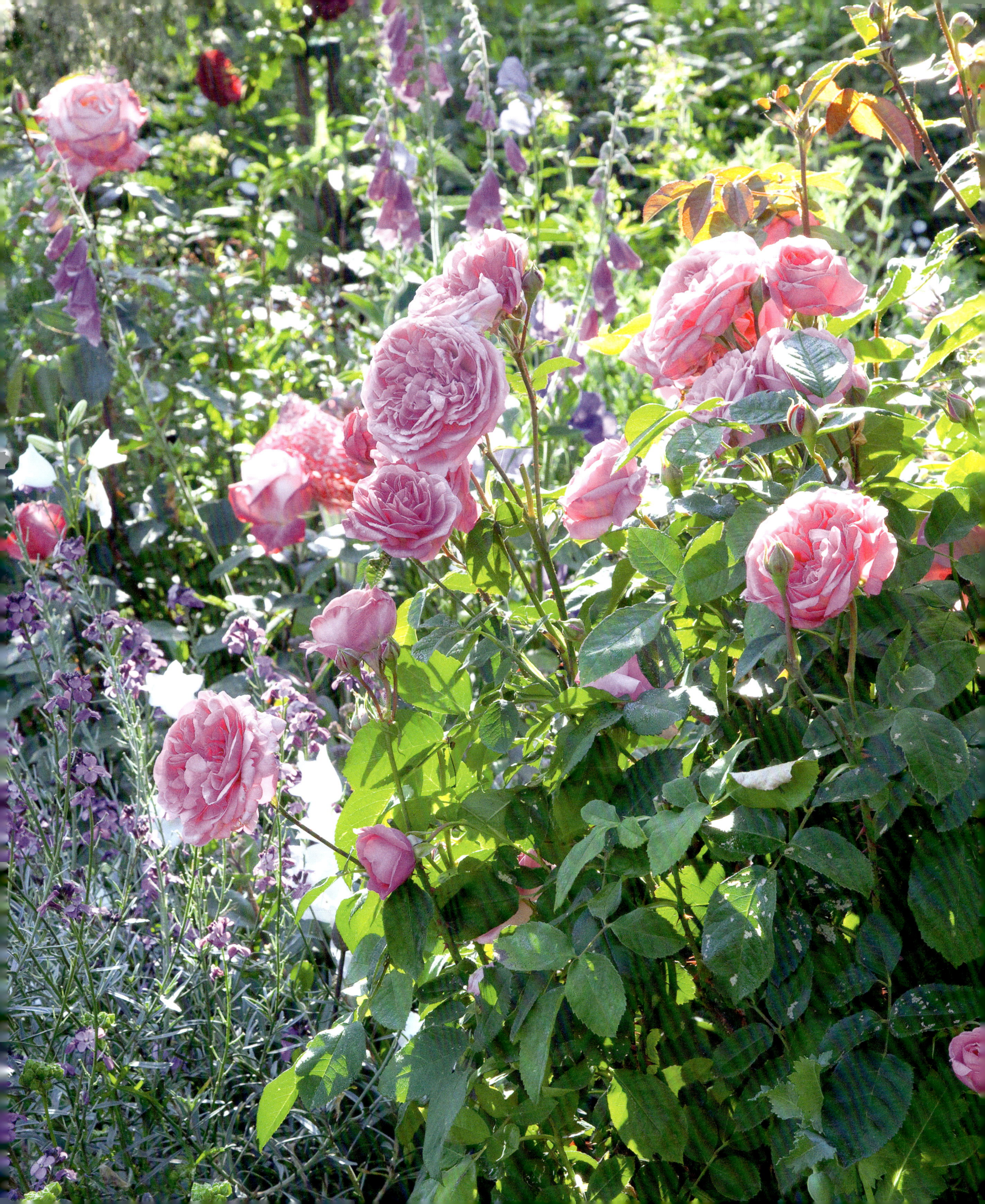

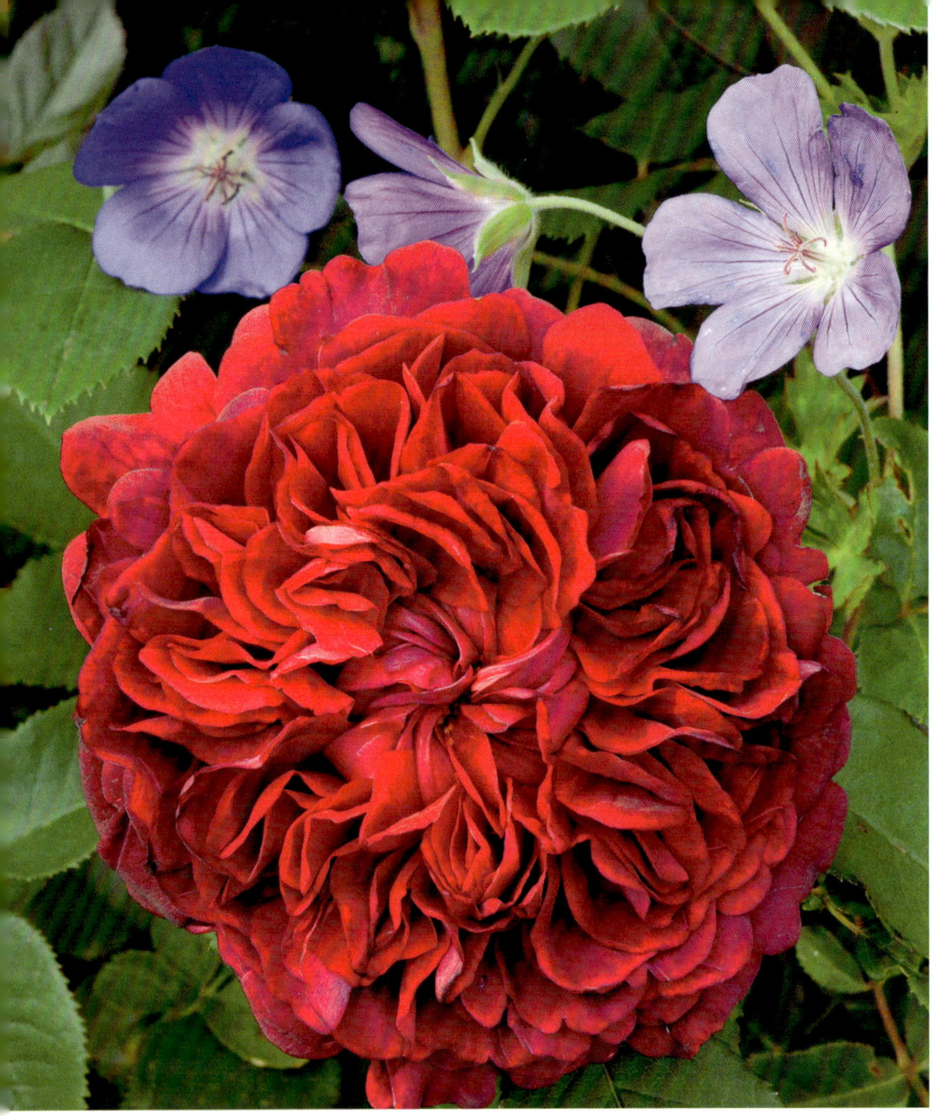
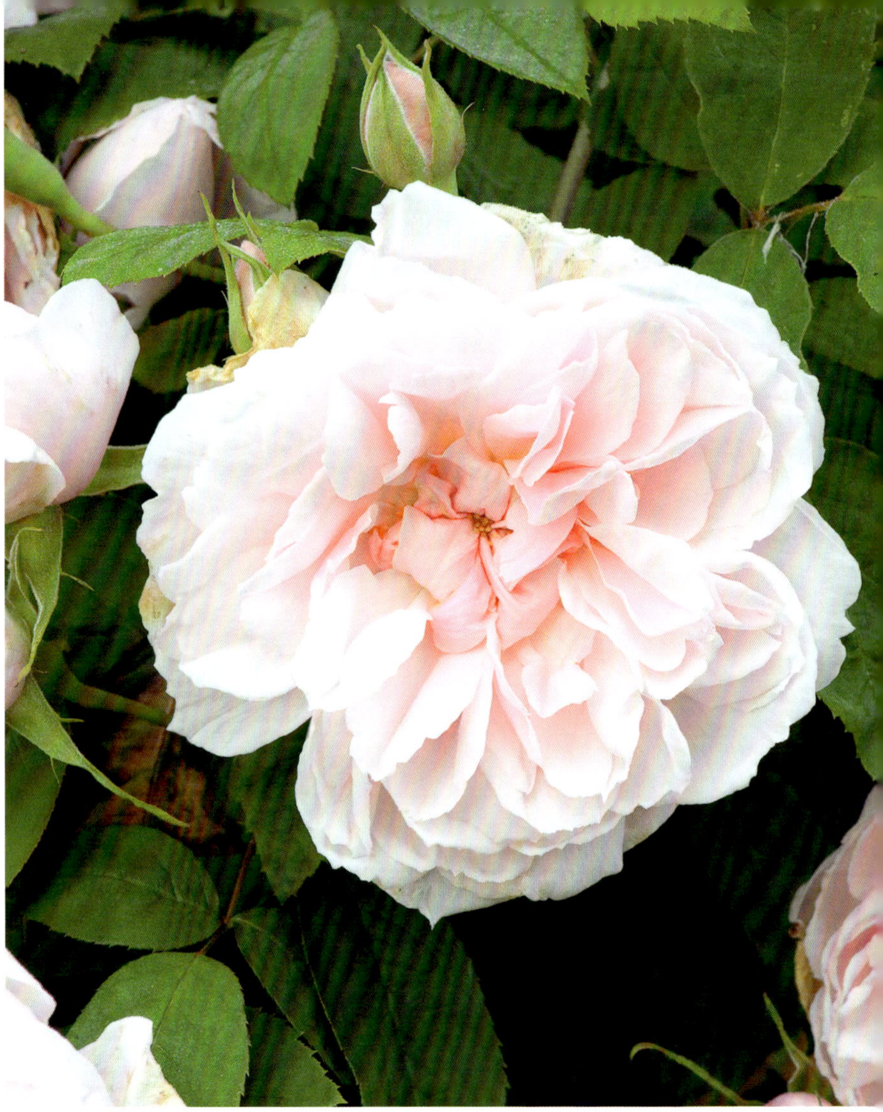
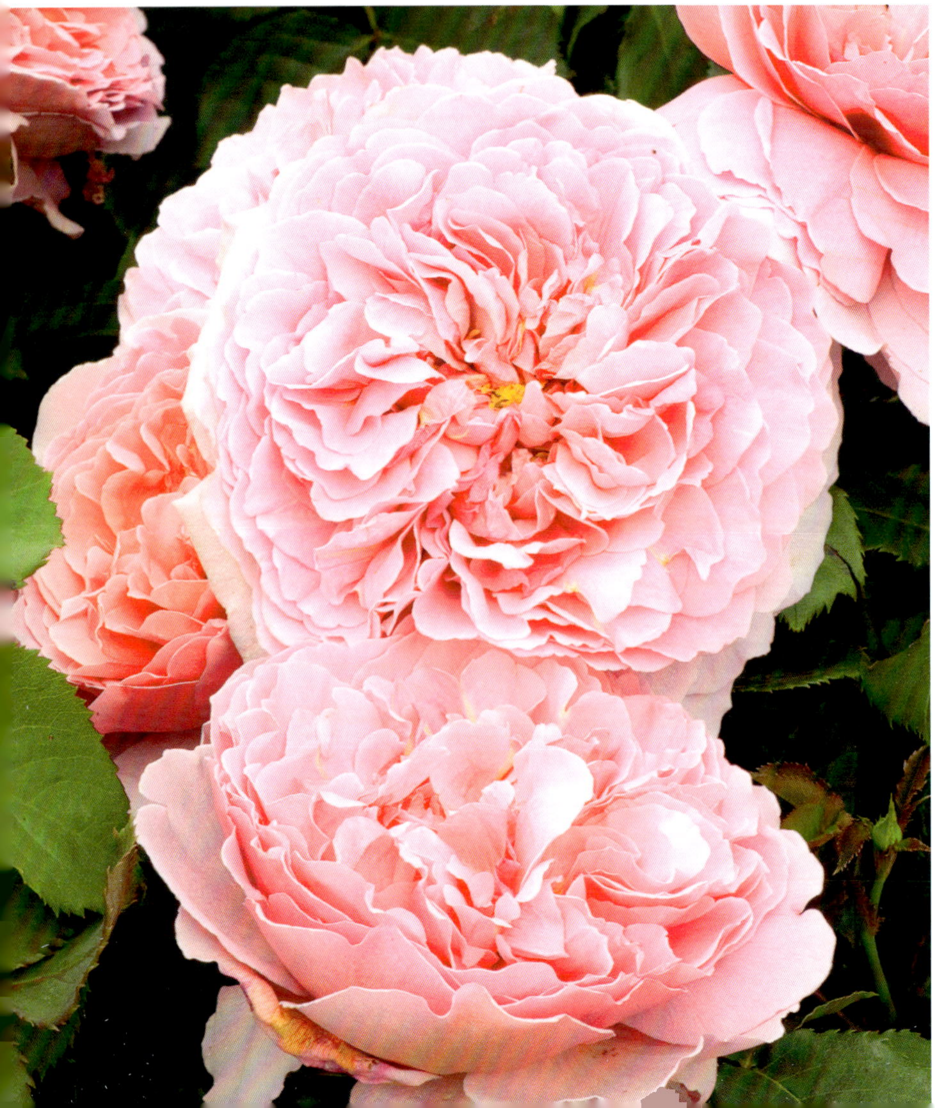
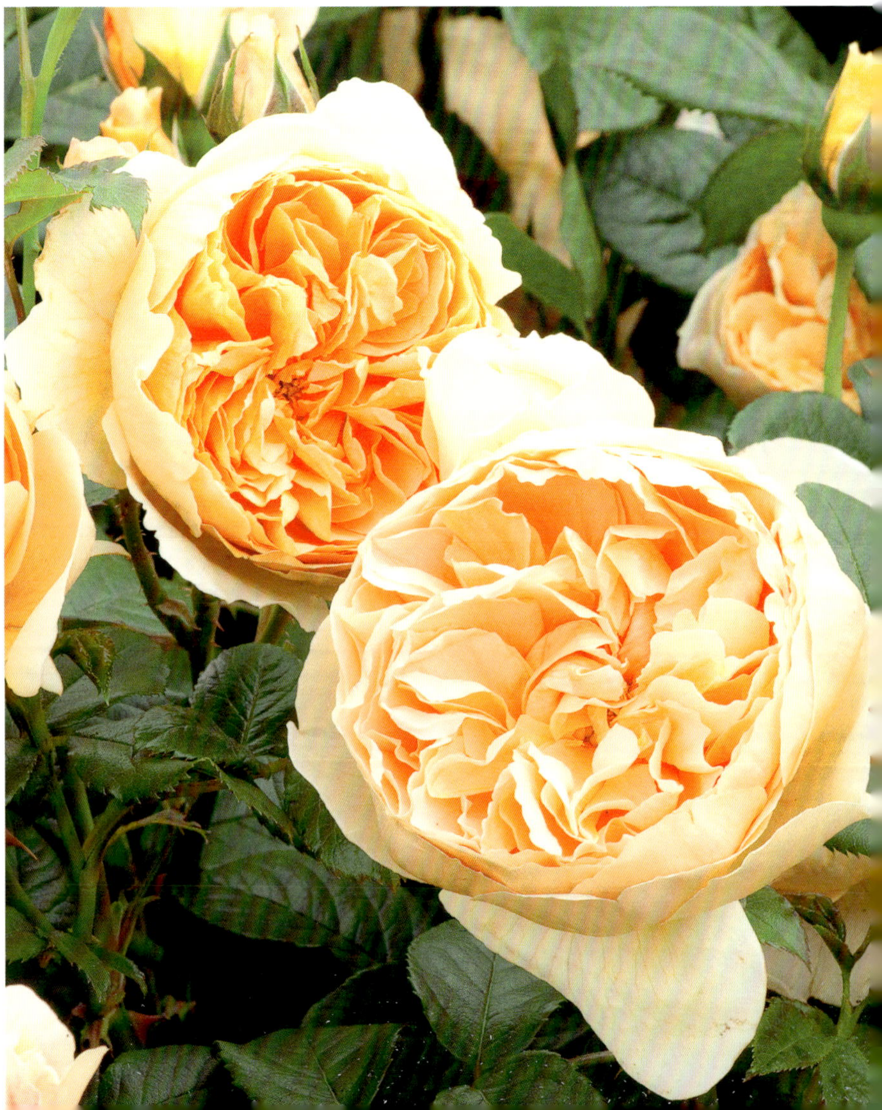

Am richtigen Platz und gut versorgt, gedeihen Rosen auch im »wahren Leben«

Rosen zu sammeln ist die eine Sache. Diese Vielfalt auch zu erhalten eine andere, und da kommt man um die Pflege nicht herum. Von Montag bis Donnerstag ist Jeanette Griese genau damit beschäftigt. Dann ist ihr eigener Schaugarten geschlossen und die Landschaftsgärtnerin kümmert sich in anderen Gärten darum, dass die Rosen dort ebenfalls gut gedeihen. Ihr Geheimnis? »Eine ausgewogene Ernährung. Das ist nicht anders als bei Mensch und Tier.« Sie spendiert den Rosen organischen Volldünger samt Bodenaktivator. Im Idealfall hat sie die Rosen in ihren Pflegegärten ausgewählt und gepflanzt. Das macht sie auf Wunsch nämlich auch und dann hat sie den Gehölzen einen guten Platz ausgesucht. Nicht bedrängt von anderen Pflanzen und möglichst sonnig. Eben so, dass Regen und Morgentau rasch abtrocknen können und die Rose gesund bleibt.

'Ghislaine de Féligonde' und viele andere Sorten, aber der Garten ist eben immer noch ein privater Rückzugsraum, in dem sich Familie Griese wohlfühlt. Freitags steht die Gartenpforte offen und er wird zu einem Schaugarten, der gerade deshalb so viele Ideen für Hausgärten liefert, weil er auch privat genutzt wird. Gepflanzt hat Jeanette auf den 2.000 Quadratmetern nur solche Rosen, die sich auch bewährt haben. Die meisten ihrer rund 200 Sorten stammen aus England von »David Austin Roses« und aus dem Hause »W. Kordes' Söhne« in Schleswig-Holstein. Manchmal muss auch eine Rose ausziehen, damit Jeanette wieder Platz für Neuigkeiten hat, erzählt sie: »Natürlich wechseln wir auch immer mal wieder. Ich bekomme zum Beispiel regelmäßig vom Züchter der Rosenschule Kordes, Thomas Proll, Pflanzen zur Testung. Da ist ein Kommen und Gehen. Doch es gibt auch einige Rosen, die sind ein Muss und dürfen stehen bleiben.« So wie der Rambler 'Paul's Himalayan Musk', der mitten im Schaugarten in den Apfelbaum der Familie rankt und den Besuchern im Juni eine zweite Apfelblüte vorgaukelt. Der schon Ende des 19. Jahrhunderts gezüchtete Rambler gehört zu den Klassikern, die bei Jeanette einen Ehrenplatz bekommen, ebenso wie eine apricotfarbene Schönheit aus dem Jahr 1916: »Die 'Ghislaine de Féligonde' liebe ich sehr. Wir haben sie am Rosenbogen und sie gedeiht prächtig. Sie hat so eine tolle Farbe, kaum Stacheln und ist gesund.« Gesund. Das ist das richtige Stichwort, denn bei aller Liebe zur Rose – sie kann ja durchaus anstrengend, will heißen: krankheitsanfällig sein.

Robuste Sorten wie 'Ghislaine de Féligonde' sind Jeannette Griese deshalb die liebsten und manche der neueren Züchtungen bekommen ihre Gesundheit und Schönheit sogar offiziell bestätigt. Die dürfen dann das begehrte Siegel der »Allgemeinen Deutschen Rosenneuheitenprüfung« (ADR) tragen. Sorten mit dem ADR-Label empfiehlt Jeanette Griese Einsteigern. Eine davon ist ihr besonders ans Herz gewachsen.

Links oben: 'William Shakespeare' sieht toll aus, kann aber hin und wieder kränkeln. Jeanette empfiehlt sie deshalb eher Liebhabern. Sie gehört wie alle Sorten dieser Seite zu den Englischen Rosen von David Austin (links). 'Barbara Austin' widmete der Züchter seiner Schwester (rechts). **Links unten:** 'Princess Alexandra of Kent' trägt intensiv duftende Blüten (links). 'Carolyn Knight' ist ein Neuzugang und wächst seit 2013 bei Jeanette.

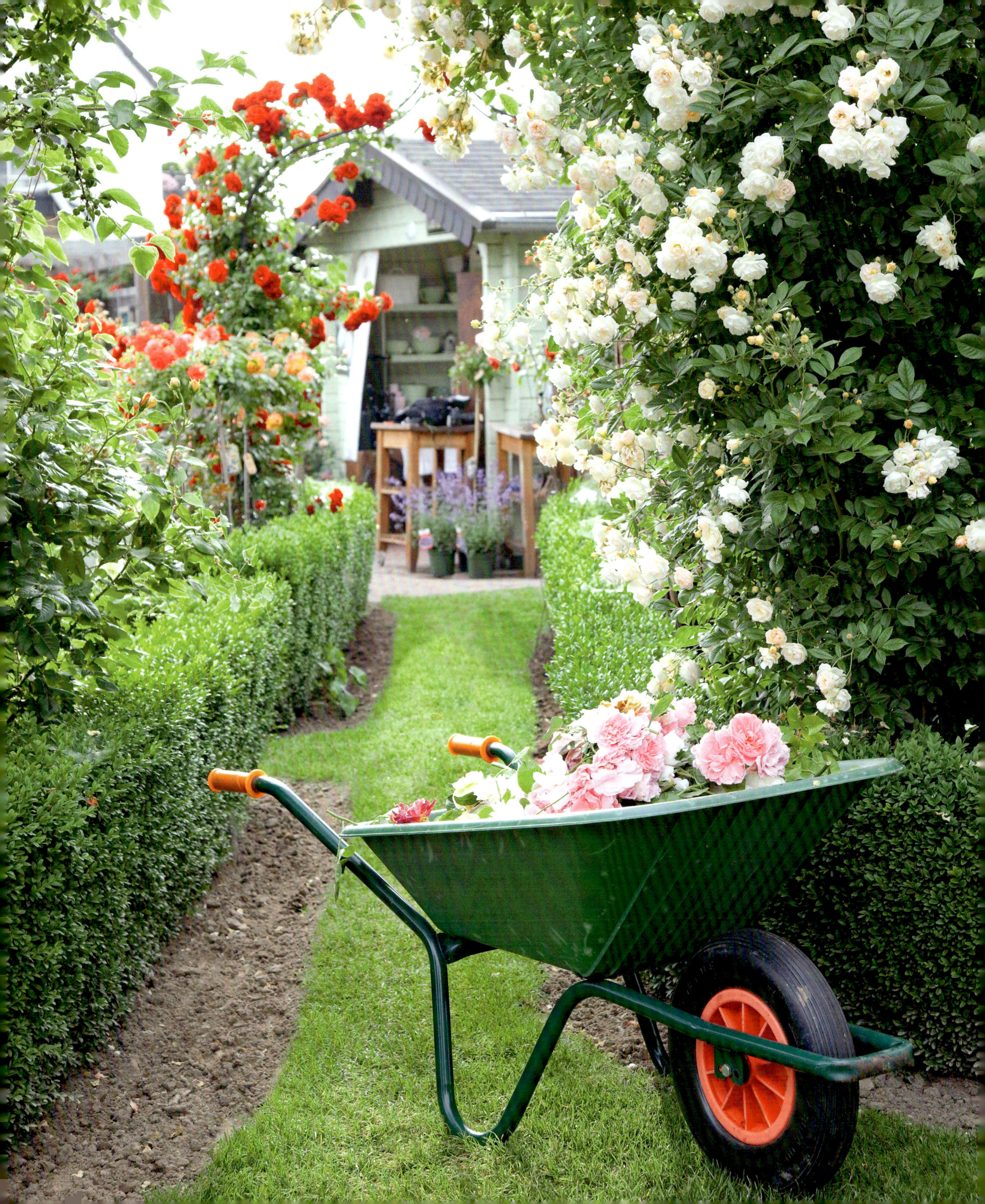

Rose, *Rosa* – **137**

Der 'Garden of Roses' wächst nun überall

Rein optisch könnte jene Sorte, die Jeanette Griese den Kopf verdreht hat, mit ihren üppig gefüllten Blüten auch eine Englische Rose sein. Tatsächlich wurde diese Beetrose in der Rosenschule Kordes gezüchtet und 2006 bei Jeanette im Garten getauft. Doch eigentlich fing die Geschichte ein Jahr früher an. Wie jedes Jahr fuhr sie mit ihrem Bulli zur Rosenschule Kordes. Zum Gucken und Kaufen. Diesmal fuhr sie nicht nur mit Pflanzen zurück, sondern mit den Bildern einer namenlosen Rose im Kopf, die Wilhelm Kordes und Thomas Proll für sie ausgesucht hatten. Wenn sie wollte, könnte sie diese Rose bald auf den Namen 'Garden of Roses' taufen. Natürlich wollte Jeanette: »Ich war so gerührt, hatte einen Kloß im Hals und strahlte mit der Sonne um die Wette. Auf der Autobahn habe ich dreieinhalb Stunden lang nur gelächelt.«

Doch das Dauerlächeln ging weiter: Noch schöner als die eigene, nur allzu verständliche Begeisterung war es, dass »ihre« Rose auch ganz objektiven Prüfungskriterien standhielt und seit 2009 zum erlauchten Kreis der ADR-Rosen gehört. Ein Jahr später rief Züchter Thomas Proll wieder an und eröffnete Jeanette, dass die Rose zur »Rose of the Year« gekürt wurde – in England! Für die offizielle Preisverleihung auf der legendären »Hampton Court Palace Flower Show« solle sie sich im Juli bereithalten. Für Jeanette, die die britische Gartenkultur so sehr verehrt, nicht zu toppen: »Meine Rose in ›meinem‹ England ›Rose of the Year‹ – der Hammer!«

DAS WIRD GESAMMELT: *Jeanette Griese hat eine Vorliebe für Englische Rosen von David Austin und jene aus dem Hause Kordes. Rund 80 verschiedene Sorten von jedem der beiden Züchter kultiviert sie derzeit. Insgesamt wachsen bei ihr heute rund 200 verschiedene Rosensorten.*

WARUM SIE FASZINIEREN: *Die Vielfalt, der Duft, ihre Blüten, ihre Symbolik als Pflanze der Liebe – die Liste ließe sich noch fortsetzen.*

WAS SIE BRAUCHEN: *Einen möglichst sonnigen und luftigen Standort, an dem Regen rasch abtrocknet, und nährstoffreiche Erde.*

Links: Am Rasenweg zum Pavillon im »Garden of Roses« beweist die (ausnahmsweise) in Frankreich gezüchtete Rose 'Ghislaine de Féligonde' ihre Qualitäten als Rambler am Rosenbogen. **Ganz oben:** Die Sorte 'Garden of Roses' ist Jeanettes ganzer Stolz und sie kann sie guten Gewissens auch Roseneinsteigern empfehlen. **Oben:** Verblühtes knipst Jeanette mit der Rosenschere ab. Doch auch diese Blüten sehen noch richtig gut aus.

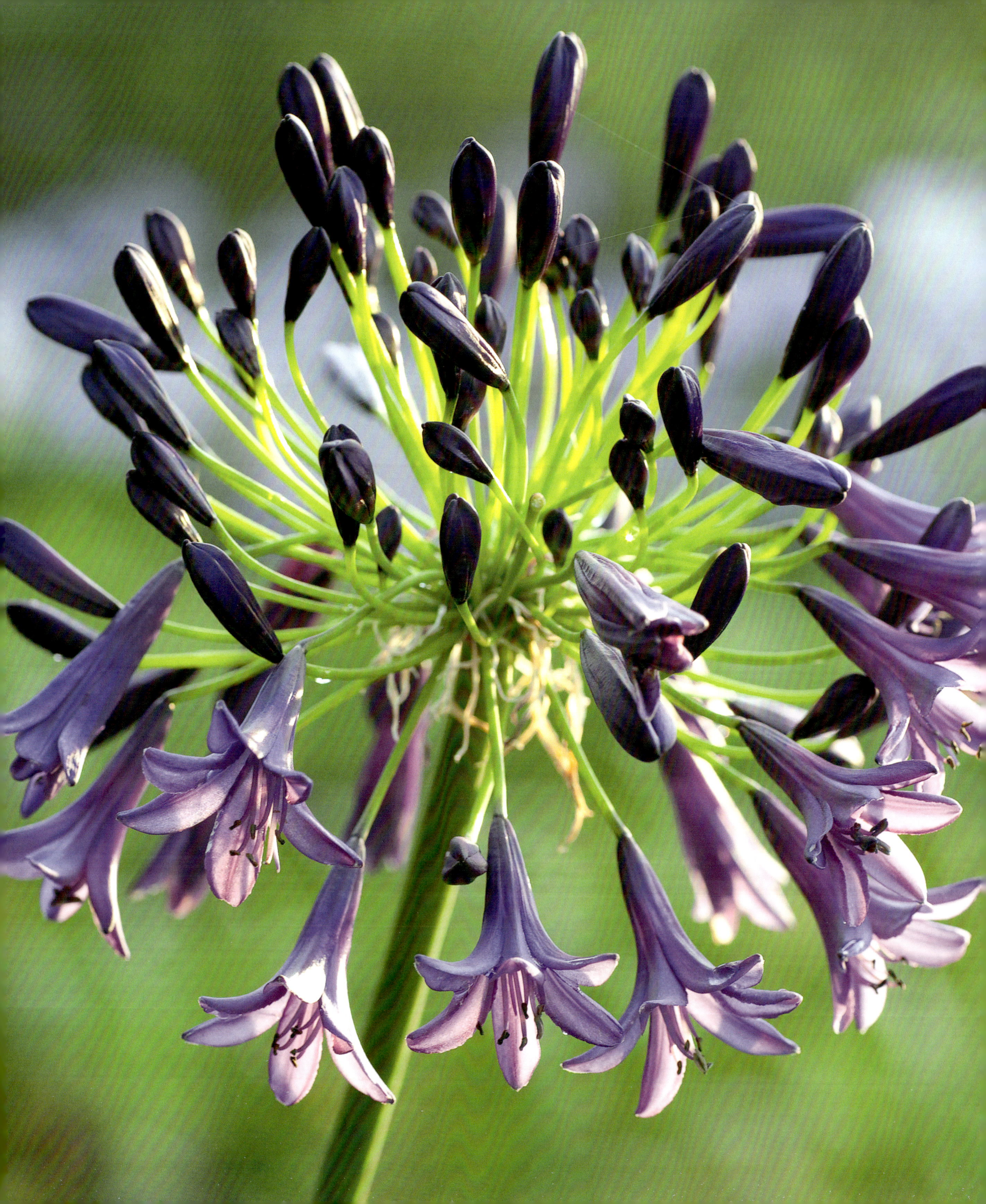

MARTIN PFLAUM, DORMAGEN, RHEINLAND (D)

Mit viel Geduld

Schmucklilie, Agapanthus

Im Gartencenter hat man meist die Wahl zwischen Blau oder Weiß. Dabei hat die Gattung *Agapanthus* sechs Arten, die sich miteinander kreuzen lassen: Manche Exemplare sind immergrün, andere haben im Winter keine Blätter, manche tragen die Blüten auf zwei Meter hohen, andere auf nur 20 Zentimeter kurzen Stielen, auch panaschierte Blätter sind möglich. Und damit ist die Züchtungsgeschichte der Schmucklilien noch längst nicht zu Ende erzählt. Martin Pflaum sichtet Jahr für Jahr neue Sämlinge, und auch wenn die Farbe Blau auf dem Gelände seiner Gärtnerei eine große Rolle spielt: Ans Blaumachen kann der beschäftigte Sammler nicht denken.

Links: Die Sorte 'Black Pantha' blüht zwar nicht schwarz, aber das dunkle Lila ist mindestens ebenso schön. Bei diesem Exemplar sitzen die Blütenglöckchen an etwas längeren Stielen als für diese Sorte typisch. **Oben links:** Endlich ist es so weit! Die Blüten der Schmucklilie sprengen die Knospe.
Oben rechts: Man muss sich nicht zwangsläufig zwischen Blau oder Weiß entscheiden. 'Queen Mum' zeigt beide Farben an jeder Blüte.

An diesen Blüten konnte er nicht vorbeigehen

Hochsommer. Die Sonne ist schon früh am Morgen aufgegangen und wenn der gelernte Gärtner und studierte Agrargeograf Martin Pflaum nach Feierabend seine Schmucklilien-Sammlung begutachtet, ist es immer noch hell. Eigentlich ist ja Urlaubszeit, doch die Blüte seiner Pflanzen möchte er auf gar keinen Fall verpassen. Wenn die von ihm gekreuzten Pflanzen zum allerersten Mal ihre Knospen öffnen, gehört das zu den spannendsten Momenten der Saison. Vielleicht entdeckt er ja unter den vielen Sämlingen ein völlig neues Exemplar, das er unbedingt weitervermehren möchte. Martin Pflaum muss mitunter jahrelang auf die Blüte seiner Kreuzungen warten und könnte – Hauptreisezeit hin oder her – niemals entspannt am Strand liegen, während sich zu Hause in Dormagen die Blüten neuer *Agapanthus*-Kreationen öffnen. Bei großblumigen Exemplaren können von der Aussaat im Frühling bis zur ersten Blüte durchaus sieben Jahre ins Land gehen, erzählt Martin Pflaum: »Wer sich damit befasst, muss ein sehr geduldiger Mensch sein. Diesen Charakterzug teile ich mit den meisten anderen Züchtern, die ich kenne.« Für seine Geduld wurde er schon oft belohnt. Rund 15 eigene Sorten und noch viele unbenannte gedeihen mittlerweile bei ihm, im Chrysanthemenweg 16, der eigentlich schon längst Agapanthusweg heißen müsste.

An seine erste Begegnung mit den aus Südafrika stammenden Pflanzen erinnert sich Martin Pflaum genau: »Das war im Frühsommer 1981. Ich studierte damals in Bonn und sah draußen vor einem Blumengeschäft zwei große Kübel mit blühenden blauen *Agapanthus*. Die fand ich einfach toll und als gelernter Baumschulgärtner hatte ich diese exotischen Pflanzen noch nie gesehen. Die musste ich haben. Unbedingt und sofort. Auch wenn mein Studenten-Monatsbudget damit gesprengt wurde. Die Pflanzen wanderten sofort in die Gärtnerei meiner Eltern.«

Oben: Im Juli und August laufen die meisten Schmucklilien zu Hochform auf. Die Töpfe hat Martin Pflaum so dicht aneinandergereiht, dass sich die Pflanzen zu einer Rabatte formieren. **Rechts oben:** Die weiße Eigenzüchtung trägt noch keinen Namen (links). Daneben die ebenfalls selbst gezüchtete Sorte 'Pino' (rechts). **Rechts unten:** Panaschierte Blätter wie bei 'San Gabriel' sind selten (links). 'Peter Pan' gehört zu den Zwergsorten (rechts).

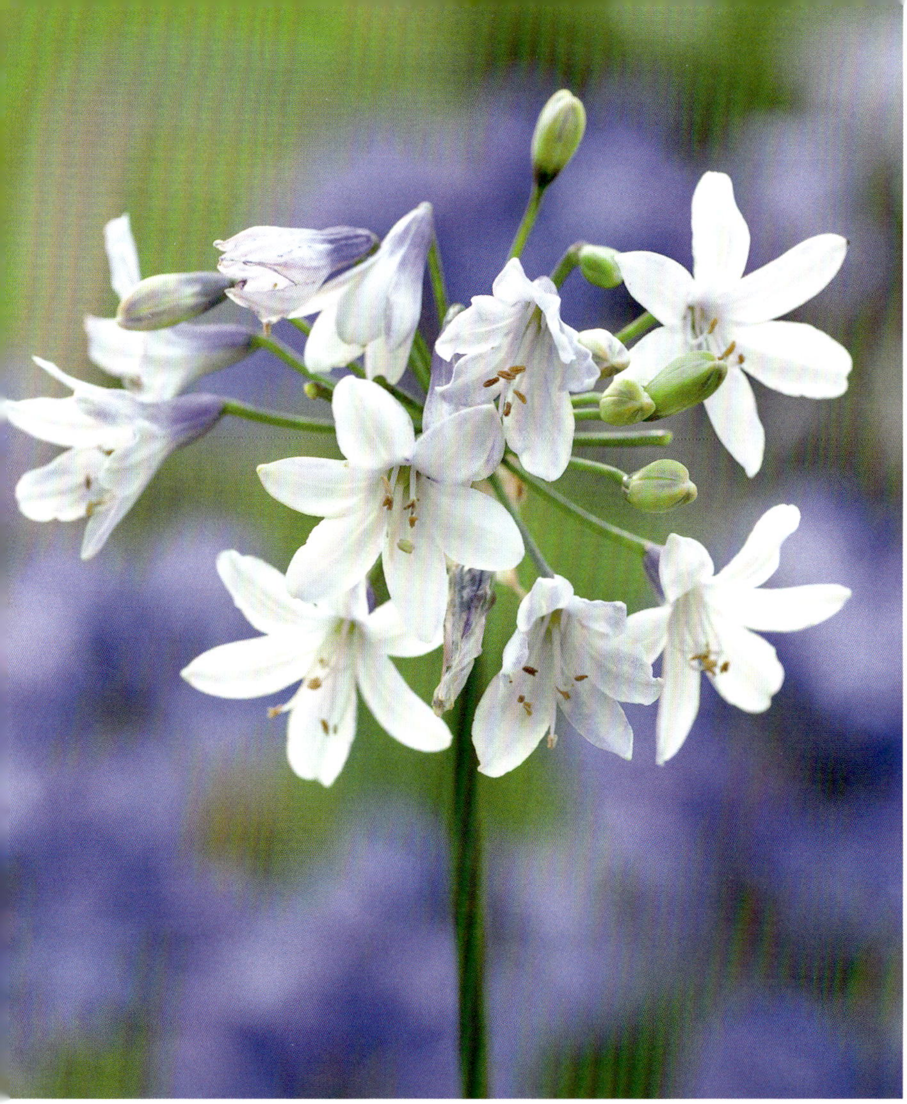
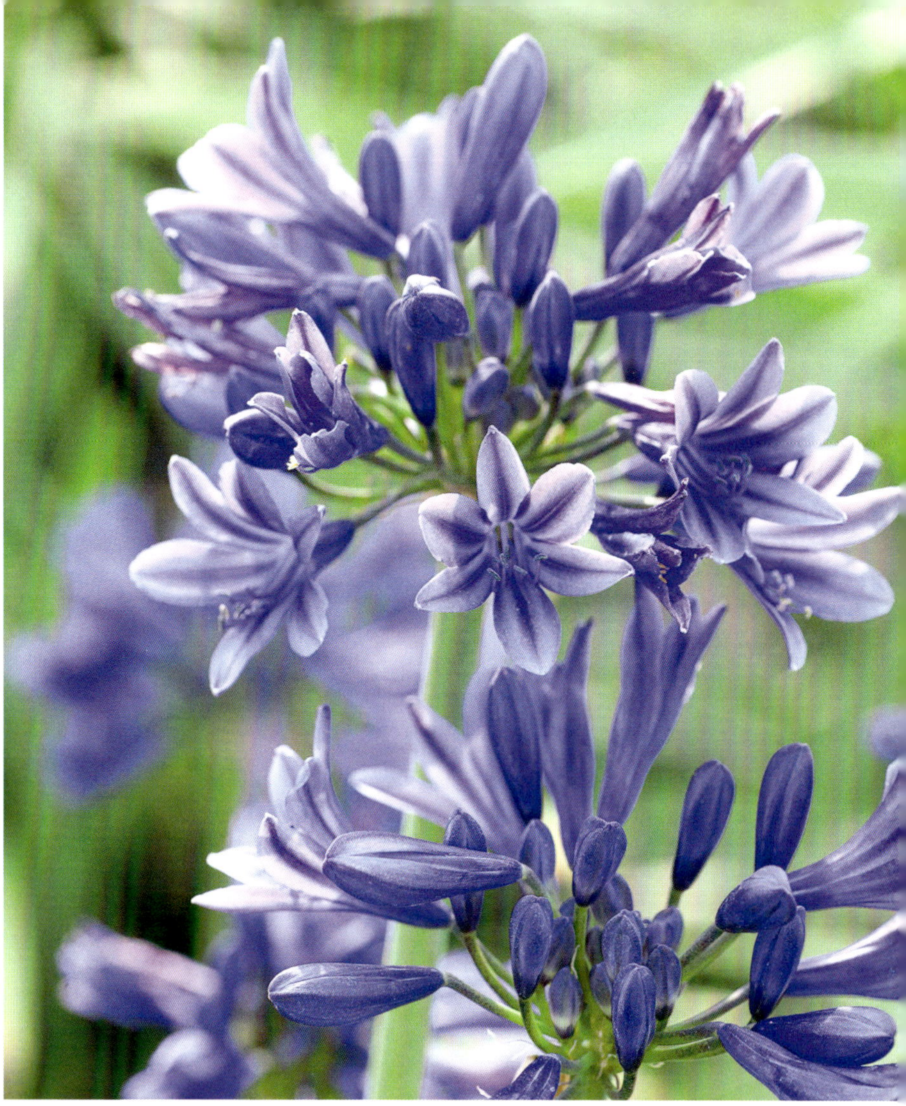
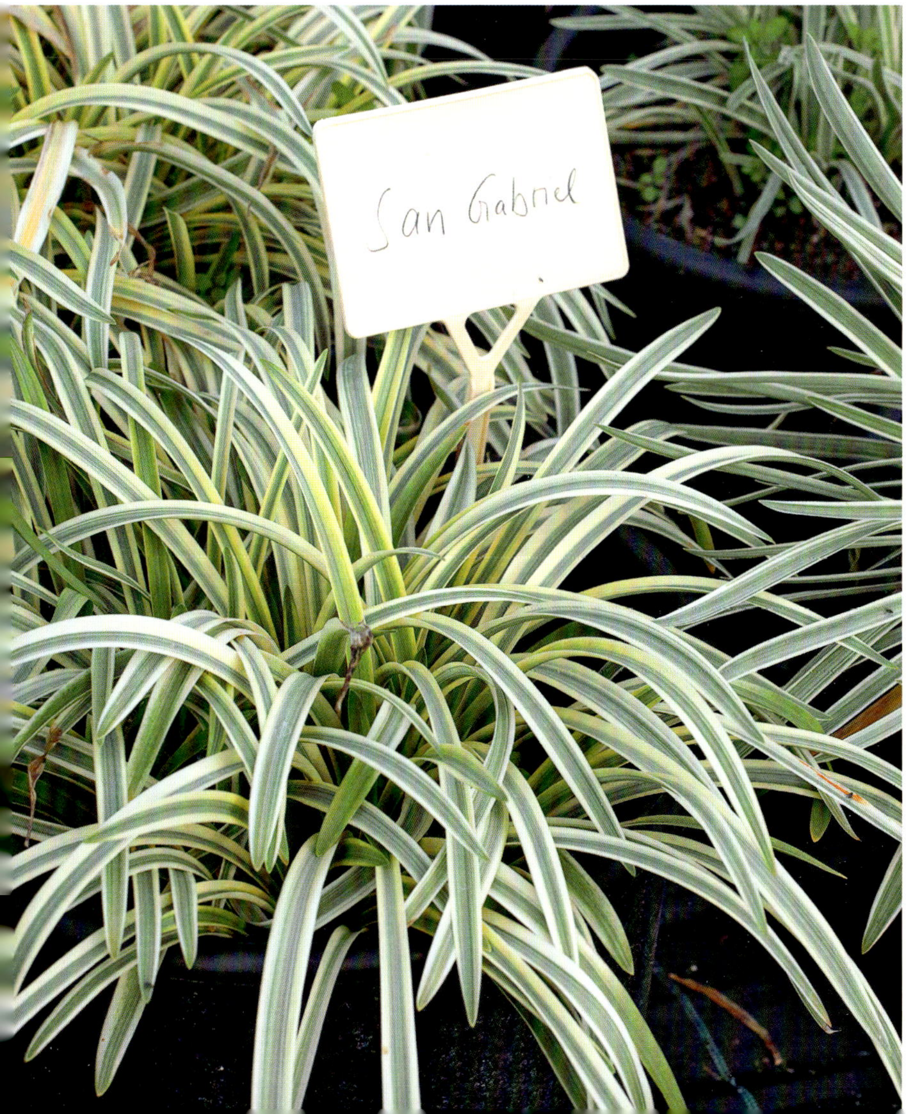
San Gabriel
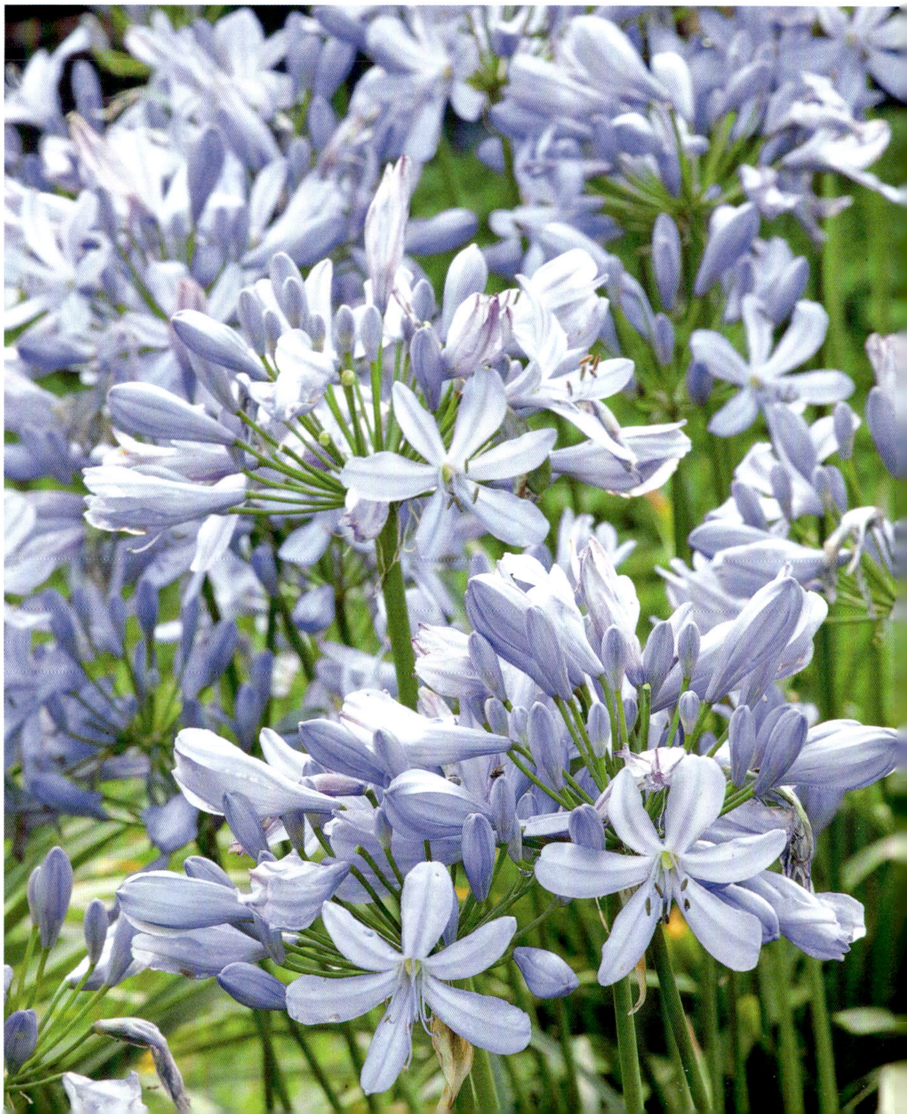

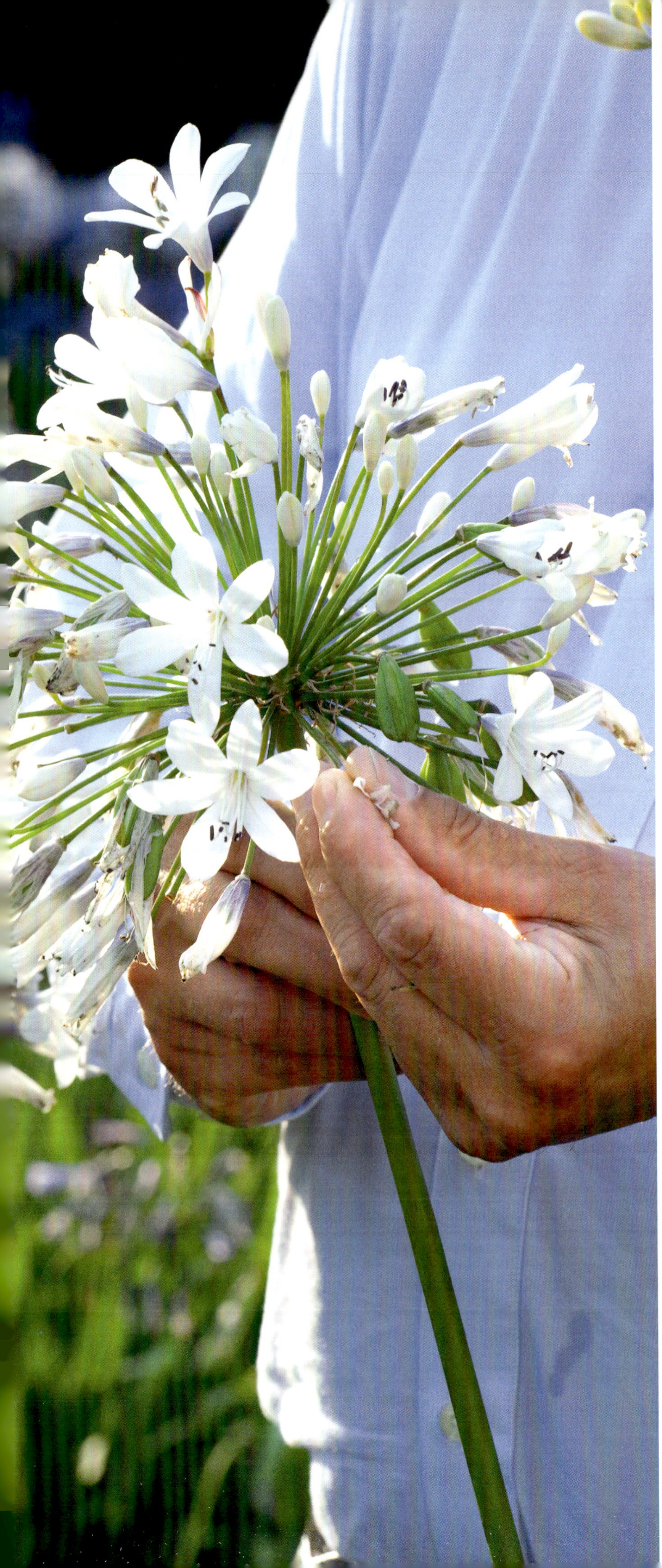
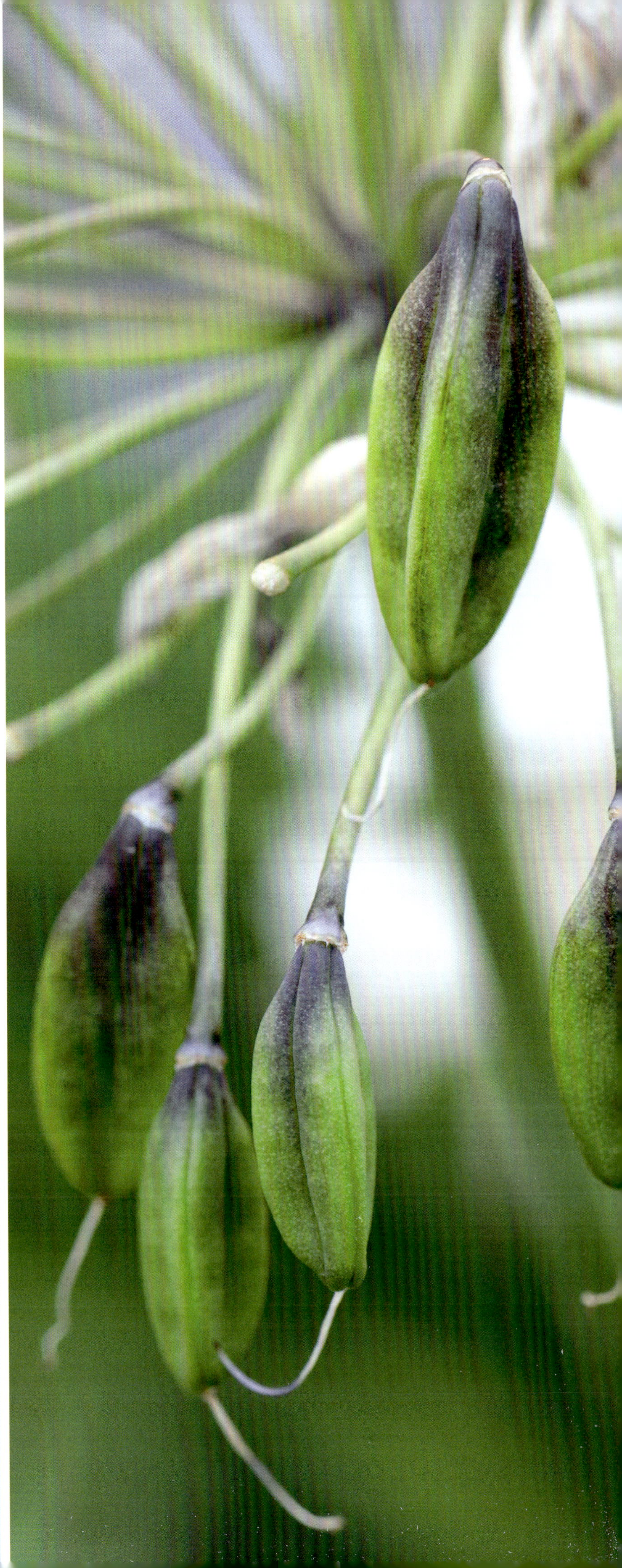

Warum Knollen selten toll sind und Übertöpfe den Schmucklilien schaden

Wie pflegt man Schmucklilien? Diese Frage stellt sich erst, wenn aus einem unscheinbaren Spross, wie er im Frühling in Gartencentern angeboten wird, auch tatsächlich eine Pflanze gewachsen ist. Und das passiert seltener als erhofft, erzählt Martin Pflaum: »Am besten kauft man gar keine wurzelnackten Rhizom-Stücke. Die brauchen zwei bis drei Jahre, um sich zu entwickeln, und manchmal ist es auch minderwertige Ware. Ich empfehle, nur Exemplare zu kaufen, die fest im Topf eingewurzelt sind.« Dafür sind die Pflanzen ansonsten relativ anspruchslos, bloß Staunässe vertragen sie nicht, erzählt der Kenner: »Also bitte nur Töpfe mit gutem Wasserabzug verwenden und nie, wirklich nie die *Agapanthus* in Übertöpfe mit stehendem Wasser stellen.« Am besten verzichtet man einfach auf Übertöpfe, denn nach Regenschauern sammelt sich dort unbemerkt das Wasser.

Martin Pflaum und die Schmucklilien – es war also Liebe auf den ersten Blick. Und er beließ es nicht bei diesem Kauf, sondern erntete den Samen der beiden Pflanzen: »Bei der ersten Aussaat der neu entdeckten *Agapanthus* kamen sehr unterschiedliche Pflanzen heraus und mein Interesse daran wurde immer größer.« Wenige Jahre später, Ende der 1980er-Jahre, führten ihn seine privaten Reisen – wie sollte es bei einem Pflanzensammler anders sein – immer häufiger nach England, erzählt er: »Ich besuchte immer wieder Gärtnereien und brachte alles an Sorten mit, was zu bekommen war. Das war der Grundstock meiner heutigen Sammlung.« Die Gärtnerei seiner Eltern übernahm Martin Pflaum 1993 im Nebenerwerb und taufte sie auf den treffenden Namen »Agapanthusfarm«. Den trägt sie zu Recht, denn mit fast 200 Sorten bietet er mittlerweile die größte Auswahl an Schmucklilien in Deutschland an. Und es ist kein Ende in Sicht: »Je länger ich mit den *Agapanthus* arbeite, desto mehr fasziniert mich die ungeheure Vielfalt des Erscheinungsbildes dieser Pflanzengattung – obwohl es mit Weiß und Blau eigentlich nur zwei Grundfarben der Blüte gibt.« Besonders ans Herz gewachsen sind ihm seine eigenen Züchtungen, darunter sind einige Zwergsorten wie 'Pino', die in kleineren Pflanzgefäßen gedeihen.

Apropos Gefäße – wie sieht es mit winterharten Sorten aus, die man gar nicht im Topf halten muss, sondern auspflanzen kann? Solche Sorten werden im Handel beworben und auch Martin Pflaum wird immer wieder danach gefragt. Seinen Kunden gibt er eine realistische und vor allem ehrliche Antwort: »Garantiert winterharte *Agapanthus* für Mitteleuropa gibt es einfach nicht. Alle Auspflanzversuche sind zumindest bei mir früher oder später gescheitert. Ich rate davon ab. Wer allerdings einen geschützten Gartenstandort hat, kann es auf eigene Gefahr mit den Sorten versuchen, die ihre Blätter einziehen. Die von *Agapanthus campanulatus* abstammenden Sorten sind hierfür am besten geeignet.«

Ganz Links: Auf den zweiten Blick erschließt sich die Vielfalt der Sorten. Diese zunächst einfach wirkende weiße Schmucklilie hat dunkle Staubgefäße und am Ansatz blau überhauchte Blütenglocken. **Links:** In den Kapseln wächst womöglich eine neue Sorte heran. Im Herbst erntet Martin Pflaum den reifen Samen und im Frühling sät er ihn bei rund 18 °C aus. Bis aus Sämlingen blühende Pflanzen werden, dauert es mehrere Jahre.

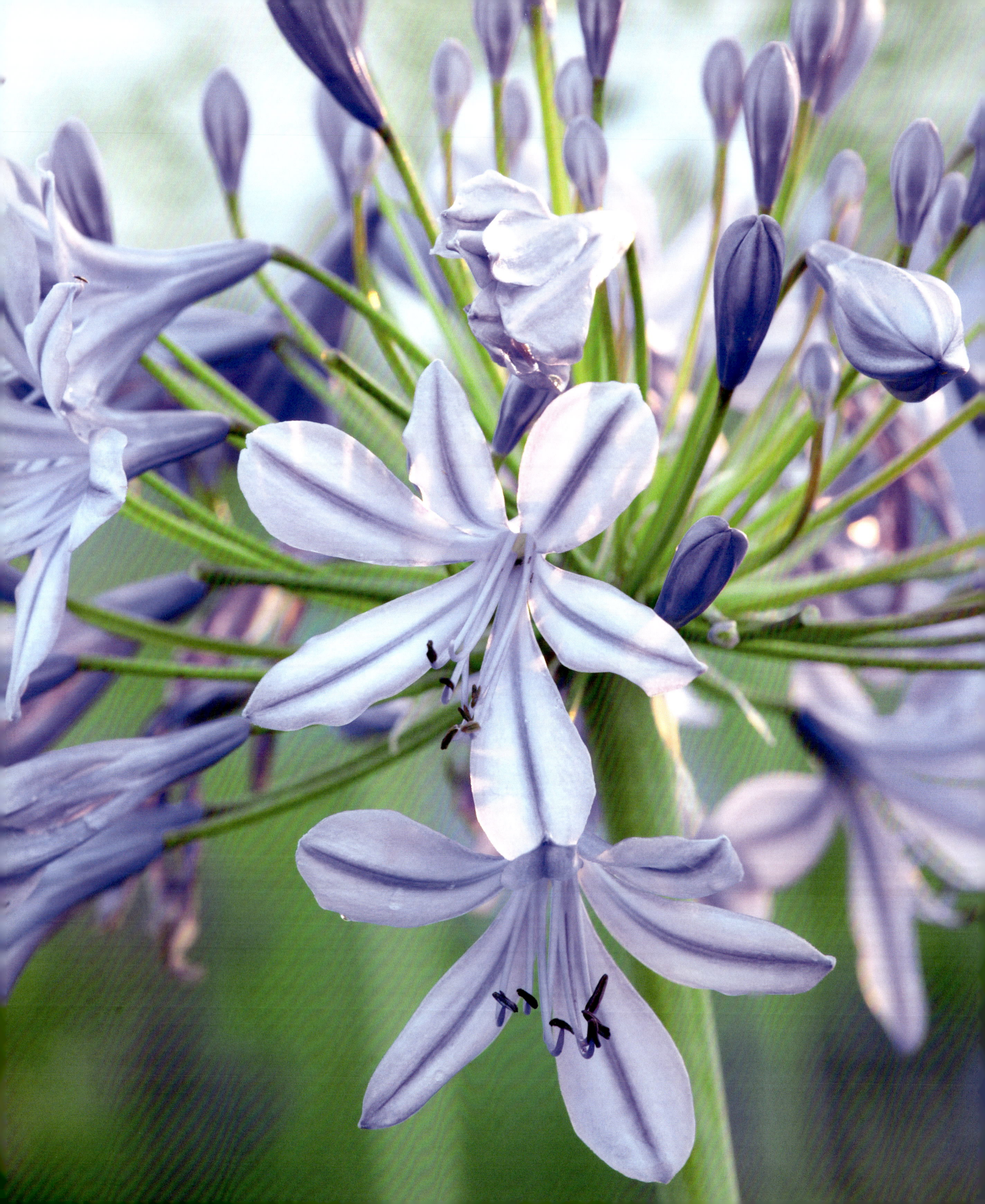

Schmucklilie, *Agapanthus*— **145**

Die Zukunftspläne sind weiß und gefüllt

Seine zum Teil sehr seltenen Sorten würde Martin Pflaum also nicht draußen überwintern. Viel zu riskant, selbst im eher milden Rheinland. Im November ziehen die Töpfe ins Gewächshaus um und das wird so beheizt, dass die Temperatur nicht unter den Gefrierpunkt sinkt.

Unter den überwinternden Schmucklilien sind einige, die er mit besonders großer Spannung beobachtet. Denn auch ein gut sortierter Sammler wie Martin Pflaum hat Träume: »Ich möchte einen großblumigen, langstieligen und völlig gefüllten weißen *Agapanthus* züchten. Vor rund 15 Jahren habe ich zumindest ein halbgefülltes Exemplar ausgelesen. Aus deren Samen entwickelten sich drei Jungpflanzen. Zwei davon blühten schon vor ein paar Jahren – ganz normal und einfach. Die dritte Jungpflanze kam nicht in die Gänge und blühte dann erst 2013 – nach 15 Jahren! Dafür war die Blüte deutlich gefüllter als die der Ausgangspflanze. Jetzt warte ich, ob die wenigen Samen von diesem Exemplar nach der Kreuzung mit der Mutterpflanze keimfähig sein werden. Und vor allem bin ich auf die Blüte gespannt.« Und er hätte nichts dagegen, wenn er sich diesmal nicht über ein Jahrzehnt gedulden müsste.

DAS WIRD GESAMMELT: *Martin Pflaum kultiviert ca. 200 Sorten der Schmucklilie, davon 15 eigene Züchtungen und weitere bislang noch unbenannte Eigengewächse. Bei allen Sorten handelt es sich um Hybriden, die er durch Teilung vermehrt.*

WARUM SIE FASZINIEREN: *Die Üppigkeit der Blüte gefällt auf Anhieb und bei näherem Hinsehen überrascht die Vielfalt der Sorten.*

WAS SIE BRAUCHEN: *Sie gedeihen am besten in einem Topf mit durchlässigem Substrat, sollten in Maßen gegossen und so selten wie möglich umgetopft werden.*

Links: Die Sorte 'Calypso' ist nicht nur im schrägen Sonnenlicht fotogen. Die dunklen Mittelstreifen der Blüte fallen auf. **Ganz oben:** 'Grauer Panther', eine Eigenzüchtung, die auch den Geschmack der Insekten trifft. Für den Nachwuchs sind die Tierchen in der »Agapanthusfarm« aber nicht zuständig. Die Pflanzen werden sortenecht durch Teilung vermehrt. **Oben:** Noch eine eigene Kreation von Martin Pflaum: die 'Blaue Glocke'.

NEL UND THEEJ VERHEGGEN, LOTTUM, LIMBURG (NL)

Ein Herz für Farben

Dahlie, Dahlia

Der Garten von Nel und Theej Verheggen wirkt wie ein gewachsener Willkommensgruß und nicht wie eine Sammlung. Das liegt sicher auch daran, dass er sich im Laufe der Jahre langsam verändert hat und den beiden förmlich ans Herz gewachsen ist. Besucher spüren das, fühlen sich hier sofort wohl und nicht wenige kommen jedes Jahr wieder nach Lottum. Manche von ihnen wurden sogar selbst zu Sammlern, und das ist für Nel und Theej das schönste Kompliment. Viele ihrer Gäste betreten den Garten in der festen Überzeugung, keine Dahlien zu mögen, und vergucken sich in die Mexikanerin. Auch Nel und Theej entdeckten die Liebe zur Dahlie ganz unvermutet.

Rechts: Die Anemonenblütige Sorte 'The Phantom' ist wie alle Dahlien eine ideale Schnittblume. **Oben links:** 'Orion', eine Schmuck-Dahlie, zeigt einen raffinierten Farbverlauf innerhalb der Blüte. **Oben Mitte:** Beim Semi-Kaktus-Typ, hier 'Embrace' mit Fencheldolden, sind die Blütenzungen nur leicht eingerollt. **Oben rechts:** Bei eingerollten Blüten mit gespaltener Spitze spricht man von einer Hirschgeweih-Dahlie, hier 'Ambition'.

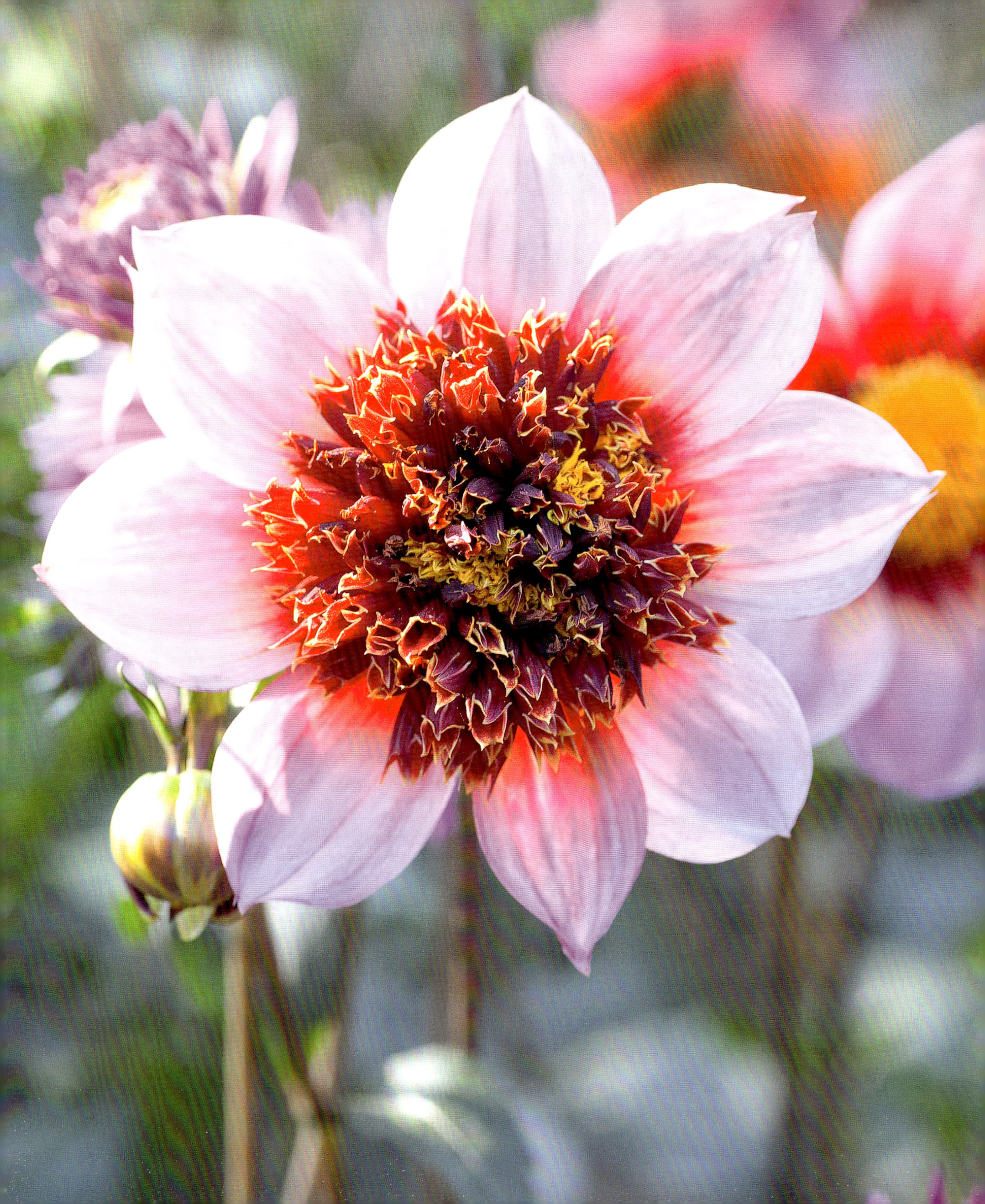

Der Blitz traf beide in Bingerden

Eigentlich haben Nel und Theej Verheggen überhaupt nicht die Absicht, eine Lanze für die Dahlie zu brechen, und das müssen sie auch nicht. Denn auch wenn die ursprünglich aus Mexiko stammenden Pflanzen lange Zeit aus der Mode gekommen waren und es nach wie vor viele Menschen gibt, die sie kategorisch ablehnen, hat die Dahlie Empfehlungen gar nicht nötig. Wer sie nicht mag, weiß meist nur nicht, wie viele verschiedene Gesichter sie haben kann. Denn sie zeigt sich nicht nur in jenen bekannten Ball- oder Kaktusformen, die manchem vielleicht eine Spur zu pompös erscheinen. Einfach blühende Sorten wie 'Bishop of Dover' sehen ganz anders aus und passen sehr gut in natürlich wirkende Beete. Man muss ihnen nur begegnen. Im Garten von Nel und Theej hat man die Chance dazu. Denn die beiden mögen Dahlien viel zu gerne, um sich mit wenigen Sorten zufriedenzugeben. In ihrem rund 4.000 Quadratmeter großen Garten wachsen mittlerweile so viele Sorten, dass auch bekennende Dahlien-Skeptiker sich bei einem Besuch in die ein oder andere Sorte verlieben. Schönheit und Vielfalt der Blüten sprechen für sich selbst, Nel und Theej müssen da keinerlei Überzeugungsarbeit leisten. Sie freuen sich vielmehr, wenn Besucher, von der Vielfalt der Dahlien überrascht, sie nach den Sorten fragen, die Namen notieren und mit dem festen Vorsatz nach Hause fahren, im kommenden Frühling diese Knollen auch bei sich in den Garten zu pflanzen.

Schließlich ging es den beiden ganz ähnlich, als sie vor vielen Jahren zum bekannten Pflanzenmarkt auf Schloss Bingerden fuhren. Dahlien wollten sie dort keine kaufen – eigentlich: »Doch dann sahen wir in Bingerden einen großen Topf mit der Sorte 'Bishop of Llandaff' und waren überrascht«, erzählt Theej. Sie hatten sich förmlich in den roten Dahlien-Klassiker verguckt und wollten mehr davon sehen und pflanzen.

Oben: Im Hochsommer scheint dieses Beet beinahe überzuquellen. Zur Pompon-Dahlie 'Franz Kafka' und der einfachen 'Classic Giselle' haben Nel und Theej Amaranth und die Duftnessel 'Blue Fortune' gepflanzt. **Rechts oben:** In manchen Beeten zeigen sich die Dahlien ungewohnt dezent, etwa in Weiß und Pastellgelb. **Rechts unten:** Etwas mutiger, aber auch schön – ein üppiges Dahlienmeer in Apricot, Purpur und Pink.

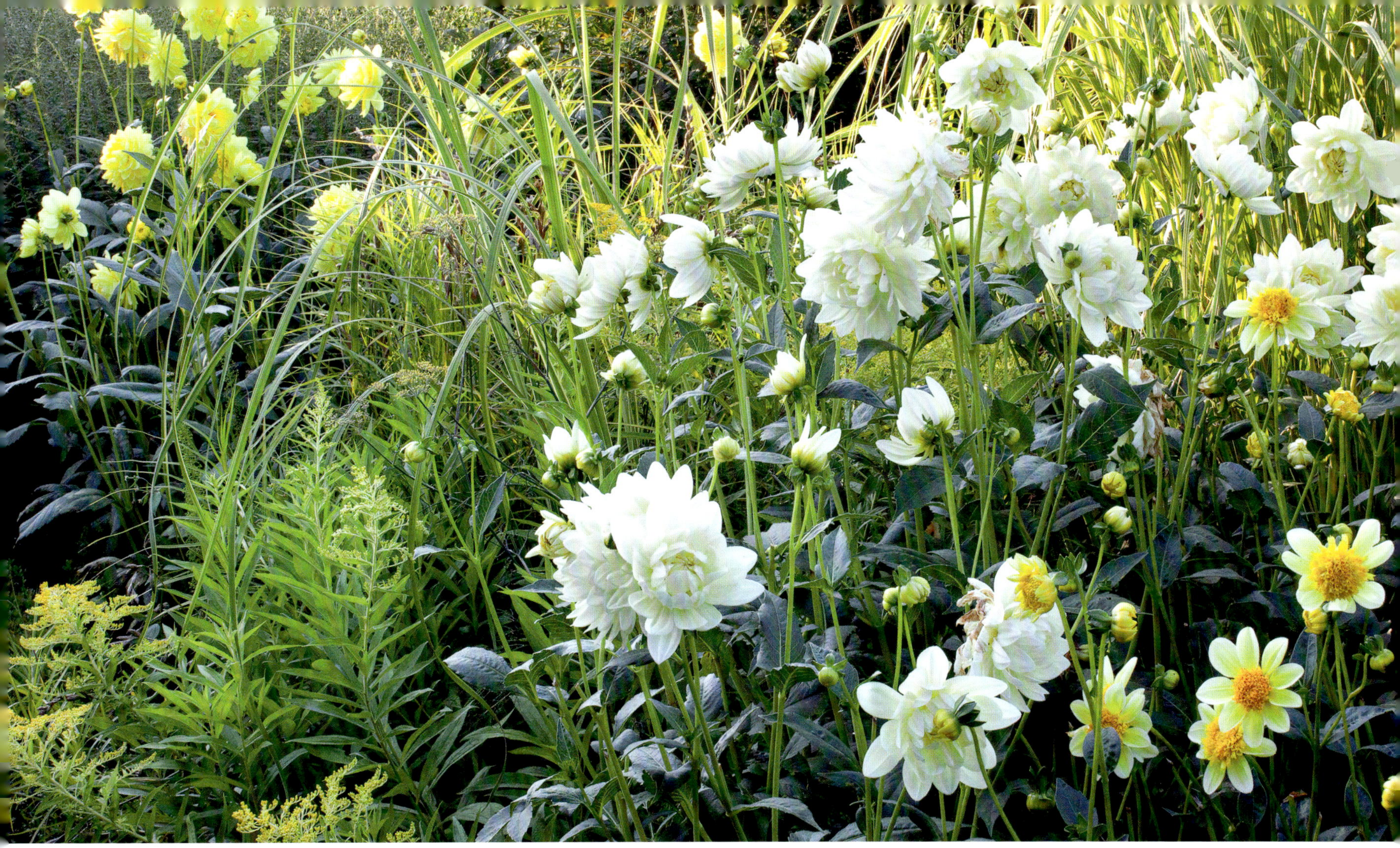

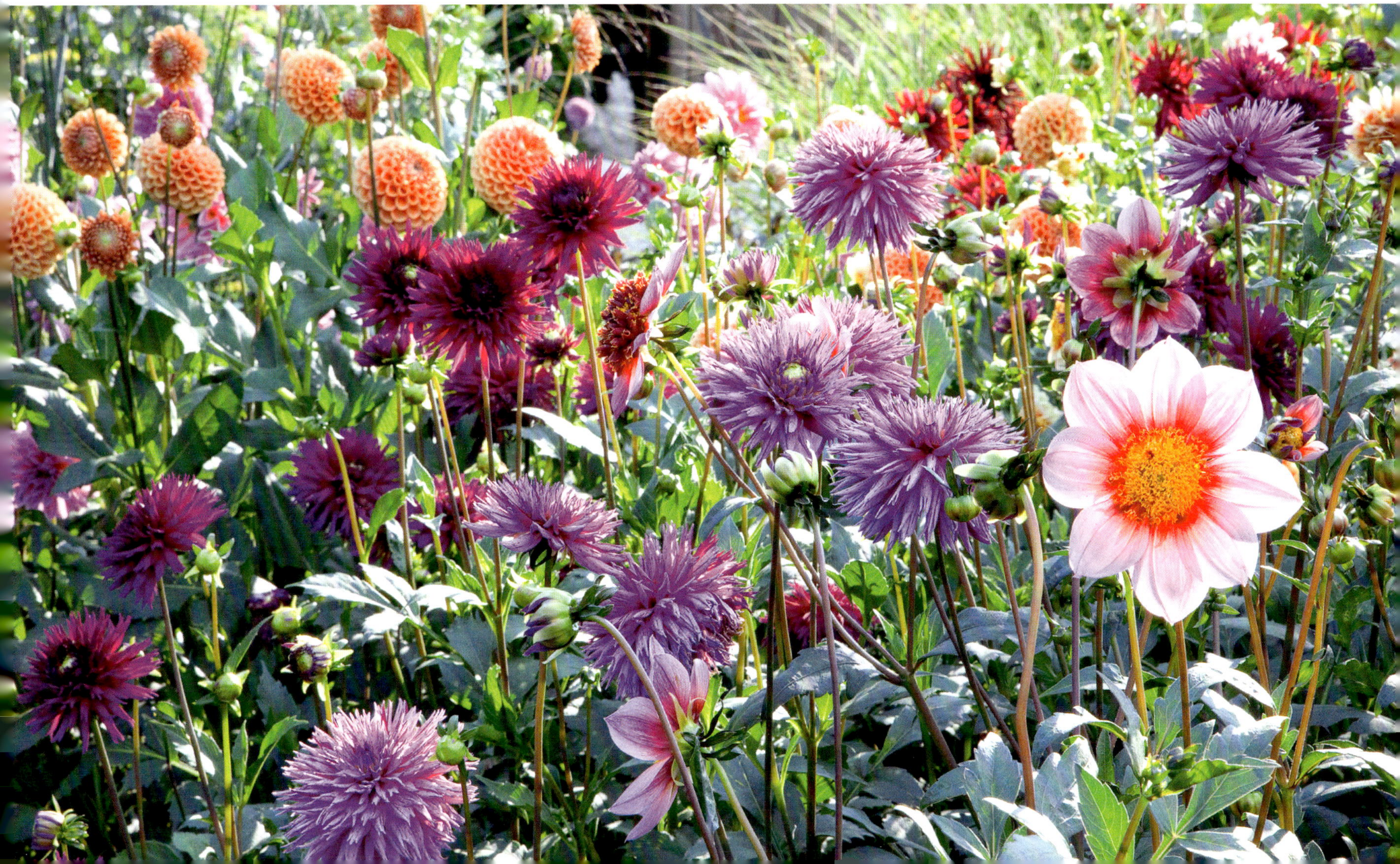

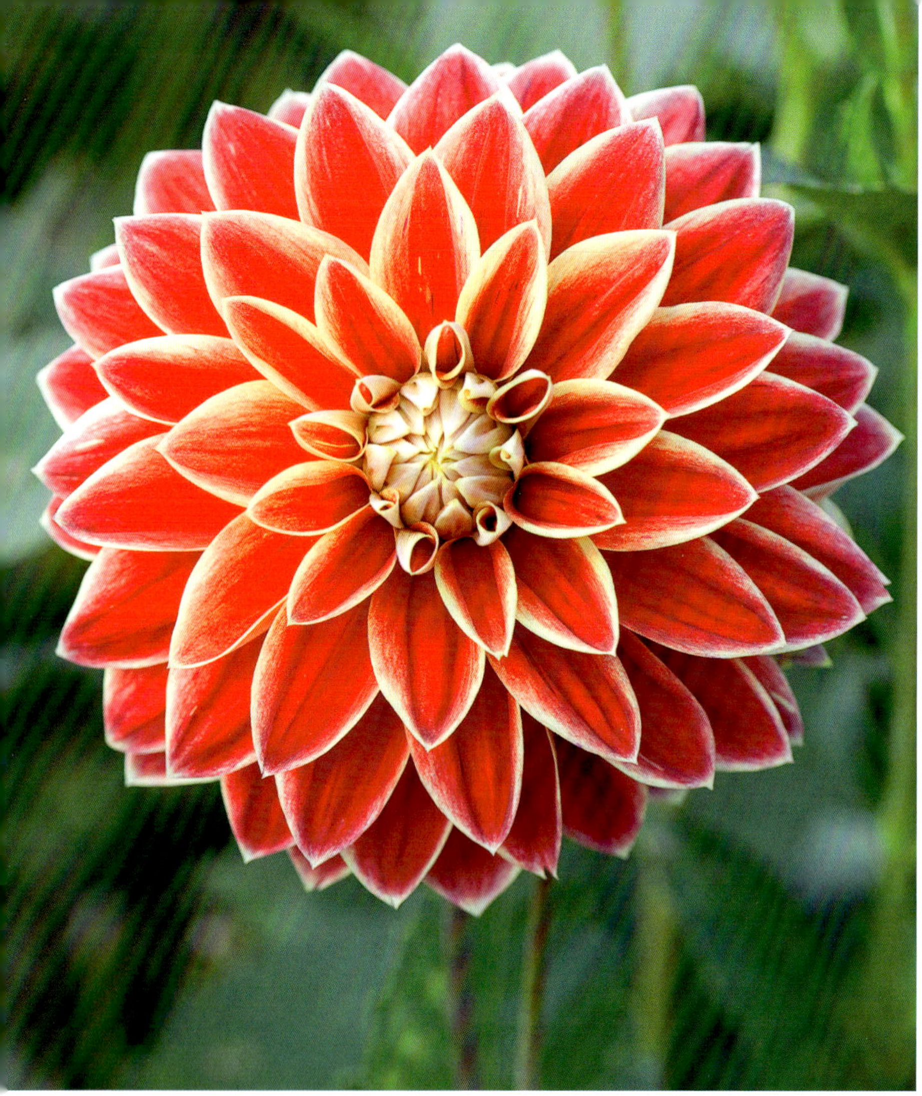
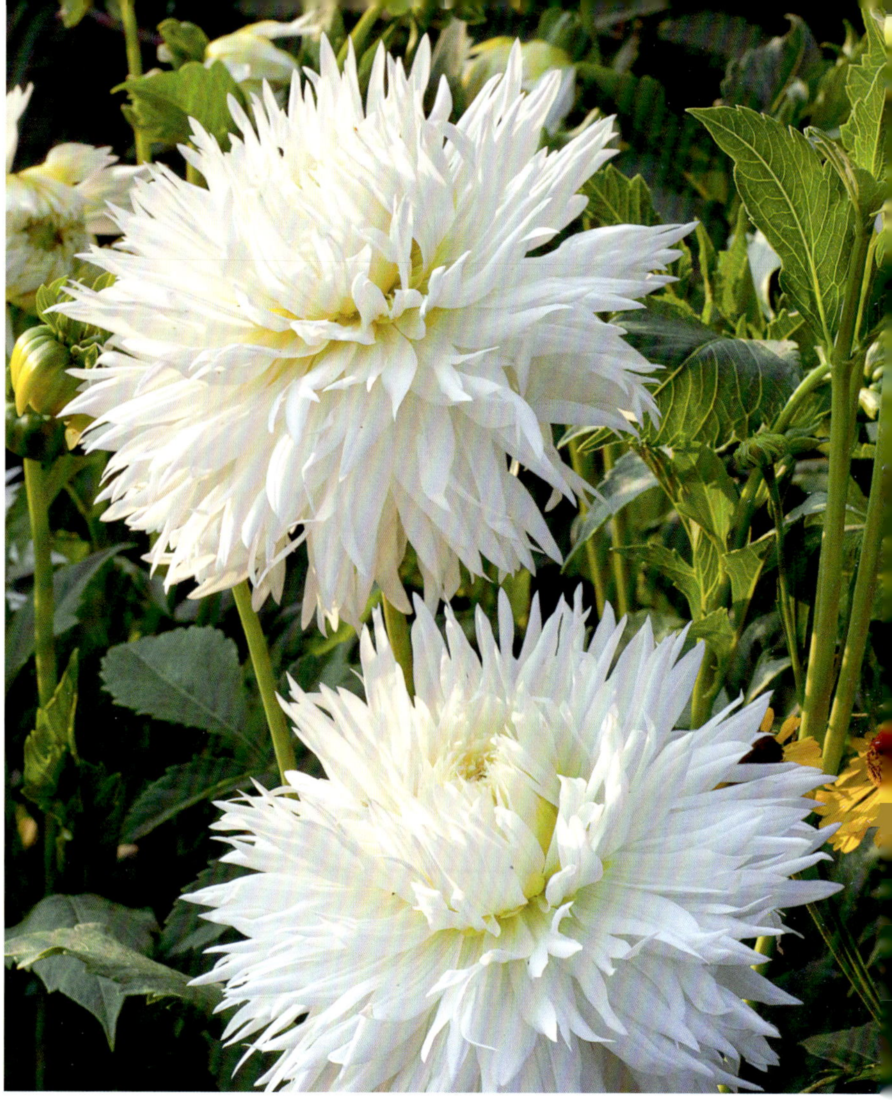
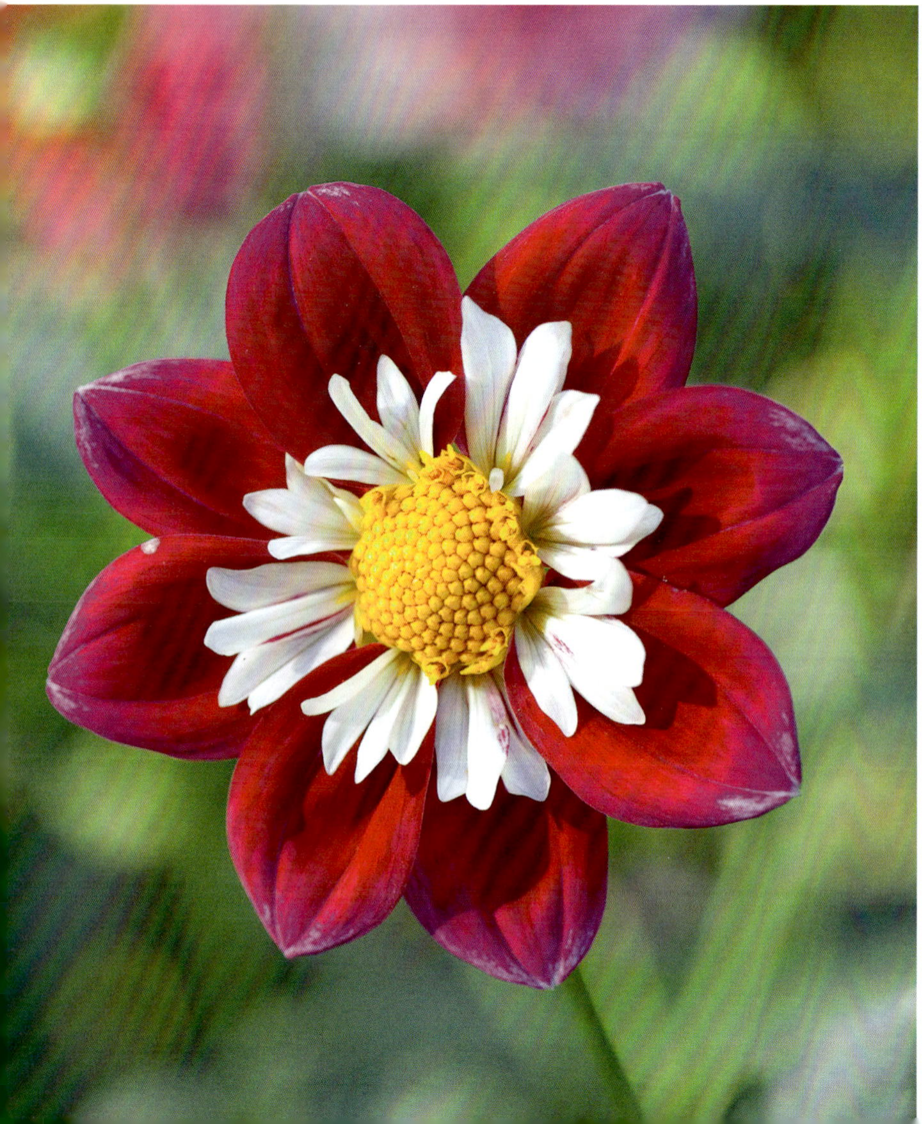
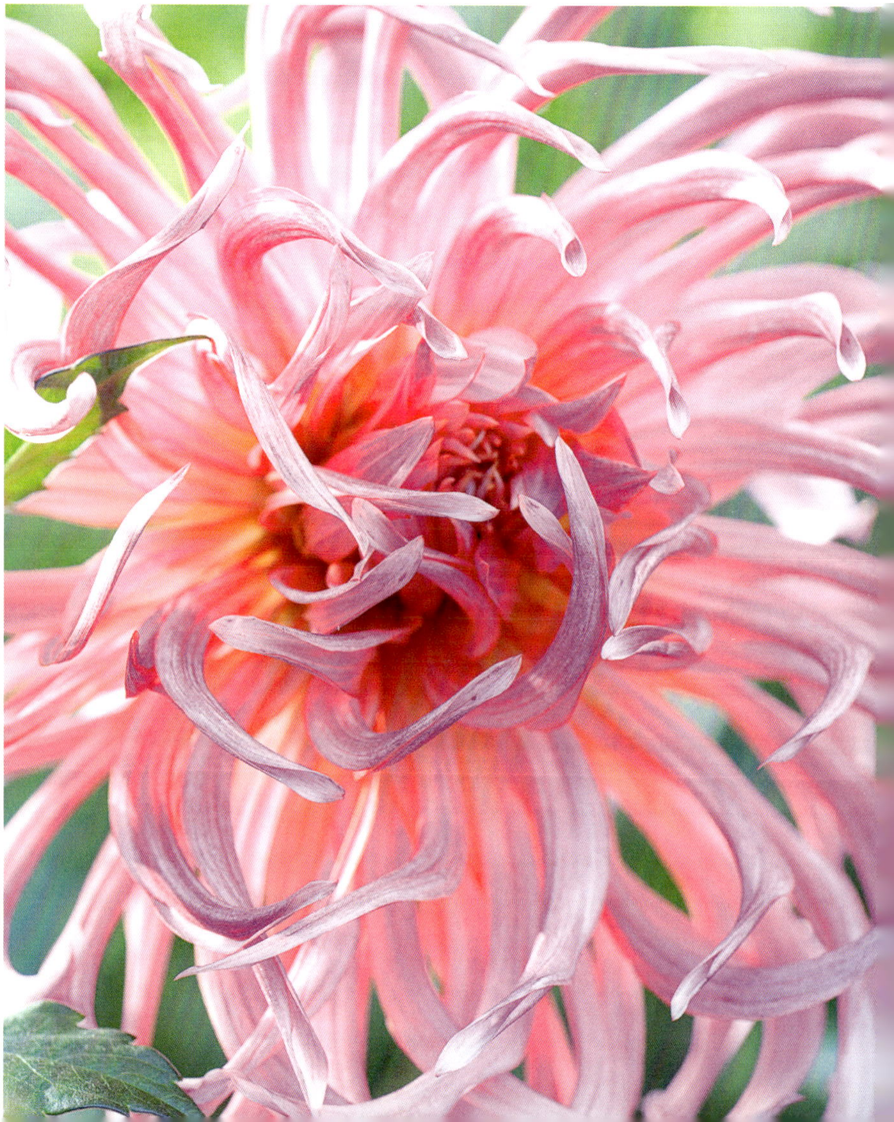

Dahlien kennen keine klassenlose Gesellschaft

Die beiden überlegten, wo sie möglichst viele Dahlien bewundern könnten, und stiegen wieder ins Auto, diesmal steuerten sie es nicht Richtung Norden, sondern fuhren rund eine Stunde in den Süden: »Wir besuchten eine Dahlien-Show in Maastricht und entdeckten da sehr viele schöne Sorten, und so ist unsere Liebe zu den Dahlien entstanden«, erzählt Theej. Tatsächlich ist kaum eine andere Gartenpflanze besser geeignet, um die Sammelleidenschaft zu entfachen. Die Vielfalt der Dahlien ist so groß, dass es keine genauen Angaben über die Anzahl der Sorten gibt. Die Deutsche Dahliengesellschaft listete im Jahr 2014 rund 2.200 Sorten in ihrem Verzeichnis und es kommen Jahr für Jahr neue dazu. Doch es ist nicht nur die Anzahl der Sorten, die Sammler fasziniert. Eine Dahlie ist nicht einfach eine Dahlie, sondern lässt sich aufgrund ihrer Wuchsform einer bestimmten Klasse zuordnen. Jene 'Bishop of Llandaff', die Nel und Theej so gut gefallen hatte, gehört zur Klasse der Einfach blühenden Dahlien. Besonders bekannt sind die Pompon- und die ähnlichen, aber etwas größeren Ball-Dahlien mit ihren runden Blütenköpfen. Ebenfalls bekannt: die extravaganten Kaktus- und Semi-Kaktus-Dahlien mit ihren mehr oder weniger stark eingedrehten Blütenblättern. Wenn diese an der Spitze gespalten sind, hat man es mit einer Hirschgeweih-Dahlie zu tun. Nach ihrer Ähnlichkeit mit anderen Pflanzen benannt sind die Klassen der Orchideen-, Seerosen- und Anemonenblütigen Dahlien. Halskrausen-Dahlien sehen aus, als würden sie um die gelbe Blütenmitte herum eine Halskrause tragen. Dekorative Dahlien wiederum sind natürlich dekorativ und werden auch als Schmuck-Dahlien bezeichnet. Sie tragen ballförmige Blüten mit flacheren Blütenblättern als die Ball-Dahlien. Kurz: Für den Laien erscheint die Vielfalt der Blütenformen etwas zu verwirren. Sie macht aber auch neugierig und auch die Verheggens wollten sich bei der frisch geweckten Sammelleidenschaft nicht auf

Links oben: Die Schmuck-Dahlie 'Maxime' mit raffiniertem gelbem Rand (links); die Hirschgeweih-Dahlie 'White Lace' (rechts). **Links unten:** Halskrausen-Dahlie 'Libretto' (links) und Kaktus-Dahlie 'Sarah Mae' (rechts). **Oben:** Üppiger geht es nicht – das »Vorratsfeld« im Hochsommer.

Die größten Fans der Dahlien sind zugleich ihre größten Feinde

Wenn er ein wenig Muße hat, gönnt sich Theej einen Moment der Achtsamkeit und betrachtet seine Dahlien aus der Nähe, fasziniert vom komplexen Aufbau der Blüte und den vielen verschiedenen Varianten. So mancher Dahlienfreund würde es ihm gerne gleich tun. Doch in vielen Gärten entwickeln sich aus den Knollen gar keine Blüten. Denn auch wenn die Dahlie zeitweise außer Mode geraten war, zumindest die Schnecken waren sich schon immer einig. Sie liebten und lieben sie. Sobald sich Triebe zeigen, werden sie verspeist. Und wie ist es bei den Verheggens? »Wir haben Glück und einen sandigen Boden. Da reicht es, die Schnecken abzusammeln«, erzählt Theej. An feuchteren Standorten hilft es, die Knollen ab März in Töpfen vorzuziehen. Ins Beet ausgepflanzt werden sie, wenn kein Frost mehr droht und die Triebe nicht mehr zart, sondern stark sind.

eine Gruppe beschränken. Neben dem bereits erwähnten 'Bishop of Llandaff' pflanzten die beiden auch andere Exemplare, erzählt Theej: »Wir stiegen mit den Sorten 'Fascination', 'Eveline', 'Rosella' und 'Franz Kafka' ein und wir haben alle diese Sorten immer noch im Garten.« Für Einsteiger wären diese gängigen und unkomplizierten Sorten auch heute noch eine gute Wahl. Bei den Verheggens kamen im Laufe der Jahre natürlich weitere Sorten dazu. Rund 150 sind es mittlerweile.

Doch egal, ob Rarität oder gängige Einsteigersorte: Den Winter übersteht die Dahlie als gebürtige Mexikanerin nur an einem frostfreien Ort. Im Spätherbst müssen die Knollen der Pflanzen also aus der Erde ausgegraben werden und umziehen. Das macht Arbeit und vielleicht liegt es auch daran, dass viele Gartenbesitzer keine große Lust auf Dahlien haben. Nel und Theej akzeptieren das alljährliche Einwintern der Knollen als notwendiges Übel und wissen, was auf sie zukommt. Nel erzählt: »Es dauert rund eine Woche, bis wir alle Pflanzen aus der Erde gegraben und eingelagert haben.« Schließlich sind es Jahr für Jahr 500 bis 600 Stück und das sind so viele, dass nicht nur Muskelkraft gefordert ist. Ein gesundes Maß an Ordnung ist auch in ihrem üppigen Garten, in dem die Blütenpracht aus den Beeten zu quellen scheint, unverzichtbar. Schließlich pflanzen die beiden ihre Dahlien in farblich sorgfältig abgestimmten Rabatten und da sollte es keine »anonymen« Knollen geben. Wenn die Sorten in die schwarzen Kunststoffkisten gepackt werden, legt Theej immer ein gelbes Schild dazu, auf dem die jeweilige Sorte geschrieben steht. Ein klein wenig Bürokratie ist für Pflanzensammler unverzichtbar und angesichts der sommerlichen Pracht nehmen beide diesen Aufwand gerne in Kauf. Nach dem Abtrocknen werden die Knollen im Gewächshaus eingelagert. Dort hat das Paar einen kleinen, isolierten Raum abgetrennt, den es je nach Außentemperatur auch beheizt. Nur ein wenig, denn um die fünf Grad Celsius gelten für die Knollen als ideal.

Rechts oben: Das Ende der Saison ist im Garten der Verheggens eine besonders arbeitsintensive Zeit. Dann werden die Dahlien ausgegraben (links). Die Knollen sind die Vorratskammer der Pflanze und speichern Wasser und Nährstoffe (rechts). **Rechts unten:** Nach der »Ernte« werden die Dahlien-Knollen samt Sortenschild in schwarze Kunststoffkisten gepackt (links) und zum Trocknen in einem Folientunnel ausgelegt (rechts).

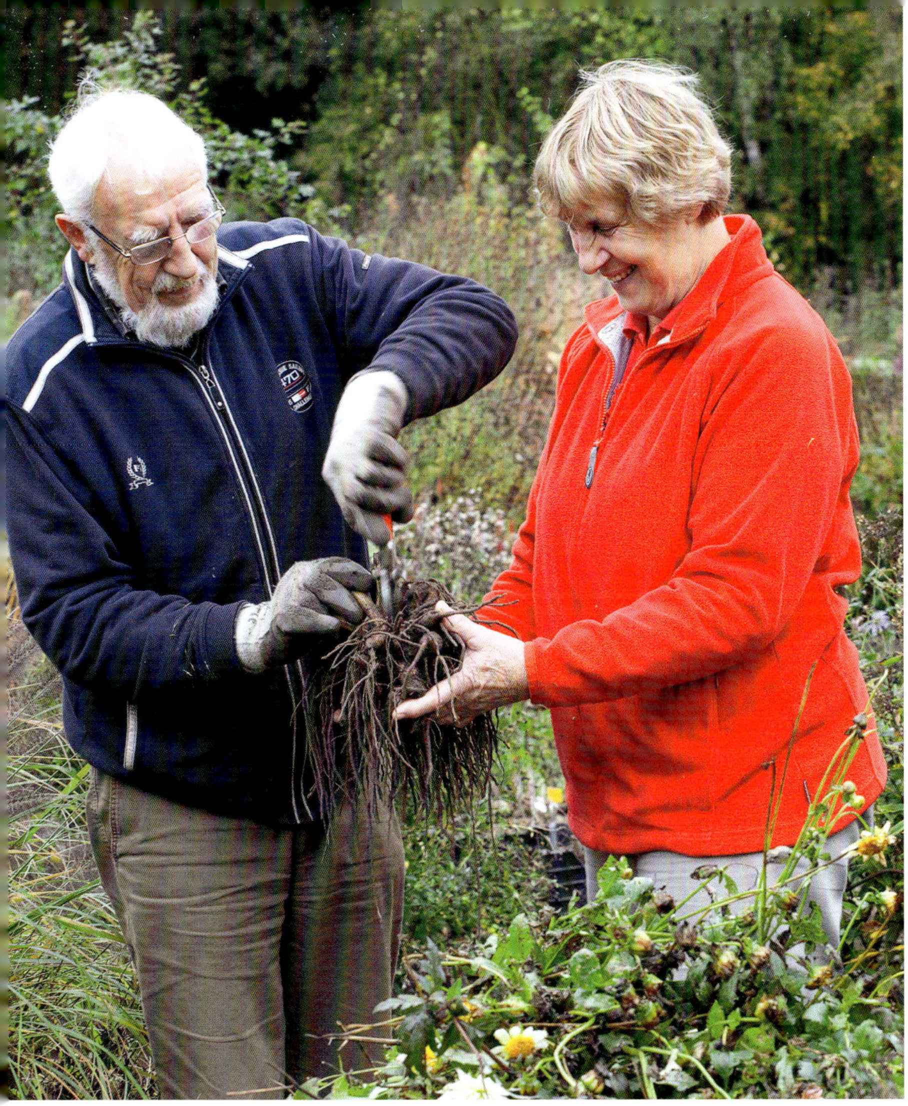

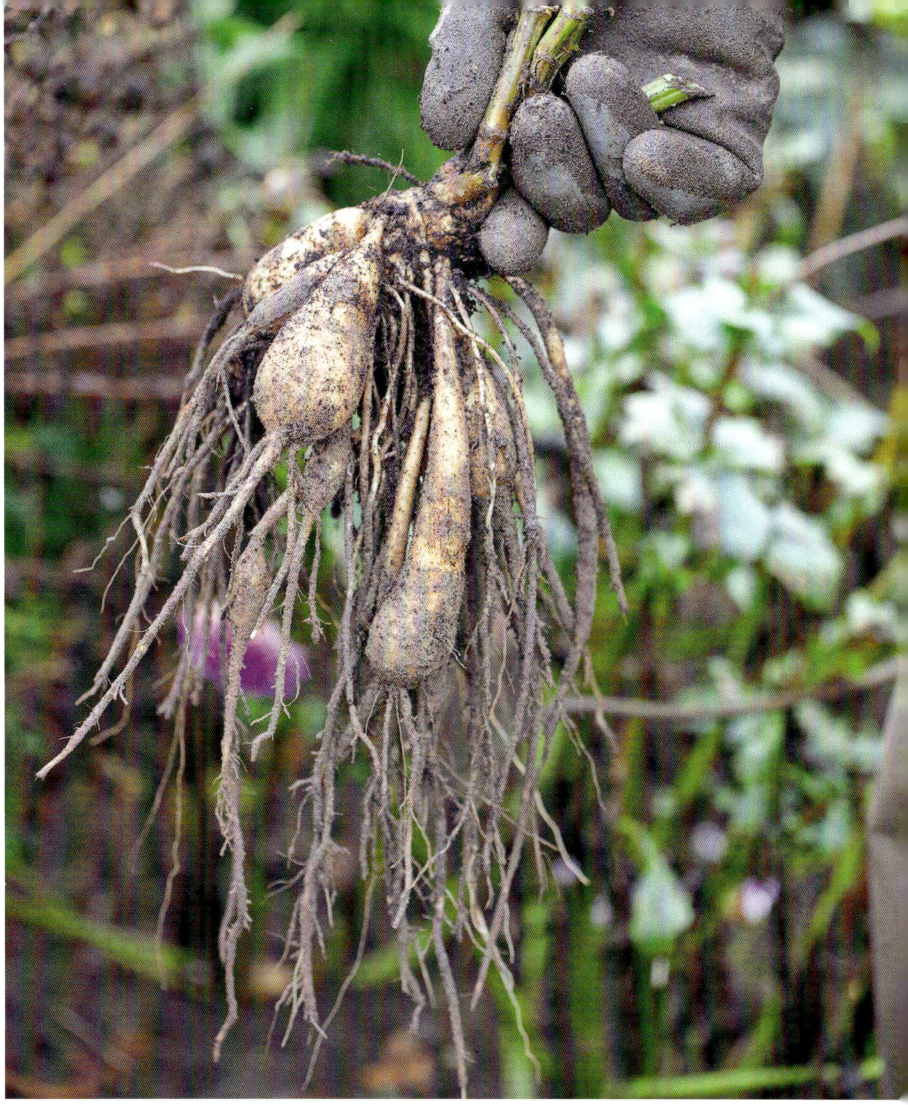

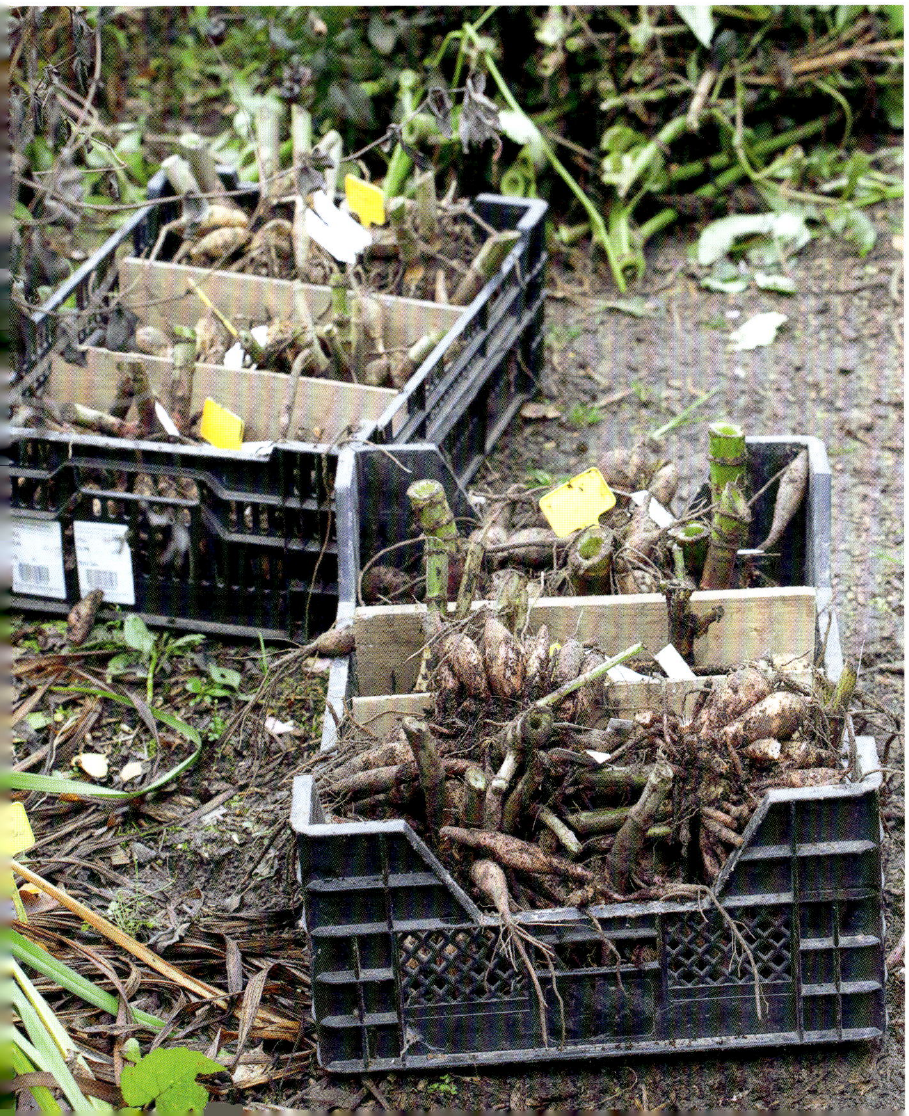

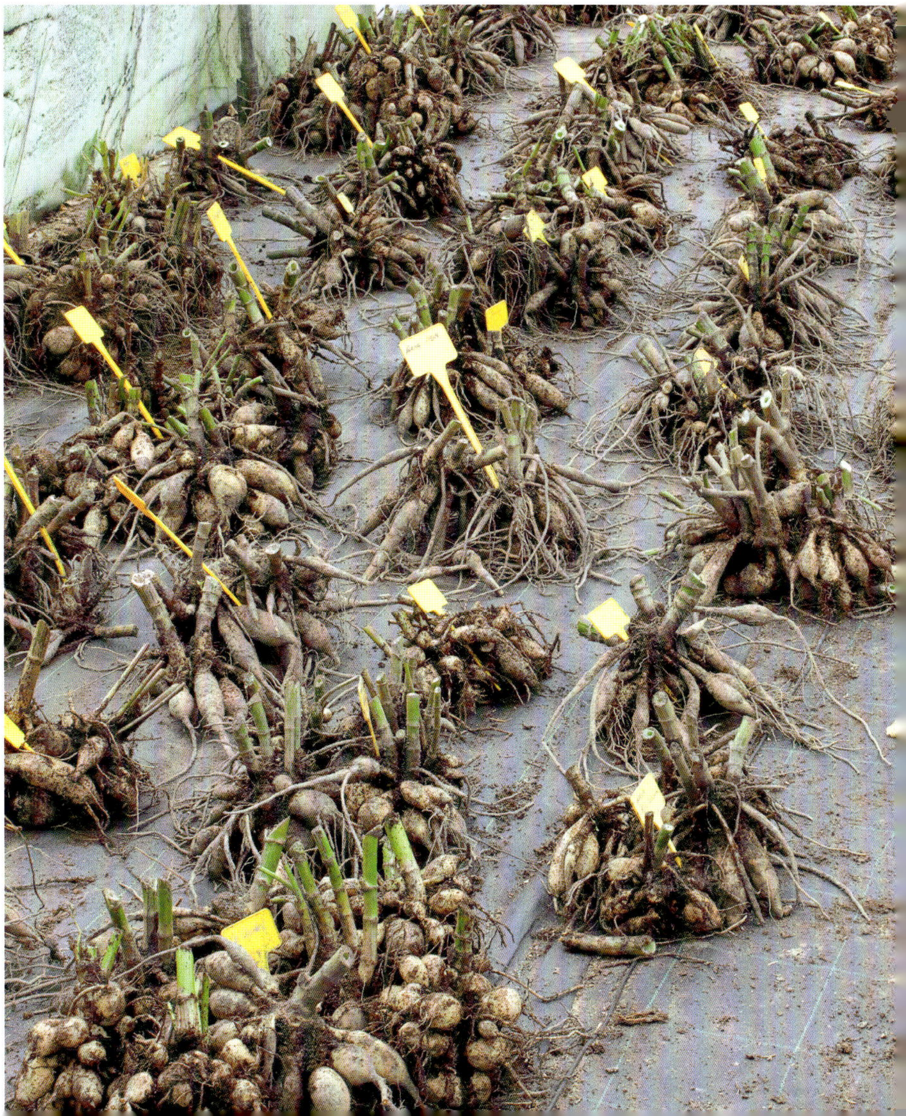

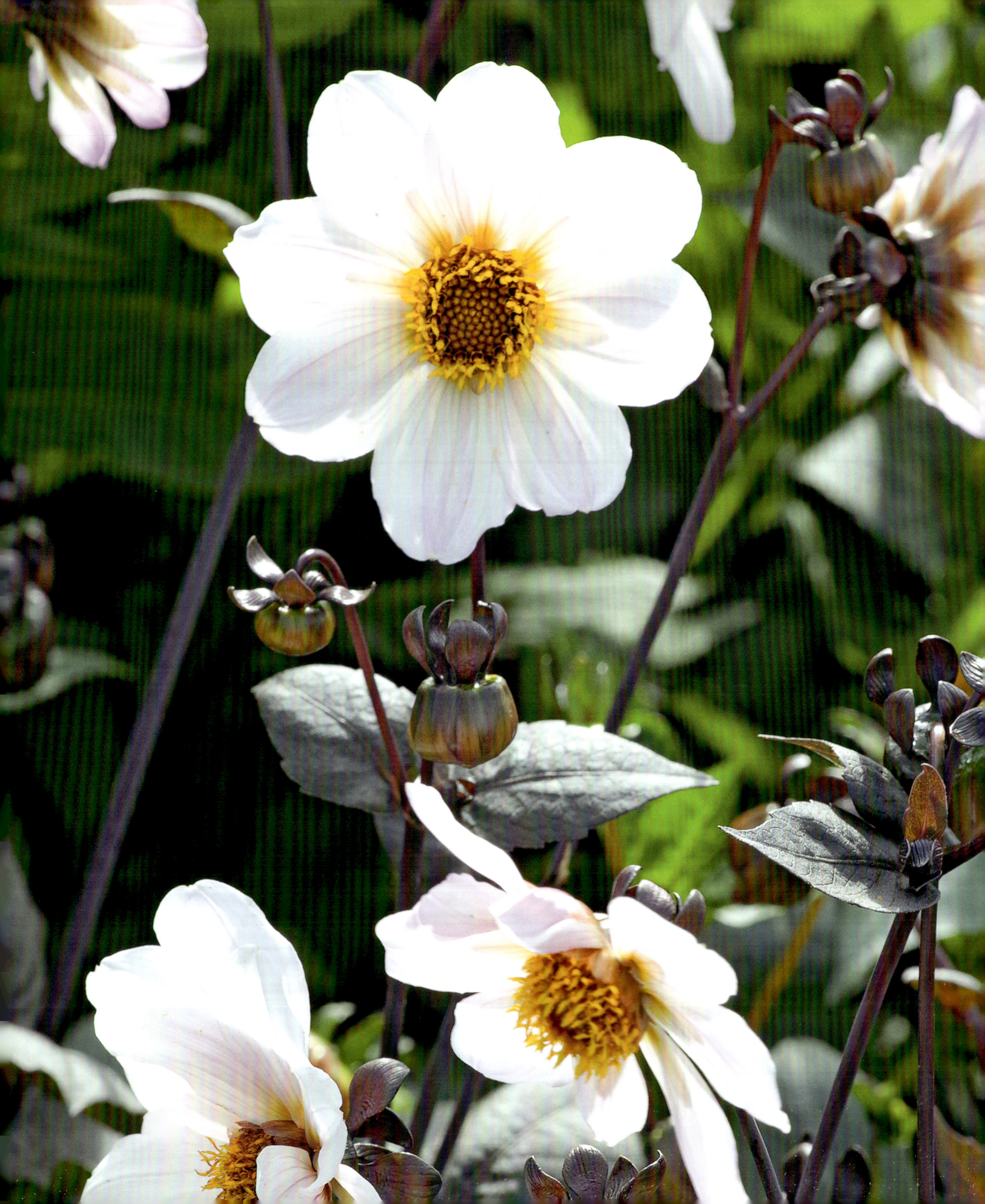

Am Anfang war der Rasen – wie so oft

Haben die Dahlien den Winter gut überstanden, werden sie im Frühling wieder eingepflanzt. Natürlich nicht irgendwie und irgendwo. Besonders gut kommen sie mit anderen Stauden zur Geltung. Bei Nel und Theej gedeihen sie Seite an Seite mit Gräsern, Astern, Sonnenbraut, Staudenknöterich und Amaranth. Unter anderem, denn die Pflanzenvielfalt in ihrem Garten ist immens. Schließlich ist es kein reiner Dahlien-Garten, sondern ein über die Jahre gewachsener Familiengarten. Anfangs, als die drei Kinder noch klein waren, dominierte der Spielrasen, ganz normal eben. Erst im Laufe der Jahre wurde er zugunsten der Stauden- und Dahlienrabatten umgegraben. Ahnung von Pflanzen hatten die beiden allerdings schon: Theej arbeitete zunächst in einer großen Baumschule und danach im Landschaftsbau. Nels Vater wiederum war Rosenzüchter und sie war quasi zwischen Rosen aufgewachsen. Nichts Ungewöhnliches in Lottum. Denn eigentlich ist das Dorf als Rosenzentrum bekannt und einige Pflanzenfreunde besuchen Nel und Theej, um die Rosen in ihrem Garten zu bewundern. Die gedeihen dort natürlich auch und schmücken die Beete schon ab dem Frühsommer.

Abgesehen von ihren sorgfältig komponierten Beeten pflegen die Verheggens noch einen unkonventionellen Teil, den sie liebevoll ihr »Vorratsfeld« nennen. Als die Leidenschaft für Dahlien geweckt war, wurde es zwangsläufig eng und sie pachteten ein Stück vom Nachbargrund hinzu, um mehr Platz für Pflanzen zu haben. Dieser Streifen grenzt an ein Maisfeld und strahlt einen ganz eigenen Charme aus. Er erinnert an die üppigen Schnittblumengärten, wie sie früher gängig waren. Und tatsächlich greift Nel hier oft zur Schere und holt sich ein Stück der Farbenpracht ins Haus. »Ich liebe die Dahlien auch als Schnittblumen und fülle die Vasen mit den schönsten Sträußen in allen Farbkombinationen.«

Links: Nicht nur die Blüten sind ein Hingucker. Einige Sorten wie die einfach blühende Dahlie 'Bishop of Dover' haben sehr schönes purpurfarbenes Laub. **Oben links:** Schon bevor sich die eigentliche Pracht entfaltet, sehen Dahlien attraktiv aus. Wer sie für die Vase schneiden möchte, sollte aber warten, bis sich die Knospen geöffnet haben. **Oben rechts:** Bei Nel und Theej wachsen so viele Sorten, dass die Schilder alphabetisch geordnet sind.

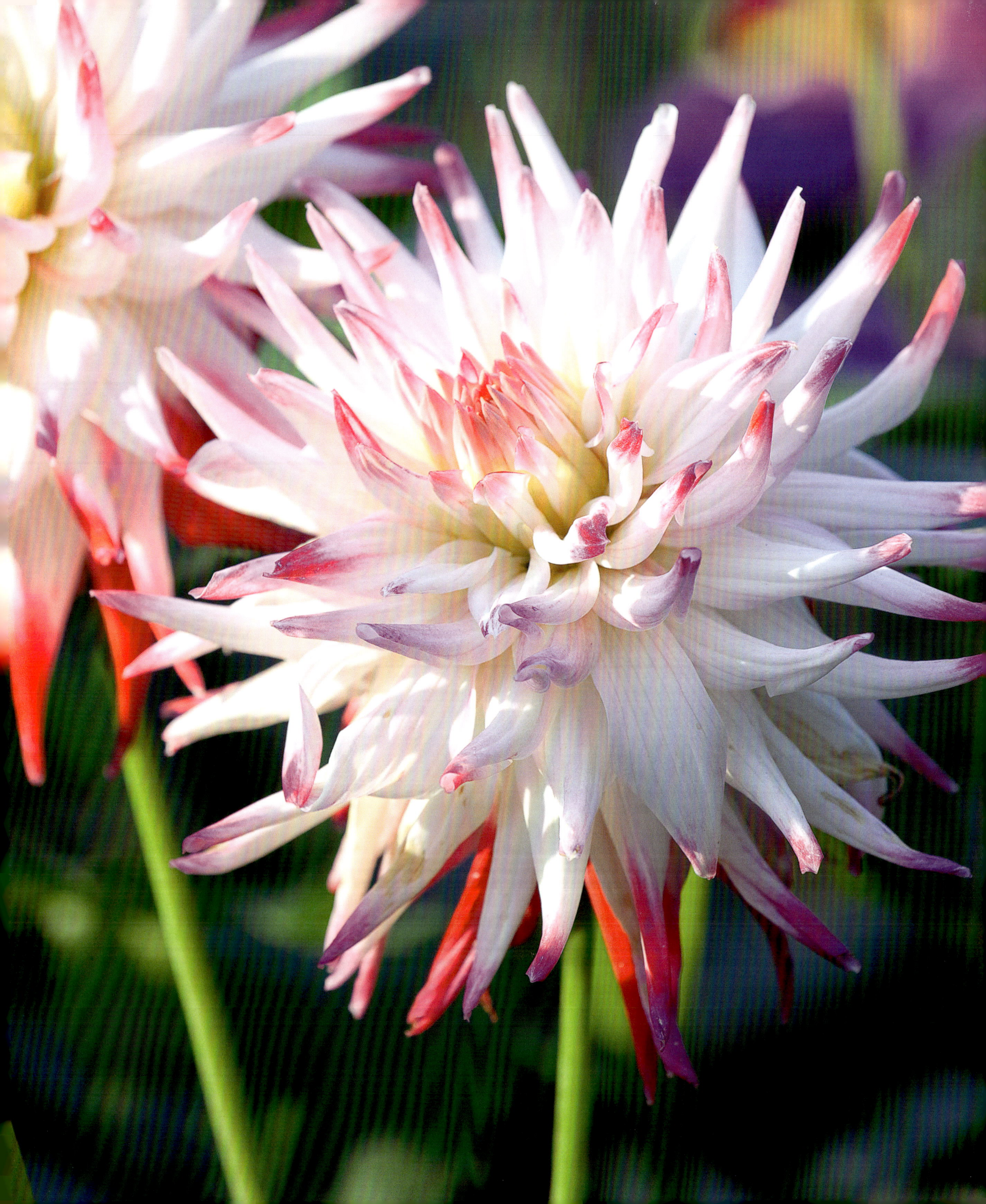

Dahlie, *Dahlia* – 157

Hier geht es nicht um Vollständigkeit

Bei einer Pflanze wie der Dahlie versteht es sich von selbst, dass sie nicht gesammelt wird, um irgendwann alle Sorten zu haben. Das wäre in diesem Fall schlicht unmöglich. Nel und Theej sind vielmehr fasziniert von der Schönheit und Üppigkeit der Blüten und teilen die Freude daran gerne mit ihren Besuchern. Die schönsten Komplimente bekommen beide von unerwarteter Seite, erzählt Nel: »Wir haben schon oft erlebt, dass sogar bekennende Dahliengegner nach einem Besuch bei uns fasziniert von der Vielfalt der Blütenformen und den schönen Blättern geschwärmt haben.« Viele dieser Besucher kommen im nächsten Jahr wieder an und erzählen den beiden davon, welche Dahlien sie in diesem Jahr gepflanzt haben. Sie sind selbst zu Experten geworden.

Manchmal sind es sogar Knollen aus dem Garten der Verheggens, denn Nel und Theej betreiben zwar keine Gärtnerei, geben aber einen Teil ihrer Knollen an Interessierte weiter. Da es sich bei den Garten-Dahlien um Hybriden handelt, vermehren sie ihre Schützlinge sortenecht durch Teilung. Eine eigene Sorte haben die beiden noch nicht kreiert. Doch warum auch? Die Dahlien-Vielfalt erscheint schon heute grenzenlos.

DAS WIRD GESAMMELT: *Nel und Theej haben rund 150 Sorten der aus Mexiko stammenden Dahlien zusammengetragen. Sie vermehren ihre Pflanzen durch Teilung.*

WARUM SIE FASZINIEREN: *Dahlien sind vielseitig und passen je nach Sorte zu Naturgärten oder in extravagante Beete. Die Formen- und Farbenvielfalt ist nahezu grenzenlos, einzig die Farbe Blau fehlt.*

WAS SIE BRAUCHEN: *Die Dahlien sind Sonnenkinder und gedeihen an einem warmen, hellen Standort. Den Winter über müssen die Knollen frostfrei gelagert werden.*

Links: Die Semi-Kaktus-Dahlie 'Sorbet' sieht appetitlich aus, ganz so, als hätte man ihre Blütenspitzen in Himbeersirup getaucht. **Rechts oben:** Die Schmuck-Dahlie 'Martina' trägt ballförmige Blüten. **Rechts unten:** Ebenfalls eine Schmuck-Dahlie – die Sorte 'Tomo', kombiniert Weiß mit Purpur.

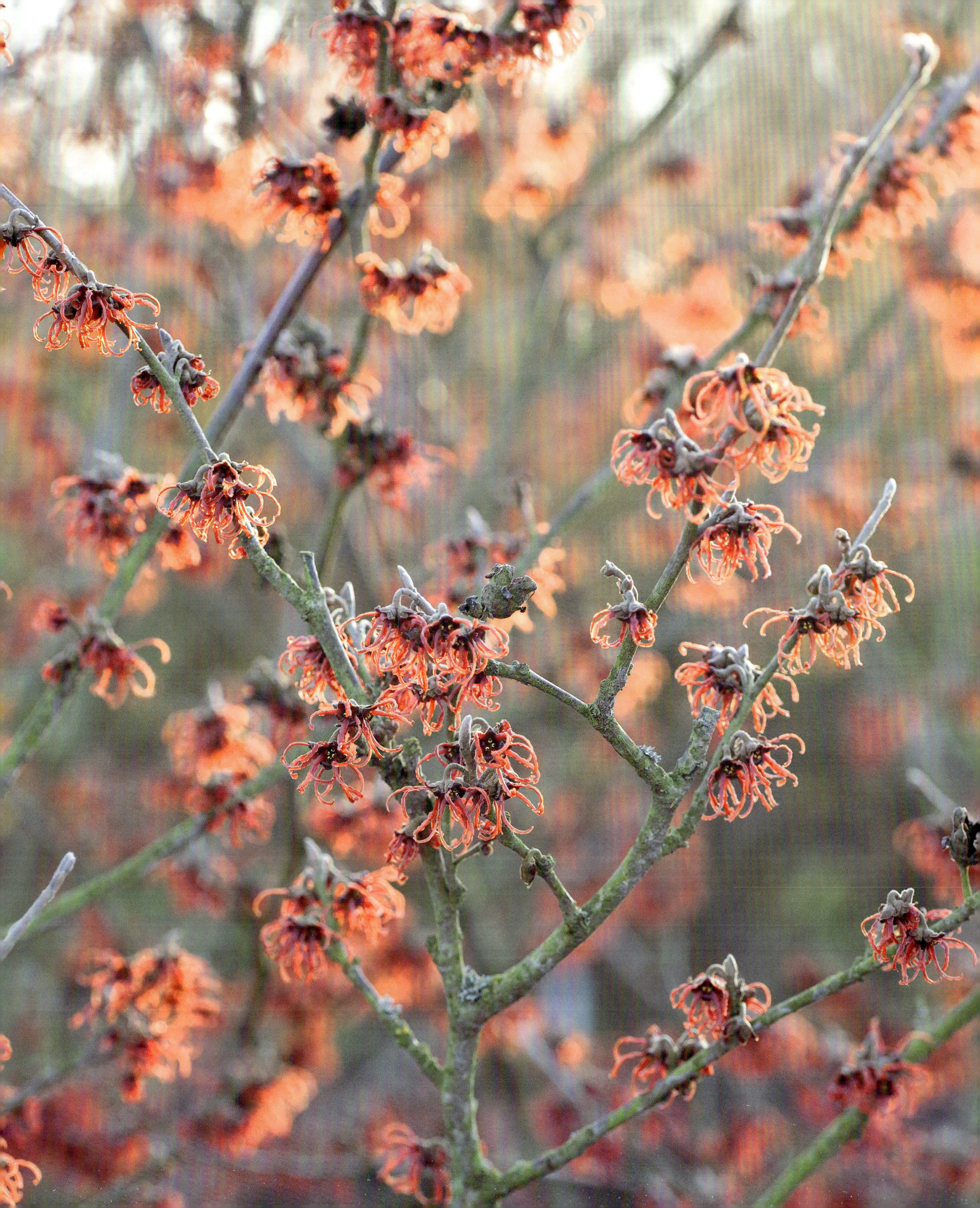

CHRIS LANE, NEWINGTON, KENT (GB)

Der Hexenmeister

Zaubernuss, Hamamelis

Wie kleine Flammen züngeln die Blüten der Zaubernuss schon ab Januar in Goldgelb, Kupferrot oder Orange an ihren Ästen und bringen Licht ins Dunkel des Winters. Allein die frühe Blüte würde reichen, dieses unkomplizierte Gehölz in den Garten zu holen. Doch damit nicht genug: Die Blüten verströmen einen zarten Duft und je nach Sorte kann sich sogar die Herbstfärbung der Blätter sehen lassen. Einfach magisch. Auch Chris Lane ließ der Zauber dieser Winterblüher nicht kalt. Er machte die Liebe zu diesem Gehölz sogar zum Beruf. In seiner eigenen Gärtnerei kultiviert er vor allem jene Hybriden, die sich als besonders dankbare Gartengäste erwiesen haben.

Links: *Hamamelis* × *intermedia* 'Rubin' hat sich in der Praxis bewährt und gilt als empfehlenswerte Gartensorte. Im Herbst färben sich die Blätter orange. **Oben links:** 'Arnold Promise' gehört zu den bekanntesten Sorten. Zum Saisonausklang tragen die Blätter die gleiche Farbe wie die Blüten zum Saisonstart: leuchtendes Sonnengelb. **Oben rechts:** 'Robert' trotzt der spätwinterlichen Tristesse mit kupferfarbenen Blütenzungen.

Dieses Feuer mag niemand löschen

Es brennt lichterloh, doch in dem Örtchen Newington in der Grafschaft Kent denkt niemand daran, die Feuerwehr zu rufen. Die Flammen lodern auch sehr diszipliniert, in Reih und Glied geordnet und jedes Feuer mit einem eigenen Etikett versehen. So soll es sein – mitten im Winter an einem kalten Januarmorgen. Die Sonne ist gerade aufgegangen und Chris Lane geht zufrieden durch die Reihen seiner Schützlinge. Wie in jedem Jahr um diese Zeit zünden die Zaubernüsse in seiner Gärtnerei ein Feuerwerk. Wer diese Sinfonie aus Gelb-, Orange- und Rottönen zum ersten Mal sieht, kann es zunächst gar nicht glauben. So viel Farbe in einer ansonsten überwiegend graubraunen Jahreszeit? Da reibt sich der Laie erstaunt die Augen und auch ein Profi wie Chris Lane ist nach all den Jahren immer noch fasziniert von dieser Gattung. An seine erste Begegnung mit der Zaubernuss erinnert er sich noch genau, zumal jener Winter den Pflanzen besonders harte Bedingungen bot. Wer ihn nicht selbst erlebt hat, kann über den bitterkalten Januar des Jahres 1979 in Wetterchroniken nachlesen. Jedenfalls war die Eiseskälte auch in der als eher wintermild bekannten Grafschaft Kent angekommen. Chris Lane arbeitete damals noch als Lehrer am »Hadlow College« in Canterbury und hatte förmlich Mitleid mit den vom Frost geplagten Pflanzen.

Umso größer war sein Erstaunen, als er eines Morgens auf dem Weg in die Schule plötzlich an unzähligen gelben Blüten vorbeikam. Wie von Geister- oder in diesem Fall besser Hexenhand waren die Sträucher über Nacht aus ihrem Winterschlaf erwacht und aufgeblüht. Trotz bitterer Kälte. Für Chris Lane war jener Tag ein Schlüsselerlebnis und er begann sich brennend für die magisch anmutende Gattung *Hamamelis* zu interessieren: »Ich war fasziniert, wie es die Blüten dieser Pflanzen schaffen, der bitteren Kälte zu trotzen, ohne dabei Schaden zu nehmen.«

Oben links: 'Aphrodite' entfacht mit orangefarbenen Blüten spätwinterliche Leuchtfeuer. **Oben rechts:** Die bereits gezeigte Herbstfärbung von 'Arnold Promise' wirkt am besten vor grünem Hintergrund. **Rechte Seite:** Die Sorte 'Rubin' (links oben) trägt ihren Namen zu Recht. 'Nina' (rechts oben) hat besonders lange Blütenzungen, ebenso wie 'Spanish Spider' (links unten). Wieder 'Aphrodite' (rechts unten), diesmal aus der Nähe betrachtet.

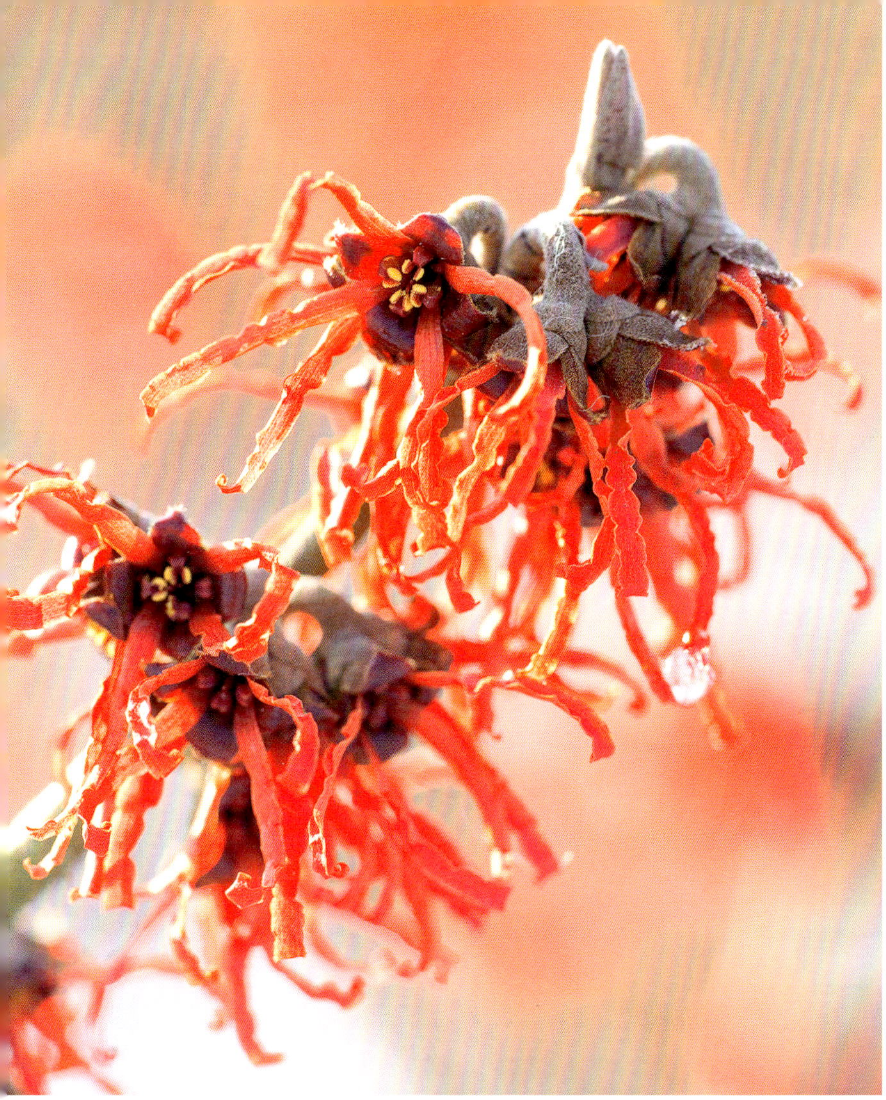
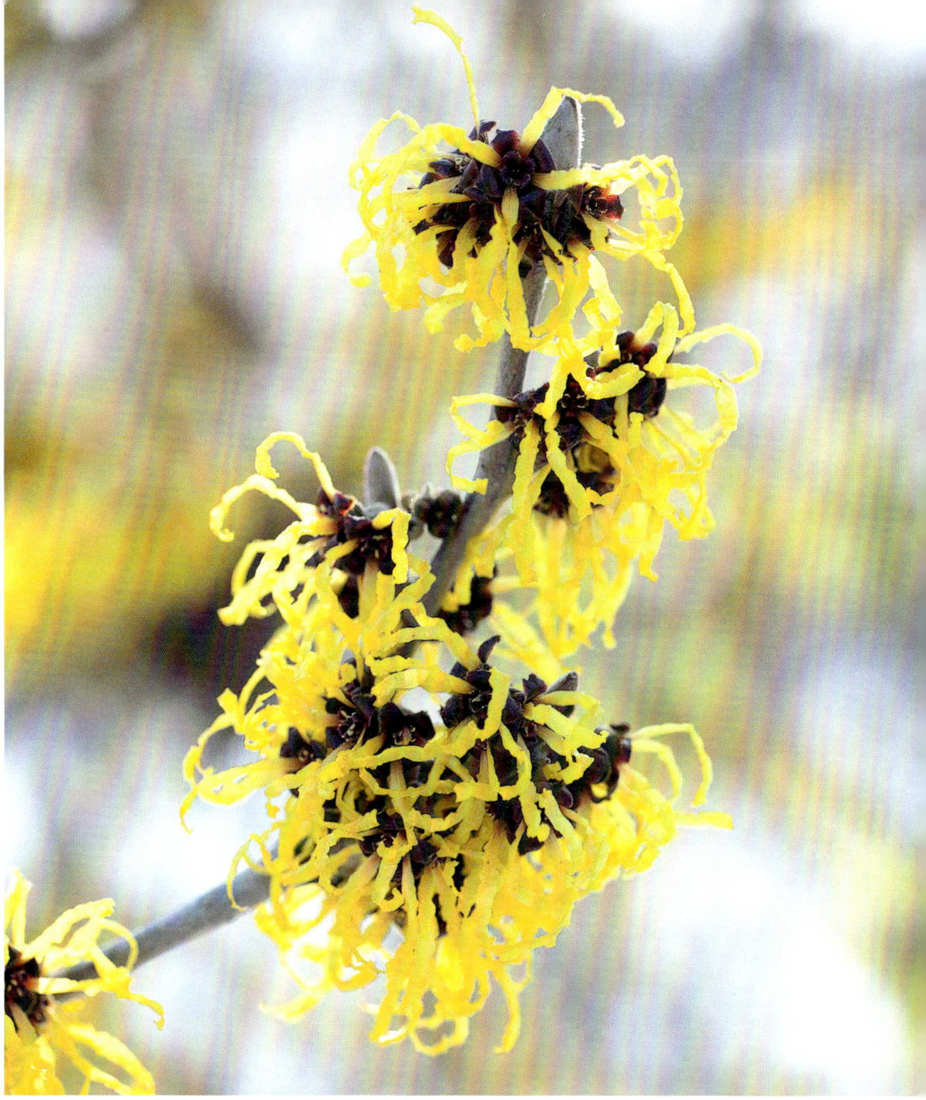
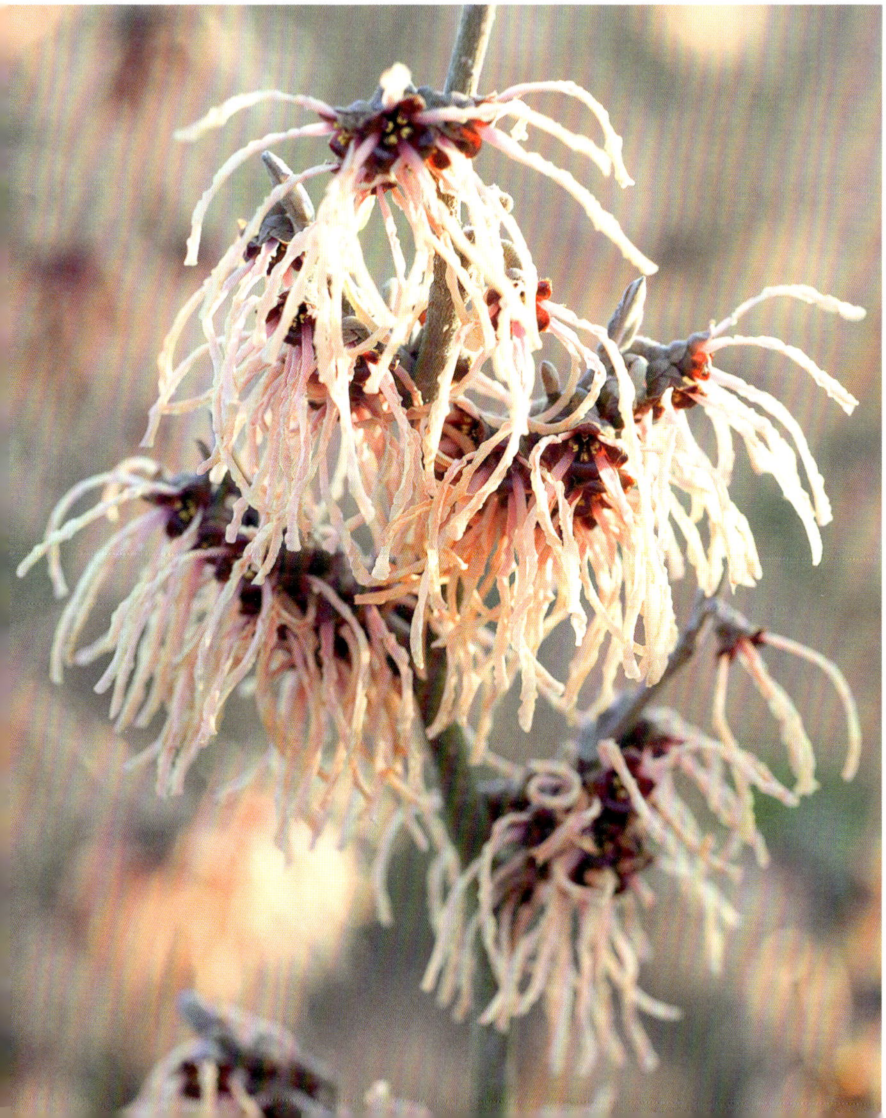
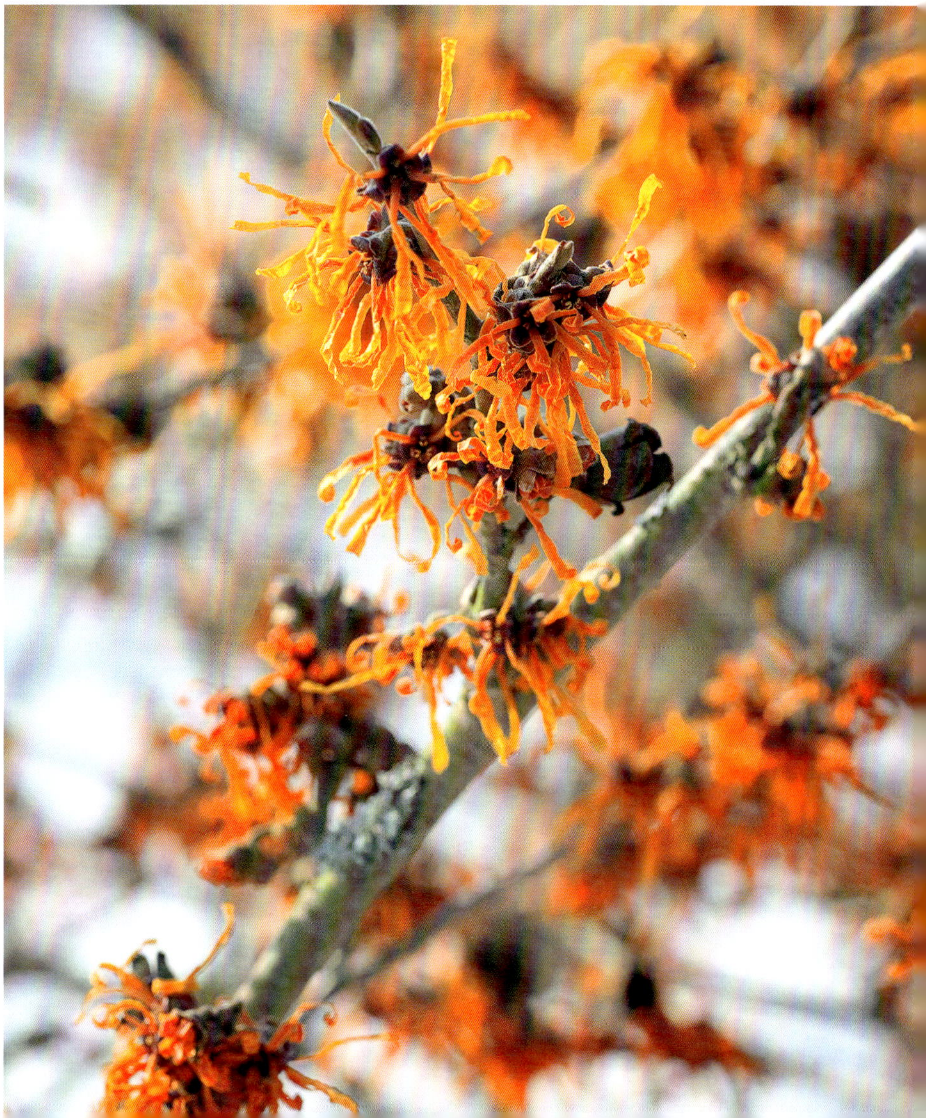

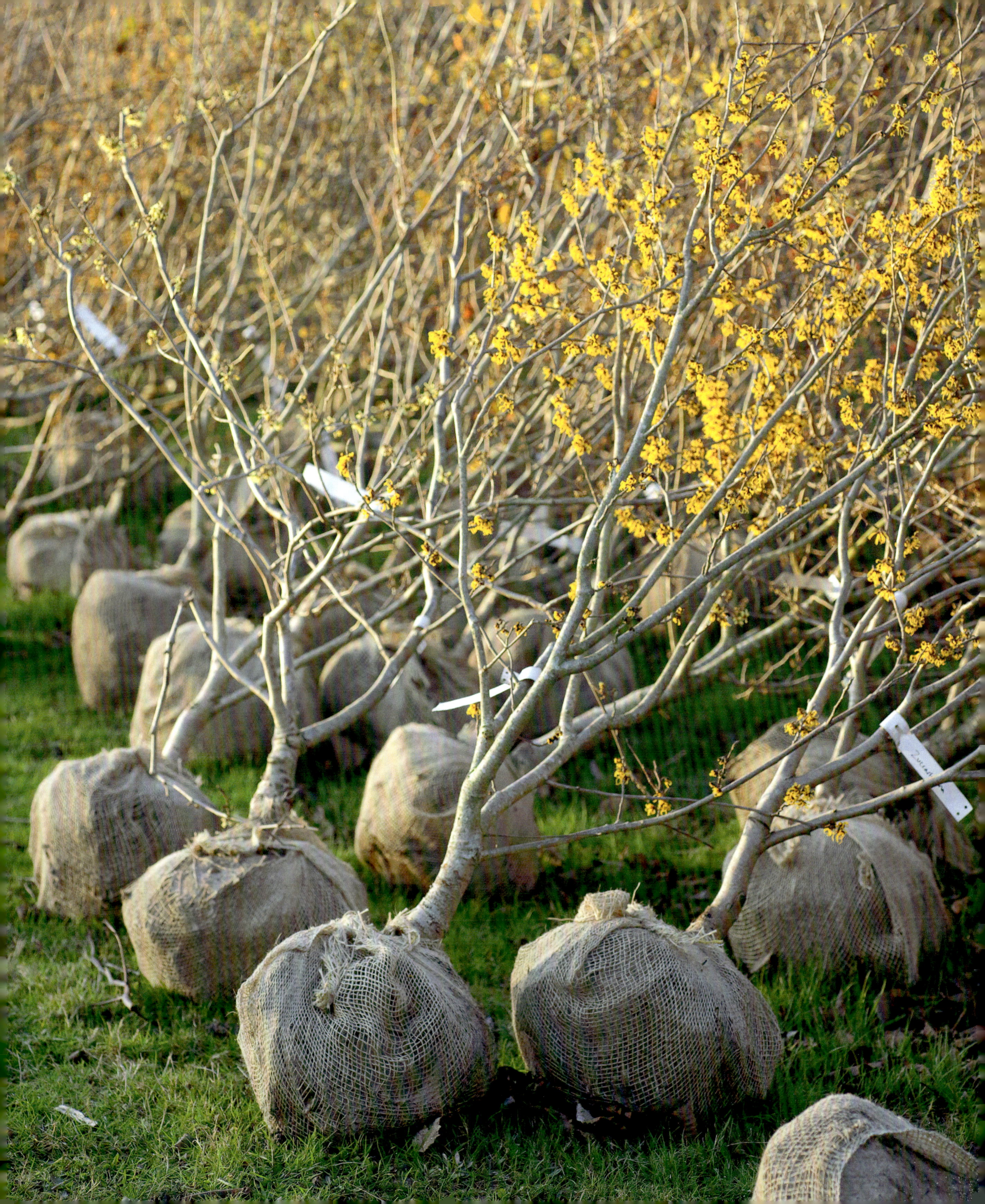

Bei Zaubernüssen ist die Züchtung aufwändiger als die spätere Pflege

Chris Lane hat gute Laune und streift mit den Händen über die Äste seiner in voller Blüte stehenden Pflanzen von *Hamamelis* × *intermedia* 'Robert'. Bis die Pflanzen so groß sind, dauert es Jahre und auch die Vermehrung ist aufwändig. Meist werden die Hybriden sortenecht auf Jungpflanzen von *H. virginiana* veredelt. Bis Chris seinen Schützlingen dann auf Augenhöhe begegnen kann, vergeht viel Zeit. Dafür gilt 'Robert' ansonsten ebenso wie die meisten Hybriden als pflegeleicht, sofern der Boden geeignet ist, verrät Chris: »Guter Wasserabzug ist wichtig, denn sie mögen keine Staunässe. Im Sommer sollte der Boden aber nicht ganz austrocknen. Da hilft eine Mulchschicht.« Den Wurzeldruck benachbarter Gehölze verträgt die Zaubernuss übrigens nicht, aber ihre Schönheit nimmt man ohnehin besser wahr, wenn man sie nicht zu eng an andere Bäume und Sträucher pflanzt.

Diese Vitalität bei bitterer Kälte kam nicht nur Chris Lane magisch vor. Der deutsche Name »Zaubernuss« lässt die besondere Ehrfurcht vor einer Pflanze, die mitten im Winter blüht, ebenfalls erahnen. Die Engländer nennen die *Hamamelis* »Witch Hazel«, übersetzt »Hexenhasel«, und zollen der Pflanze offensichtlich ebenfalls Respekt. Nüsse trägt die Zaubernuss übrigens keine, bei den Früchten handelt es sich botanisch gesehen um Kapselfrüchte, wie sie auch Mohn oder Baumwolle tragen. Die Blätter, die erst viele Wochen nach der Blüte im Frühling erscheinen, erinnern tatsächlich ein wenig an die der Haselnuss, was die umgangssprachlichen Namen Zaubernuss und »Witch Hazel« erklärt.

Chris Lane beließ es nicht bei der Bewunderung für die Zaubernuss. Er begann damit, sie zu sammeln. Seine erste Sorte, eine *Hamamelis* × *intermedia* 'Ruby Glow', ähnelt mit ihren ungewöhnlich kupferfarbenen Blütenzungen der Sorte 'Rubin'. Doch das war erst der Anfang. Mit den Jahren wurde seine Sammlung immer umfangreicher und sein Hobby immer wichtiger. Rund 20 Jahre nach jenem strengen Winter des Jahres 1979 gab Chris Lane sogar seinen Beruf als Lehrer auf, arbeitete stattdessen in einer Gärtnerei und gründete schließlich seine eigene Baumschule. Selbstverständlich ein auf Zaubernüsse spezialisierter Betrieb, den er treffend auf den Namen »Witch Hazel Nursery«, (»Zaubernuss-Gärtnerei«) taufte. Heute ist er ein international anerkannter Spezialist in Sachen *Hamamelis*. Seine Sammlung dieser Gattung gilt als die weltweit größte. Bis vor wenigen Jahren waren nur vier Arten der Zaubernuss bekannt: *H. mollis*, *H. japonica*, *H. virginiana* und *H. vernalis*. Die fünfte Art, *H. ovalis,* wurde erst im Jahr 2006 in Nordamerika entdeckt und es ist schon fast überflüssig zu erwähnen, dass Chris Lane auch diese botanische Sensation kultiviert. Für den Hausgarten interessant und gefragt sind aber vor allem die aus *H. japonica* und *H. mollis* entstandenen Hybriden, die *Hamamelis* × *intermedia* genannt werden.

Links: Die hervorragende Qualität der Zaubernüsse, die von Chris Lane vermehrt und großgezogen wurden, hat sich im Laufe der Jahre herumgesprochen. Entsprechend gefragt sind Pflanzen mit einem Sorten-Etikett aus der »Witch Hazel Nursery«. Damit die kostbaren *Hamamelis*-Pflanzen ideale Startbedingungen haben, werden sie balliert und wurzeln dadurch am neuen Standort mit einer Portion der guten Gärtnerei-Erde ein.

Auch im Herbst gibt sich die Zaubernuss bunt

Chris Lane versteht gut, dass die Sorten von Hamamelis × intermedia so gut ankommen. Auch die meisten seiner rund 175 Sorten sind Hybriden und aus gutem Grund populär, erzählt er: »Sie sind robuster, blühfreudiger und die Farbauswahl ist größer als bei den botanischen Wildarten.« Für den Verkauf vermehrt er zwischen 25 und 30 Sorten. Doch Schönheiten wie 'Aphrodite', 'Jelena' oder 'Nina' kann man nicht direkt bei ihm kaufen. Mit den Pflanzen aus seiner Baumschule beliefert er andere Gärtnereien und keine Privatkunden. Von einer Ausnahme abgesehen: Ein Mal im Jahr öffnet er die Pforten seiner Gärtnerei. Meist Ende Januar, wenn die meisten seiner Zaubernüsse in voller Blüte stehen, lädt er zum »Hamamelis Open Day« ein. Nicht nur Liebhaber finden an diesem Tag der offenen Tür den Weg nach Newington. Denn die auf dem Gelände eines ehemaligen Obstbauernhofes gelegene Gärtnerei ist für Chris Lane nicht nur der schönste Arbeitsplatz der Welt, sondern auch ein lohnendes Ausflugsziel. Der Andrang ist meist groß und wer eine seltene Sorte sucht, sollte früh dran sein. An diesem Tag gilt das Motto: »First come first serve«, was so viel bedeutet wie: »Wer zuerst kommt, mahlt zuerst.« Doch es muss ja nicht unbedingt eine Rarität sein.

Schließlich haben sich gängige Sorten schon in der Praxis bewährt. So wie die Hybride 'Arnold Promise', die zu jenen Zaubernüssen gehört, die den Garten nicht nur im Winter mit Blüten schmücken, sondern auch im Herbst. Dann allerdings nicht mit dem Flor, sondern der Jahreszeit angemessen mit goldgelb gefärbten Blättern. Man sollte also nicht nur auf die Blüten achten, sondern auch nach der Herbstfärbung fragen. In jedem Fall lohnt es sich, die Zaubernüsse vor einem dunklen Hintergrund, etwa einer immergrünen Hecke zu pflanzen, da dadurch sowohl die Blüten als auch die gefärbten Blätter einen würdigen Auftritt bekommen.

Oben links: Zaubernüsse haben viele Gesichter. Die Knospen lassen kupferrote Blüten erwarten, doch tatsächlich überrascht diese Pflanze mit gelben Blüten – wie verhext! **Oben rechts:** Auch wenn die frühe Blüte der Zaubernuss eine Attraktion ist – die Laubfärbung im Herbst kann sich ebenfalls sehen lassen. Die Kapselfrüchte sind vergleichsweise unscheinbar. **Rechts:** Die Hybride 'Jelena' im Herbst – im Winter blüht sie kupferrot.

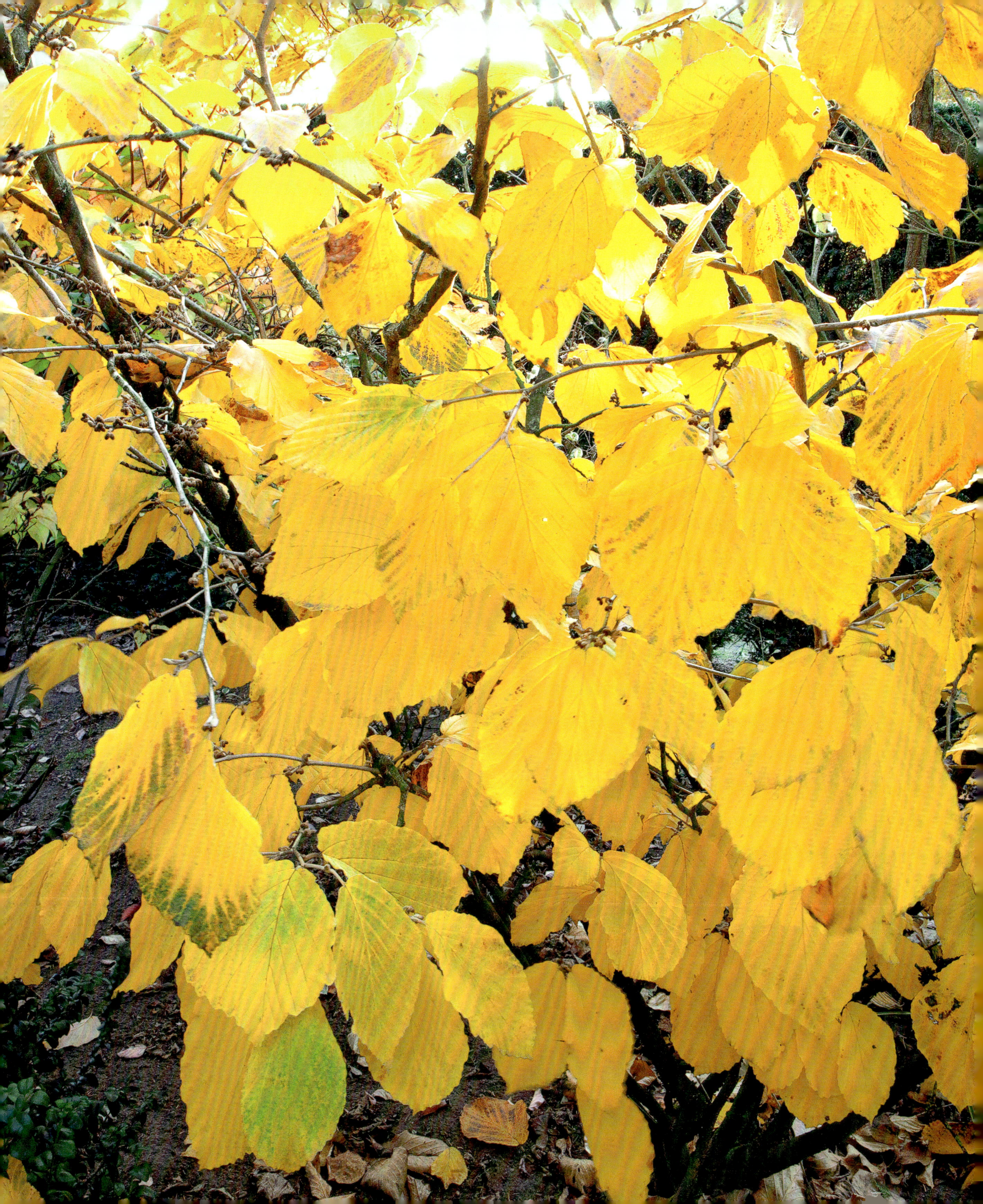

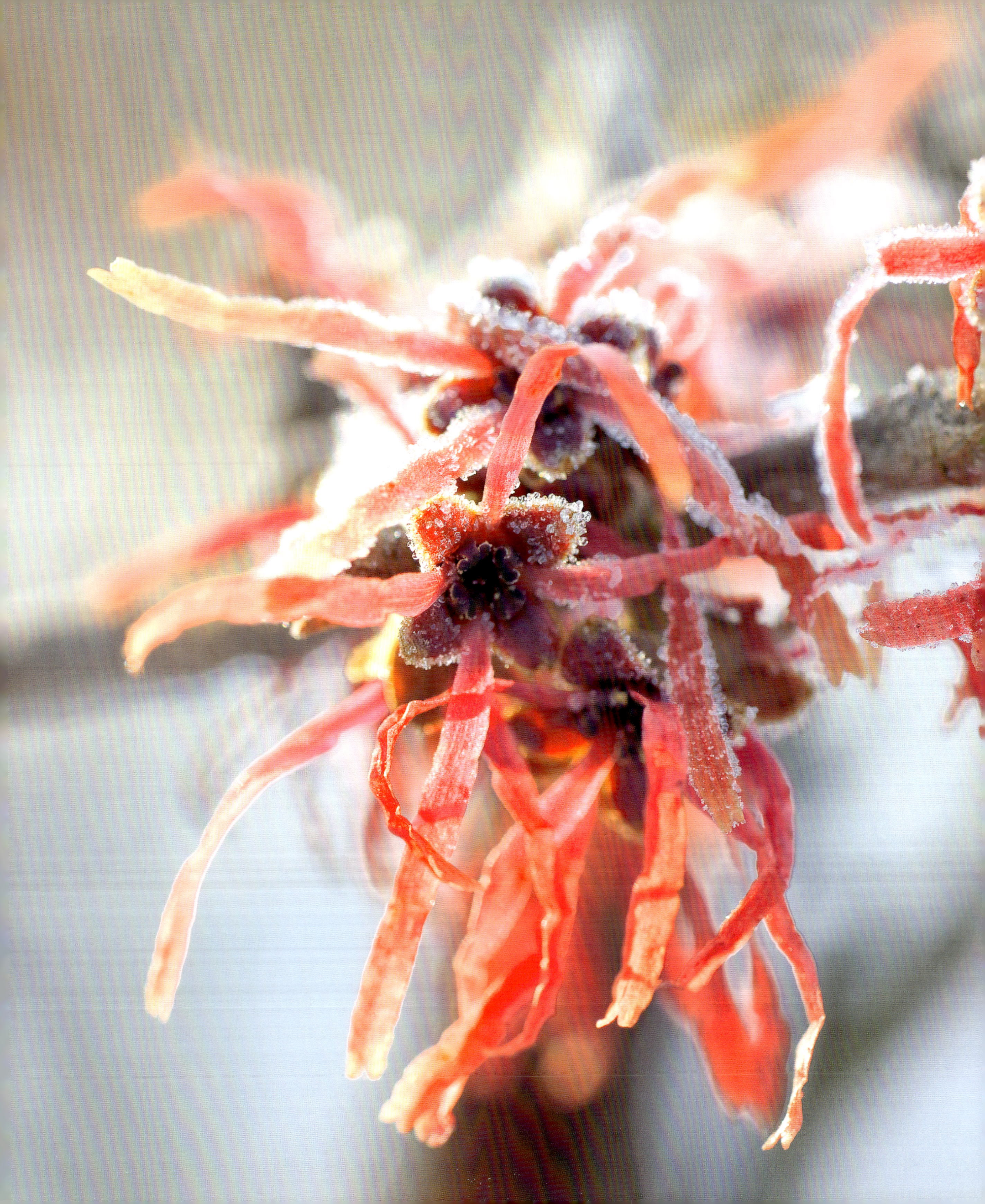

Zaubernuss, *Hamamelis* – **167**

Warum der Strauch die Gartenschere schont

Die Zaubernuss wächst relativ langsam und bleibt kompakt. Die meisten Sorten werden drei bis vier Meter hoch und bieten sich daher auch für kleine Gärten an. Ein regelmäßiger Formschnitt ist übrigens nicht nötig. Ganz im Gegenteil, die Zaubernuss darf zumindest in dieser Hinsicht durchaus vernachlässigt werden, da sie aus dem alten Holz nur schlecht wieder austreibt. Entfernt werden sollten nur jene Äste, die stören und zum Beispiel in einen Weg hineinragen. Wobei der Platz entlang eines Weges oder in der Nähe des Hauseingangs durchaus zu empfehlen wäre. Denn um den zarten Duft der Blüten wahrzunehmen, sollte man einen Standort wählen, an dem man immer mal wieder vorbeikommt. Auch wenn die *Hamamelis* wegen ihres süßlichen Duftes gerühmt wird, verlangt sie, dass man sich ihr an einem milden Wintertag nähert. Von Weitem und bei klirrender Kälte liegt keinerlei Odeur in der Luft.

In der »Witch Hazel Nursery« verhält es sich natürlich ein wenig anders. Wenn Hunderte Pflanzen in voller Blüte Spalier stehen, fühlt man sich in Duftwolken eingehüllt, die ein einziger Strauch im eigenen Garten niemals entfalten könnte. Macht nichts, dazu gibt es ja den Tag der offenen Tür und es sind immer auch einige Leute unter den Besuchern, die gar keinen Garten haben, bei Chris Lane einfach nur Farbe und Duft tanken und sich im Januar auf den Frühling freuen.

DAS WIRD GESAMMELT: *Chris Lane kultiviert rund 175 Sorten der Zaubernuss. Zwei davon, die Hybriden 'Foxy Lady' und 'Burning Desire', hat er selbst gezüchtet.*

WARUM SIE FASZINIEREN: *Die Blüte mitten im Winter macht sie zu etwas Besonderem. Tiefe Minusgrade überstehen die Blütenzungen unbeschadet, indem sie sich einrollen und bei milderem Wetter wieder entrollen.*

WAS SIE BRAUCHEN: *Abstand von anderen Gehölzen ist wichtig, da Zaubernüsse empfindlich auf Wurzeldruck reagieren. Gepflanzt wird in gut durchlässige, humose Erde.*

Links: Das kräftige Rot der Hybride 'Livia' wirkt wie ein freches Ausrufezeichen, das dem Raureif trotzt. Mit einer langen Blütezeit von Januar bis März ist diese Sorte eine besonders dankbare Gartenpflanze. **Oben:** Die Sorte 'Primavera' gilt unter den Zaubernüssen zwar als mittelspät blühende Hybride, verglichen mit den meisten anderen Pflanzen ist sie aber eine Frühstarterin. Ihre schwefelgelben Blüten zeigt sie ab Februar.

OTTO UND RETO EISENHUT, SAN NAZZARO, TESSIN (CH)

Der Anfang war grün

Magnolie, Magnolia

»Wenn du dich selbstständig machst, dann solltest du damit nicht zu lange warten«, empfahl ein Gärtnerkollege dem jungen Otto Eisenhut in den 1950er-Jahren. Gesagt, getan. Eisenhut suchte nach einem geeigneten Grundstück und eröffnete 1955 eine Gärtnerei. Dass er seinen Betrieb zur weltweit bekannten Adresse für Magnolien und andere erlesene Gehölze machen würde, hätte er sich damals nicht träumen lassen. Doch je mehr Arten und Sorten er vermehrte, desto größer wurde die Freude, die ihm die Gattung *Magnolia* machte. Mit seinem Enthusiasmus hat er viele Menschen für Magnolien begeistert – auch seinen Sohn, der die Baumschule heute leitet.

Oben links: Knospe einer Stern-Magnolie *(Magnolia stellata)*. **Oben Mitte:** Blüte von *M. liliiflora* 'Susan'. **Oben rechts:** Von Natur aus schön: Magnolien, hier *M. stellata* als großes Exemplar, brauchen keinen Formschnitt. **Rechts:** Blüte der Hybride 'Pickard's Garnet', einer begehrten Rarität.

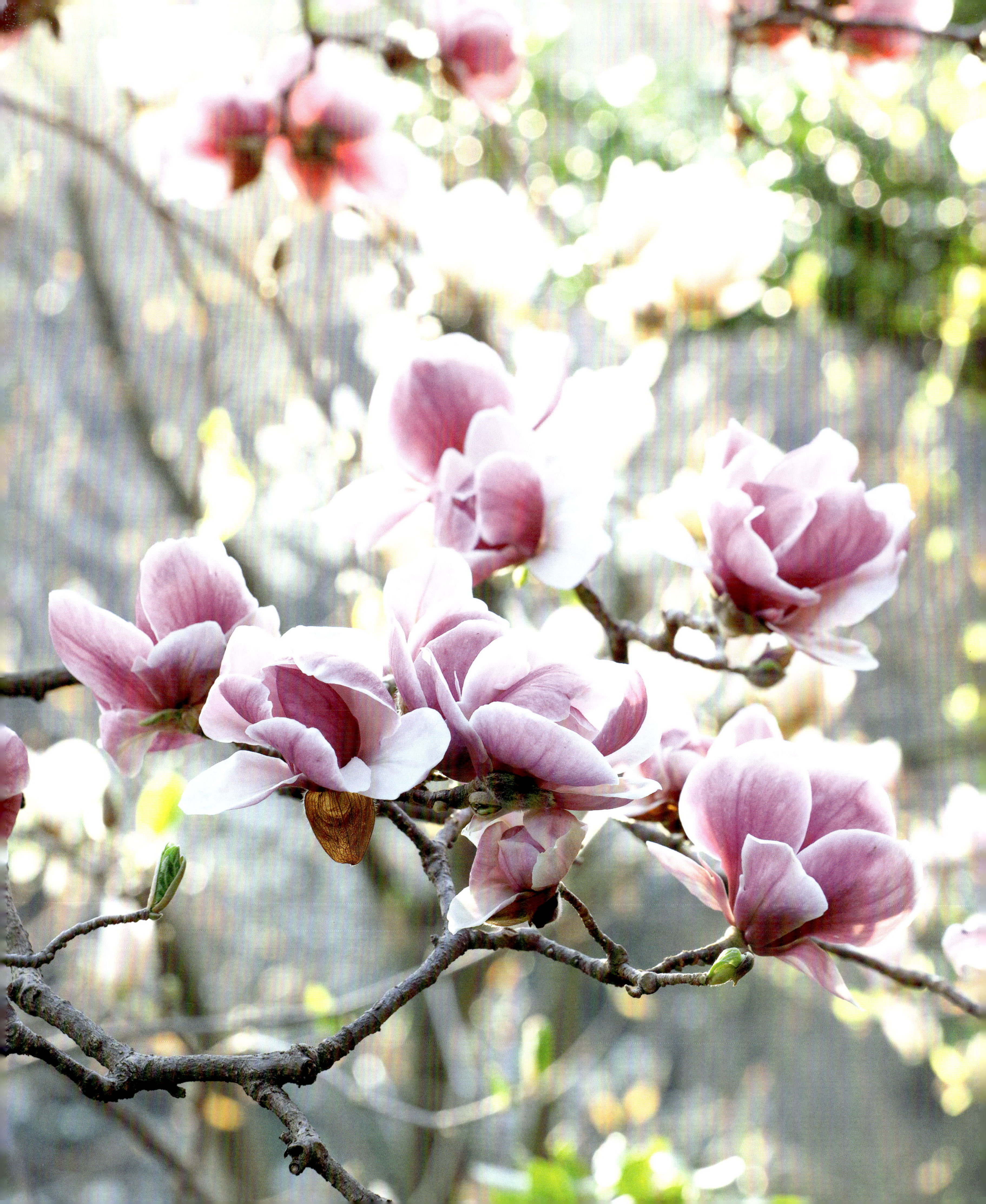

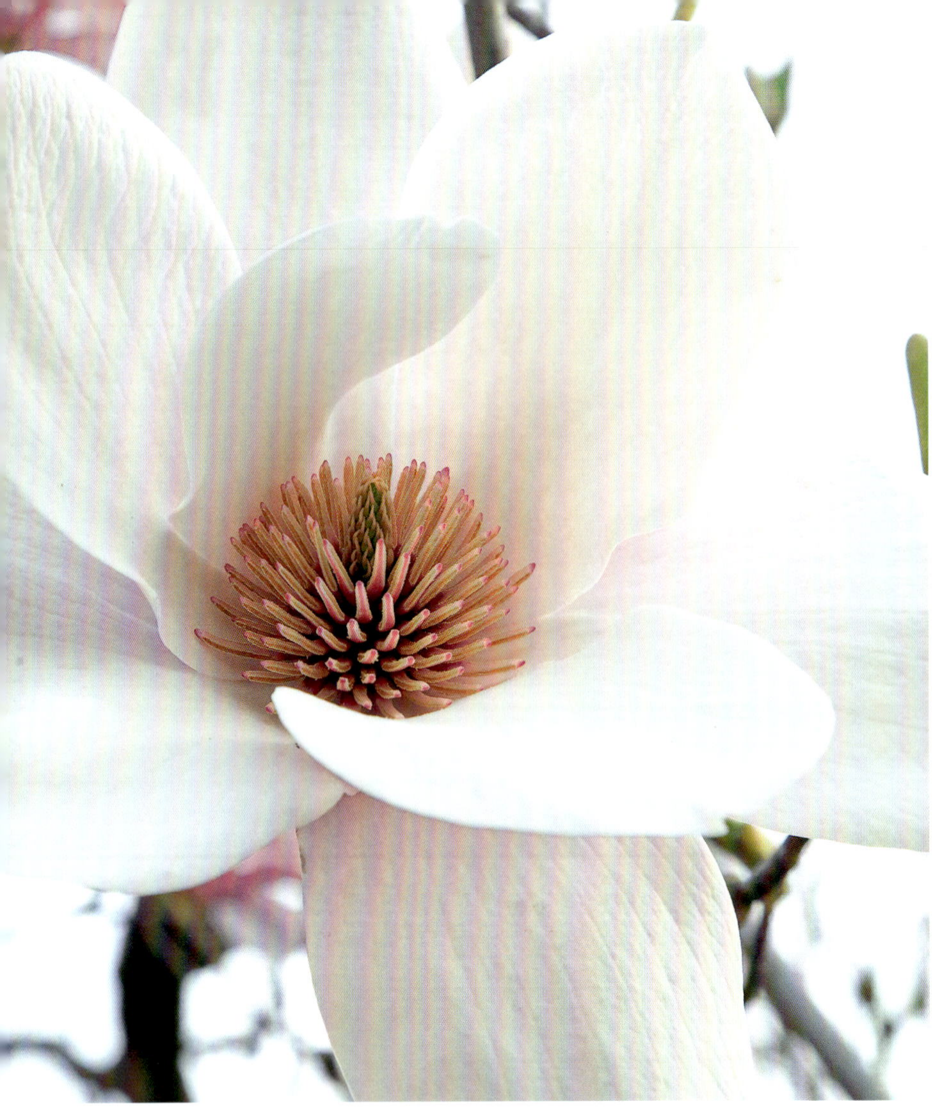
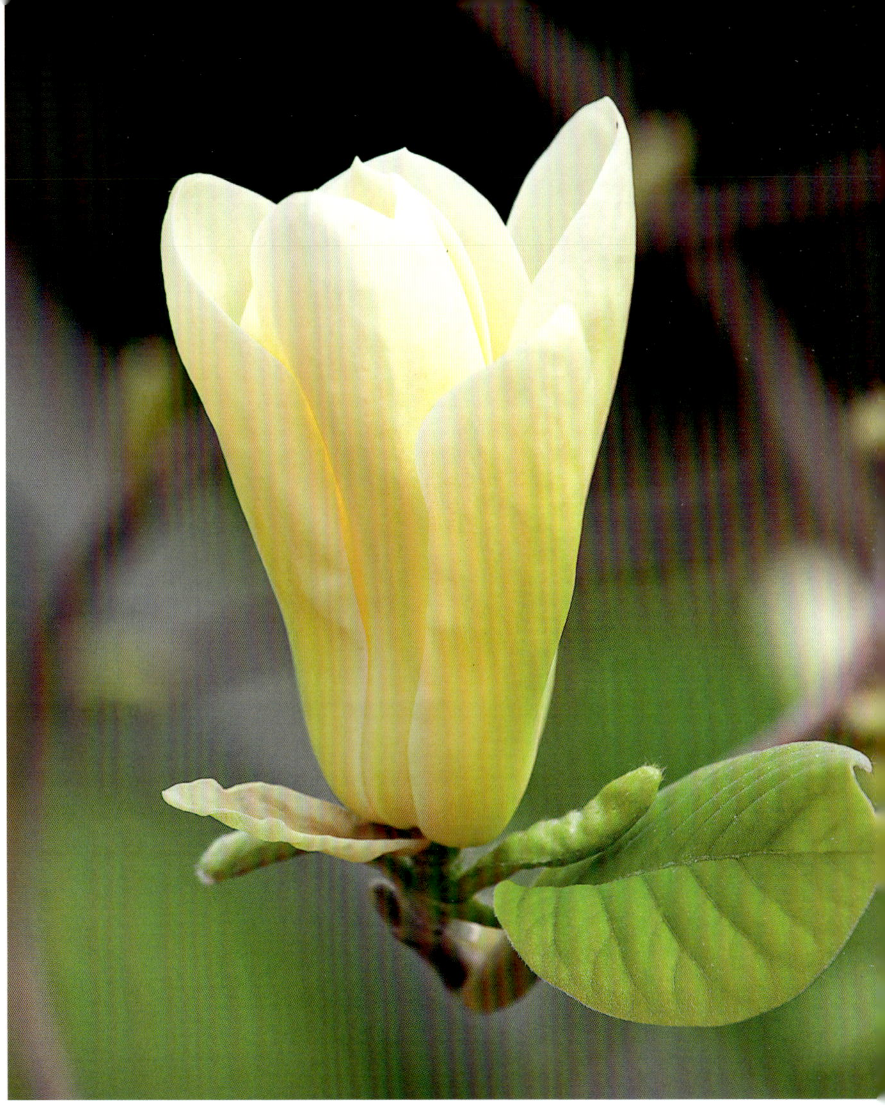
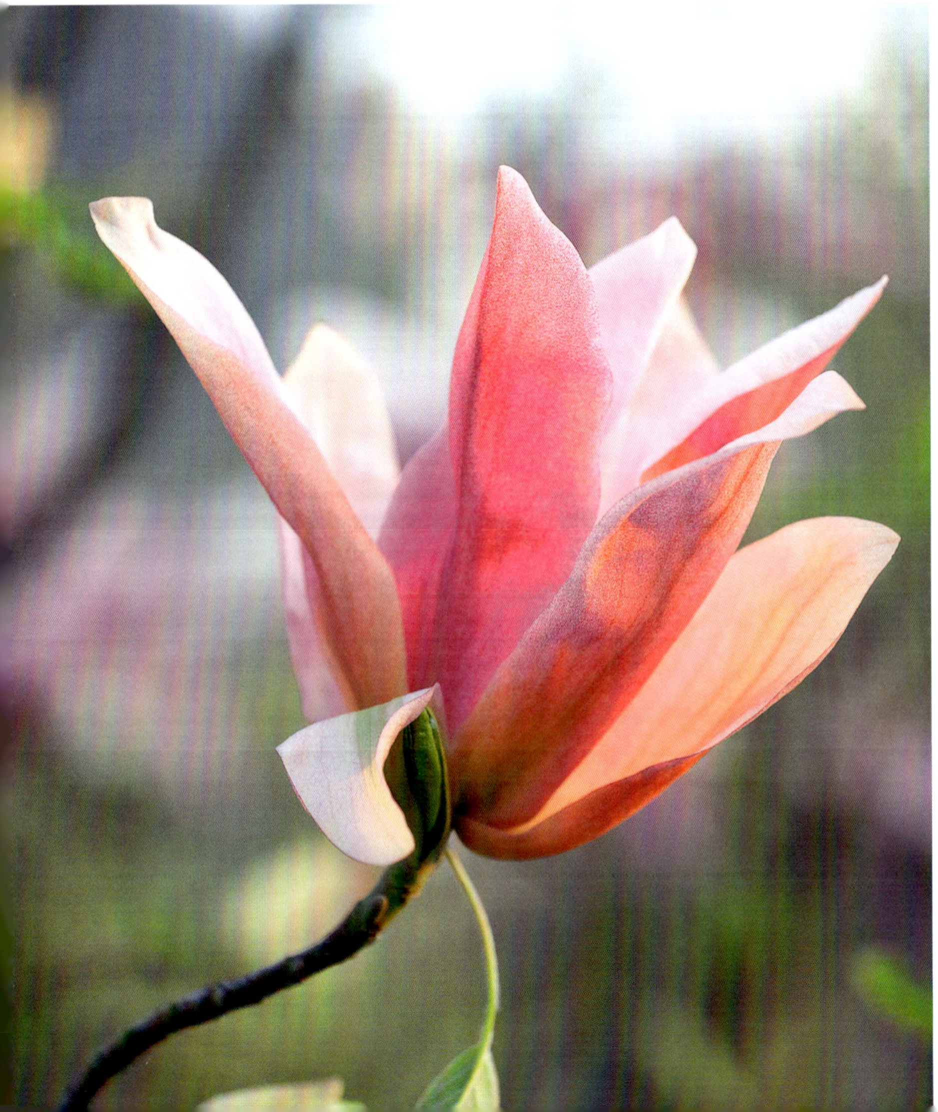
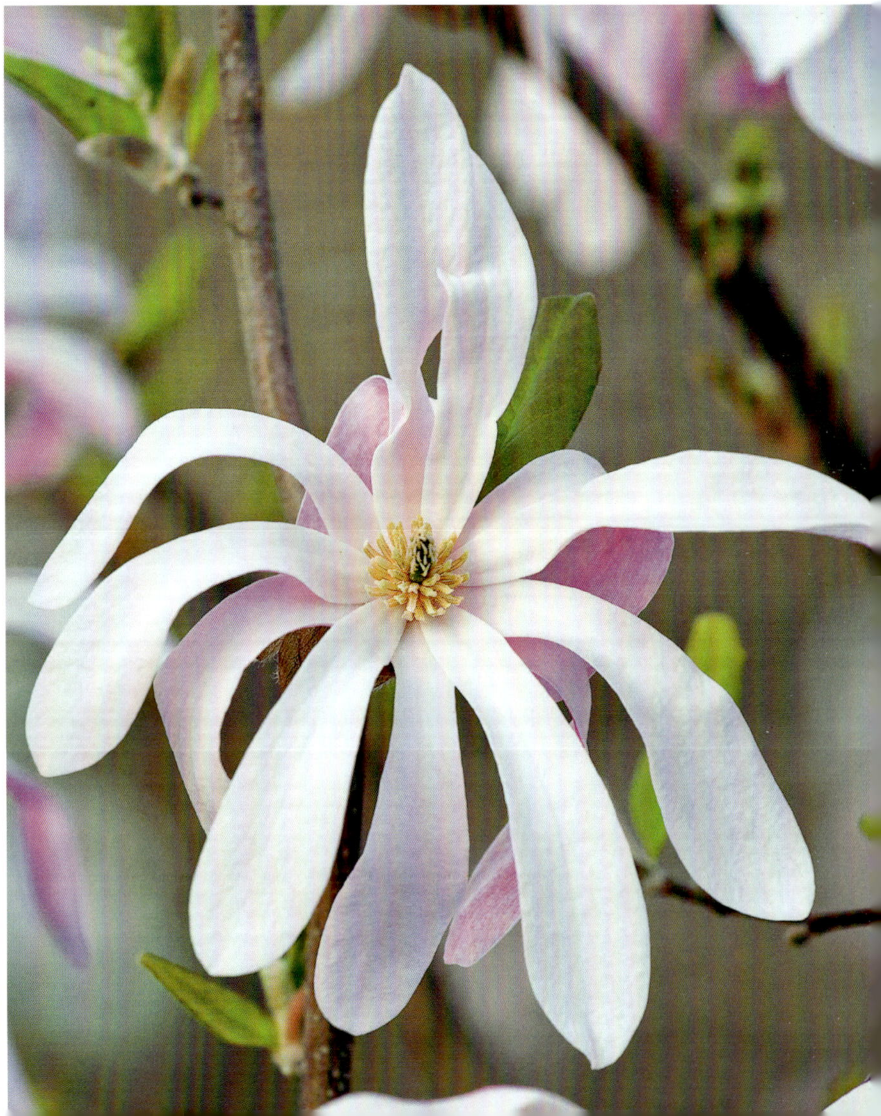

Magnolie, *Magnolia* – **171**

Warum die Weihnachtsbäume weichen mussten

Ein früher Morgen Ende März. Über dem Lago di Maggiore liegt noch leichter Dunst, aber die Sonne ist schon aufgegangen und ihre Strahlen werden bald den Blütenhang oberhalb von San Nazzaro zum Leuchten bringen. Die Magnolienblüten, die sich hier öffnen, wachsen in einem Botanischen Garten, dem »Parco Botanico del Gambarogno«. Der Gründer der Baumschule Eisenhut, die hier im italienischsprachigen Teil der Schweiz »Vivaio Eisenhut« heißt, hat diesen rund 17.000 Quadratmeter großen Park angelegt. Rund 450 verschiedene Magnolien-Arten und -Sorten gedeihen hier und überziehen den Hang ab März mit kleinen, an Wattebäuschchen erinnernden Blüten. Diese Bäume sind zugleich die Mutterpflanzen für die Baumschule und nicht die einzigen Schätze, die in diesem »Wald der Blüten« wachsen. Auch die Kamelien sind für viele Besucher der Anlass, diesen Park anzusteuern, oder auch die Vielfalt an Azaleen und Rhododendren im Park. Nicht zu vergessen die seltenen Koniferen, Baum-Päonien und Raritäten des Hartriegels. Kurz – den Titel Botanischer Garten trägt dieser Park völlig zu Recht, und dass die Baumschule auch über die Grenzen der Schweiz bekannt ist für ihre große Auswahl an Zitrusgewächsen, sei hier nur am Rande erwähnt.

Betritt man den Botanischen Garten oder wirft einen Blick in die Sortimentslisten der Baumschule, die mittlerweile von Otto Eisenhuts Sohn Reto geführt wird, kann man sich gar nicht mehr vorstellen, dass dieser Hang einst für die Anzucht von Weihnachtsbäumen genutzt wurde. Tatsächlich begann Otto Eisenhut 1955 mit akkurat in Reih und Glied gepflanzten Nordmann- und Blautannen. Doch nach rund 10 Jahren lohnte sich der Verkauf von Schnittgrün und Christbäumen kaum noch und er beschloss, etwas zu ändern und den Betrieb zu einer Baumschule zu machen. Dass er zu einem anerkannten Fachmann für Magnolien und

Links oben: Im Durchmesser bringt es die Blüte der Hybride 'Athene' auf bis zu 25 cm (links). Die Gurken-Magnolie *(M. acuminata)* 'Carlos' blüht in Gelb und trotzt dem Frost (rechts). **Links unten:** Die Hybride 'Daybreak' zeigt ungewöhnlich gefärbte Blüten und wächst säulenförmig (links). 'Rosea', eine Sorte der in Japan beheimateten *M. stellata* (rechts). **Oben:** Der Blick vom Botanischen Garten auf den Lago Maggiore.

Gelbe Sorten kämpfen besser gegen den Frost als der »Krieg der Sterne«

Otto Eisenhut hat sich den Blick für die Schönheit seiner Pflanzen bewahrt und betrachtet die Sorte 'Athene'. Die Vielfalt fasziniert ihn; zusätzlich eigene Züchtungen zu kreieren, hält er da schlichtweg für überflüssig. Viel wichtiger ist es ihm, die Sorten, die es schon gibt, zu vermehren. Besonders angetan hat es ihm die Magnolie 'Star Wars', eine rosafarbene Hybride: »Sie ist bei uns eine der Ersten, die ihre Knospen öffnet. Und sie blüht sehr lange.« Trotz ihres kämpferischen Sortennamens ist 'Star Wars' eher für milde Gegenden geeignet, aber in der mit Vielfalt gesegneten Gattung wachsen selbstverständlich Alternativen, erzählt Eisenhut: »Gelbe Magnolien sind in rauen Gegenden eine gute Wahl und in Skandinavien beliebt«. Diese mit *M. acuminata* verwandten Sorten blühen zudem meist etwas später, sodass die Blüte selten vom Frost in Mitleidenschaft gezogen wird.

sein Park zu einer botanisch derart interessanten Anlage geworden ist, schreibt Otto Eisenhut ganz bescheiden auch anderen Pflanzenfreunden zu. Einer davon ist Sir Peter Smithers. Der britische Diplomat und Pflanzenenthusiast hatte unter klimatisch ähnlichen Bedingungen so viele seltene Gehölze, darunter zahlreiche Magnolien, in seinen Garten in Vico Morcote am Luganer See gepflanzt, dass sich Pflanzenfreunde aus aller Welt dafür interessierten. Otto Eisenhut entdeckte beim Anblick dieser Schönheiten ebenfalls die Freude am Besonderen. Er kaufte viele der aus England oder den USA stammenden Raritäten und vermehrte sie in seiner Baumschule. Sir Peter war seinerseits froh, einen Baumschuler zu kennen, der sein Handwerk verstand. Er traute Otto Eisenhut zu, ihm bei der Rettung einer seiner Pflanzen behilflich zu sein. Eine große Ehre, denn bei dieser Pflanze handelte es sich um eine seltene Magnolie, und so kam Otto Eisenhut praktisch durch Zufall zur Vermehrung dieser Gattung, erzählt er: »Im Garten von Sir Peter kränkelte die Magnolie 'Princess Margaret' und er überredete mich, Veredelungen von dieser Pflanze zu machen.« Eisenhut machte sich keine großen Hoffnungen, dass es funktionieren würde, aber er probierte es zumindest aus. Als Veredelungsgrundlage für die Reiser benutzte er die Sämlinge der Kobushi-Magnolie (*M. kobus*) und war selbst überrascht, wie gut die Pflanzen gediehen. Die Mission war gelungen und 'Princess Margaret' gerettet. Bis heute werden die im Frühling blühenden Magnolien auf *M. kobus* veredelt und auch die Sorte 'Princess Margaret' gehört nach wie vor zum Sortiment der Baumschule Eisenhut.

Neben Bekanntheiten wie der Tulpen-Magnolie (*M. × soulangiana*) und der Stern-Magnolie (*M. stellata*) vermehrt die Baumschule zahllose seltene Arten und Sorten, die trotz ihrer geringen Verbreitung für Einsteiger interessant sind. So wie die gelb blühenden Sorten, die von der frostharten nordamerikanischen Gurken-Magnolie (*M. acuminata*) abstammen.

Rechts: Im April wirkt der neben der Baumschule gelegene Hang wie von rosafarbenen und weißen Wattebäuschchen überzogen. Aus einem Gelände für überzählige Pflanzen aus der Gärtnerei hat sich im Laufe der Jahre ein international bekannter Botanischer Garten entwickelt. Seit dem Jahr 2000 wird der »Parco Botanico del Gambarogno« von einer Stiftung geführt, die das Ziel hat, diese Anlage zu erhalten und weiterzuentwickeln.

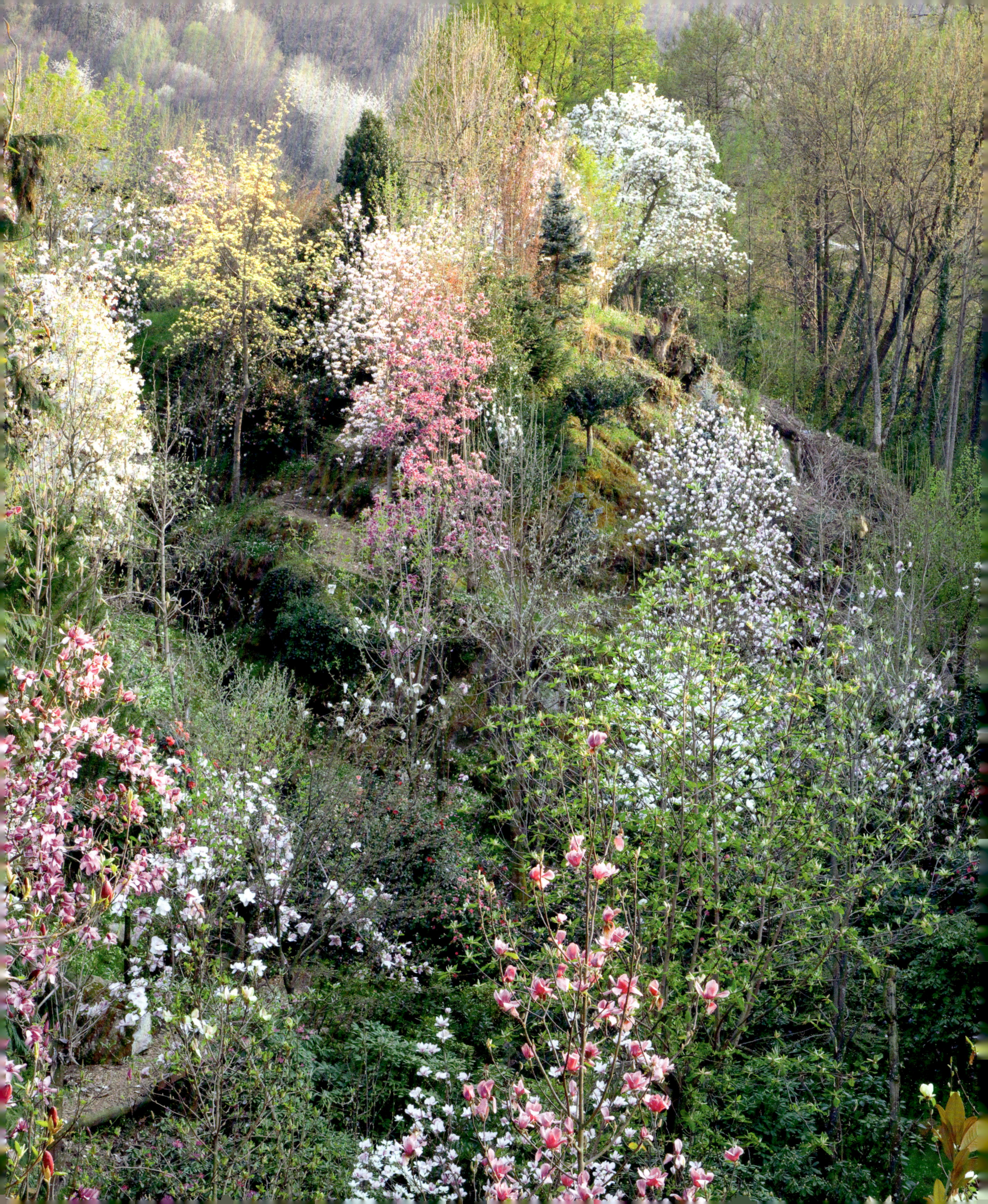

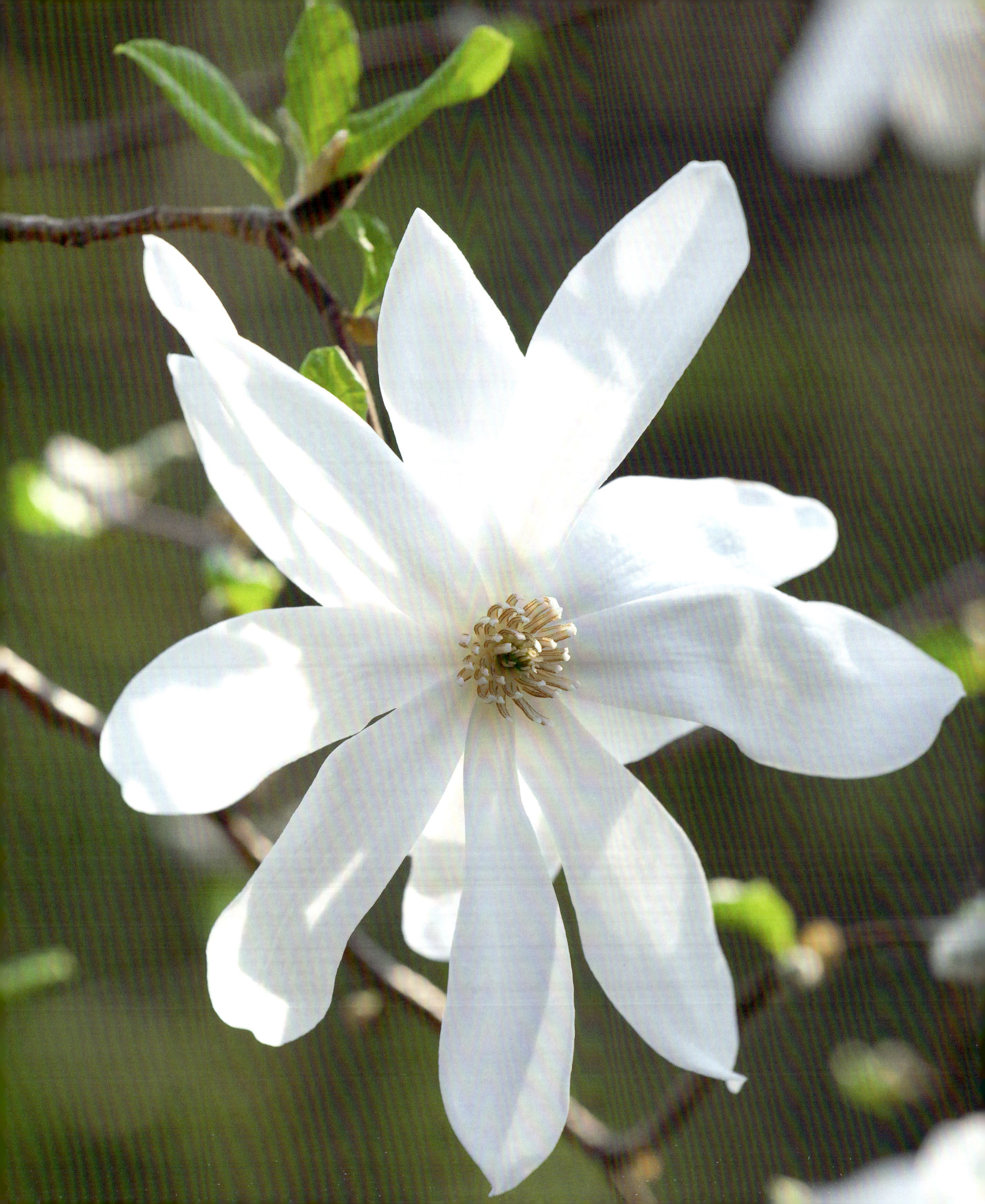

Magnolie, *Magnolia* – **175**

Nach den Magnolien kamen die Busse

Mit zunehmender Vielfalt wurde es hin und wieder eng in der Baumschule und die ein oder andere Pflanze, die nicht verkauft wurde, zog in den benachbarten Park um. Die klimatischen Bedingungen waren ideal, Platz war auch vorhanden und so formierten sich die mehr oder weniger zufällig übersiedelten edlen Gehölze zu einem lebenden Gesamtkunstwerk, das immer mehr Menschen anlockte, erzählt Otto Eisenhut: »Als die ersten Omnibusse mit Pflanzenfreunden in San Nazzaro vorfuhren, musste ich handeln.« Er legte Wege an, um den von zwei Bächen eingerahmten Garten trotz steiler Hanglage besser begehbar zu machen, und öffnete den Botanischen Garten 1989 für die Öffentlichkeit.

Im Park können Besucher erkennen, dass es sich lohnt, den Gehölzen Zeit für die Entwicklung zu geben, und sie können auch die späten, ab Juni blühenden Schätze wie *M. × wiesneri* entdecken. Zur Blütezeit ist die Nase oft schneller als die Augen, erzählt Otto Eisenhut: »Ihren Duft nehme ich manchmal noch aus 50 Meter Entfernung wahr.« Es lohnt also, sich Zeit zu nehmen für einen Besuch des Parks. Selbst dann, wenn man meint, die Magnolienblüte wäre bereits vorbei. Überhaupt die Zeit. Geduld zu haben ist gerade bei dieser Gattung eine wichtige Tugend. Manchmal dauert es Jahre, bis eine Pflanze erstmals blüht, und dann sollte man ihren Blüten mit Achtsamkeit begegnen, denn Magnolien sind keine Wegwerfware. Ganz anders als Weihnachtsbäume.

DAS WIRD GESAMMELT: *Otto Eisenhut kultiviert nicht nur Magnolien, davon aber mit rund 450 Arten und Sorten besonders viele. Heute führt sein Sohn Reto die Baumschule.*

WARUM SIE FASZINIEREN: *Die Gattung ist mit 230 Arten sehr vielfältig. Einige von ihnen blühen im Sommer oder sind immergrün.*

WAS SIE BRAUCHEN: *Zeit zur Entwicklung und je nach Art viel Platz. Einige Arten gedeihen nur in milden Gegenden. Da sie Flachwurzler sind, sollte der Boden bei frisch gepflanzten Exemplaren im Winter gemulcht werden.*

Links: Großblumige Stern-Magnolien (*M. × loebneri*) entstanden durch Kreuzungen von *M. stellata* mit der Kobushi-Magnolie (*M. kobus*). Hier entfaltet die Sorte 'Spring Snow' ihre Blüte in der Morgensonne. **Ganz oben:** Reto Eisenhut begutachtet eine bestens entwickelte Blüte der Hybride 'Lotus'. **Oben:** Die Vermehrung der Magnolien macht Mühe, wie ein Blick auf veredelte Jungpflanzen im Gewächshaus der Baumschule beweist.

Adressen, die Ihnen weiterhelfen

AGAPANTHUS
Agapanthusfarm
Martin Pflaum
Chrysanthemenweg 16
41540 Dormagen
www.agapanthusfarm.de

AURICULA
Friedrich Moye
Spiekstraße 8
48432 Rheine
www.aurikula-moye.de

CYCLAMEN
Green Ice Nursery
Jan und Mieke Bravenboer
Kerkweg 70
6713 ND Ede
Niederlande
www.green-ice-nursery.nl

DAHLIA
Nel und Theej Verheggen
Horsterdijk 58
5973 PP Lottum
Niederlande
www.tuinverheggen.nl

DIGITALIS
The Botanic Nursery
Terry and Mary Baker
Coombe Lane
Atworth
Wiltshire SN12 8NU
England
www.thebotanicnursery.co.uk

GALANTHUS
Dial Park
Olive and David Mason
Chaddesley Corbett
Worcestershire DY10 4QB
England

Nähere Informationen finden Sie auf der Website des National Gardens Scheme, bitte den Gartennamen »Dial Park« eingeben:
www.ngs.org.uk

Eine große Auswahl an blühenden Schneeglöckchen erhalten Sie Ende Februar auf den Schneeglöckchentagen in Nettetal (bei Düsseldorf) und in Wolfheze (bei Arnhem, NL). Informationen unter:
www.oirlicher-blumengarten.de
www.dinekelogtenberg.nl

GEUM
Brickwall Nursery
Sue Martin
1 Brickwall Cottages
Frittenden
Kent TN17 2DH
England
www.geumcollection.co.uk

HAMAMELIS
Witch Hazel Nursery
Chris Lane
The Granary
Callaways Lane
Newington
Sittingbourne
Kent ME9 7LU
England
www.witchhazelnursery.com

Auf der Website veröffentlicht Chris Lane die Termine, an denen er seine Gärtnerei ausnahmsweise für Besucher öffnet

HELENIUM
Kwekerij Jacobs
Henk und Dori Jacobs
5e Dalweg 4
9699 TS Vriescheloo
Niederlande
www.kwekerijjacobs.nl

HELLEBORUS
Ferdinandushof
Wilko Karmelk und Helen Lewis
Rode Sluisweg 13
4575 NE Overslag
Niederlande
www.ferdinandushof.nl

HEMEROCALLIS
Werner Reinermann
Bürgerweg 8
48624 Schöppingen

Termine, an denen Werner Reinermann seinen Garten öffnet finden Sie unter:
www.offene-gaerten-westfalen.de/garten-reinermann.htm

HOSTA
Sandra Gerding öffnet Ihren Garten derzeit nicht für Besucher.

Gut sortierte Hosta-Anbieter sind u. a.:

Planwerk
Hostagärtnerei am Chiemsee
Esbaum 2
83358 Seebruck
Deutschland
www.hostaversand.eu

Staudengärtnerei Extragrün
Am Anger 6
85356 Freising
www.extragruen-freising.de

ILEX
Highfield Hollies
Louise Bendall Duck
Highfield Farm
Hatch Lane
Liss
Hampshire GU33 7NH
England
www.highfieldhollies.com
Louise Bendall Duck hat ihre Baumschule geschlossen. Nach Absprache führt sie Besucher durch Ihre Sammlung.

MAGNOLIA
Eisenhut Baumschule
Otto und Reto Eisenhut
6575 San Nazzaro
Schweiz
www.eisenhut.ch

NARCISSUS
Josephine Dekker
Lange Molenweg 2
1842 EM Oterleek
Niederlande
Tel. 00 31-072-5 03 92 76
E-mail: narcissen@live.nl
Auf Wunsch verschickt Josephine Dekker ihre aktuelle Sortimentsliste. Die jeweils verfügbaren Sorten können Sie telefonisch oder per Mail erfragen.

PAPAVER
Water Meadow Nursery
Sandy Worth
Alresford Road
Alresford SO24 0QB
England
www.plantaholic.co.uk

PERSICARIA
Chris Ghyselen
Tinhoutstraat 36
8730 Oedelem (Beernem)
Belgien
www.chrisghyselen.be
Viele seiner Züchtungen können Sie hier bestellen:
www.persicaria.be

ROSA
Garden of Roses
Jeanette Griese
Nordstraße 10
32139 Spenge
www.garden-of-roses.de

Stichwortverzeichnis

Seitenzahlen mit * verweisen auf Abbildungen

Acer platanoides 'Globosum' 93*
Achillea 115*, 116
Achillea filipendulina 'Parker' 116
Agapanthus 139
– 'Black Pantha' 139*
– 'Blaue Glocke' 145*
– 'Calypso' 145*
– 'Grauer Panther' 145*
– 'Peter Pan' 140*
– 'Pino' 140*
– 'Queen Mum' 139*
– 'San Gabriel' 140*
– *campanulatus* 143
Agastache 116
– 'Alabaster' 115*
Ahorn, Kugel- 93*
Akelei 67*, 106
Alpenveilchen 32
–, Frühlings- 32*
–, Geschweiftblättriges 35*
–, Persisches 32
–, Vorfrühlings- 35
–, Winter- 39*
Artemisia arborescens 'Powis Castle' 72*
Asarum europaeum 44*
Aster 116*
Aster laevis 'Calliope' 77*
Aurikel, Alpen- 23
–, Hybriden 24
–, Schau- 23*, 27, 28*, 31*
Azaleen 171

Baum-Päonien 171
Bistorta amplexicaulis 72
Blausternchen 36
Blutbuche 89
Brennnessel 89
Brunnera macrophylla 77

Carex comans 'Bronze Form' 112*
Carpinus betulus 72
Centaurea 67*
Chinaschilf 112, 116*, 121*
Christrose 11
Crocus tommasinianus 44
Cyclamen 32
– *coum* 32*, 35, 36, 39*
– *hederifolium* 36
– *libanoticum* 32*
– *persicum* 32
– *pseudibericum* 35*, 39

– *purpurascens* 35, 39
– *purpurascens* 'Green Ice' 32*, 35, 36
– *repandum* 35*
– *somalense* 36
– *repandum* 39

Dahlia 146
– 'Ambition' 146*
– 'Bishop of Dover' 155*
– 'Bishop of Llandaff' 151
– 'Embrace' 146*
– 'Eveline' 152
– 'Fascination' 152
– 'Franz Kafka' 152
– 'Libretto' 151*
– 'Martina' 157*
– 'Maxime' 151*
– 'Orion' 146*
– 'Rosella' 152
– 'Sarah Mae' 151*
– 'Sorbet' 157*
– 'The Phantom' 146*
– 'Tomo' 157
– 'White Lace' 151*
Dahlie 75, 146
Digitalis 78, 81
– 'Apricot' 81*
– 'Camelot Cream' 78*
– 'Glory of Roundway' 85*
– 'Pam's Choice' 81*, 83
– 'Spice Isand' 78*
– 'Vesuvius' 83*, 85*
– 'Vicky Emma Group' 85
– 'Camelot Lavender' 81*
– *dubia* 83*, 85
– *heywoodii* 83*, 85
– *lutea* 85
– × *mertonensis* 83*
– *purpurea* 81*, 83, 83*, 85
– *purpurea* 'Foxy' 78
– *purpurea* 'Pam's Split' 85*
– *purpurea* 'Snow Thimble' 81*
– *sceptrum* 85
Duftnessel 116

Echinacea 116
Eranthis 36
– 'Magnet' 48*
– 'Schwefelglanz' 48*
– *hyemalis* 48*
Eryngium giganteum 'Miss Willmotts Ghost' 85*
Ehrenpreis, Kandelaber- 116
Eupatorium 116

Fallopia japonica 75

Felberich 89
Fetthenne 116
Fingerhut 78, 93*
–, Roter 83
Flockenblume 67*
Frauenmantel 89
Funkie 86, 89, 106
–, Blaublatt- 'Halcyon' 93*

Galanthus 21, 36, 39, 41, 47, 48
– 'Atkinsii' 43*, 47
– 'Aunt Agnes' 51
– 'E. A. Bowles' 47
– 'Green Ice' 39
– 'Little Ben' 43*, 51
– 'Magnet' 47
– 'S. Arnott' 47
– 'Sarah Dumont' 51
– 'Sibyl Roberta' 41*, 44
– 'South Hayes' 43
– 'Trimmer' 43*
– 'Trym' 41*
– 'Wendy's Gold' 43, 47
– *elwesii* 47
– *nivalis* 43*, 44, 47, 51
– *nivalis* 'Flore Pleno' 51*
– *nivalis* 'Viridapice' 43*
– *plicatus* 43*, 47
– *plicatus* 'Sarah Dumont' 41*
– *plicatus* 'South Hayes' 41*
– *plicatus* 'Wendy's Gold' 44*
Geranium 19
Geum 60, 63, 67
– 'Dawn' 63*, 64
– 'Lisanne' 64
– 'Luteum' 63*
– 'Mai Tai' 63*
– 'Mandarin' 64
– 'Red Wings' 64
– *chiloense* 64, 67*
– *chiloense* 'Bell Bank' 69*
– *chiloense* 'Lady Stratheden' 60*
– *chiloense* 'Mandarin' 60*
– *chiloense* 'Prinses Juliana' 63, 64, 64*
– *chiloense* 'Red Wings' 60*
– *chiloense* 'Rijnstroom' 63*
– *montanum* 63, 64, 69
– *rivale* 64
– *rivale* 'Dawn' 60*
– *rivale* 'Marika' 69*
Giersch 89
Ginkgo 106

Hainbuche 72
Hamamelis 159
– 'Aphrodite' 160*, 164
– 'Burning Desire' 167

– 'Foxy Lady' 167
– 'Jelena' 164, 164*
– 'Nina' 160*, 164
– 'Livia' 167*
– 'Primavera' 167*
– 'Robert' 159*
– 'Rubin' 163
– 'Spanish Spider' 160*
– × *intermedia* 163, 164
– × *intermedia* 'Arnold Promise' 48, 48*, 159*, 160*, 164
– × *intermedia* 'Robert' 163
– × *intermedia* 'Rubin' 159*
– × *intermedia* 'Ruby Glow' 163
– *japonica* 163
– *mollis* 163
– *ovalis* 163
– *vernalis* 163
– *virginiana* 163
Hartriegel 171
Haselwurz 44*
Helenium 111, 112
– 'Amber Dwarf' 115, 121
– 'Blütentisch' 112*
– 'Chelsey' 111*
– 'Fancy Fan' 121
– 'Flammendes Käthchen' 75*
– 'Indianersommer' 121*
– 'Karnivale' 121
– 'Little Orange' 121
– 'Loysder Wieck' 121*
– 'Mien Ruys' 121
– 'Moerheim Beauty' 116, 119*
– 'Persian Carpet' 121
– 'Potter's Wheel' 119*
– 'Prairie Gold' 121
– 'Red Velvet' 112, 115*, 121
– 'Rubinzwerg' 112*
– 'Sahin's Early Flowerer' 115*, 119, 119*
– 'Serenade' 121
– 'Tess' 121
– 'Two Faced Fan' 111*, 119
– 'Vivace' 112*
– 'Waltraud' 112, 115*, 119
Helleborus argutifolius 19
Helleborus foetidus 19
Helleborus foetidus 'Wester Flisk' 15
Helleborus niger 11
Helleborus orientalis 11, 44*, 48*
Helleborus-Ashwood-Hybriden 15
Helleborus-Orientalis-Hybriden 11, 13, 15, 16
»Black Purple Strain« 15*
– »Double Pink« 19*
– »Double Picotee« 21*
– »Double Purple« 19*
– »Double Soft Pink« 21*

– »Green Spider« 19*
– »Pink Spider« 19*
– »Single Picotee« 19*
– »Picotee« 15
– »Pink spotted Anemone« 13*
– »Yellow Red Heart« 13*
– *purpurascens* 19
Hemerocallis 103
– 'Angels Sigh' 103*
– 'Declaration of Love' 103*
– 'Lady Neva' 105*
– 'Linda Daniels' 105*
– 'Rivers of Babylon' 105, 105*
– 'Segramoor' 105*
– 'Serena Dark Horse' 103*
– 'Uerdinger Sonnenschein' 109*
– 'Watchyl Lavender Blue' 103*
– 'Werner Reinermann' 109
Hepatica 36, 39
Heuchera 21
Hosta 86, 105
– 'Big Daddy' 90
– 'Captain Kirk' 86*
– 'Cat's Eyes' 90
– 'Fire and Ice' 89*, 93
– 'Gipsy Rose' 89*
– 'Golden Tiara' 86*
– 'Halcyon' 86*
– 'June' 90
– 'Sagae' 90
– × *fortunei* 'Striptease' 93*
– *plantaginea* 'Royal Standard' 89*
– *sieboldiana* 'Elegans' 89*, 93*
– *undulata* 90
– *undulata* 'Koreana' 90*

Ilex 48, 94, 98
– × *altaclarensis* 'Belgica Aurea' 97*
– × *altaclerensis* 'Golden King' 97*, 101*
– *aquifolium* 'Amber' 97*
– *aquifolium* 'Argentea Marginata' 97
– *aquifolium* 'Baccliflava' 97*
– *aquifolium* 'Elegantissima' 94*
– *aquifolium* 'Ferox' 97*
– *aquifolium* 'J. C. van Tol' 98
– *aquifolium* 'Silver Lining' 98, 101
– *aquifolium* 'Silver Queen' 94*
– *crenata* 97*
– × *koehneana* 'Chestnut Leaf' 94*
– × *meserveae* 'Blue Prince' 97
– × *meserveae* 'Blue Princess' 97
Indianernessel 115*
Iris 89*, 105, 106

– *germanica* 'Loop de Loop' 106*
– *reticulata*-Hybride 'George' 48*
–, Zwerg- 48*

Kamelie 171
Kaukasusvergissmeinnicht 77
Knöterich, Kerzen- 71, 72, 75, 77, 116
Krokus, Elfen- 44*

Lauch 105
–, Zier- 122*
Leberblümchen 36
– 'Green Ice' 39
Lenzrose 11, 13, 15, 16, 21, 44*, 48*
–, Purpur- 19
Lungenkraut 21

Magnolia 168
– 'Athene' 171*, 172*
– 'Daybreak' 171*
– 'Lotus' 175*
– 'Pickard's Garnet' 168*
– 'Princess Margaret' 172
– 'Rosea' 171*
– 'Star Wars' 172
– *acuminata* 172
– *acuminata* 'Carlos' 171*
– *kobus* 172, 175
– *liliiflora* 'Susan' 168*
– × *loebneri* 175*
– × *soulangiana* 172
– *stellata* 168*, 171*, 172, 175
– × *wiesneri* 175

Magnolie 168
–, Gurken- 171, 172
–, Kobushi- 172, 175
–, Stern- 168*, 172
–, Stern- 'Spring Snow' 175*
–, Tulpen- 172
Mauerpfeffer 86*
Minze 89
Miscanthus 121*
– *sinensis* 'Malepartus' 112
Mohn 106, 122
–, Atlas- 126
–, Orientalischer 126
–, Schlaf- 126
–, Spanischer 126
–, Westlicher 126
Monarda-Fistulosa-Hybride 'Gewitterwolke' 115*
Myosotis 64*

Narcissus 21, 53
– 'Albus Plenus Odoratus' 53*
– 'Argent' 57*
– 'Barrii Conspicuus' 57*
– 'Canary Bird' 57, 57*
– 'Firetail' 53*
– 'Golden Spur' 54
– 'Insulinde' 53*
– 'Lucifer' 54, 59
– 'Seagull' 53*
– 'White Lady' 54, 57*, 59
Narzisse 21, 53, 57, 59
–, Dichter- 'Albus Plenus Odoratus' 57
Nelkenwurz 60, 63*, 67, 67*
– 'Red Wings' 67*
Nieswurz 19
–, Korsische 19

Orchideen 85

Päonien 106
Papaver 122
– *atlanticum* 126
– *californicum* 126
– *orientale* 122, 126
– *orientale* 'Charming' 126*
– *orientale* 'May Queen' 122*
– *orientale* 'Patty's Plum' 125, 125*
– *orientale* 'Perry's White' 122*, 125, 126*
– *orientale* 'Salome' 125*
– Super Poppy 'Medallion' 122*, 126*
– 'Snow White' 129, 129*
– 'Vesuvius' 126, 126*
– *rupifragum* 126
– *somniferum* 126
Persicaria 116
– 'Black Adder' 71*
– 'Blackfield' 75*
– 'Fascination' 75*
– 'Firedance' 75*
– 'Pink Elephant' 72*, 75
– 'Rosea' 71*
– 'September Spires' 77*
– 'White Eastfield' 71*
– *amplexicaulis* 71, 72, 75, 77
– *amplexicaulis* 'Fat Domino' 71*
– *campanulata* 'Rosenrot' 75*
Pfefferminze 90
Pfingstrose 105
Polygonum aubertii 71
Primel, Behaarte 24
–, Kissen- 23
Primula × *auricula* 23
– »Helles Burgund« 27

– »Grün gerandet« 27
– »Rot Lila« 27
– 'Astolat' 23
– 'Blakeney' 24*
– 'Blue Heaven' 23*
– 'Donhead' 31*
– 'Greta' 27
– 'Joy' 23*
– 'Langley Park' 27*
– 'Nantenan' 27
– 'Sharmans Cross' 31*
– 'Twiggy' 28*
Primula hirsuta 24
– *vulgaris* 23
Pulmonaria 21
Purpurglöckchen 21

Rhododendren 171
Rittersporn 75
Rosa 131
– 'Barbara Austin' 135*
– 'Cariad' 131*
– 'Carolyn Knight' 132, 135*
– 'Garden of Roses' 137, 137*
– 'Gertrude Jekyll' 132*
– 'Ghislaine de Féligonde' 131*, 135, 137*
– 'Graham Thomas' 131*
– 'Paul's Himalayan Musk' 135
– 'Princess Alexandra of Kent' 135
– 'William Shakespeare' 135*
Rose 75, 131
Rudbeckie 77*, 116

Salvia nemorosa 'Ostfriesland' 116
Sanguisorba 111*, 116
Schafgarbe 115*, 116

Schmucklilie 139
Schneeglöckchen 21, 36, 41, 43*, 47, 48*, 51, 59
–, Clusius 47
–, Elwes- 47
Schnittlauch 63*, 64*
Scilla 36
Sedum 116
Sempervivum 86*
Sonnenbraut 111, 112, 112*
Sonnenhut 116
Staudenknöterich, Japanischer 75
Stechpalme 48, 94
Storchschnabel 19, 93*
Super Poppies 122*, 126, 129, 129*

Taglilie 103
Tulpen 106

Veilchen, Duft- 35
Vergissmeinnicht 63*, 64*, 67*
Veronicastrum 116
Viola odorata 35

Wasserdost 116
Wiesenknopf 111*, 116
Winterling 36, 43*, 48*
Wolfsmilch 63

Zaubernuss 48*, 159
Zitrusgewächse 171

Danksagung

Ich bedanke mich...

... bei Elke Borkowski, für die Fotos und die Idee zu diesem Buch.

... bei Dr. Thomas Hagen für das Lektorat meiner Texte.

... und vor allem bei den Sammlern für die Geduld und ihre Begeisterung, mit der sie mich unterstützt und angesteckt haben.

Stefanie Syren

Ich bedanke mich ...

... bei meinem Mann Peter, der mir stets zur Seite gestanden hat

... bei der Textautorin Stefanie Syren für die angenehme und inspirierende Zusammenarbeit

... beim BLV Buchverlag, der sich für dieses Buchprojekt begeistern ließ

... und vor allem bei den Sammlern in diesem Buch, die mich nicht nur in ihre Pflanzensammlungen, sondern auch ein wenig in ihre Herzen haben schauen lassen. Die Begegnung mit ihnen war eine großartige und nachhaltige Erfahrung für mich.

Elke Borkowski

Über die Autorinnen

Stefanie Syren studierte Landschaftsarchitektur an der TU München-Weihenstephan und absolvierte anschließend ein redaktionelles Volontariat bei verschiedenen Garten- und Wohnzeitschriften. Anschließend arbeitete als Redakteurin für Garten- und Wohnmagazine wie *Garden Style* oder *Traumgärten*, ehe sie sich 2010 als freie Journalistin selbständig machte. Seitdem schreibt sie Artikel und Bücher zu den Themen Garten, Pflanzen, Wohnen und Dekorieren.
Mehr Infos unter *www.stefaniesyren.de*

Elke Borkowski kennt man als eine der erfolgreichsten Gartenfotografinnen Europas durch ihre einfühlsamen Fotos aus zahlreichen Büchern, Kalendern und Zeitschriften im In- und Ausland. Ihr Blick für den ganz besonderen Moment wurde geschult durch Ausbildungen zur Fotografin und Fotofachlaborantin sowie ein künstlerisch orientiertes Fotodesign-Studium. Aus ihren stimmungsvollen Fotografien spricht eine große Liebe zu Pflanzen und ihre Leidenschaft fürs Gärtnern.
Mehr Infos unter www.elkeborkowski.com

Impressum

Bibliografische Information der Deutschen Nationalbibliothek

Die Deutsche Nationalbibliothek verzeichnet diese Publikation in der Deutschen Nationalbibliografie; detaillierte bibliografische Daten sind im Internet über http://dnb.d-nb.de abrufbar.

BLV Buchverlag GmbH & Co. KG
80797 München

© 2014 BLV Buchverlag GmbH & Co. KG, München

Das Werk einschließlich aller seiner Teile ist urheberrechtlich geschützt. Jede Verwertung außerhalb der engen Grenzen des Urheberrechtsgesetzes ist ohne Zustimmung des Verlags unzulässig und strafbar. Das gilt insbesondere für Vervielfältigungen, Übersetzungen, Mikroverfilmungen und die Einspeicherung und Verarbeitung in elektronischen Systemen.

www.facebook.com/blv.verlag

Bildnachweis:
Alle Bilder von Elke Borkowski

Umschlagkonzeption: Kochan & Partner, München
Umschlagfotos: Elke Borkowski

Programmleitung Garten: Dr. Thomas Hagen
Lektorat: Schreibergarten: Judith Stark

Herstellung: Hermann Maxant
DTP: Satz + Layout Fruth GmbH, München

Gedruckt auf chlorfrei gebleichtem Papier

Printed in Germany

ISBN 978-3-8354-1306-1

Hinweis
Das vorliegende Buch wurde sorgfältig erarbeitet. Dennoch erfolgen alle Angaben ohne Gewähr. Weder Autoren noch Verlag können für eventuelle Nachteile oder Schäden, die aus den im Buch vorgestellten Informationen resultieren, eine Haftung übernehmen.

Insider-Wissen, das echte Rosen-Profis nur hier verraten!

Marion Lagoda/Fotos: Ulrike Romeis und Josef Bieker
Rosen sind Leidenschaft!
Passionierte Liebhaber, Sammler seltener Sorten und weltbekannte Züchter: ihre private Rosen-Leidenschaft und ihr Praxis-Know-how. Schwelgerische Bilder, die Rosen emotional in Szene setzen und die Anregungen für die Gartengestaltung mit Rosen geben. Das ultimative Geschenkbuch für jeden Rosenliebhaber.
ISBN 978-3-8354-1319-1

www.blv.de